NATIONAL GEOGRAPHIC

ITALIA

Tim Jepson

Sumario

Cómo utilizar esta guía 6-7 Sobre el autor 8
Las regiones 43-340 Información práctica 341-390
Índice 391-397 Créditos 398-399

Pág. I: agricultor vendimiando
Págs. 2-3: el otoño en la Val d'Orcia, en el sur de la Toscana
Pág. anterior: vista de Vernazza, uno de los pueblos de Cinque Terre

Cómo utilizar esta guía

Ver solapa posterior para la simbología y las leyendas de los mapas

National Geographic le ofrece lo mejor de Italia en los textos, fotografías, planos y mapas. La guía está dividida en tres secciones. Empieza con una visión general de la historia y la cultura. A continuación hay 11 capítulos dedicados a las regiones, en los que se describen lugares y monumentos interesantes seleccionados por el autor. Cada capítulo se abre con un sumario.

Las regiones y lugares incluidos en cada capítulo están ordenados geográficamente, precedidos por un mapa en el que aparecen destacados sobre un fondo amarillo. Los paseos y rutas en coche, presentados en mapas aparte, sugieren recorridos para descubrir determinadas zonas. Los textos sobre peculiaridades regionales y las columnas del margen dan información sobre la historia, la cultura o la vida contemporánea, y la página «Otras visitas interesantes» completa la panorámica regional.

La última sección, «Información práctica», es una relación de datos esenciales -planear el viaje, medios de transporte, comunicaciones, dinero y urgencias-, con una selección de hoteles y restaurantes ordenados por regiones, compras y ocio.

Según nuestras fuentes, la información sobre los monumentos es correcta en el momento en que se ha editado la guía. No obstante, es aconsejable llamar previamente siempre que sea posible.

Código de colores

84

Cada región tiene asignado un color. Encuentre la que busca en el mapa que aparece en la solapa anterior y busque el color en la esquina superior de las páginas del capítulo en cuestión. En el apartado **«Información práctica»** se mantienen los colores según la región.

San Giovanni in Laterano

🅐 47 F2

✉ Piazza di San Giovanni in Laterano

☎ 06 6988 6433 o 6988 6452

🕑 Scala Santa cerrado mañanas en verano Claustro cerrado dom. mañanas

💲 Iglesia, Baptisterio y Scala Santa: entrada gratuita Claustro: $

🚇 Metro: San Giovanni

Información

La información turística se ofrece en la columna al margen que aparece junto a cada lugar importante (ver la leyenda de símbolos en la solapa posterior). La referencia indica la página en la que aparece dicho lugar en el plano o mapa. El resto de los detalles incluye la dirección, el teléfono, los días de apertura, el precio de entrada, que va desde $ (menos de 4 euros) a $$$$$ (más de 25 euros), y la parada de transporte público más cercana. La información sobre los lugares más pequeños aparece en el texto, entre paréntesis y en cursiva.

INFORMACIÓN PRÁCTICA

Nombre de la región por color

Población y código postal

Nombre del hotel gama de precios y categoría

Dirección, teléfono y fax

Breve descripción del hotel

Servicios y detalles sobre tarjetas de crédito

Nombre de la ciudad y de la zona

Nombre del restaurante y precio

Dirección y teléfono

Breve descripción del restaurante

Servicios del restaurante y detalles sobre tarjetas de crédito

Precios de hoteles y restaurantes

En la sección «Hoteles y restaurantes» se detalla la gama de precios utilizada (ver pág. 352).

MAPAS REGIONALES

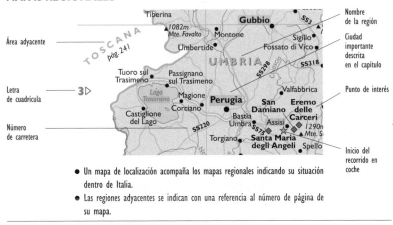

Área adyacente

Letra de cuadrícula

Número de carretera

Nombre de la región

Ciudad importante descrita en el capítulo

Punto de interés

Inicio del recorrido en coche

- Un mapa de localización acompaña los mapas regionales indicando su situación dentro de Italia.
- Las regiones adyacentes se indican con una referencia al número de página de su mapa.

RUTAS A PIE

Dirección de la ruta

Los números dentro de un círculo rojo relacionan el monumento con su descripción en el texto

Situación del edificio

Punto de inicio

Ruta a pie

Monumento o museo (en negrita) descrito en la ruta

Punto de interés no descrito en la ruta

- Un cuadro informativo indica los puntos de inicio y final, la duración y la longitud de la ruta a pie, así como los lugares que no debe perderse.

RUTAS EN COCHE

Punto de Inicio

Número de carretera

Desvío

Los números dentro de un círculo rojo relacionan los lugares del mapa con su descripción en el texto

Trazado de la carretera

Punto de interés en la ruta

- En el recuadro se consignan detalles como el punto de inicio y el final de la ruta, los lugares imprescindibles, la duración y el recorrido de la misma y la referencia al mapa de la región.

ITALIA

Sobre el autor

A lo largo de su vida, Tim Jepson siempre ha sentido una gran pasión por Italia. Desde que se licenció en Oxford ha pasado largos períodos viviendo y viajando por este país, durante los cuales ha residido un año entero en un pueblo remoto de Umbría –donde adquirió un notable dominio del italiano– y ha trabajado en Roma durante cinco años como escritor y periodista. A lo largo de este tiempo ha escrito unos 15 libros sobre Italia, así como numerosos artículos para el *Daily Telegraph*, *Vogue*, *Condé Nast Traveller* y otras publicaciones.

Ahora Tim reside en Londres, donde trabaja para el Daily Telegraph, pero continúa viajando a Italia con frecuencia. Como excursionista y amante de la naturaleza le interesan en especial las zonas de montaña y las áreas rurales del país. Pero también le gusta disfrutar de los placeres más sedentarios de Italia: la comida, el vino, el arte y la cultura, y sueña en que algún día podrá dedicarse a ellos instalado en su propio apartamento en Venecia.

Tim ha colaborado en programas italianos para la BBC y para cadenas comerciales. Ha trabajado, además, algunas temporadas en mataderos y en la construcción, y en etapas como músico, en las que tocaba el piano y la guitarra en calles y bares de toda Europa.

Historia
y cultura

Detalle de *El nacimiento de Venus*, de Botticelli

Italia actual

ITALIA HA DADO MUCHAS DE LAS OBRAS DE ARTE, LITERATURA Y ARQUITECTURA más sublimes del mundo, ha construido un gran imperio en la Antigüedad, y desde la segunda guerra mundial se ha convertido en uno de los países más prósperos y económicamente más activos de Europa. Es, asimismo, un país líder en cuanto a diseño y creación de moda, con una de las cocinas más apreciadas y una amalgama de paisajes tan rica y variada como la de cualquier otro país de Europa. Pocas culturas son tan seductoras como la suya y pocos países poseen su riqueza y enorme atractivo.

POBLACIÓN

En 1860, el año de la unificación italiana, el primer ministro Camilo Cavour hizo un comentario que dio pie a muchas reflexiones entre los políticos posteriores. «Hemos creado Italia– dijo–, ahora debemos crear a los italianos.» Más de 145 años más tarde –cuando el número de «italianos» ronda los 57 millones– todavía se discute si él y sus seguidores lo consiguieron, ya que, a pesar de los tópicos que nos son tan familiares –*mammas* posesivas, el amante latino, las bellezas de piel aceitunada (como Sofía Loren), el padrino de la Mafia…–, el italiano típico nunca ha existido y probablemente nunca existirá.

La historia de Italia es demasiado larga y controvertida para que exista una uniformidad. En su configuración étnica, el sur de Italia incluye componentes árabes, griegos, fenicios, normandos y españoles, entre otros. En el noroeste, el Valle de Aosta y el Piamonte tienen estrechos vínculos con Francia; en el norte, el alemán es la primera lengua de muchas personas del Alto Adigio; y en el nordeste, el cóctel lingüístico y étnico contiene ingredientes eslovenos. Cerdeña, con su lengua y población peculiares –una fusión de rasgos italianos, españoles y de otras culturas–, es un mundo aparte.

Los medios de comunicación modernos fomentan la homogeneización cultural, pero la mayoría de los italianos conservan peculiaridades regionales que reflejan su historia. Un toscano es toscano antes que nada, no italiano, y no sólo toscano, sino además pisano, florentino o sienés. Es lo que los italianos denominan *campanilismo*: la idea de que sus lealtades y su sentimiento de pertenencia no van más allá de la torre de su campanario, o *campanile*. Llevadas a su lógica conclusión, estas lealtades tan restringidas terminan en la unidad más cohesionada de todas las formas de agrupación social: la familia.

Pese a que, incluso en Italia, algunos cambios demográficos y sociales tienden a debilitar esta unidad básica, casi el 65 % de los italianos trabaja en negocios familiares. Al mismo tiempo, su tasa de natalidad es una de las más bajas de Europa, lo cual demuestra lo erróneo de la idea de que Italia es un país de familias numerosas o que está muy dominado por la Iglesia católica. Sólo un pequeño número de italianos asiste a misa regularmente y, por otra parte, el divorcio, el control de la natalidad y el aborto fueron legalizados ya en la década de 1970.

Sin embargo, al poner de relieve la diversidad de la población italiana no debemos subestimar sus rasgos comunes. La mayoría de los italianos son pragmáticos y espontáneos. Suelen ser realistas y a menudo, independientes. También tienden a ser correctos y conservadores (uno de los conceptos importantes es el de la *bella figura*, dar una «buena imagen» vistiendo bien). El instinto es una cualidad frecuente, por lo que no es de sorprender que la moda y el diseño italianos sean un gran negocio. Además, en general, saben disfrutar sensualmente de las cosas agradables de la vida, lo cual es lógico en un país que ofrece tantos placeres cotidianos.

POLÍTICA

Los italianos son cautos por naturaleza y desconfiados ante la autoridad: a lo largo de muchos siglos, el país ha permanecido fragmentado y gobernado por extranjeros. La experiencia de los últimos 50 años tampoco

Un vestido largo de Versace pone de manifiesto el tradicional y secular talento italiano para la moda, el arte y el diseño.

ha sido muy positiva. La constitución republicana elaborada en 1948 con un propósito loable –evitar un retorno al fascismo– ha dado lugar a una forma de gobierno débil y con frecuencia corrupta. Los conflictos políticos de principios de la década de 1990, que parecían señalar el final de este sistema, resultaron ser un falso amanecer.

Últimamente, la vinculación más estrecha con Europa a través de la Unión Europea, así como la disciplina financiera e institucional que ésta exige, están forzando una evolución en los políticos reacios al cambio. No obstante, nadie se sorprenderá de que los italianos apenas finjan adhesión al nuevo concepto: una vez más, un organismo muy lejano a su realidad cotidiana.

Su confianza en sí mismos les ha sido muy útil, al permitirles transformar el país en menos de dos generaciones. En la década de 1950 era una zona agrícola atrasada: abundaba la pobreza y la emigración era una realidad.

Hoy, sin embargo, está entre los países más desarrollados del mundo. El cambio ha sido rápido: las estadísticas demuestran que, hasta 1972, Italia no empezó a recibir más gente de la que salía del país, y todo se ha conseguido a pesar de los políticos, más que gracias a ellos.

PAISAJE

Italia es un país pequeño. De norte a sur, la característica «bota» no llega a los 1.300 km y ocupa unos 300.000 km². De esta superficie,

A las 23 h la noche acaba de empezar para los jóvenes aficionados a ir de discotecas, que suelen acostarse al amanecer.

una tercera parte es montañosa y sólo una quinta parte llana. Los elementos más destacables de su relieve son las altas y escarpadas montañas de los Alpes, que forman un arco al norte del país y culminan en el Monte Rosa (4.634 m); los Apeninos, una cordillera de menor altura que dibuja una estrecha cresta

Un monje de Asís. La religión desempeña un papel cada vez menos importante en el centro de la vida italiana.

a lo largo de la península; y las amplias llanuras del Po, el río más largo de Italia, que recorre 650 km y riega un área densamente poblada entre los Alpes y los Apeninos.

La línea costera italiana, a menudo olvidada, se extiende a lo largo de 7.500 km y está bañada por dos mares: el Tirreno al oeste y el Adriático al este. Entre las numerosas islas que bordean la costa, Sicilia y Cerdeña son las dos más extensas del Mediterráneo.

El paisaje de Italia es algo peculiar. Destacan los volcanes activos: el Vesubio, el Etna y el Stromboli, todos formados a partir del movimiento residual de las placas tectónicas que originaron los Apeninos. El mismo movimiento da origen a la actividad sísmica de las zonas del centro y sur del país, que provoca terremotos, como los violentos seísmos que azotaron Nápoles en 1980 y la región de Umbría en 1997.

Hay tres grandes zonas climáticas: alpina al norte, caracterizada por inviernos fríos y veranos cálidos; templada en la llanura del Po, con inviernos fríos y húmedos y veranos calurosos, también húmedos; y mediterránea en el resto de la península y en las islas, con inviernos templados y veranos largos, calurosos y secos. A esto cabe añadir toda clase de variaciones: las olas glaciales de Asia central pueden dar lugar a fríos muy intensos en el norte, mientras que el siroco (un viento cálido cargado de polvo) y el calor del norte de África a veces provocan temperaturas tórridas en Sicilia y en el sur. La vegetación, un reflejo del clima y el relieve, abarca desde bosques de pinos en los Alpes hasta los típicos viñedos, olivares y frutales del Mediterráneo.

GASTRONOMÍA

La italiana es una comida sana; los ingredientes (carne, pescado, frutas y verduras) son frescos; la calidad, de primera; existe una enorme variedad regional y local, y el sistema de preparación es rápido y sencillo. El alimento básico –la pasta– es infinitamente versátil; la pizza no tiene igual, y para postre... ¿qué supera a sus helados?

En realidad, la cocina italiana es una combinación de muchas cocinas regionales. En Milán, el arroz domina sobre la pasta; en el extremo norte, con fuertes influencias austria-

Dar la espalda al pasado. En menos de dos generaciones, los italianos han transformado un país eminentemente agrícola y atrasado en un Estado con una economía moderna.

cas, encontramos el budín y la tarta de manzana; y en Sicilia, donde prevalecen las influencias del mar y del norte de África, se puede cenar atún, cuscús y pimientos picantes al estilo árabe. La variedad es infinita. La única regla es que, cuanto más al sur, más sencillos son los platos, ya que en las zonas agrícolas meridionales, la pobreza ha aguzado el ingenio culinario.

Sin embargo, pocas normas son inflexibles. Incluso en las áreas más desfavorecidas, donde se produce el tomate, el aceite de oliva y la pasta, se puede encontrar infinidad de especialidades regionales. Umbría y Piamonte nos ofrecen uno de los productos más excepcionales: la trufa (ver págs. 90-91); Parma ofrece dos de los alimentos típicos italianos: el jamón y el queso; en Campania está la *mozzarella*; y Liguria ha creado el *pesto alla Genovese* (una mezcla de aceite, albahaca, ajo, queso y piñones), una de las muchas salsas que han viajado más allá de los límites geográficos italianos.

Algunos ingredientes son universales: el aceite de oliva y el café son excelentes. También es una constante la pasión de los italianos por la vertiente sensual y social del acto de comer. Por tanto, la comida debería ser uno de los mayores placeres de toda estancia en Italia: desde un bollo recién sacado del horno *(brioche)* con el *cappuccino* de la mañana hasta el último helado o *zabaglione* para terminar la noche. Observe las diferencias culinarias que hay entre regiones y evite los restaurantes muy turísticos.

Vino

Se puede vivir sólo con comida italiana; en cambio, no se puede afirmar que el vino de Italia sea uno de los mejores del mundo. Durante mucho tiempo, el vino del país se ha asociado a la imagen de la botella de Chianti recubierta de mimbre, el elemento más típico de los antiguos restaurantes italianos de dentro y fuera del país. Afortunadamente, los fuertes taninos de los bastos y aguados tintos ya son un recuerdo lejano. Ha aparecido una nueva generación de criadores que han introducido métodos avanzados para la elaboración de los vinos y nuevas variedades de uvas. El resultado ha sido el resurgimiento de algunos nombres familiares –Frascati, Soave,

Asti, Spumante, Chianti, Valpolicella– y la aparición de otros nuevos. Los denominados Super Toscanos –tintos de crianza con cuerpo, como el Tignanello y el Sassicaia– son el producto por excelencia de esta nueva era.

Algunos de los vinos tradicionales han sido muy apreciados desde siempre. El Barolo y el Barbaresco, de la región del Piamonte, son dos de los principales tintos de Europa; el Prosecco es un blanco ligero espumoso de excelente calidad que procede del Véneto; y en

la Toscana, el Brunello y el Vino Nobile son tintos de la más alta calidad.

Como ocurre con la comida, la variedad vinícola regional es enorme. De hecho, uno de los mayores placeres de viajar por Italia es la posibilidad de catar los numerosos vinos locales. En Sicilia, por ejemplo, está el Marsala, un vino de postre oscuro e intenso, y también los vinos de Malvasía, más ligeros, de la zona del Etna y las Lípari; en Umbría hay que probar el Sagrantino, un tinto con

cuerpo elaborado con una variedad que no se cultiva en ningún otro lugar de Europa; y en Campania, una de las bebidas favoritas es el Lacryma Christi, un vino blanco producido a partir de viñedos que crecen en los fértiles suelos volcánicos.

Así pues, el vino de mesa de Italia raramente es comparable a sus primos franceses, españoles, o incluso del Nuevo Mundo –y cuando lo es resulta caro–, pero casi siempre constituye un acompañamiento perfecto para

Las fiestas tienen un papel importante en Italia. Aquí, los *alfieri* o lanzadores de banderas de Siena demuestran su habilidad delante de la catedral.

la comida. Y las personas a quienes no les gusta el vino pueden pedir alguno de los famosos aperitivos o licores italianos: *grappa*, *limoncello*, Cinzano, Campari y Sambuca son sólo algunos de los que merece la pena probar. ■

Historia de Italia

MUCHOS DE LOS PRIMEROS POBLADORES LLEGARON NAVEGANDO A Italia desde algún lugar del Mediterráneo y se establecieron en la parte sur del país, alrededor de 5000 a.C. Otros eran de origen indoeuropeo y ocuparon el norte y el centro de Italia hacia 3000 a.C. Alrededor de 1800 a.C. emergieron unas tribus definidas de forma más precisa, como el pueblo nuraga de Cerdeña, los ligures, que se establecieron en la actual Liguria, y los sículos, instalados en el sur de Italia y en el Lacio de hoy día. Más tarde llegaron los picenos y los mesapios, pueblos nómadas de origen balcánico que se asentaron en la costa adriática. Les siguieron los pueblos itálicos –umbros, samnitas, latinos, volscos, vénetos y otros–, que colonizaron áreas del norte y centro de la península. Los fenicios fundaron colonias en Sicilia y Cerdeña hacia 800 a.C., mientras que los celtas llegaron alrededor de 600 a.C.

LOS GRIEGOS

En el sur, los patrones de asentamiento adquirieron una mayor coherencia con la llegada de los griegos hacia 735 a.C. Desde hacía mucho tiempo, Grecia comerciaba con algunas zonas de Italia y, por esa razón fue inevitable que la presencia de emigrantes griegos pasara a ser permanente. Las ciudades griegas independientes como Acragas (Agrigento) y Catana (Catania) proliferaron en el sur de Italia y Sicilia, creando la Magna Grecia. Este proceso enriqueció el arte, la cultura y la agricultura de los pueblos de la zona.

Con el tiempo, algunas de las nuevas colonias llegaron a eclipsar a las ciudades de Grecia, dando lugar a fricciones entre la Magna Grecia y el país materno. En 415 a.C. Siracusa, la más poderosa de las ciudades griegas de Sicilia, consiguió rechazar un ataque naval de Atenas. La Magna Grecia tuvo que hacer frente, también, a los etruscos (ver más adelante) y a Cartago.

Cartago

Cartago nació como una colonia fenicia en la costa del norte de África. En el apogeo de la Magna Grecia ya se había convertido en una potencia, y no tardó en fundar colonias junto a las de Grecia y Sicilia y en otras zonas. Surgieron conflictos con las ciudades griegas y no dejaron de lado sus diferencias hasta el siglo III a.C., cuando se vieron amenazadas por la nueva superpotencia, Roma. Siracusa se rindió a esta ciudad en 211 a.C. Cartago resistió y sobrevivió un poco más.

LOS ETRUSCOS

Mientras los griegos y cartagineses luchaban en el sur de Italia, otra importante civilización, la etrusca, impuso su hegemonía en los fragmentados dominios del norte.

Quién era ese pueblo y de dónde procedía son dos de los grandes misterios de la arqueología. Su presencia está documentada alrededor de 900-800 a.C., y probablemente eran una mezcla de pueblos indígenas y extranjeros que se unieron a otras tribus –en particular a los umbros– y con el tiempo desarrollaron una lengua, una organización social y una cultura comunes.

La sociedad estaba estructurada en una federación de 12 ciudades independientes gobernada por reyes-sacerdote. Se conservan pocos restos de esta cultura y, prácticamente, las únicas pruebas arqueológicas de su existencia proceden de sus tumbas. Gracias a su sofisticada técnica y cultura, permanecieron en el centro de Italia durante unos 400 años, hasta que sucumbieron bajo el poder de los romanos, quienes hacia 350 a.C. ya habían derrotado a la mayoría de sus ciudades.

EL IMPERIO ROMANO

Según la leyenda, Roma fue fundada en el año 753 a.C., pero todos los indicios apuntan a una fecha entre 1200 y 1400 a.C., época a la que pertenecen los fragmentos de cerámica más antiguos encontrados en la colina

Una pareja visita los Musei Vaticani de Roma. Parecen diminutos, sentados ante la enorme escultura de una cabeza.

Capitolina. Hacia el siglo IX a.C. las colinas más bajas cercanas al Tíber probablemente estaban ocupadas por poblados diseminados. Este lugar debió de cobrar importancia por su situación estratégica entre los territorios de los etruscos, al norte, y los de los latinos, al sur. Durante las tres centurias siguientes la región prosperó gracias a su

Julio César, el gobernante más célebre de la Antigua Roma, ostentó un poder absoluto antes de ser asesinado.

activo comercio, y pasó a ser controlada por los reyes etruscos.

En el año 509 a.C., los ciudadanos de Roma derrocaron a sus gobernantes etruscos e instauraron un sistema que denominaron *res publica*, la república. La ciudad continuó prosperando, y su único punto débil era el creciente abismo que existía entre los plebeyos y la nueva elite política y militar, los patricios. Tanto este defecto como otros se corrigieron en 494 a.C., cuando se creó la figura del tribuno, o magistratura, para proteger los intereses de los plebeyos.

Una base política más sólida, de la cual formaba parte el tribuno, permitió a Roma emprender un programa de conquistas. Los territorios del sur de Italia dominados por etruscos, samnitas y griegos pronto cayeron, lo cual abocó a Roma a una confrontación con Cartago. Esta pugna dio lugar a tres guerras Púnicas. La primera (264-241 a.C.) puso

las grandes islas del Mediterráneo –Sicilia, Cerdeña y Córcega– en manos de Roma. En la segunda (218-202 a.C.), Aníbal, un general cartaginés, consiguió derrotar a Roma en diversas ocasiones, hasta que su campaña fracasó en el año 202 a.C. Finalmente, en la tercera guerra Púnica (149-146 a.C.) Cartago sucumbió, lo que dio a Roma el dominio sobre gran parte del Mediterráneo.

A medida que Roma se expandía, en su interior las disputas civiles se intensificaban paulatinamente. Ni la represión ni las medidas para contener la situación conseguían zanjar los continuos conflictos entre patricios y plebeyos, luchas que tuvieron su más violenta expresión en las llamadas «guerras sociales», de 92 a 89 a.C. La agitación dio lugar a una campaña de represión encabezada por Sila, un general cuyo brutal régimen supuso la emergencia del ejército como una fuerza política. El período en que ocupó el poder se recuerda, en especial, por la guerra de los Esclavos (73-71 a.C.), una rebelión liderada por un gladiador, Espartaco, que finalmente fue sofocada.

Otro general, Pompeyo, ocupó el poder tras la muerte de Sila. Gobernó conjuntamente con Craso, un patricio. Cuando por cuestiones militares Pompeyo abandonó Roma, un tercer líder, Julio César, entró en escena. César había ingresado en el ejército en el año 81 a.C. para pagar sus deudas, pero hacia 63 a.C. ya había conseguido el cargo de *Pontifex Maximus*: era el sumo sacerdote ceremonial de Roma. En el año 59 a.C. se unió a Craso y a Pompeyo en una tríada que compartía el poder, el denominado Primer Triunvirato.

César, gran orador, pronto demostró sus habilidades militares al embarcarse en una campaña de diez años que le proporcionó importantes victorias en los actuales territorios de Gran Bretaña, Alemania y Francia. Estos triunfos despertaron cierto rencor en Pompeyo, que intentó enfrentarlo a las instituciones y el pueblo de Roma. De regreso en Italia, en 49 a.C., César cruzó con su ejército el Rubicón, infringiendo un decreto que prohibía a los ejércitos atravesar el río sin permiso del Senado. Advertido del avance de César, Pompeyo huyó, desmoronándose así toda resistencia política en Roma.

En 48 a.C., César fue nombrado gobernante vitalicio de Roma. Entonces inició una serie de reformas de las leyes y de las instituciones. No obstante, los poderes del nuevo dictador levantaron envidias, y el 15 de marzo de 44 a.C. (idus de marzo) un grupo de conspiradores, en el que se encontraba su hijo adoptivo Bruto, asesinó a Julio César en el Senado.

Tras la muerte de César proliferaron las revueltas. Subió al poder el denominado Segundo Triunvirato, una coalición formada por Marco Antonio, Lépido y Octavio (sobrino, nieto y heredero de César). Siguieron 12 años de conflictos, durante los cuales Marco Antonio y Octavio rivalizaron por el poder. La relación de Marco Antonio con la reina de Egipto, Cleopatra, acabó por socavar sus ambiciones, y fue finalmente derrotado por Octavio en la batalla de Accio en 31 a.C. Entonces Octavio recibió el título de Augusto, y en el año 27 a.C. adoptó el de emperador. Se iniciaba así el apogeo del Imperio romano.

Augusto gobernó de forma inteligente. Detuvo las campañas de expansión, consolidó las victorias militares e impulsó grandes obras de ingeniería por todo el Imperio. Augusto acuñó la frase de «encontré una Roma de ladrillo y la rehíce con mármol». La cultura floreció, especialmente la literatura: en este período, escritores como Ovidio, Virgilio y Horacio crearon algunas de las obras maestras del mundo clásico.

Los sucesores de Augusto –pertenecientes a la dinastía Julia-Claudia– demostraron ser menos aptos como gobernantes. Los emperadores Tiberio (14-37 d.C.), Claudio (41-54 d.C.) y Nerón (54-68 d.C.), en general, fueron corruptos y decadentes. Sólo las grandes riquezas del Imperio escondían las deficiencias económicas y burocráticas de esta época. El mandato de Nerón fue especialmente traumático y supuso el inicio de la persecución generalizada de los cristianos.

La dinastía Flavia (69-96 d.C.) –con los emperadores Vespasiano, Tito y Domiciano– fue, en conjunto, más competente, como lo fue también la Antonina (96-192 d.C.) y sus miembros: Nerva, Trajano, Adriano, Antonino y Marco Aurelio. El Imperio alcanzó su máxima extensión territorial bajo el gobierno de Trajano, en el año 117 d.C., mientras que con Adriano, Roma conoció a uno de sus dirigentes más cultos y hábiles.

DECADENCIA Y CAÍDA

La muerte de Marco Aurelio (161-180 d.C.) marcó un punto de inflexión, tras el cual se hicieron patentes las amenazas de los enemi-

Moneda de un *solidus* de oro en la que figura Constantino el Grande, el primer emperador cristiano de Roma.

gos externos. Las carencias de Roma, durante mucho tiempo enmascaradas por la fatuidad imperial, ahora se volvían contra ella. La inflación se disparó y la economía empezó a tambalearse. Se hipotecaron bienes imperiales para pagar las deudas, la vida cultural se debilitó y los emperadores empezaron a sucederse con mayor rapidez. La agricultura y el comercio retrocedieron a medida que los botines del Imperio se agotaban, y las instituciones sociales y militares se desintegraban.

Hubo intentos de detener este proceso, como la división del Imperio, en 286 d.C., en dos territorios, oriental y occidental, con un emperador en Roma y otro en Constantinopla. Estas medidas consiguieron una mejora temporal, a la que contribuyó la aparición de un emperador más fuerte que sus predecesores. Roma prosperó bajo Constantino (306-337 d.C.), el emperador que concedió la libertad de culto a los cristianos. Pero esta tregua fue temporal. En 395 d.C., la capital del Imperio occidental fue trasladada de Roma a Rávena. Quince años más tarde, Roma era saqueada por Alarico el Godo, caudillo de una tribu de origen báltico y uno de los primeros de los denominados bárbaros. Se acercaba el fin. En el año 475 d.C. otro godo, Odoacro, desplazó a Rómulo Augústulo, el último emperador del Imperio occidental. En el año 493 d.C., Teodorico sucedió a Odoacro y gobernó sobre gran parte de Italia desde la última capital del Imperio, Rávena.

FRANCOS Y BIZANTINOS

Al otro extremo del Mediterráneo, sin embargo, el Imperio de Oriente, o Bizancio, escapó del destino de su vecino occidental. Entre los años 536 y 552, su emperador, Justiniano, reconquistó amplios territorios de Italia. Su total hegemonía fue impedida por la llegada de los lombardos (567-774), un pueblo germánico que fundó poderosos ducados en el norte y centro de Italia.

Este entramado territorial de la península se complicó más adelante con la intervención de los francos. Su estabilidad en la Galia se debilitó a raíz de la coexistencia de dos dinastías reales rivales en el territorio, la carolingia y la merovingia, hasta que Pipino el Breve, el líder carolingio, puso fin al conflicto. Éste hizo un llamamiento al Papado, una institución que estaba ganando autoridad, para que arbitrase en la pugna. El papa Esteban III ratificó a Pipino como gobernante en el año 754, pero a cambio de ello pidió que los francos expulsaran a los lombardos de Italia.

Los francos cumplieron el pacto durante los reinados de Pipino y de su hijo Carlomagno, que fue coronado emperador del Sacro Imperio Romano por el papa León III en el día de Navidad del año 800, en un acto de suma importancia simbólica. Entonces, Carlomagno hizo donación al papado de los territorios del centro de Italia que había conquistado a los lombardos, sentando así los cimientos de los Estados Pontificios, unos territorios que proporcionaron al papado los recursos necesarios para ejercer un verdadero poder político.

La cesión del territorio también forjó unos vínculos duraderos entre el papado y el Imperio. Estas relaciones fueron amistosas mientras Carlomagno y sus poderosos sucesores controlaron el Imperio (cuando el Imperio franco, con el tiempo, se desintegró, el Sacro Imperio Romano mantuvo su unidad). Sin embargo, a medida que transcurría el tiempo y la suerte de los papas y emperadores flaqueaba, las relaciones entre ambas partes se hacían más tensas. Cuando su legitimidad era puesta en duda, unos y otros recordaban la coronación de Carlomagno: los papas reclamaban su derecho a sancionar a los emperadores, y estos reivindicaban su derecho a nombrar a los papas. Las consecuencias de este conflicto, así como los nombres de los respectivos bandos y sus partidarios –güelfos (los seguidores del papa) y gibelinos (los partidarios del Imperio)– resonarían en la historia de Italia durante siglos.

ÁRABES Y NORMANDOS

En el sur de Italia, los acontecimientos tomaron un curso distinto. En su día, el Imperio romano había derrotado a los cartagineses. En el siglo IX surgió de nuevo la amenaza del norte de África, esta vez por parte de los árabes o sarracenos, que invadieron Sicilia en 827. Permanecieron en la isla durante casi dos siglos, introduciendo en ella una gran cantidad de innovaciones culturales, arquitectónicas y gastronómicas, entre otras, muchas de las cuales (como el helado) han llegado hasta nuestros días.

Los árabes y los bizantinos –los segundos todavía dominaban todo el territorio excepto el sur de Italia– fueron vencidos finalmente por los normandos. En sus largos viajes en busca de botín llegaron al sur de Italia como mercenarios, pero hacia 1030 ya habían fundado un reino independiente en la Apulia, un trampolín para sus nuevas conquistas. Desde allí invadieron Sicilia en 1061, donde fundaron una dinastía (los reyes Roger I y II fueron sus monarcas más destacados).

Los sucesos que ocurrieron durante este período marcaron el desarrollo del sur de Italia durante siglos. Por ejemplo, cuando Roger II fue coronado rey de Sicilia creó el Reino de Nápoles y Sicilia, que perduró hasta 1860. La decadencia normanda se inició con

Pintura del siglo XIX de la escuela francesa que muestra la coronación de Carlomagno, en la Navidad del año 800, como emperador del Sacro Imperio Romano.

el matrimonio, en 1186, de Enrique VI, emperador del Sacro Imperio Romano, y la princesa normanda Constanza de Sicilia. Cuando la línea real normanda se extinguió en 1194, Enrique VI se convirtió en heredero del trono normando. El Papado había ratificado el gobierno normando del sur, pero la injerencia del Imperio suponía un grave contratiempo. El hijo de Enrique, Federico II (1197-1250), una de las figuras más notables de la Edad Media, se enfrentó al Papa –que lo excomulgó en 1228–, y modernizó Sicilia.

Manfredo, hijo de Federico II, fue derrotado en 1266 por Carlos de Anjou, el hijo del rey Luis VIII de Francia, a quien los papas habían apelado en 1260 para que les librara de los Hohenstaufen. Entonces, Carlos trasladó la capital a Nápoles, donde él y sus sucesores Anjou (angevinos) fundaron una dinastía que gobernó el Sur por dos siglos. Durante la insurrección contra los Anjou de 1282, conocida como las Vísperas Sicilianas, los nobles sicilianos requirieron la ayuda de Pedro III el Grande, rey de Aragón. Los catalano-aragoneses no sólo se apoderaron de

Sicilia, sino que en 1442, el rey Alfonso V fue designado heredero del último de los angevinos de Nápoles, unificando así el Sur bajo control hispano hasta el siglo XVIII.

LAS CIUDADES-ESTADO

Mientras, el norte de Italia había presenciado el surgimiento de los *comuni* o ciudades-estado, durante los siglos XI y XII. En un primer momento, estos enclaves independientes crecieron gracias a la debilidad del Papado y del Sacro Imperio Romano. La mayor parte de los emperadores se mostraron incapaces de imponer su autoridad en sus dominios de Italia. El Papado, por su parte, perdió fuerza por sus continuas disputas con el Imperio. Finalmente, cayó bajo dominio francés y fue forzado a trasladarse a Aviñón en 1309, donde permaneció bajo «protección» francesa hasta 1377.

Las ciudades aprovecharon este vacío de poder para consolidar su independencia. Las repúblicas marítimas –Génova, Pisa, Amalfi y, sobre todo, Venecia– se enriquecieron mediante el comercio. Centros como

Florencia y Siena prosperaron gracias a la industria textil y la banca. Otros –Milán, Bolonia y Verona– florecieron por encontrarse en encrucijadas de importantes rutas comerciales. Con el tiempo, llegaron a existir hasta 400 ciudades-estado en el norte del país. Solamente en el sur, donde se había impuesto el viejo sistema feudal, el progreso se detuvo, situación que perduró hasta el siglo XX.

Inicialmente, la mayoría de las ciudades elegían a mercaderes y miembros de la baja nobleza para formar sus estructuras de gobierno. No obstante, con el paso del tiempo surgieron divisiones a causa de las disidencias internas y las disputas con ciudades rivales. En medio de este panorama, en muchos casos apareció una figura poderosa o una familia acaudalada que eran los únicos que tenían capacidad para ejercer la autoridad en épocas de descontento: los Médicis en Florencia, los Visconti en Milán, los Montefeltro en Urbino, los Este en Ferrara, los Gonzaga en Mantua y los Scaligeri en Verona, entre muchos otros.

Aunque a menudo fueron déspotas, estos poderosos clanes proporcionaron la estabilidad necesaria para alcanzar la prosperidad económica. Muchos fueron, asimismo, figuras ilustradas que impulsaron la cultura y las artes, de modo que las ciudades que controlaban se convirtieron en sofisticados centros del saber. El resultado fue un florecimiento artístico y cultural sin precedentes. En el campo de la literatura, este período vio la eclosión de Dante (1265-1321), Petrarca (1304-1374) y Boccaccio (1313-1375). En pintura aparecieron renovadores como Giotto (1266-1337), Cimabue (1240-1302) y Duccio (1255-1318). En arquitectura, Arnolfo di Cambio (1245-1302) fue el responsable de la gran catedral de Florencia, y en escultura despuntaron figuras como Giovanni y Nicola Pisano y muchos otros. El dinamismo de la época tuvo un reflejo en el aspecto espiritual, ámbito en el que san Francisco de Asís (1182-1226) renovó las ortodoxias religiosas dominantes. También era patente en el campo de la erudición, que vio el resurgir del saber clásico y la aparición de algunas universidades, en particular las de Padua y Bolonia.

Panorámica de 1490 que presenta a Florencia en su apogeo durante el Renacimiento.

El mecenazgo laico liberó a los artistas de sus obligaciones anteriores para con el arte religioso. Libertades similares se impusieron en la esfera del pensamiento, en la que escritores y pensadores pudieron pasar de la teología al estudio de textos clásicos y humanistas. Sólo les separaba un corto trecho del Renacimiento (del italiano *rinascimento*; ver págs. 32-34).

Pero incluso cuando Italia disfrutaba de lo que más adelante se consideraría una edad de oro, los primeros indicios claros de su futura decadencia eran ya evidentes. El des-

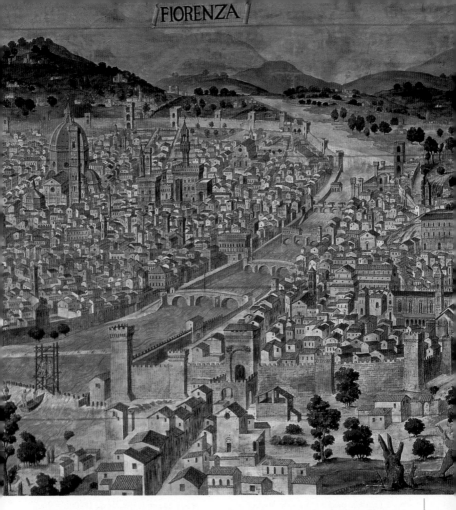

cubrimiento del Nuevo Mundo y de mejores rutas comerciales hacia Oriente socavó el comercio mediterráneo y continental en el cual se basaba la notable prosperidad de Venecia y de otras potencias marítimas. La formación del Imperio otomano supuso una amenaza más para Venecia y, en consecuencia, para Italia, al tiempo que la creciente presencia de los Estados italianos en la escena europea favorecía contactos más estrechos entre éstos y las potencias del continente.

FRANCIA Y ESPAÑA

El momento de cambio coincidió con la muerte, en 1492, de Lorenzo de Médicis, cuyo control sobre Florencia había contribuido a mantener una relativa paz durante su mandato. A partir de entonces, algunas potencias extranjeras empezaron a volverse contra Italia, cada vez con más fuerza. Carlos VIII fue el primero, en 1494. El rey francés se adentró en Italia «a petición» del duque de Milán, que había iniciado una disputa con el reino de Nápoles. Carlos justificó su interferencia alegando que sus antecesores franceses Anjou en un tiempo habían gobernado en Nápoles y en gran parte de la Italia meridional (ver pág. 23). Al cabo de tres meses se había apoderado de la ciudad y la había saqueado, para luego abandonarla.

En 1526 le llegó el turno a Carlos V (1500-1558), que en breve tiempo derrotó a los franceses, se apoderó de Roma y estableció gobernantes en Milán, la Toscana y Génova. En 1559, el tratado de Cateau-Cambrésis formalizó el dominio español en Italia, a la vez que sólo dejaba a Venecia y a los Estados Pontificios fuera del control extranjero.

A lo largo del siglo XVIII, en virtud de distintos acuerdos entre las potencias de la

y el Sur ostentaban la autoridad los Borbones. Durante siglos, la unificación había sido un deseo, pero no llegó a ser una posibilidad real hasta que la integración de la península italiana con Napoleón puso de relieve la viabilidad de un Estado unificado.

Los primeros indicios de cambio aparecieron con los Carbonarios, sociedades

El conde Camilo Cavour (izquierda) y Giuseppe Garibaldi, los artífices de la unificación italiana.

época, Cerdeña pasó a manos de Austria en 1713; el Piamonte y Sicilia fueron entregados a Francia en 1720; y, en 1734, Nápoles y la Italia meridional pasaron a manos de los Borbones. A finales de siglo, las campañas de Napoleón (1796-1800) lo convirtieron en dueño de la Península, una breve interrupción del *status quo*, que fue restaurado por el congreso de Viena en el año 1815.

LA UNIFICACIÓN

El movimiento en favor de la unificación italiana –conocido en Italia como *Il Risorgimento* (resurgimiento)– encontró mucha oposición. En el norte, gran parte de la Lombardía y el Véneto estaban controlados por los austriacos; en el centro, el poder estaba en manos del Papado; y en Nápoles

secretas que en la década de 1820 luchaban contra el dominio austriaco y contra los Estados Pontificios. Más adelante, en 1831, se fundó el movimiento político conocido como la *Giovane Italia* (Joven Italia), cuyo objetivo era la creación de una república italiana. Su líder, Giuseppe Mazzini (1805-1872), fue uno de los tres impulsores de la unificación, junto a Camilo Cavour (1810-1861) y Giuseppe Garibaldi (1807-1882). Cavour era el primer ministro del Piamonte, un reino independiente gobernado por los Saboya, familia a la que pretendía sentar en el trono de la Italia unificada. Giuseppe Garibaldi, un carismático líder militar, logró equilibrar las dos aspiraciones contrapuestas: la republicana de Mazzini y la monárquica de Cavour.

La agitación revolucionaria que vivió Europa en 1848 creó un clima propicio para la causa italiana. Cavour y Garibaldi proclamaron una república en Roma. Mientras, Daniele Manin (1804-1857) en Venecia y Carlos Alberto de Saboya, en Lombardía, encabezaban levantamientos contra Austria. El ejército austriaco aplastó las insurreccio-

regiones donde se habían producido alzamientos espontáneos. Al cabo de cuatro meses, Garibaldi había arrebatado el Sur a los Borbones con el apoyo de los *Mille* (mil), su famoso cuerpo de voluntarios llamado los Camisas Rojas. Los Estados Pontificios cayeron poco después, excepto Roma, que continuaba bajo la protección de una guarnición

El dictador Benito Mussolini flanqueado por sus seguidores, los Camisas Negras.

nes en el Norte, mientras que el francés, conducido por Napoleón III, restauraba el poder de sus aliados papales en Roma.

Sin embargo, la situación iba a dar un giro en los diez años siguientes. En primer lugar, el Piamonte, aliándose con Gran Bretaña, Francia y Turquía contra Rusia en la guerra de Crimea, se ganó la simpatía de sus aliados con respecto a lo que se conocía como la «Cuestión italiana». En segundo lugar, las dotes políticas de Cavour consiguieron una alianza con Francia contra Austria, de la cual resultó la unión de las fuerzas franco-piamontesas. En 1859 derrotaron a Austria en el norte de Italia, en las batallas de Magenta y Solferino. Lombardía pasó a manos del Piamonte, al que pronto se incorporaron también la Toscana y la Emilia,

francesa. El 14 de marzo de 1861, en Turín, se constituía el reino de Italia.

Venecia y el Véneto se integraron en él en 1866, cuando Austria fue vencida por los prusianos en la batalla de Sadowa. Roma, el último bastión, fue ocupada en 1870, cuando los franceses se retiraron después de su derrota en la guerra franco-prusiana. Un año más tarde, Roma sería declarada capital del nuevo país.

LA ITALIA UNIFICADA

En las décadas que siguieron a la unificación, los políticos unieron sus esfuerzos para modernizar Italia. Se construyeron carreteras y vías férreas, se mejoró la enseñanza y se impulsó la industria. El país fundó colonias en zonas de Eritrea (1885) y de Libia (1911-

1912). En 1913 se celebraron las primeras elecciones con sufragio universal masculino (las mujeres no pudieron votar hasta 1946).

Italia permaneció neutral al comienzo de la primera guerra mundial, pero nueve meses más tarde (en mayo de 1915), seducida por la posibilidad de una nueva expansión colonial en África y por la adquisición de las llamadas *terre irredente* (zonas de habla italiana del noreste de Italia todavía en poder austriaco), se unió a los Aliados.

El país recibió parte de lo que esperaba con el tratado de paz de 1919, pero sufrió graves problemas económicos, políticos y sociales derivados de la guerra. Benito Mussolini supo sacar provecho de la situación utilizando a sus seguidores, los Camisas Negras, para avivar los disturbios callejeros y seducir a las clases media y alta con su eficaz retórica.

Mussolini emprendió su famosa Marcha sobre Roma desde Milán, tras la cual el rey Víctor Manuel III –ante la amenaza de una guerra civil– lo nombró primer ministro, a pesar de que el Partido Fascista tenía una representación mínima en el Parlamento. Mussolini rápidamente consolidó su posición en el poder y, con el tiempo, llegó a asumir el título de *Duce* o jefe. Hacia 1925 había establecido un Estado fascista dictatorial que, inexorablemente, se encaminó hacia una alianza con la Alemania nazi en los años previos a la guerra.

Italia hizo causa común con los nazis en 1940. Pero los ejércitos italianos, poco preparados y faltos de motivación, fueron derrotados en Grecia, Etiopía y otras zonas, situación que culminó con la invasión de Sicilia por los Aliados en junio de 1943. En septiembre del mismo año se firmó un armisticio, Mussolini fue encarcelado y el nuevo gobierno declaró la guerra a Alemania. Hitler se vio forzado a liberar a Mussolini, le puso al frente de un Estado controlado por él en el norte de Italia (la República de Saló) inició una guerra de desgaste para detener el avance aliado.

Finalmente, el 4 de junio de 1944 Roma fue tomada, pero en el norte de Italia los Aliados no cruzaron el Po hasta el 24 de abril de 1945. Mussolini fue capturado cuando intentaba huir a Suiza y su ejecución por los partisanos tuvo lugar el 28 de abril.

HACIA EL PRESENTE

La transformación de la Italia de la posguerra empezó en junio de 1946, cuando en un referéndum ganaron los partidarios de la república. El Plan Marshall fue el detonante de un *boom* económico, alimentado por una abundante mano de obra y por el deseo de los italianos de experimentar un cambio material. Firmante del tratado de Roma de 1957, Italia se convirtió en uno de los seis miembros fundadores de la Unión Europea. Su presencia en Europa se consolidó con la celebración en Roma de los Juegos Olímpicos en 1960, el mismo año en que Federico Fellini rodó *La dolce vita*, la famosa película que captó el espíritu del país en una década de extraordinarios cambios.

La transformación de Italia no estuvo exenta de problemas. En la década de 1960, el *boom* ya había tocado techo. Los gobiernos

de coalición se debilitaron y la economía empezó a tambalearse, provocando tensiones sociales. El descontento estalló en el denominado *autunno caldo* («otoño caliente») de 1968, cuando trabajadores y estudiantes se manifestaron por todo el país.

Pero lo peor habría de llegar en los años siguientes, cuando Italia sufrió los estragos del terrorismo. En 1978 se llegó al punto álgido, cuando las Brigadas Rojas secuestraron y asesinaron al ex primer ministro, Aldo Moro. El sistema político italiano se tambaleó con los escándalos de corrupción de los primeros años de la década de 1990. En aquel momento parecía que la experiencia iba a propiciar un cambio radical, al poner de relieve por primera vez el hondo deseo de los italianos de conseguir un cambio institucional y constitucional. Pero en la práctica, la Segunda República, proclamada en 1994,

Cartel publicitario del diseñador Giorgio Armani en el centro de Milán, una ciudad cuyo arte, cultura y desarrollo económico son un paradigma de la Italia moderna.

resultó ser un falso amanecer, aunque los vínculos con la Unión Europea, ahora más estrechos, en los últimos tiempos han comportado una cierta transformación.

Hoy día, Italia continúa revelándose como un país de contrastes. El Sur, más pobre, sufre el problema de la mafia; en el Norte, se alzan voces a favor de la independencia; y los políticos, en general, no parecen capaces de llevar a cabo verdaderas reformas. Pese a todo, el país prospera (aunque cada vez con más dificultades), superando las incoherencias circunstanciales y políticas de la misma manera, y en definitiva exitosa, en que lo ha hecho en muchas etapas de su convulso pasado. ■

Las artes

EL INMENSO PATRIMONIO ARTÍSTICO Y CULTURAL DE ITALIA ES SU mayor legado. A lo largo de casi 3.000 años, pinturas, esculturas, mosaicos, óperas y obras literarias de los incontables artistas, compositores y escritores del país han contribuido a dibujar y a definir la civilización occidental.

PINTURA Y ESCULTURA

Grecia y Roma

El arte griego se introdujo en Sicilia y en el sur de Italia en el siglo VIII a.C. con la llegada de los pobladores griegos a la Magna Grecia (ver pág. 18). Sus monumentos más destacados son los templos de Paestum y Agrigento, y los anfiteatros de Taormina y Siracusa. Se conservan pocas muestras de pintura griega de la época, aunque su influencia es patente en las tumbas y las cerámicas pintadas de los etruscos del centro de Italia, así como en los frescos que decoraban las villas romanas, cuyos ejemplos más notables se encuentran en Pompeya y en el Museo Archeologico Nazionale de Nápoles.

El arte etrusco y romano también se inspiró en Grecia para crear los mosaicos. Los de Nápoles y Pompeya, de la época romana, son espléndidos, pero los mejores están en el pabellón de caza de la Piazza Armerina, en Sicilia, y datan del siglo III d.C. La escultura helenística ejerció una influencia aún más importante. Su impacto se dejó sentir no sólo en época romana, sino también durante el Renacimiento y el neoclasicismo. Los museos de todo el país, y especialmente los de Roma, contienen multitud de obras maestras de escultura romana. Lo mismo se puede decir de la escultura etrusca, aunque los ejemplos son más escasos: los mejores se encuentran en la Villa Giulia de Roma y en museos provinciales de la Toscana, Umbría y el Lacio.

El Imperio bizantino

Dadas sus raíces occidentales y romanas, el arte bizantino se desarrolló sobre unas líneas propias que dieron lugar a un híbrido del estilo clásico y del oriental, más ornamentado. Su técnica predominante fue el mosaico, una forma que se adaptaba perfectamente al gusto bizantino por la ornamentación, la abstracción y el uso característico del oro y de otros fondos con gran riqueza de colorido.

La mayor incursión de Bizancio en tierras italianas se produjo con Justiniano, el emperador bizantino que en el siglo VI reconquistó territorios de la península itálica a los godos. Estableció su capital en Rávena, una ciudad adornada con algunos de los mejores mosaicos bizantinos de Europa, aunque también se pueden encontrar magníficos ejemplares de influencia bizantina en Aquilea, Milán o Roma. Uno de los aspectos más notables de Bizancio fue su permanencia, ya que la tradición del mosaico mantuvo su vigencia en edificios como la basílica de San Marco de Venecia o el Battistero de Florencia hasta el siglo XII e incluso más tarde.

El primer Renacimiento

La influencia bizantina fue especialmente prolongada en la pintura, en la que tres figuras estilizadas dominaron el arte italiano durante más de 500 años: los retratos de santos, los iconos de la Virgen y el Niño, y el *Christus Triumphans*, una imagen de Cristo en la cruz. Pero hacia el siglo XIV, con la creciente riqueza y sofisticación cultural de las ciudades-estado, estas imágenes empezaron a parecer anacrónicas.

Uno de los artistas que adoptaron nuevas formas de expresión fue el romano Pietro Cavallini (*c.* 1250-*c.* 1330), un mosaiquista formado en Bizancio que a mitad de su carrera empezó a explorar las posibilidades de la pintura al fresco. Durante un tiempo trabajó en la basílica de San Francisco (1228), en Asís, un edificio pionero en el desarrollo del arte italiano. Allí conoció a Cimabue (*c.* 1240-*c.* 1302), famoso por la descripción del crítico de arte renacentista Giorgio Vasari como el «padre de la pintura

Mosaico del siglo VI de una Madonna y el Niño en Sant'Apollinaire Nuovo, Rávena.

El nacimiento de Venus de Botticelli es una obra renacentista por el uso de la imaginería clásica en lugar de la cristiana.

italiana». Al poco tiempo trabajó con un discípulo de Cimabue, Giotto di Bondone (*c*. 1266-1337). Partiendo de los progresos vacilantes de Cimabue y otros, Giotto introdujo el realismo, la narrativa, el sentimiento y la profundidad espacial en la pintura, rompiendo así con el rígido dominio de Bizancio

sobre el estilo y la temática del arte italiano. En escultura se produjeron avances similares, de la mano de artistas como Nicola Pisano (1220-1284) y Arnolfo di Cambio (*c*. 1245-1302), que trabajaron en la Toscana.

El Renacimiento

El gran renacimiento cultural que floreció en Italia y en otros países en los siglos XV y XVI no fue un fenómeno repentino. Desde hacía dos o tres siglos, el arte y la sociedad habían

experimentado una cierta transformación propiciada por la creciente riqueza y sofisticación de las ciudades-estado, el progreso del saber, el renovado interés por el arte y el pensamiento clásico, el atractivo del humanismo y por la proliferación de mecenas, como los Médicis, cuyos encargos liberaron a los artistas de dedicarse al arte conservador que solicitaba (y sufragaba) la Iglesia.

Empezaron a surgir las innovaciones, especialmente en Florencia, que reunían todas las condiciones necesarias para la eclosión de la renovación del arte. Brunelleschi (1377-1446) fue el abanderado en arquitectura, Donatello (1386-1466) fue un pionero en escultura y Masaccio (1401-1428) estableció nuevos cánones en pintura. Más tarde se abrieron las puertas al genio y a los éxitos, no sólo en Florencia sino en otras ciudades de toda Italia. El centro más importante fue Venecia, cuya inmensa riqueza y espíritu cosmopolita encontraron la expresión

El Palazzo Ducale de Venecia por Antonio Canal, más conocido como Canaletto (1697-1768).

artística en las obras de Vittore Carpaccio, Giovanni Bellini, Tiziano, Jacopo Tintoretto y muchos otros.

Manierismo y Alto Renacimiento

Se puede afirmar que el Renacimiento abarcó gran parte del siglo XV. Sus últimos años, más o menos el primer cuarto del siglo XVI, reciben el nombre de Alto Renacimiento. Tres artistas dominan este período: Leonardo da Vinci (1452-1519), Miguel Ángel (1475-1564) y Rafael (1483-1520), hombres de consumado genio individual cuya obra trasciende toda categoría o clasificación.

La confianza renacentista en el hombre se erosionó finalmente debido a la situación política cada vez más agitada que reinaba en Italia, cuyo estado de crisis culminó en 1527, con el ataque del ejército imperial de Carlos V sobre Roma y el Papado. El manierismo, el género artístico que enlazó el Renacimiento con el Barroco, reflejó la incertidumbre que caracterizó esos tiempos. Convencionalismos que antes no se cuestionaban, como el color, la proporción y la composición, ahora se transgedían deliberadamente.

Las obras tardías de Miguel Ángel y Rafael ya contenían elementos manieristas, muchos de los cuales fueron incorporados y desarrollados por artistas como Pontormo (1494-1556), Rosso Fiorentino (1494-1540) y el Parmigianino (1503-1540).

El Barroco

El arte barroco fue una expresión del nuevo espíritu impulsado durante el siglo XVI por la Contrarreforma. El escritor italiano Luigi Barzini creó una imagen compartida por gran parte del arte barroco al describirlo como «todo cuanto es innecesariamente complicado, ocioso, caprichoso y excéntrico» (*Los italianos*, 1964). Este estilo se desarrolló enormemente en Roma, donde en el siglo XVII el Papado se convirtió en el mayor mecenas de Italia, aunque también tuvo un gran florecimiento en las ciudades de Nápoles, Lecce, Turín y Palermo. Sus monumentos más notables son esculturas y obras de arquitectura, y sus mayores exponentes, el exuberante Gianlorenzo Bernini (1598-1680) y su más atormentado e introvertido rival, Francesco Borromini (1599-1667).

La *Recompensa de Soothsayer* del pintor surrealista Giorgio de Chirico.

La pintura barroca, pese a quedar en segundo plano, también tuvo grandes maestros, en especial Caravaggio (1573-1610), que produjo obras de un realismo gráfico y revolucionario, y la familia de los Carracci (Ludovico, Aníbal y Agostino), cuyo personal enfoque tendió hacia los preceptos más fríos y contenidos del arte clásico.

Hacia el presente

El estilo representado por los Carracci tuvo continuidad en el siglo XVIII, cuando una renovada pasión por el ideal clásico en el arte inundaba Europa. El Neoclasicismo, tal como se conocía el movimiento, destacó sobre todo en escultura, disciplina en la que la sobria virtuosidad del estilo estuvo representada por artistas como Antonio Canova (1757-1822). La pintura de la época tendió más al rococó, un estilo sensual nacido en Francia que encontró su hábitat natural en la Venecia del siglo XVIII y en pintores como Giovanni Battista Tiepolo (1696-1770).

Los años centrales del siglo XIX estuvieron animados por los Macchiaoli, un grupo de pintores con base en la Toscana, cuyo nuevo tratamiento del estilo y el color reflejaba el de los impresionistas franceses. París sedujo al pintor italiano más destacado de finales del siglo XIX, Amedeo Modigliani (1884-1920), que pasó gran parte de su vida en esta ciudad. París también vio nacer el Futurismo, un movimiento fundado en 1909 por un grupo de italianos establecidos en la capital francesa, que pretendían representar el drama y el dinamismo de la era mecánica.

A lo largo del siglo XX, el influjo artístico de Italia ha sido marginal; el surrealista Giorgio de Chirico (1888-1978) fue el último pintor del país de verdadero renombre internacional. Hoy en día, la prolongada tradición artística de Italia encuentra una expresión más oblicua, pero no menos espléndida, en otras áreas como el diseño y la moda.

ARQUITECTURA

Entre las creaciones arquitectónicas más antiguas de Italia destacan los *nuraghi* prehistóricos de Cerdeña, viviendas circulares de piedra de las cuales se sabe muy poco. Luego vinieron los grandes templos y teatros de la Magna Grecia. Los elementos clásicos de

estos y otros edificios influyeron en las arqui-
tecturas etrusca y romana, aunque se conservan pocos restos de la primera, tan sólo sus
necrópolis del centro de la Península. Casi
todas las formas arquitectónicas romanas
fueron adoptadas de otras culturas –el arco
de triunfo y la basílica son destacadas excepciones– pero su innovador uso del arco y de

**Técnica decorativa que utiliza fragmentos
de mármol; se aplica en edificios.**

materiales como el cemento (en el Pantheon,
por ejemplo) permitió a los romanos construir a mayor escala que los griegos.

La arquitectura bizantina contiene
elementos de la romana y de la oriental.
Muchos de sus edificios tomaron como
modelo la planta basilical o la de cruz latina;
en el segundo caso se construía una cúpula
sobre una base cuadrada o rectangular. Las
decoraciones profusas, típicas de la tradición
oriental, tienen sus mayores exponentes en
las basílicas de San Marco, en Venecia, y de
San Vitale, en Rávena, y en menor medida en
la catedral de Monreale, en Sicilia, donde las
formas bizantinas se combinan con elementos exóticos y del norte de Europa introduci-
dos por los invasores árabes y normandos,
respectivamente.

Esta mezcla de tradiciones ha condiciona-
do la arquitectura italiana durante siglos, en
especial, los estilos románicos que se desarrollaron hacia el siglo X. Las formas sencillas del
románico, con arcos de medio punto, varían

enormemente de una región a otra: desde
los edificios de Sicilia y la Apulia, a menudo
impregnados de detalles decorativos de
influencia árabe, hasta las construcciones
románicas lombardas y pisanas del norte,
animadas con franjas de mármol blancas y
negras y con esculturas. El estilo románico
se extendió por todo el país al término
de la Alta Edad Media.

Desde aproximadamente el siglo XIII, el
Románico se vio transformado y con el tiempo sustituido por la arquitectura gótica, un
estilo cuyos principales rasgos distintivos son
el arco apuntado, la bóveda y los rosetones,
así como el gusto por los interiores luminosos
y el énfasis en la verticalidad. Esta forma fue
introducida básicamente desde Francia y tuvo
su expresión más temprana en edificios senci-

llos pero de notable influencia, como la basílica de San Francisco, en Asís. Al igual que el románico, se extendió y se transformó rápidamente gracias a la profusión de construcciones civiles y religiosas con las cuales se dotaban las ricas ciudades-estado recién creadas. Surgieron así edificios que combinaban ambos estilos, como las catedrales y los palacios públicos de Siena, Pisa, Florencia y Orvieto. En raras ocasiones dominaba el gótico, como sucede en la catedral de Milán y en el Palazzo Ducale de Venecia.

La arquitectura renacentista vio el resurgir de las formas y los ideales clásicos. Incluso cuando el gótico alcanzó su apogeo, arquitectos como el florentino Filippo Brunelleschi (1337-1446) adaptaban las formas antiguas a los nuevos edificios. La obra de Brunelleschi

A menudo se tardaba cientos de años en terminar edificios de las dimensiones y la complejidad de la catedral de Siena.

fue desarrollada por Michelozzo, Leon Battista Alberti y Bramante –que diseñó los planos de la basílica de San Pedro de Roma–, aunque el arquitecto más importante de este período fue Andrea Palladio (1508-1580).

La pureza de las líneas y formas del Renacimiento dio paso al barroco, un estilo exuberante, con formas complejas y profusamente decoradas que expresaban la seguridad y el optimismo de la Contrarreforma. La exaltación religiosa y arquitectónica tuvo su más destacada expresión en Roma, donde en el siglo XVII el mecenazgo papal promovió un *boom* arquitectónico liderado por los máximos exponentes del estilo: Gianlorenzo Bernini (1598-1680) y Francesco Borromini (1599-1667).

La energía e inventiva del Barroco dejó paso a las mesuradas creaciones del neoclasicismo del siglo XVIII, una nueva reelaboración de las formas clásicas, carente de la sutileza de Palladio y sus contemporáneos.

dado uno de los primeros compositores que se han documentado, Francesco Landini (*c.* 1325-1397). La música religiosa y coral predominó en gran parte de la Edad Media, culminando con la obra de Giovanni Palestrina (1524-1594). La música profana de la época a menudo tomó la forma de madrigal o de entretenimiento para

El compositor Giuseppe Verdi (1813-1901).

El compositor Gioacchino Rossini (1792-1868).

El modernismo hizo asimismo una breve aparición en el siglo XIX con las galerías cubiertas de cristal de Milán y Nápoles. En los tiempos modernos, la arquitectura italiana ha reflejado las florecientes fortunas del diseño autóctono, y arquitectos célebres como Renzo Piano, responsable del moderno Centro Georges Pompidou de París, han dado un renovado impulso a una insigne tradición de 3.000 años de antigüedad.

MÚSICA

La inmensa contribución de Italia al mundo de la música clásica dio sus frutos más tempranos en el siglo XI, cuando un monje toscano, Guido Monaco (995-1050), ideó la escala musical y las formas de notación que todavía se utilizan hoy. El país también ha

las bodas, y ambos contribuyeron a establecer las bases del mayor legado musical de Italia: la ópera.

Sin embargo, las primeras manifestaciones operísticas fueron eclipsadas en gran parte por el desarrollo de la música instrumental. Un trío de compositores perfeccionó e hizo progresar esta música: Girolamo Frescobaldi (1583-1643) escribió sobre todo para órgano, Arcangelo Corelli (1653-1713), para violín, y Domenico Scarlatti (1685-1757), para clavicordio. Venecia –por entonces uno de los grandes centros de la música italiana, en buena parte gracias al coro y la orquesta de San Marco–, vio nacer a Antonio Vivaldi (1678-1741), un compositor poco valorado en su época (falleció en Viena en la miseria), pero ahora muy famo-

so por obras como *Las cuatro estaciones.*
Escribió unos 454 conciertos, contribuyendo así a forjar la estructura clásica de los conciertos en tres movimientos (rápido, lento, rápido). Tomaso Albinoni (1671-1750) también ha alcanzado la fama en la actualidad. Su impresionante *Canon* es tal vez su obra más conocida.

Florencia durante la boda de María de Médicis con Enrique IV). El primer compositor de renombre que se dedicó a este nuevo género fue Claudio Monteverdi (1567-1643), maestro de coro en San Marco, cuyo *Orfeo* (1607) supuso el afianzamiento de la ópera en el mundo de la música. A lo largo del siglo XVII, esta forma musical adquirió

El cantante de ópera Luciano Pavarotti interpretando *Un ballo in maschera* con Lillian Watson.

Ópera

El origen concreto de la ópera es discutido. Muchos especialistas hacen remontar el género al *intermedii* de las ceremonias nupciales florentinas y de otras regiones, unos espectáculos que incluían una serie de escenas con canto, baile y representaciones estáticas. Los miembros de una academia florentina conocida como la Camerata, inspirándose en esos espectáculos, empezaron a combinar elementos de los dramas griegos con la declamación musical. En 1597, dos miembros de la academia, Jacopo Peri y Ottavio Rinucci, compusieron *Dafne*, para muchos la primera ópera, y también *Eurídice*, la primera que ha sobrevivido en su forma íntegra (la composición fue interpretada por primera vez en el Palazzo Pitti de

un mayor grado de perfección y definición, especialmente al dividirse en *opera seria*, centrada en temas profundos –normalmente tomados de la mitología–, y *opera buffa* u ópera cómica, que a menudo incorporaba personajes y situaciones del repertorio de la Commedia dell'Arte. Pronto todas las ciudades italianas importantes tuvieron su propio teatro de ópera. En Nápoles, Alessandro Scarlatti (1660-1725) creó la obertura clásica del género y la división entre las arias cantadas individualmente y el recitativo conjunto, esenciales para el desarrollo de la trama.

A partir de entonces, prácticamente todos los grandes nombres de la ópera fueron italianos. La gran excepción es, por supuesto, Mozart (aunque fue un italiano, Lorenzo da Ponte, quien escribió los libretos de las principales óperas del maestro: *Don Giovanni, Così fan tutte* y *Las bodas de Fígaro*). Gioacchino Rossini (1792-1868) fue uno de los primeros maestros de la ópera cómica o ligera (*Guillermo Tell* y *El barbero de Sevilla*). Entre los contemporáneos que trabajaron en una línea similar están Vincenzo Bellini (1801-1831), cuyo genio melódico encontró expresión en obras como *Norma*, y Gaetano Donizetti (1797-1848), quien combinó el melodrama (*Lucia di Lammermoor*) con piezas más ligeras (*L'elisir d'amore*).

El inicio de la época de oro de la ópera se sitúa a finales del siglo XIX con la llegada de los gigantes del género: Giuseppe Verdi (1813-1901) y Giacomo Puccini (1858-1924). Las óperas de Verdi, junto con las de Mozart, forman la base del canon operístico (*Aida, Rigoletto, Nabucco* y *La Traviata*). Puccini exploró temas más modernos, incorporándose a la corriente del *verismo* o realismo, en óperas como *Tosca, Madame Butterfly* y *La Bohème*.

La música italiana moderna continúa bajo la alargada sombra de la ópera. Hoy en día, la figura más célebre de la música del país es Luciano Pavarotti, una estrella de la ópera. Por otra parte, el legado musical de Italia se evoca en numerosos festivales de gran prestigio, como el Festival della Lirica de Verona, el Maggio Musicale de Florencia o el Festival dei Due Mondi de Spoleto.

CINE

Después de la segunda guerra mundial, cineastas neorrealistas como Federico Fellini (*La dolce vita*) y estrellas como Sofía Loren y Marcello Mastroianni han contribuido a forjar nuestra imagen de cómo son y cómo se comportan los italianos.

Las raíces de la industria cinematográfica son antiguas. El primer estudio de Italia se construyó en Turín, en 1905, y el primer largometraje, *Cabiria*, se filmó en 1914.

La irrupción del fascismo supuso un fuerte impulso para el cine, pero sólo en términos de cantidad: en la década de 1930 se rodó un gran número de películas, aunque no se puede hablar de una producción de calidad. La mayor parte de los largometrajes, creados como una forma de evasión y dirigidos al sentimentalismo, eran de escaso valor. Otros eran poco más que propaganda: cuando Benito Mussolini creó los estudios Cinecittà de Roma en el año 1938, su objetivo era hacer de las películas «nuestra principal arma».

En la posguerra, la cinematografía italiana alcanzó la mayoría de edad. Una nueva generación de directores creó el género conocido como neorrealismo, un estilo muy atrevido centrado en la dura realidad social. *Roma, ciudad abierta*, de Rossellini (1945) fue su obra maestra, con un estilo casi documental, basado en un enfoque de la cámara deliberadamente inestable, exteriores reales y un argumento que no disimulaba la cruda realidad. La iniciativa de Rossellini fue seguida por Luchino Visconti, Michelangelo Antonioni y Vittorio de Sica y, más tarde, por Pier Paolo Pasolini y Federico Fellini, quienes exploraron distintas facetas de la Italia de la posguerra. El Neorrealismo pronto adoptó elementos del cine negro y del trabajo de realizadores extranjeros que llegaban a los estudios italianos (*Cleopatra* y *Ben Hur* son sólo dos de las películas de gran éxito filmadas en parte en Cinecittà).

Los días de gloria pronto pasaron. El realismo de corte iconoclasta –pese a que ejerció una fuerte influencia– fue efímero, mientras que los elevados costes obligaban a los estudios italianos a dedicarse a la pornografía blanda y a los *spaghetti western* para salir adelante. Las figuras de antes –Fellini y Visconti– continuaron trabajando, y todavía dieron alguna que otra sorpresa, pero a finales de la década de 1970, el impulso renovador de veinte años atrás se había desvanecido.

En esa época, los cineastas italianos sólo produjeron obras de gran éxito de forma esporádica. Franco Zeffirelli (*Romeo y Julieta* y *Hamlet*) y Bernardo Bertolucci (*El último tango en París* y *El último emperador*) son los únicos directores actuales de talla internacional, aunque películas como *Cinema paradiso* (1988), de Giuseppe Tornatore, y *La vida es bella* (1998), de Roberto Benigni, han entusiasmado al público de todo el mundo.

Anita Ekberg camina por la Fontana di Trevi, en Roma, en una escena de la clásica película de Fellini de 1960 *La dolce vita*.

LITERATURA

La primera literatura italiana es la del canon clásico, en la que destacan los poetas latinos Virgilio y Ovidio, autores de *La Eneida* y *Metamorfosis*, respectivamente, y escritores como Plinio (*Historia natural*), Julio César (*La guerra de las Galias*) y Suetonio (*Los doce césares*), que fueron los cronistas de la historia de Roma y de su Imperio. En teatro, Séneca exploró el lenguaje dramático, mientras que Plauto se convirtió en el maestro de la comedia. Juvenal sobresale entre los poetas satíricos: fue él quien acuñó la expresión *panem et circenses* (pan y circo) para ridiculizar al populacho de Roma, que daba su libertad a cambio de comida y diversión.

El latín mantuvo su primacía hasta el siglo XIII, cuando poetas franciscanos como Jacopone da Todi y san Francisco de Asís, incorporando elementos de la tradición trovadoresca provenzal, empezaron a escribir en el italiano que se hablaba entonces. Esta tendencia fue continuada por tres de las figuras italianas de mayor relieve: Dante Alighieri (1265-1321), Petrarca (1304-1374) y Giovanni Boccaccio (1313-1375). La *Divina Comedia*, de Dante (*c.* 1321), es uno de los mejores poemas épicos de todos los tiempos y lenguas, una obra que aborda muchos temas, inspirada en el amor imposible del poeta por Beatriz. El amor también inspiró a Petrarca, cuya pasión por Laura generó los sonetos líricos del *Canzoniere*. Boccaccio es recordado por la habilidad narrativa que demostró en *El Decamerón* (1348-1353), un conjunto de 100 relatos narrados por diez personas durante los días en que la peste negra devastaba Florencia.

Petrarca y Boccaccio no se limitaron estrictamente a su idioma vernáculo, sino que intentaron reafirmar el latín y el griego como lenguas literarias, siguiendo la vanguardia de la corriente clásica y humanística que preparó el terreno para el Renacimiento. Los ideales clásicos encontraron expresión en las obras de humanistas como Leonardo Bruni y Poliziano, y en los versos de Miguel Ángel, que escribió sonetos y otros poemas. Otras obras de la época que tuvieron una enorme influencia son *El cortesano* (1528), de Baltasar de Castiglione, un manual de educación cortesana leído en toda Europa, y *Orlando furioso* de Ariosto, poema épico basado en las hazañas del caballero Orlando y su amada Angélica. Otra obra de menor éxito en su día pero crucial en la actualidad es *El príncipe* de Maquiavelo, magistral análisis político que combina el ensayo político con un perspicaz estudio de la naturaleza humana.

Después del Renacimiento, la literatura italiana continuó dando nombres destacados en los diversos movimientos que existieron en Europa en los siglos XVIII y XIX. *Los novios* de Alessandro Manzoni reflejaba el desarrollo de la novela como género. En teatro, la figura más relevante fue Carlo Goldoni (1707-1793), cuyas brillantes y mordaces comedias contienen paralelismos con las obras de Molière. En poesía, los poemas líricos de Giacomo Leopardi (1798-1837) fueron el máximo exponente del Romanticismo italiano, mientras que las obras similares pero más oscuras de Giosuè Carducci (1835-1907) presagiaban las tendencias más subversivas que surgirían en la nueva centuria.

Estas corrientes encontraron su expresión en las novelas de Italo Svevo (1861-1928), cuyas reflexiones existenciales y psicoanalíticas reflejaban las de Franz Kafka y Marcel Proust. Se observan similares intereses en las obras de Luigi Pirandello (1867-1936), cuya obra explora la alienación humana y las contradicciones de la personalidad. El siglo XX también marcó la aparición de escritoras, como Grazia Deledda (1875-1936) galardonada con el premio Nobel de literatura en 1926.

La represión fascista produjo sus propias obras maestras, entre las que destacan los intensos relatos de Primo Levi sobre sus experiencias en los campos de concentración nazis, y *Cristo se detuvo en Éboli* (1945), de Carlo Levi, que describe la pobreza vista por un escritor exiliado en el sur de Italia. Ambos se ciñeron a un realismo puro, al igual que las obras de Alberto Moravia (1907-1990), un escritor cuyo retrato de la Italia de la posguerra, en rápida transformación, encontró un amplio público fuera del país. Lo mismo se puede decir de Umberto Eco (*El nombre de la rosa*) y del mayor escritor italiano moderno, Italo Calvino (1923-1989), autor de novelas y sutiles narraciones cortas que han sido traducidas a gran número de idiomas. ∎

R oma es una ciudad de
papas, emperadores,
romanticismo, días soleados
y plazas llenas de fuentes,
una urbe repleta de museos,
galerías, iglesias y espléndidos
monumentos erigidos en los
casi mil años de Imperio.

Roma

Guardia suizo

Roma

ROMA NO TIENE IGUAL. NINGUNA CIUDAD PUEDE COMPETIR CON ELLA en riqueza artística, histórica o arquitectónica, y no existe otra urbe que posea una oferta turística tan impresionante: se necesitan varios días para ver tan sólo los lugares más extraordinarios. Pero también está gravemente afectada por muchos de los problemas modernos –en particular el ruido, el tráfico y la contaminación–, de forma que cuando se visita por primera vez, en especial si es durante los sofocantes veranos, puede resultar excesivamente masificada y ruidosa. Aunque ello pueda parecer desalentador, no es fácil olvidar que Roma tuvo un pasado glorioso.

La mejor manera de abordar la ciudad es haciéndolo de forma oblicua. Al principio, evite los lugares más conocidos. Introdúzcase poco a poco en ella tomando un café o paseando por sus plazas más tranquilas: la Piazza Navona y el Campo dei Fiori, donde se celebra un mercado, son las mejores.

Diríjase en primer lugar a la Piazza Venezia, una gran plaza de intenso tráfico que se abre más o menos en el corazón de la ciudad. Dominando la plaza se alza el colosal Monumento a Víctor Manuel II, que conmemora la unificación italiana, flanqueado a la derecha por la colina Capitolina, el núcleo de

Incluso a las monjas les encantan los cremosos y sabrosos helados italianos, que también se venden en puestos en la calle.

la ciudad antigua. En la plaza nacen tres grandes arterias, todas ellas útiles para emprender recorridos turísticos.

La primera es la Via dei Fori Imperiali, que se dirige hacia el sur pasando por el Foro Romano y el Coliseo, dos de los puntos cruciales de la ciudad. También constituye un acceso cómodo para llegar a los Fori Imperiali, a San Pietro in Vincoli (conocida por la enorme estatua del *Moisés* de Miguel Ángel) y a dos de las iglesias más interesantes de Roma: San Clemente y San Giovanni in Laterano. Todos estos lugares se pueden ver cómodamente en un día, aunque la última iglesia importante de esta zona, Santa Maria

Maggiore, se encuentra algo aislada en una área desprovista de atractivos: Termini, la principal estación de tren de Roma.

Del lado oeste de la Piazza Venezia sale el Corso Vittorio Emanuele II, la segunda vía pública más importante de Roma, que atraviesa lo que se suele llamar el corazón medieval y renacentista de la capital. En realidad, al igual que en otras zonas de Roma el barrio que divide –el más llamativo de la ciudad– es una mezcla de monumentos de todas las épocas. Aquí, los puntos esenciales son el Palazzo Doria Pamphilj, uno de los principales museos de arte de la ciudad, y dos grandes plazas: la Piazza Navona y el Campo dei Fiori.

Toda clase de iglesias, palacios y rincones anónimos se encuentran esparcidos por esta zona, donde se puede pasar un par de días simplemente explorando sus calles (ver págs. 66-67). Si no dispone de mucho tiempo, limítese al Pantheon, el edificio romano más bien conservado de Roma, y a las iglesias de San Luigi dei Francesi (pinturas de Caravaggio) y Santa Maria sopra Minerva (una excelente escultura de Miguel Ángel).

Al lado de la tercera de las grandes calles que emergen de la Piazza Venezia, la Via del Corso, que se dirige hacia el norte, se encuentra otra zona casi tan interesante como la anterior. Aquí, las calles laterales ocultan lugares tan famosos como la Fontana de Trevi y la Escalinata española, además del Palazzo Barberini (un importante museo) y una red de calles alrededor de la Via Condotti, que constituye el principal núcleo comercial de la ciudad. En su extremo norte, el Corso se abre a la Piazza del Popolo, tras la cual se extiende la Villa Borghese, el mayor parque de la ciudad y escenario de dos de los museos más destacados: la Galleria Borghese (pintura y escultura) y la Villa Giulia (arte y objetos de la Antigüedad).

En la orilla opuesta del Tíber (Tevere), el principal río de Roma, se alza la basílica de San Pedro. Para verla se necesita casi una mañana entera, incluyendo una hora para el cercano Castel Sant'Angelo (ver pág. 82). En la misma zona, en el Vaticano, se hallan los Musei Vaticani, sede de la Capilla Sixtina y del mayor complejo museístico del mundo. ■

6▷

5▷

4▷

3▷

2▷

1▷

△ A

△ B

△ C

VIAL

Villa
Giulia

PONTE DEL
RISORGIMENTO

VIA FLAMINIA

G. MAZZINI

VIA ANGELICO

VIALE

PIAZZA
GIUSEPPE
MAZZINI

PRATI

PONTE
MATTEOTTI

Stazione
Roma-
Viterbo

VIA TRIONFALE

VIALE DELLE MILIZIE

Tevere

Porta
del
Popolo

M Flaminio

VIAL

VIA ANDREA DORIA

VIA LEONE IV

M Lepanto

PONTE
MARGHERITA

Santa Mai
del Popole

PIAZZA
DEL
POPOLO

VIA DEL BABUINO

Cipro-
Musei
Vaticani

Ottaviano-
San Pietro

VIA COLA DI RIENZO

VIA DI RIPETTA

VIA

Museo Pio-
Clementino

PIAZZA
DEL
RISORGIMENTO

VIA CRESCENZIO

PIAZZA
CAVOUR

Ara Pacis

VIA CONDOTT

Piaz
di
Spag

Pinacoteca

Musei
Vaticani

Stanze di
Raffaello

BORGO

Castel
Sant'Angelo

PONTE
CAVOUR

TOMACELLI

VIA DEL CORSO

CITTÀ DEL
VATICANO

Cappella Sistina

Basilica di
San Pietro

PIAZZA
SAN
PIETRO

VIA DELLA
CONCILIAZIONE

PONTE
SANT'
ANGELO

PONTE
UMBERTO I

Stazione
Vaticano

Porta
Cavalleggeri

Santo Spirito
in Sassia

PONTE
VITTORIO
EMANUELE II

PONTE
PR. SAV.
AOSTA

VIA D. SCORRA

VIA AURELIA

CORSO

Palazzo
Altemps

Pantheon

S. Maria
sopra
Minerva

GIANICOLO

VITT.

Sant'Agnese

San Luigi
dei
Francesi

Palazzo
Pamphili

VIA GIULIA

EMANUELE
II

PIAZZA
NAVONA

Palazzo Doria
Pamphilj

PIAZ
VENE.

CAMPO
DE' FIORI

Gesù

Mon. a Vi
Emanuele

PONTE G.
MAZZINI

PIAZZA
FARNESE

VIA ARENULA

Piazza d
Campidog

G i a n i c o l o

Villa
Farnesina

Galleria
Spada

GHETTO

Palazzo
Corsini

PONTE
SISTO

PONTE
GARIBALDI

Teatro di
Marcello

LUNG SANZIO

Isola
Tiberina

Santa Maria
in Trastevere

SAN FRANCESCO A RIPA

VIA DI

PONTE
PALATINO

Porta San
Pancrazio

VIA

GARIBALDI

Santa Cecilia
in Trastevere

San
Maria
Cosmed

TRASTEVERE

VIALE DI TRASTEVERE

Porta
Portese

Tevere

PONTE
SUBLICIO

Aventir

VIA PORTUENSE

LUNG TESTACCIO

VIA DELLA MARMORATA

TESTACCIO

Po
Sa
Pao

San Paolo
fuori le Mura

Stazio
Rom
Ost

Roma ★

Mapa de situación

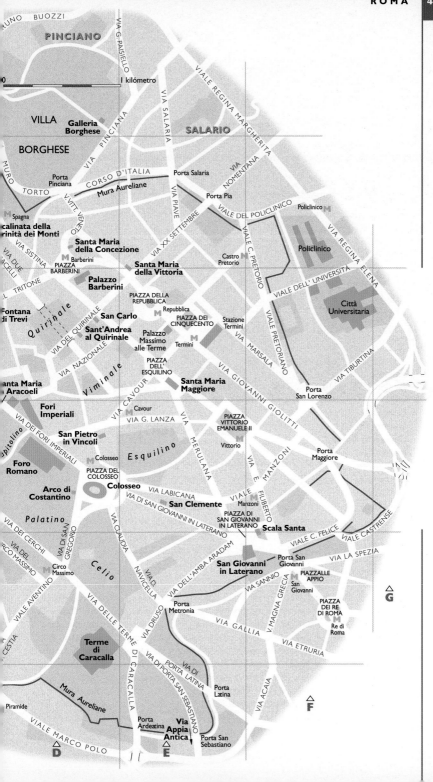

La estatua
ecuestre del
emperador Marco
Aurelio es
el elemento
central de la
Piazza del
Campidoglio.

Campidoglio

A 46 C3

Musei Capitolini

www.museicapitolini.org

✉ Piazza del
   Campidoglio 1

☎ 06 3996 7800

🕐 Cerrado lun.

💲 $

🚌 Autobuses: 60, 64
   81, 87 y todos los
   que van a la Piazza
   Venezia

Campidoglio

LA PIAZZA VENEZIA ESTÁ PRESIDIDA POR EL MONUMENTO
a Víctor Manuel II, dedicado a la unificación italiana, que los
romanos denominan «máquina de escribir» o «tarta nupcial» por
su forma y sus resplandecientes baluartes de mármol blanco. Su
construcción comportó el derribo de incontables edificios medievales y alteró los contornos del Campidoglio o Capitolino (colina
Capitolina), el corazón de la antigua Roma.

La zona meridional del Campidoglio, habitado desde la Edad
de Bronce, en otra época acogió el
templo más venerado de Roma,
el dedicado a Júpiter, mientras que
en su promontorio norte se erigía
el Arx, la primera ciudadela defensiva de Roma. Hoy en día el centro
de atención es la **Piazza del
Campidoglio,** construida en
el siglo XVII según un plano de

Miguel Ángel. Los palacios que se
levantan a sus lados contienen los
Musei Capitolini (Museos Ca-
pitolinos), comunicados entre
ellos, que albergan un museo
de pintura y algunas de las piezas
más destacadas de la estatuaria
griega y romana de la ciudad. La
más impresionante es la estatua
ecuestre del siglo II del emperador
Marco Aurelio, instalada en el pór-

cable. Muchos de sus monumentos ahora están enterrados bajo la Via dei Fori Imperiali, una calle que Mussolini abrió en 1932. Las estimaciones indican que sólo se conservan en pie una quinta parte de las construcciones originales.

Julio César fue el primero en construir a gran escala fuera del foro primitivo, pero el tiempo no ha respetado su obra, el **Foro di Cesare** (54-46 a.C.). Su sucesor, Augusto, también fue borrado para la posteridad: las ruinas del Tempio di Mars Ultor, flanqueadas por columnas en tres de sus lados, es aproximadamente todo cuanto queda del **Foro di Augusto** (2 a.C.-14 d.C.). Dos grandes columnas y un espléndido friso son los elementos más destacados del **Foro di Nerva,** construido por un emperador que reinó durante sólo dos años (96-98 d.C.). Sin embargo, mucha gente pasa de largo de este foro y del **Foro di Vespasiano** (71-75 d.C.) para dirigirse al foro del emperador Trajano, el **Foro Traiano** (107-113 d.C.).

El Foro Traiano está dominado por la Colonna Traiana, el elemento central de los Fori Imperiali. La parte superior de este pilar de 30 m en otro tiempo tenía la misma altura que el terreno de su alrededor, lo que ponía de relieve la magnitud de los trabajos de extracción de piedra realizados para excavar el foro. El monumento, cuyo estado de conservación es excelente, fue erigido en 113 d.C. en conmemoración de las victorias sobre los dacios. Un complejo friso dispuesto en espiral, de 200 m de longitud, gira en torno a los 18 tambores de mármol de la columna. Estos majestuosos relieves en mármol –en los que aparecen 2.500 figuras– representan escenas de las campañas victoriosas de Trajano. ∎

tico del Palazzo del Museo Capitolino, a mano derecha (la estatua de la plaza es una copia).

Una escalera de 112 peldaños nos conduce a la iglesia de **Santa Maria in Aracoeli.** Este acceso fue construido en 1348 como ofrenda para celebrar el fin de la peste negra. Se puede llegar a la iglesia de forma más cómoda desde la parte de atrás de la Piazza del Campidoglio. Sus obras de arte más destacadas incluyen los frescos sobre la *Vida de san Bernardino* (1486) de Pinturicchio, en la primera capilla de la nave sur.

Los **Fori Imperiali** (Foros Imperiales) es el nombre que reciben los cinco foros creados por Julio César y sus sucesores cuando en el primitivo Foro Romano empezó a escasear el espacio edifi-

Las figuras de la Colonna Traiana han proporcionado a los historiadores datos esenciales sobre la guerra y las tácticas bélicas en la Antigua Roma.

Monumento a Vittorio Emanuele II
- 46 C3
- Piazza Venezia
- 06 699 1718
- Gratuito
- Autobuses: 44, 64, 84 y todos los que van a la Piazza Venezia. Metro: Colosseo

Foro Romano

DURANTE CASI MIL AÑOS, EL FORO ROMANO FUE EL corazón de la Antigua Roma. Actualmente, todo lo que se conserva de él es un cúmulo de ruinas, aunque su melancólica belleza y sus infinitos ecos históricos todavía lo convierten en los restos arqueológicos más importantes de Europa. Sus monumentos, alterados y reconstruidos –o superpuestos uno encima de otro– durante muchos siglos, resultan desconcertantes. No espere quedar impresionado por la grandeza de la Antigüedad; acérquese al foro para disfrutar del esplendor del pasado y del apacible encanto de lo que, en otro tiempo, fue un lugar magnífico.

El Foro era un valle pantanoso encajado entre las colinas Palatina y Capitolina. Durante la Edad de Hierro fue un cementerio situado en las inmediaciones de un poblado, emplazamiento que quizás dio lugar a su nombre (en latín, *forum* significa «plaza»). Más tarde se convirtió en el vertedero de basura de diversos asentamientos cercanos, para posteriormente pasar a acoger el mercado municipal. Sus primeros monumentos probablemente datan del siglo VII a.C., durante la dominación etrusca.

Cuando el Imperio floreció, en el Foro empezaron a concentrarse todas las estructuras de la vida cívica, religiosa y política. Casas de patricios, tiendas, templos y mercados iban cubriendo su espacio.

Hacia el siglo II d.C., esta febril actividad constructora había cesado, básicamente porque todo el espacio disponible ya estaba ocupado. Entonces el poder político se trasladó al Palatino, la actividad comercial pasó al Mercato Traiano (Mercado de Trajano) y se empezó a construir en los Fori Imperiali,

Entre las ruinas diseminadas del Foro Romano está el Arco di Settimio Severo (derecha), un arco de triunfo levantado en el año 203 d.C.

Las vírgenes vestales

Las vírgenes vestales eran las encargadas de mantener siempre encendida la llama sagrada de Roma, un símbolo del carácter eterno de la ciudad, que residía en el Tempio di Vesta. Todas las vírgenes vestales, escogidas sólo entre las principales familias patricias, tenían entre seis y diez años cuando eran admitidas. Servían durante 30 años, y luego eran recompensadas por el Estado con una pensión y se les permitía casarse.

Las vestales que perdían la virginidad eran enterradas vivas y el infractor era azotado hasta morir. Las que dejaban que la llama se apagara eran flageladas por el Pontifex Maximus, el gran sacerdote de Roma, y tenían que volver a encender el fuego con madera sagrada. A cambio de sus servicios, las vestales gozaban de un gran prestigio social y de derechos especiales, como conceder el indulto a criminales condenados, pasar por todas las calles y circular en carro por dentro de los límites de la ciudad (un derecho normalmente reservado a las emperatrices) y custodiar testamentos, incluyendo el del emperador. Quien les causaba algún daño podía ser castigado con la muerte. ∎

pero a pesar de todo, el Foro Romano conservó su simbolismo.

Tras la caída de Roma, el paso del tiempo empezó a dejar sus huellas. En el siglo III d.C., el recinto fue destruido por un incendio, y dos centurias más tarde sufrió los efectos de varios terremotos y de los ataques de los invasores bárbaros. Durante la Edad Media se utilizó piedra del Foro para levantar iglesias y palacios.

Finalmente, el Foro quedó tan destruido que recibió el nombre de *campo vaccino*, o pasto de vacas. Las excavaciones sistemáticas no comenzaron hasta finales del siglo XVIII, y todavía continúan.

LAS RUINAS

Antes de explorarlo es importante contemplar una panorámica general del Foro. La mejor es la que se divisa desde la Via del Campidoglio y desde las escaleras que hay detrás del Palazzo Senatorio, en la Piazza del Campidoglio. Para entender las ruinas se precisa un buen plano del recinto y una gran dosis de imaginación. A continuación proporcionamos una guía sólo para los monumentos mejor conservados y más sugerentes para el visitante.

Desde la entrada principal, en la Via dei Fori Imperiali, gire a la derecha por la Via Sacra, la calle más importante del antiguo Foro, y siga un recorrido más o menos contrario al de las agujas del reloj. Le llevará a la salida del Arco di Tito, donde puede optar por subir andando al Palatino (ver recuadro pág. 52) o pasar directamente al Coliseo (ver págs. 54-57). El primer templo que verá a su derecha,

Foro Romano
www.capitoleum.org

🗺 47 D3

✉ Entradas en el Largo Romolo e Remo (en la intersección de la Via dei Fori Imperiali y la Via Cavour) y en la Via di San Gregorio

☎ 06 699 0110 o 06 3996 7700

$ Foro: gratuito Palatino: $$

🚌 Autobuses: 85, 87, 175 y todos los que van a la Piazza Venezia. Metro: Colosseo

En un valle al pie del Palatino se alzan los restos del Circo Máximo, donde en otro tiempo se celebraron miles de carreras de carros imperiales.

el **Tempio di Antonino e Faustina** (141 d.C.), es uno de los mejor conservados del Foro, debido a que en el siglo XI fue convertido en la iglesia de San Lorenzo in Miranda. El templo original fue erigido por el emperador Antonino Pío en honor a su esposa, Faustina. Más adelante, a la derecha, se levanta la **Basilica Aemilia** (179 a.C.), en un tiempo un complejo comercial y bancario, considerado uno de los edificios más bellos del Foro (fue completamente destruido durante la invasión de Teodorico en 410 d.C.).

Al final de la Via Sacra se perfilan dos monumentos inconfundibles: la austera **Curia,** construida con ladrillo, y el **Arco di Settimio Severo.** Delante de ellos se abre un espacio conocido como el **Comitium,** probablemente el primer lugar de reunión importante del Foro y, en los primeros tiempos, centro de la vida cívica, social y judicial. Las procesiones, los funerales y los sacrificios se realizaban aquí; los políticos se reunían y votaban en sus salas; y las sentencias de los juicios eran anunciadas por el *praetor* en sus tribunales de justicia. La Curia era la sede del Senado romano y de sus 300 senadores (en el siglo VII fue convertida en una iglesia).

El Palatino

El Palatino era una de las primitivas Siete Colinas de Roma. También fue el primer emplazamiento de la ciudad –precediendo al Foro– y el lugar donde la legendaria loba amamantó a los gemelos Rómulo y Remo.

Fue uno de los primeros barrios residenciales de Roma y, posteriormente, se construyeron aquí los palacios imperiales más importantes (la palabra «palacio» deriva del término latino *palatino*). Sus ruinas son más confusas que las del Foro, pero las panorámicas, los preciosos jardines, los sombreados campos de naranjos y los tranquilos rincones lo convierten en un lugar perfecto donde hacer una pausa en los recorridos turísticos. ■

El Arco (203 d.C.) se construyó para conmemorar los triunfos militares del emperador Septimio. Sus cuatro relieves principales están decorados con escenas de batallas, la diosa de la victoria y paneles que loan a sus dos hijos, Geta y Caracalla.

Bajo el arco arranca un muro de ladrillo en ruinas, todo cuanto queda del **Imperial Rostra,** las tribunas de los oradores que tomaron el nombre de las *rostra* o proas de bronce de los barcos, utilizadas para embestir a otras naves en las batallas y conservadas aquí como trofeos de guerra. Se dice que fue aquí donde Marco Antonio pronunció su discurso de «Amigos, romanos y compatriotas...» tras el asesinato de Julio César. Detrás del arco, a la izquierda, se hallan las ocho columnas de color gris rojizo del **Tempio di Saturno** (479 a.C.), el más antiguo y más venerado de los primeros templos del Foro. Estaba dedicado a Saturno, dios de la agricultura. El templo también acogía el tesoro de oro y plata del Estado.

De espaldas al templo, el espacio que se abre delante y a la derecha es la **Basilica Giulia** (54 a.C.), en un tiempo el palacio supremo de justicia. Detrás de ésta se alzan las tres columnas del **Tempio di Castore e Polluce,** y más allá se hallan dos de los edificios más evocadores del recinto, el **Tempio di Vesta** y el **Atrium Vestae,** respectivamente el templo de Vesta, la diosa del hogar, y la Casa de las Vírgenes vestales (ver recuadro pág. 50). El segundo contenía la «llama sagrada» eterna de Roma, símbolo del bienestar de la ciudad. La extinción de la llama se consideraba el peor de los presagios, ya que auguraba la caída de Roma. Cada año, las cenizas del fuego se esparcían sobre el Tíber el 15 de junio, como parte de un ritual de continuidad y regeneración.

Pasado el Atrium, a la izquierda, se alza la **Basilica di Massenzio** (306 d.C.), cuyo conjunto de bóvedas es uno de los restos más impresionantes del Foro. El **Arco di Tito,** cerca de la entrada este, se construyó en 81 d.C. en recuerdo de la toma de Jerusalén. Sus relieves muestran el regreso triunfal de Tito y la captura de tesoros en la Ciudad Santa. ■

Coliseo

EL COLISEO O COLOSSEO ES EL EDIFICIO MÁS GRANDE
que se conserva del Imperio romano. En otro tiempo, en sus muros
resonaban el fragor de los combates de gladiadores y el griterío de
la multitud, y más adelante los golpes de martillo, cuando sus piedras eran saqueadas para construir las iglesias y los palacios medievales de la ciudad. En la actualidad sus muros aún están en pie,
aunque totalmente desnudos, desafiando la famosa profecía según
la cual «mientras el Coliseo resista, Roma resistirá; cuando el Coliseo caiga, Roma caerá; cuando Roma caiga, el mundo caerá.»

Coliseo
- 🗺 47 D3
- ✉ Piazza del Colosseo
- ☎ 06 700 426
- 💲 Planta baja: gratuita
  1ª planta: $$$
  (incluye entrada
  al Palatino)
- 🚌 Autobuses: 85,
  87, 175.
  Metro: Colosseo

**Pág. siguiente: los
tres pisos del
Coliseo presentan
los tres
principales
órdenes clásicos
de pilares
y capiteles: dórico,
jónico y corintio.**

CONSTRUCCIÓN Y DECLIVE

El Coliseo fue un proyecto del año 70 d.C. del emperador Vespasiano, que quería alzar un monumento para conmemorar sus triunfos militares en Oriente Medio. A su muerte, el edificio quedó inacabado, y lo continuó su hijo, Tito, quien lo inauguró en 80 d.C. Los toques finales fueron añadidos por el sucesor de Tito, Domiciano (81-96 d.C.), al igual que sus predecesores, miembros de la dinastía Flavia, y de ahí el nombre con el que fue conocido al principio: el Amphiteatrum Flavianum.

Las enormes dimensiones del Coliseo comportaron graves problemas de ingeniería, uno de los cuales, y no poco importante, era el suelo pantanoso de su emplazamiento –elegido por su proximidad al Foro y al monte Palatino–, anteriormente ocupado por el lago ceremonial de la Domus Aurea, o Casa Dorada, del emperador Nerón. Junto a los cimientos del edificio se abrió una red de inmensos canales de drenaje, muchos todavía existentes, mientras que para levantar las paredes se emplearon grandes cantidades de piedra volcánica y ladrillos revestidos de cemento. Su superficie estaba recubierta con más de 100.000 metros cúbicos de travertino, sujetado con 300 toneladas

de grapas de hierro (estos soportes fueron arrancados en 664 d.C., de ahí los agujeros que presenta el exterior del edificio).

El anfiteatro, una vez terminado, fue un ejemplo de sencillez y funcionalidad. Por cada una de sus 80 *vomitoria* (salidas) podían entrar y salir unas 50.000 personas, y 240 postes de madera sostenían en el piso superior un amplio *velarium*, o entoldado de lona, que era instalado por marineros de la Flota Imperial para proteger a los espectadores del sol. El suelo del anfiteatro estaba cubierto de arena para evitar que los combatientes resbalaran y para absorber la sangre derramada en las luchas entre gladiadores (a partir de entonces el término latino *arena* se empezó a aplicar a los lugares dedicados a espectáculos). Debajo del escenario, toda clase de túneles, poleas y montacargas permitían trasladar a los animales y a los contrincantes a la arena, mientras que una serie de conductos y acueductos servían para inundar la arena para las *naumaquiae* o simulacros de batallas navales.

En el año 240, un incendio destruyó gran parte del escenario y las gradas superiores, construidos básicamente de madera. Posteriores incendios y terremotos empeoraron su estado a lo largo de los dos siglos siguientes. Tras

la caída de Roma se construyó una pequeña iglesia cerca del Coliseo, y la zona del escenario se empezó a utilizar como cementerio. Algunos sectores del monumento se transformaron en una fortificación, mientras otros pasaban a ser casas o tiendas. Con sus piedras se edificaron el Palazzo Farnese, el Palazzo Venezia, el Palazzo Barberini y otros muchos palacios menores, iglesias y puentes. Dos tercios del monumento se esfumaron a lo largo del tiempo, y se habría desmantelado aún más a no ser por el papa Benedicto XIV, que en 1749 consagró el lugar en homenaje a los cristianos martirizados en él. Los papas posteriores y algunos administradores empezaron el proceso de restauración, excavación y consolidación.

Los sangrientos combates entre gladiadores eran uno de los números de más éxito de los espectáculos del Coliseo.

LOS JUEGOS

Uno de los mitos más implantados del Coliseo, que su suelo se tiñó de rojo con la sangre de los mártires cristianos, no es más que eso, un mito. Las pruebas apuntan a que pocos cristianos murieron aquí, o tal vez ninguno, ya que las grandes persecuciones religiosas de Roma tuvieron lugar bajo el mandato de Nerón, unos 30 años antes de que el edificio estuviera terminado. En cambio, muchas otras personas sin duda sí terminaron sus días en el Coliseo.

Al principio, los gladiadores luchaban en combates rituales para prepararse para la batalla,

Vomitoria (salidas)

Piso superior

Columnas corintias

Columnas jónicas

Columnas dóricas

Corredor interior

una práctica que los romanos heredaron de los samnitas y los etruscos. Hacia la época de Vespasiano, esta práctica fue modificada: los juegos o *munera* (obsequios de deferencia) habían entrado a formar parte de la decadencia de una población que, al decir de Juvenal, había vendido su alma a cambio de comida y distracciones gratuitas, o *panem et circenses* (pan y circo). Los particulares financiaron los espectáculos, pero desde Domiciano los juegos corrían a cargo de los emperadores.

Las representaciones diarias normalmente seguían un programa. En primer lugar se hacían las *venationes* o caza de animales. Tras las victorias de Trajano en Dacia, en 107 d.C., por ejemplo, siguieron 123 días de juegos, en los que participaron unos 10.000 gladiadores y murieron alrededor de 10.000 animales. Luego vinieron las ejecuciones públicas. A todo ello se añadían representaciones de la mitología griega y romana. Los combates de gladiadores cerraban el espectáculo.

Se introdujeron variantes cada vez más ingeniosas. Hombres, mujeres y animales –incluso enanos– luchaban entre ellos. Los criminales y los esclavos, a menudo, peleaban hasta la muerte mientras los espectadores apostaban por el resultado del combate. El destino del combatiente estaba en manos de los espectadores: si agitaban el pañuelo, significaba la salvación, y el más famoso y habitual pulgar señalando hacia abajo indicaba la muerte. Las luchas de gladiadores continuaron hasta el año 438 d.C. ∎

Detalle del Arco di Constantino, un arco de triunfo del siglo IV levantado al pie del Coliseo.

ARCO DI CONSTANTINO

Inmediatamente al lado del Coliseo se alza el Arco di Constantino, un arco de triunfo erigido en 315 d.C. para conmemorar la victoria del emperador Constantino sobre su rival, Majencio, tres años antes. Fue uno de los últimos grandes monumentos de la Roma imperial y en él se usaron muchos relieves decorativos extraídos de e dificios clásicos anteriores. ∎

Túneles bajo el escenario

Agujeros dejados al extraer las grapas de hierro.

El *Moisés* de
Miguel Ángel
flanqueado por
Lía y Raquel,
símbolos de
la vida activa
y la vida
contemplativa,
respectivamente.

San Pietro in Vincoli

SAN PIETRO IN VINCOLI SERÍA UNA IGLESIA MÁS ENTRE
tantas, a la que casi no merecería la pena acercarse desde el Coliseo,
si no fuera por una impresionante estatua y unas reliquias muy
veneradas. Según la tradición, el templo fue fundado en 442 d.C.,
supuestamente en el lugar donde cuatro siglos antes san Pedro fue
condenado a muerte durante las persecuciones de Nerón.

**San Pietro
in Vincoli**

🅰 47 D3
✉ Piazza San Pietro
in Vincoli 4a
☎ 06 488 2865
🚌 Autobuses: 74 y 84
a Via Cavour.
Metro: Colosseo

Inicialmente, la finalidad de San
Pietro era albergar los *vincoli*
o cadenas con las que se creía
habían encadenado a san Pedro
en Jerusalén, reliquias que fueron
entregadas al papa León I por
Eudoxia, esposa del emperador
romano Valentiniano III. Posteriormente, un segundo juego de
cadenas, al parecer utilizado para
sujetar el apóstol en Roma, fue
traído desde Constantinopla. Al
reunirlas, las cadenas se fundieron
milagrosamente y aún se pueden
contemplar en este estado dentro
de una urna bajo el altar mayor.

En el extremo de la nave de
la derecha le espera el grandioso
Moisés de Miguel Ángel, una de
las 42 figuras proyectadas para
el sepulcro del papa Julio II. Esta

obra tuvo ocupado a Miguel
Ángel durante años, pero solamente acabó esta estatua y algunos fragmentos. Julio II tuvo al
artista trabajando en la Capilla
Sixtina y sus sucesores no quisie-
ron invertir grandes cantidades en
la glorificación de su predecesor.
Sin embargo, la figura del *Moisés*,
de una gran carga espiritual, constituye una de las obras maestras
del artista. Representa al profeta
en el momento en que recibe las
tablas de los Diez Mandamientos.
Los cuernos de Moisés simbolizan
rayos de luz, una característica que
en la Edad Media a menudo se
atribuía al profeta, mientras que la
barba contiene una sutil pero distintiva firma: es un autorretrato
del escultor. ■

San Clemente

SAN CLEMENTE ES UNA JOYA, UN LUGAR DONDE TRES DE las etapas de la historia religiosa de Roma se encuentran superpuestas. La primera corresponde a una excepcional iglesia medieval (1108-1130), bajo la cual yace un templo más antiguo, fundado en 392 d.C. o quizás antes. Y debajo de éste se encuentran las ruinas de un templo dedicado a un culto precristiano romano.

La iglesia medieval posee numerosos elementos dignos de mención. Los más llamativos son la *schola cantorum* o reja del coro de la nave, los púlpitos y algunas partes del *baldacchino* o palio. Un **mosaico** del siglo XII situado detrás del altar representa *El triunfo de la Cruz*, y bajo éste se halla un tabernáculo de mármol del siglo XIV de Arnolfo di Cambio y frescos de diversos santos. Las pinturas sobre la *Vida de santa Catalina* (1428), obra del artista florentino Masolino da Panicale, recubren la capilla contigua a la entrada lateral de la iglesia.

Una escalera conduce a la iglesia primitiva, erigida en honor a san Clemente, obispo y papa de Roma. Fue destruida por los normandos en 1084, pero conserva algunos frescos del siglo V o VI.

Otro tramo de escalera baja a la parte más antigua del conjunto (siglo I d.C.), una serie de salas y túneles que incluyen los vestigios de un **templo mitraico,** así como restos de una calle romana, un almacén y un palacio patricio. Allí se percibe el sonido del agua procedente de un riachuelo subterráneo que desemboca en la Cloaca Maxima. ■

San Clemente

🅰 47 E3

✉ Via di San Giovanni in Laterano

☎ 06 7045 1018

💲 Iglesia: gratuita
Niveles inferiores: $

🚌 Autobuses: 85 y 17 a Via di San Giovanni in Laterano u 87 y 186 a Via Labicana

Muchos elementos del espléndido interior medieval de San Clemente fueron rescatados de una iglesia anterior destruida por los normandos.

San Giovanni in Laterano

San Giovanni in Laterano

🗺 47 F2

✉ Piazza di San Giovanni in Laterano 4

☎ 06 6988 6433 o 06 6988 6392

🕐 Scala Santa: cerrada por las tardes en verano. Claustro: cerrado dom. tarde

💲 Iglesia, baptisterio y Scala Santa: gratuitos Claustro: $

🚇 Metro: San Giovanni

SAN GIOVANNI IN LATERANO O SAN JUAN DE LETRÁN ES la catedral de Roma y la «Madre y cabeza de todas las iglesias de la ciudad y del mundo», según reza una inscripción latina en su alta fachada. Construida alrededor de 314 d.C. por Constantino, el primer emperador cristiano, esta iglesia ha presenciado toda clase de acontecimientos: Carlomagno fue bautizado aquí en 774, los Papas fueron coronados en su altar hasta el siglo XIX y, con la firma de los Pactos de Letrán en 1929, vio a Mussolini y al Papado formalizar las relaciones entre Iglesia y Estado.

El interior, muy alterado por incendios, terremotos y reformas sufridos en el curso de los siglos, es en buena medida obra de Borromini, un torturado genio barroco que la remodeló en gran parte entre 1646 y 1650. Se conservan algunos sectores anteriores del edificio, como el soberbio artesonado de madera del techo, el tabernáculo gótico (1367) que se halla encima del altar –se dice que contiene los cráneos de san Pedro y san Pablo– y un fresco, probablemente de Giotto, que muestra a Bonifacio proclamando el primer Año Santo en 1300 (primer pilar, nave derecha). Sin embargo, todo queda eclipsado por el **claustro** adosado a la nave norte.

Contiguo a la iglesia, pero independiente, se alza el **baptisterio** más antiguo de Italia, cuya planta octogonal sirvió de modelo para otros edificios. Pese a que está muy restaurado, es la única estructura que se conserva de la iglesia del siglo IV. Su elemento más destacable es un mosaico del siglo V. En el flanco noreste de la iglesia está la **Scala Santa,** considerada la escalera del palacio de Poncio Pilato en Jerusalén. Se afirma que los penitentes que suben la escalera de rodillas, por cada peldaño subido pasarán 9 años menos en el Purgatorio. ∎

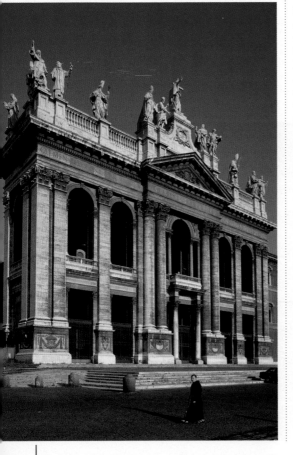

La fachada (1735) de San Giovanni in Laterano es conocida por sus estatuas de Cristo y los Apóstoles, que se divisan a mucha distancia, y por sus magníficas puertas de bronce.

Santa Maria Maggiore

SANTA MARIA MAGGIORE ES UNA DE LAS CUATRO iglesias basilicales de Roma, junto con las de San Pedro, San Giovanni y San Paolo fuori le Mura. Fundada hacia 420 d.C., fue construida en recuerdo de una nevada caída el verano de 358 d.C., durante la cual se dice que la nieve marcó la forma de la futura iglesia. Hoy es la mejor de las antiguas basílicas, un punto de peregrinaje y la mayor de las iglesias de Roma dedicadas a la Virgen.

El primer elemento que atrae la vista es el suntuoso techo, sostenido por 40 sólidas columnas procedentes de antiguos edificios romanos. De la decoración, lo más notable es el mosaico (1290-1295) que cubre el ábside, de Jacopo Torriti, considerado el máximo exponente de la tradición mosaiquista medieval de Roma. Destacan también los mosaicos que adornan la nave y el arco de triunfo, una secuencia más amplia que la de Torriti fechada en el siglo v. Fíjese también en la **Cappella Sistina** (1585), en la nave sur, levantada por Domenico Fontana para el papa Sixto V. Al otro lado de la nave se abre la **Cappella Paolina** (1611), encargada por los papas Pablo V y Clemente VIII. En ella se diseñó una decoración deliberadamente desmesurada para superar la capilla citada del papa Sixto.

Dentro del **altar mayor** se conservan las reliquias que atraen a los peregrinos: cinco fragmentos de madera recubiertos de hierro, considerados parte de la cuna de Jesús. Este tesoro es mostrado al público el 25 de cada mes (sólo se sacan de la basílica en Nochebuena). Casi inmediatamente a la derecha del altar se alza el mejor de los monumentos sepulcrales, la *tumba del Cardenal Cosalvo Rodríguez* (muerto en 1299), adornada con una espléndida talla de mármol de Giovanni Cosmati, miembro de una familia que dio nombre a un estilo decorativo. ∎

Los mosaicos de Santa Maria Maggiore, de más de 1.400 años de antigüedad, se cuentan entre los más espléndidos de Roma.

Santa Maria Maggiore

🅼 47 E4

✉ Entradas por Piazza dell'Esquilino y Piazza Santa Maria Maggiore

☎ 06 483 195

$ Iglesia: gratuita Museo: $

🚌 Autobuses: 16, 71, 75, 105 y todos los que van a la Piazza dei Cinquecento. Metro: Cavour

Piazza Navona

LA PIAZZA NAVONA ES LA PLAZA MÁS BELLA DE ROMA, UN atractivo para los turistas, tanto de día como de noche, y un lugar ideal para pasar una hora cómodamente sentado en uno de sus muchos cafés. El perfil de la plaza, casi elíptico, reproduce el del Circus Agonalis –del cual deriva su nombre–, un enorme estadio de 30.000 plazas inaugurado por Domiciano en 86 d.C.

Piazza Navona
⬛ 46 C4
🚌 Autobuses 70, 81, 87 y 116 a Corso del Rinascimento

Sant'Agnese
⬛ 46 C4
☎ 06 329 2326
🕐 Cerrado lun.

La plaza experimentó su transformación más profunda en 1644, cuando el papa Inocencio X emprendió un programa de reformas barrocas. Entre los monumentos erigidos entonces destacan dos magistrales fuentes de Bernini, la Fontana del Moro (en el extremo sur de la plaza) y la central **Fontana dei Quattro Fiumi** (fuente de los Cuatro Ríos). Las estatuas de la segunda simbolizan los cuatro ríos del Paraíso –Danubio, Nilo, Río de la Plata y Ganges– y las cuatro esquinas del mundo conocido: Asia, África, Europa y América.

En el flanco oeste de la plaza está la iglesia de **Sant'Agnese**, cuya fachada cóncava (1653-1657) es obra de Francesco Borromini. Se yergue en el lugar donde fue martirizada santa Inés. Uno de los muchos palacios de Inocencio X, el **Palazzo Doria Pamphilj,** se alza a un lado. ■

Campo dei Fiori

El Campo dei Fiori (literalmente «campo de flores») acoge un magnífico mercado exterior. Todos los días, excepto el domingo, la plaza se llena a rebosar de puestos de fruta, pescado, flores y verduras, y de los vendedores.

En el Campo dei Fiori no hay ninguna iglesia, algo poco habitual en Roma. Durante mucho tiempo ha sido uno de los barrios más pobres de la ciudad: aquí es donde Caravaggio asesinó a un conocido suyo. Nada simboliza mejor el carácter laico de la plaza que la estatua semioculta situada en el centro, la sombría figura de Giordano Bruno, el humanista y filósofo quemado por hereje en este lugar en 1600.

Al sur, la **Piazza Farnese,** una plaza luminosa y amplia, proporciona el contrapunto al ambiente más bullicioso del Campo. Aquí todo es distinción,

Vendedoras del mercado de Campo dei Fiori, que se celebra en una de las plazas más atractivas de Roma.

sobre todo por la presencia del **Palazzo Farnese** (1515), parte de cuya fachada es obra de Miguel Ángel. No deje de recorrer la **Via Giulia,** una de las calles más elegantes de Roma, que se encuentra detrás del palacio. ∎

Campo dei Fiori
◪ 46 C3

El Palazzo Doria Pamphilj

Los hilos del largo pasado de Roma todavía aparecen en el tejido actual de la ciudad, y pocos de ellos son tan manifiestos como el Palazzo Doria Pamphilj, un irregular palacio de 1.000 estancias que todavía pertenece a los Pamphilj, uno de los grandes apellidos aristocráticos medievales. El palacio contiene la colección privada de arte de la familia, que, junto con la del Vaticano y la Galleria Borghese, es una de las mejores de la ciudad.

La colección fue iniciada por el papa Inocencio X, del linaje de los Pamphilj, y aumentada con los matrimonios con miembros de otras familia igualmente destacadas, como los Doria o los

Borghese. Actualmente, las pinturas están expuestas en un sector de la planta baja. Este espacio, con su elegante mobiliario, es casi tan espléndido como las propias obras de arte. Por una pequeña tarifa adicional, la mayoría de las mañanas se pueden hacer visitas guiadas por otras zonas del palacio.

Entre las pinturas encontramos obras de gran relieve. Busque el célebre retrato de *Inocencio X* (1650) de Velázquez, un cuadro que captó con toda fidelidad el carácter débil y suspicaz de este papa. Admire también los lienzos de Tiziano, Tintoretto, Filippino Lippi, Caravaggio y el magnífico *Retrato de dos venecianos* de Rafael. ∎

Palazzo Doria Pamphilj
www.doriapamphilj.it
◪ 46 C4
✉ Piazza del Collegio Romano 1a-Via del Corso
☎ 06 679 7323
🕐 Palacio cerrado jue. Estancias cerradas actualmente por obras de restauración
💲 Museo: $$. Estancias: $$
🚌 Autobuses: 46, 56, 60, 61, 64 y todos los que van a Piazza Venezia

Sólo desde el interior del Pantheon son apreciables las dimensiones de la cúpula, de 1.900 años de antigüedad.

Pantheon

DESPUÉS DE LA DESOLADA PERO ROMÁNTICA BELLEZA del Foro y la desvencijada majestuosidad del Coliseo, la prístina grandiosidad del Pantheon ofrece la imagen más impresionante del aspecto que debió de tener la ciudad en otros tiempos. Su situación es muy céntrica, a poca distancia de otros edificios de interés, como Santa Maria sopra Minerva, un curioso vestigio medieval entre una multitud de iglesias barrocas, o la iglesia de San Luigi dei Francesi (ver pág. 82), célebre por sus pinturas de Caravaggio.

Pantheon

 46 C4

✉ Piazza della Rotonda

☎ 06 6830 0230

🚌 Bus: 116 a Piazza della Rotonda u 81 y 87 al Corso del Rinascimento

El emperador Adriano concluyó el Pantheon hacia 128 d.C. –probablemente construido según sus propios planos– para sustituir un templo anterior erigido en el mismo lugar en 27 d.C. por Agripa, yerno de Augusto. Adriano conservó la imponente inscripción del frontón, que atribuía el edificio a Agripa.

El magnífico estado de conservación que presenta el edificio se debe a que en 609 d.C. fue convertido en una iglesia cristiana. El 1 de noviembre del mismo año, la iglesia fue bautizada como Santa Maria ad Martyres (la Virgen y todos los Mártires), fecha que desde entonces se celebra como el Día de Todos los Santos.

Actualmente el edificio continúa siendo una iglesia, y tanto su interior como su exterior tienen casi el mismo aspecto que en el siglo II. No todos los mármoles del interior son originales, pero se cree que sus motivos y su disposición se ajustan al proyecto de Adriano. En las paredes perimetrales se encuentran las **tumbas** de Rafael y de dos reyes italianos, Humberto I y Víctor Manuel I.

La **cúpula** es una de las obras maestras de la ingeniería romana.

Esta cubierta, mayor que la de San Pedro, fue la construcción de cemento más grande realizada hasta el siglo XX y la cúpula sin soportes de mayores dimensiones que existió en el mundo hasta 1960. El *oculus* de esta estructura, que se abre al cielo, fue un elemento fundamental del proyecto original de Adriano. Tenía una función práctica –iluminar el interior– y a la vez espiritual, al permitir contemplar el cielo desde el interior. ■

Santa Maria sopra Minerva

Santa Maria sopra Minerva

🅰 46 C4

✉ Piazza della Minerva 42

☎ 06 679 3926

🕐 Cerrado durante los servicios

🚌 Bus: 119 a Piazza della Rotonda

El elefante de mármol de la Piazza della Minerva fue diseñado por Bernini y esculpido por Ercole Ferrata en 1667.

La fachada gótica de Santa Maria es única en Roma, una ciudad donde la mayoría de las iglesias fueron reformadas según las directrices barrocas durante los siglos XVI y XVII. Una obra igualmente singular es la estatua de un elefante (1667) de Bernini, enfrente de la iglesia, una obra peculiar en la que el paquidermo representa la piedad y la sabiduría; el obelisco egipcio que se alza sobre el lomo del elefante se remonta al siglo VI a.C. La iglesia actual (1280) fue construida encima (*sopra*) de un templo romano anterior dedicado a Minerva, de ahí su nombre.

Entre las pinturas del interior destacan los frescos (1488-1492) del artista florentino Filippino Lippi. Representan la *Anunciación* y *Escenas de la vida de santo Tomás de Aquino* (primera capilla del crucero sur). Otro pintor florentino, Fra Angélico, está enterrado cerca del altar mayor, al igual que una de las patronas de Siena, Catalina de Siena (excepto su cabeza, que está en Siena). La obra maestra escultórica es el *Redentor* (1519-1521) de Miguel Ángel, que fue criticada porque semejaba demasiado un dios pagano. ■

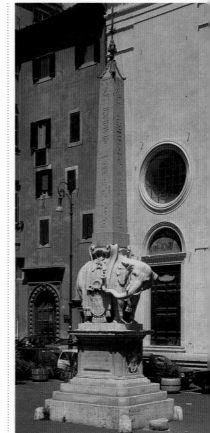

Un paseo por la Roma medieval

Partiendo de la Piazza Colonna, este recorrido explora algunas de las calles pequeñas más encantadoras de Roma, se adentra en los barrios de los artesanos y en el viejo Ghetto, antes de cruzar el Tíber, y termina en el animado barrio del Trastevere.

Empiece la ruta en la **Piazza Colonna** ❶, llamada así por la Colonna di Marco Aurelio, una columna decorada con relieves, erigida en el siglo II para conmemorar las victorias de este emperador. Detrás de ésta se alza el Palazzo di Montecitorio (1650), de Bernini, donde está la cámara baja del parlamento italiano. A continuación, diríjase hacia el oeste por la Via Uffizi di Vicario, pasando por el célebre Caffè Giolitti, en el nº 40, y llegue hasta **Sant'Agostino,** una iglesia renacentista cercana a la Via della Scrofa con pinturas de Caravaggio y Rafael. Encontramos otras telas de Caravaggio en **San Luigi dei Francesi** ❷ (ver pág. 82), más al sur, desde donde puede andar hacia el este por la Via Giustiniani para visitar el **Pantheon** ❸ (ver págs. 64-65) y **Santa Maria sopra Minerva** ❹ (ver pág. 65).

Desde la Piazza della Rotonda, contigua al Pantheon, vaya hacia el oeste por el Corso del Rinascimento, pasando por la Piazza Sant'Eustachio. Por el camino observe el Palazzo della Sapienza, en cuyo patio se abre la entrada a Sant'Ivo alla Sapienza (1602-1660), una iglesia de Francesco Borromini. Cruce el Corso, entre en la **Piazza Navona** ❺ (ver pág. 62) y vuelva a salir por su flanco oeste, siguiendo la Via di Tor Millina. El Bar della Pace, al final de esta calle, es un buen lugar donde tomar un café.

Gire a la derecha (norte) en dirección a la Via dei Coronari, una calle con varias tiendas de antigüedades. Siga hacia el oeste, hasta la Via del Panico, gire a la izquierda y siga hasta la **Chiesa Nuova** ❻, una iglesia famosa que alberga pinturas de Rubens y los frescos de Pietro da Cortona. Cruce el Corso Vittorio Emanuele II delante de la iglesia y siga recto antes de girar a la izquierda por la Via del Pellegrino. Poco después, gire a la derecha por la Via dei Cappellari. Esta última calle, llena de talleres de muebles, ofrece una pintoresca imagen de la vieja Roma.

Siga la calle hasta el **Campo dei Fiori** ❼ (ver pág. 63) y gire a la derecha para entrar en la Piazza Farnese. En la esquina sur de la plaza, tome la Via di Monserrato hacia el **Palazzo Spada** (*Piazza Capo di Ferro; Tel 06 686 1158; cerrado lun.*), conocido por la decoración de su fachada, por un modesto museo de arte y por la columnata en trampantojo de Borromini.

Gire a la izquierda por Via Arco del Monte y luego a la derecha por la Via Giubbonari. Cruce la Via Arenula y siga la Via dei Falegnami hasta las agradables callejuelas del antiguo barrio judío. En la Piazza Mattei, al final de la calle, se halla la **Fontana delle Tartarughe** (1581), denominada así por las originales *tartarughe* (tortugas) de bronce de Bernini que la decoran.

En el lado sur de la plaza, gire a la derecha por la Via del Portico d'Ottavia, una calle cuyo nombre recuerda las ruinas romanas que están en su extremo este, antes *portico* (entrada) de un gran complejo de templos y una biblioteca. Siga la calle hasta que gira a la derecha, pasando por la principal sinagoga de Roma y por los baluartes circulares del **Teatro di Marcello** ❽, un anfiteatro del siglo I a.C. al que posteriormente se super-

---

🅝	Ver el plano de la zona, pág. 46 C4
➤	Piazza Colonna
🔁	5,25 km
🕐	5 horas
➤	Piazza Santa Maria in Trastevere

PUNTOS DE INTERÉS

- San Luigi dei Francesi
- Pantheon
- Santa Maria sopra Minerva
- Piazza Navona
- Campo dei Fiori
- Trastevere
- Santa Maria in Trastevere

pusieron casas medievales. Cruce la calle paralela al río, la Lungotevere, pase el Ponte Fabricio y diríjase a la **Isola Tiberina ❾**, una isla ocupada en gran parte por un hospital de 1538. Pasee por las calles de la isla y contemple la iglesia de **San Bartolomeo**, erigida en el siglo XI sobre un templo pagano dedicado a Esculapio.

Cruce el Ponte Cestio para entrar en el sector conocido como el **Trastevere** («al otro lado del Tíber»). Tradicionalmente un barrio obrero, ahora es una zona animada,

conocida por sus restaurantes y locales nocturnos, aunque los bares y clubes de moda se están trasladando hacia el sur, alrededor del Testaccio. Pasado el Lungotevere, diríjase hacia el sur por la Via Anicia, que sale de la Piazza in Piscinula, para ver la iglesia de **Santa Cecilia in Trastevere** (ver pág. 82), conocida por su mosaico del siglo IX, y después vuelva sobre sus pasos para tomar la Via della Lungaretta. Siga esta calle hasta **Santa Maria in Trastevere ❿** (ver pág. 82), otra iglesia con espléndidos mosaicos. ■

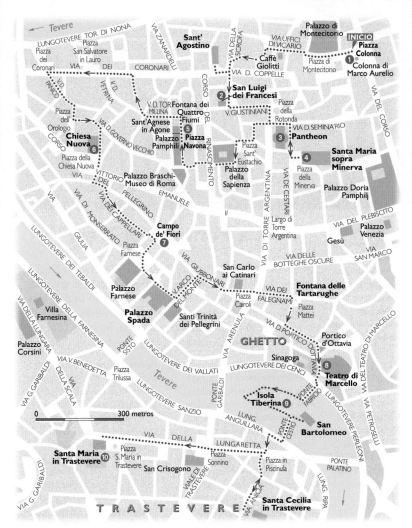

La Fontana di Trevi

En la Fontana di Trevi los turistas deben lanzar una moneda al agua, o mejor dos: una para un deseo y otra para asegurarse de que volverán a Roma.

DEBE DE SER UNA DE LAS IMÁGENES MÁS CÉLEBRES DE las películas de la posguerra: Anita Ekberg vestida de negro, andando por las plácidas aguas de la Fontana di Trevi en *La dolce vita*, la película de Fellini que rinde tributo al ambiente despreocupado e indolente de Roma en la década de 1950. La Fontana di Trevi es la más bella de las numerosas y magníficas fuentes de la ciudad.

Fontana di Trevi

 47 D4

 Piazza di Trevi

Autobuses: 62, 80, 117 y 119 a Via del Corso

La primera fuente que existió en este lugar fue levantada en 1453 por el papa Nicolás V y recibía el agua del Acqua Vergine, un acueducto construido por Augusto en 19 d.C. La fuente actual, que imita el Arco di Constantino (ver pág. 57), fue construida entre 1732 y 1762 por Clemente XII. Pocos monumentos de Roma resultan tan encantadores a primera vista: las estrechas calles empedradas de repente se abren a la plaza para

mostrar la *fontana*, que se yergue frente al Palazzo Poli. Su nombre deriva de las tres calles, las *tre vie* (tres vías) que confluyen aquí.

En el centro de la fuente está la estatua de *Oceanus* (Neptuno), flanqueada por tritones que simbolizan el mar encrespado (izquierda) y en reposo (derecha). Las estatuas que aparecen debajo de *Oceanus* representan la Salud y la Abundancia, y las del frontón, las cuatro estaciones. ■

Piazza di Spagna

La Piazza di Spagna o Plaza de España, y su escalinata forman uno de los conjuntos más espectaculares de Roma. Tanto la plaza como sus famosas escaleras toman su nombre del Palazzo Spagna, levantado en 1622 como residencia del embajador español ante la Santa Sede. Hoy es un lugar célebre como punto de reunión y por sus numerosos monumentos. Durante el apogeo del Grand Tour (ver págs. 72-73), la plaza y las calles de sus alrededores atraían a artistas y a visitantes extranjeros. Sus hoteles, estudios y cafés congregaban a muchos nombres famosos como Byron, Liszt, Stendhal y Wagner; puede saborear algo del ambiente de la época en uno de los lugares de entonces que todavía existen, el **Caffè Greco**, en la Via Condotti 86.

Pero ninguna figura está más asociada a la plaza que la del poeta romántico inglés John Keats, que llegó a Roma en 1821 para curarse de la tuberculosis y falleció en una de las casas que dan a la escalinata. Hoy el edificio contiene un fascinante museo dedicado a Keats, Shelley y a otras figuras literarias del siglo XIX.

Otros elementos de interés de la plaza son la pequeña y excéntrica **Fontana della Barcaccia,** al pie de las escaleras, proyectada –posiblemente por Bernini– de forma que pareciera un barco semihundido, como recuerdo de las inundaciones de 1598. A muchas personas también les encantarán las lujosas tiendas y galerías de las calles de los alrededores: ésta es la zona comercial más importante de Roma. ■

Información

Piazza di Spagna
🗺 46 C5

Museo Keats-Shelley
www.keats-shelley-house.org
✉ Piazza di Spagna 26
☎ 06 678 4235
🕐 Cerrado dom.
💲 $
🚌 Autobús: 119.
  Metro: Spagna

Palazzo Barberini
🗺 47 D4
✉ Via delle Quattro Fontane 13
☎ 06 482 4184
🕐 Cerrado lun.
💲 $$
🚌 Autobuses: 52, 53, 61 y 116.
  Metro: Barberini

Palazzo Barberini

El Palazzo Barberini cuenta con un distinguido origen: sus arquitectos fueron tres de las principales figuras de la época –Bernini, Carlo Maderno y Borromini– y la familia que lo fundó, los Barberini, era uno de los linajes medievales más destacados de Roma. En la actualidad, su magnífico interior barroco alberga la Galleria Nazionale d'Arte Antica, que forma parte de la colección nacional de arte de Italia.

El palacio es una atracción en sí mismo, por las imponentes escaleras, salas grandiosas y el laberinto de estancias. Incluso en Roma, hay pocas salas que posean el ampuloso esplendor de su principal estancia, el **Gran Salone,** coronado con un deslumbrante techo decorado con el fresco de Pietro da Cortona de la *Alegoría de la Divina Providencia y el poder Barberini* (1638-1639).

Solamente pinturas de primer orden pueden competir con este marco, con obras como la famosa *La Fornarina,* de Rafael, seguramente un retrato de la amante del artista, la hija de un panadero (*fornaio* significa «panadero»). La pintura fue terminada en el mismo año de la muerte del pintor. Otras obras excepcionales de principios del Renacimiento son las pinturas de Fra Angélico, Filippino Lippi y el Perugino, mientras que la etapa final del período está representada, entre otros, por Tiziano, Tintoretto, Lorenzo Lotto, Caravaggio y Andrea del Sarto. ■

Conversión de san Pablo (1601), una de las dos obras maestras de Caravaggio que se pueden ver en **Santa Maria del Popolo.**

Santa Maria del Popolo
🗺 46 C5
✉ Piazza del Popolo 12
☎ 06 361 0836
🚍 Autobús: 119. Metro: Flaminio

Tumba de mármol con reliquias, en Santa Maria del Popolo.

Santa Maria del Popolo

SANTA MARIA DEL POPOLO SE ALZA EN LA PIAZZA DEL Popolo, una amplia plaza cercana a la puerta norte de la ciudad. La plaza y la iglesia toman el nombre del *populus* o pueblo, que ocupaba este lugar en la Edad Media. El interior de la iglesia contiene numerosos tesoros, por lo que constituye una parada fundamental antes de explorar el parque y el museo de la cercana Villa Borghese.

Santa Maria fue fundada en 1099 sobre la tumba del emperador Nerón con la finalidad de reclamar para la cristiandad la tierra manchada por el contacto con el sanguinario pagano. Gran parte del edificio actual se debe a Bramante y a Bernini, y se remonta a los siglos XVI y XVII.

El elemento más notable del interior es la **Cappella Chigi** (1513), encargada a Rafael por el banquero sienés Agostino Chigi.

Toda la decoración es de Rafael, excepto algunos medallones de Bernini situados en las tumbas de Chigi y de la pintura del altar, el *Nacimiento de la Virgen*, de Sebastiano del Piombo. Otros tesoros de la iglesia son dos lienzos de Caravaggio (crucero norte), la secuencia de **frescos** (1485-1489) de il Pinturicchio, detrás del altar mayor, y dos tumbas (1505-1507) del coro, de Andrea Sansovino. ■

Villa Borghese

LOS ESPACIOS ABIERTOS Y LOS PASEOS DEL PARQUE MÁS céntrico de Roma son un remanso de tranquilidad en medio del ajetreo del centro de la ciudad. También acoge dos de los museos más importantes de Roma: la Galleria Borghese, con multitud de pinturas y esculturas de valor incalculable, y Villa Giulia, generalmente considerada el mejor museo del mundo de arte etrusco.

El esplendor de una casa de verano aristocrática del siglo XVII es el marco de las obras de la Galleria Borghese.

El parque, el primero de su clase en Roma, fue proyectado entre los años 1613 y 1616 para la familia Borghese, que deseaba un lugar de retiro para los abrasadores veranos de Roma. Actualmente, los lagos, fuentes, bosques y espacios cubiertos de césped hacen que sea un lugar adecuado para pasear o descansar, a la vez que ofrece un espacio ideal para escapar de las multitudes, incluso los domingos, cuando está más concurrido.

La **Galleria Borghese,** situada en el corazón del parque, en otro tiempo fue el *casino* (casita) de la Villa Borghese, nombre que se daba al edificio principal de las fincas de campo en Italia. La colección Borghese, a pesar de que es más pequeña que las de otros museos de Roma, se considera la más espléndida de la ciudad.

Muchas de sus obras fueron encargadas por el cardenal Scipione Borghese, un sobrino del papa Pablo V, y adquiridas por el Estado en 1902. Scipione fue un gran mecenas de Bernini, uno de los impulsores del barroco, cuyas obras dominan las secciones de escultura de la galería. Sin embargo, la escultura más sobresaliente es de Antonio Canova: una estatua erótica (1805-1808) de Paolina Borghese, hermana de Napoleón y esposa de Camillo Borghese. Entre las muchas pinturas de gran valor, hay obras de Rafael, Tiziano, Botticelli y Caravaggio.

La **Villa Giulia,** cercana a la anterior, fue levantada como un lugar dedicado al placer por el papa Julio III, un coleccionista de escultura clásica tan compulsivo que a su muerte, en 1555, fue necesario hacer 160 viajes en barco por el Tíber para trasladar las obras acumuladas en la villa. En la actualidad, el interés artístico de la villa es muy distinto, pero la enorme cantidad de piezas expuestas, casi todas ellas etruscas, es igualmente asombrosa.

Los etruscos y su arte no gustan a todo el mundo, pero si uno deja de lado las interminables series de vasos funerarios se pueden admirar otras obras. Destacan las estatuas de terracota de Apolo y Hércules, el contenido de la Tumba de Bernardini y el *Sarcofago degli Sposi*, del siglo VI a.C., una estatua de una pareja en posición reclinada. ■

Galleria Borghese
- 🅰 47 D6
- ✉ Piazzale Scipione Borghese 5
- ☎ 06 854 8577 (información); 06 32810 o www.ticketeria.it para reservar (obligatorio)
- 🕐 Cerrado lun.
- 💲 $$$
- 🚌 Autobuses: 52, 53 y 910. Metro: Flaminio

Villa Giulia
- ✉ Piazzale di Villa Giulia 9, Viale delle Belle Arti
- ☎ 06 320 0562 o 06 824 529
- 💲 $$

El Grand Tour

Durante mucho tiempo, Italia ha seducido con su arte y su cultura y ha aturdido a los visitantes con su encanto, su vino y sus cantos de sirena dirigidos a los sentidos. No obstante, media un abismo entre el turismo moderno y los decorosos días del Grand Tour, un recorrido ritualizado por las ciudades de Europa sin el cual la formación de los caballeros ingleses del siglo XVIII, raramente damas, se consideraba incompleta.

Para muchos de los hombres que hacían el Grand Tour, el máximo atractivo era la Roma imperial y los grandes monumentos de la Antigüedad que tiene esta ciudad: el Coliseo, el Pantheon, la colina Palatina y el Foro Romano. A poca distancia venían las colecciones de estatuaria clásica, en especial los Musei Capitolini y el Patio de Bramante del Vaticano, cuyas excepcionales estatuas –el *Laocoonte* y el *Apolo de Belvedere*– eran el sanctasanctórum del Tour.

Pero no todos los visitantes acudían por la cultura. En 1765, el escritor James Boswell se contagió de una enfermedad venérea y contrajo piojos durante una orgía de turismo nocturno. La duquesa de Devonshire y Lady Elizabeth Foster, como otras muchas, llegaron para dar a luz a hijos ilegítimos. En 1594, el dramaturgo inglés Thomas Nashe alardeaba de que «Estuve en casa de *Pontius Pilate* y meé en ella». Otros visitantes pertenecen a la categoría de los extranjeros excéntricos que encontraron refugio en los viajes. George Hutchinson, un agitador presbiteriano, llegó a Roma en 1750 «por orden de Dios», con la misión de «predicar sin tregua contra las estatuas, pinturas, sombrillas, pelucas y enaguas con miriñaque».

Muchos tenían razones igualmente urgentes, pero más poderosas, como el poeta inglés John Keats, que llegó en 1820 buscando desesperadamente la curación de su tuberculosis. El suyo fue un caso desdichado, ya que el poeta describió su estancia en la ciudad –donde iba a morir al cabo de tres meses– como una «vida póstuma».

Un viejo proverbio italiano dice: «En Florencia, uno piensa; en Roma, uno reza; en Venecia, uno ama; y en Nápoles, uno mira». Sin embargo, solamente unos pocos turistas de la capital pasaban algún tiempo de rodillas. Solían llenar sus días con placeres mucho más hedonistas. A menudo, después de pasar la noche con prostitutas, podían tomar el desayuno en el infame Caffè degli Inglesi, situado cerca de la escalinata de la Piazza di Spagna, una «repugnante sala abovedada» y antro predilecto para charlar y beber. Pasaban las mañanas viendo monumentos, a menudo acompañados de los tutores, que tenían la obligación de vigilar a los díscolos *milordi*, como eran conocidos los ingleses (fueran nobles o no). Por las tardes tomaban el té en el Babington, en la Piazza di Spagna (aún abierto) o dormían la siesta en el club inglés de Via Condotti.

Para aquellos a quienes no atraían los pasatiempos boswellianos, el anochecer era el momento indicado para visitar las catacumbas o los museos de escultura, cuando la luz de las velas acentuaba el encanto erótico de los segundos y el misterioso romanticismo de las primeras. En un momento u otro, casi todos los visitantes con medios encontraban la ocasión para hacerse un retrato. La principal razón era su precio: en 1760, la tarifa de Sir Joshua Reynolds por un cuadro de medio cuerpo en Londres era de más de 150 libras. En Roma, el retratista más conocido, Pompeo Batoni, los hacía por 25 libras.

Y los *milordi* se llevaban como recuerdos estatuas, muebles, grabados y pinturas. Había tal obsesión por estas obras que muchas voces se hicieron eco del descontento del conde de Chesterfield, a quien desesperaban aquellos que, en sus propias palabras, «recorren Italia buscando bagatelas». El escritor Horace Walpole en 1740 admitía que «compraría el Coliseo si pudiera...» Charles Townley, cuya colección fue vendida al Museo Británico, saqueó los tesoros de Roma en no menos de tres Grand Tours. ∎

El Coliseo era uno de los monumentos más apreciados por los que hacían el Grand Tour. Dos de sus visitantes fueron Johann W. Goethe (arriba) y Lord Byron (abajo).

Basílica de San Pedro

LA BASÍLICA DE SAN PEDRO (BASILICA DI SAN PIETRO) siempre causa gran impresión: es la iglesia más grandiosa de la cristiandad (se estima que tiene capacidad para unas 60.000 personas), representa el corazón del catolicismo romano, constituye un lugar de peregrinaje de primer orden y está coronada por una formidable cúpula de Miguel Ángel desde la cual se divisa una amplia panorámica de la Ciudad Eterna. La iglesia debe su emplazamiento al apóstol san Pedro, que después de ser crucificado se cree que fue enterrado en los jardines imperiales, en 64 o 67 d.C.

Basílica de San Pedro

🅰 46 A4

✉ Piazza San Pietro

☎ 06 6988 4676

🕐 Iglesia y cúpula cerradas durante los servicios religiosos

💲 Iglesia: gratuita
Cúpula: $

🚌 Autobús: 64
Metro: Ottaviano-San Pietro

Nota: Existen unas normas estrictas de vestuario (no se puede ir en *shorts*, falda corta o con los hombros descubiertos)

Página siguiente: el baldaquino de bronce de Bernini, en el centro de San Pedro, se alza sobre la que se supone es la tumba de san Pedro Apóstol.

Probablemente en este lugar ya se erigió un templo alrededor de 155 d.C., o quizás antes, pero la primera iglesia de la que se conservan restos fue fundada alrededor de 326 d.C. por el papa Silvestre I, durante el reinado de Constantino el Grande, el primer emperador cristiano. Esta iglesia perduró hasta 1452, cuando, a raíz de su precario estado, el papa Nicolás V se planteó la construcción de una nueva basílica.

La primera propuesta coherente, de 1506, se debe a Bramante, y consiste en un proyecto articulado en torno a una iglesia con planta de cruz griega. En 1539, Antonio da Sangallo presentó otro proyecto, unos planos que requerían la alteración de las obras en curso para erigir una iglesia con planta de cruz latina. Entonces intervinieron Rafael, Baldassare Peruzzi y Giuliano da Sangallo. En 1546 le llegó el turno a Miguel Ángel, que a los 72 años recibió el encargo de poner orden en el proyecto, sobre el cual se habían hecho sucesivas modificaciones. Miguel Ángel pronto destruyó la obra de Sangallo y emprendió la construcción de la cúpula: tanto el tambor como las características columnas gemelas de la cúpula son suyas.

Hacia 1605, Carlo Maderno ya había reintroducido la planta de cruz latina en el proyecto y había ampliado la fachada hasta más o

menos su anchura actual. Entonces Bernini creó la magnífica plaza que se abre delante del templo –la Piazza San Pietro– e hizo algunas modestas modificaciones en el interior. Finalmente, la nueva iglesia fue consagrada en 1626, exactamente 1.300 años después que la basílica original.

LA BASÍLICA

Bramante conservó muy poco del primitivo San Pedro, ganándose con ello el apodo de «Bramante Ruinante» (es decir, Bramante el Demoledor). Entre las escasas obras que escaparon a su celo modernizador están las **puertas centrales** de la iglesia y un panel de mosaico situado encima de ellas, en su arco interior. El mosaico es obra de Giotto y representa el barco de los apóstoles, la *Navicella*, y la figura de Cristo andando sobre las aguas. (Por cierto, la Porta Santa –de las cinco puertas de San Pedro, la primera de la derecha– se abre sólo una vez cada 25 años, en los Años Santos.) Las estatuas ecuestres que flanquean las puertas representan a Carlomagno, a la izquierda, y a Constantino (de Bernini), a la derecha.

Una vez en el interior, lo que más impresiona son sus asombrosas dimensiones, por más que, tras admirar las cascadas de mármol, las sombrías tumbas y la profusa

Clérigos y fieles llevan hojas de palmera y ramas de olivo cuando el Papa pronuncia el tradicional discurso del Domingo de Ramos en la Piazza San Pietro.

decoración barroca, uno se da cuenta de que, curiosamente, el interior del templo carece de obras de arte importantes. Una notable excepción es la *Pietà* (1499) de Miguel Ángel, situada en la primera capilla de la nave sur.

Al recorrer la basílica, fíjese en los indicadores que señalan el tamaño de otras iglesias en relación con San Pedro. El crucero está dominado por el *baldacchino* (1678) o **baldaquino,** de Bernini, que lo construyó fundiendo el bronce de las antiguas puertas del Pantheon. Detrás de éste, al fondo de la iglesia, se halla la **Cathedra Petri** (1656), del mismo artista, un trono ornamentado instalado aquí para contener una silla de madera y marfil en la que se cree que san Pedro se sentó al dirigir su primer sermón a los romanos (los especialistas creen que en realidad se trata de una pieza del siglo IV).

A ambos lados de la Cathedra se alzan dos de los más destacados conjuntos de tumbas y estatuas de la iglesia: a la izquierda está la tumba del papa Pablo III, de Guglielmo della Porta, mientras que a la derecha aparece la de

Entrada

Fachada de Carlo Maderno

Porta Santa

Uno de los dos relojes de Giuseppe Valadier

Urbano VIII (1647), de Bernini. Admire también la tumba de Inocencio VIII (1498), de Antonio del Pollaiolo, una obra renacentista instalada entre la segunda y la tercera hornacina de la nave izquierda. Y no deje de contemplar la **estatua de bronce de san Pedro,** atribuida a Arnolfo di Cambio y situada en el crucero, en el pilar delantero de la derecha.

Por último, explore las llamadas Grotte del

Vaticano, unas cámaras subterráneas situadas debajo de la iglesia, y acceda a la cúpula para contemplar la inolvidable panorámica sobre la Piazza San Pietro y sobre la ciudad, al fondo. El acceso a la cúpula está en la nave sur; se puede subir por unas escaleras o en ascensor. ■

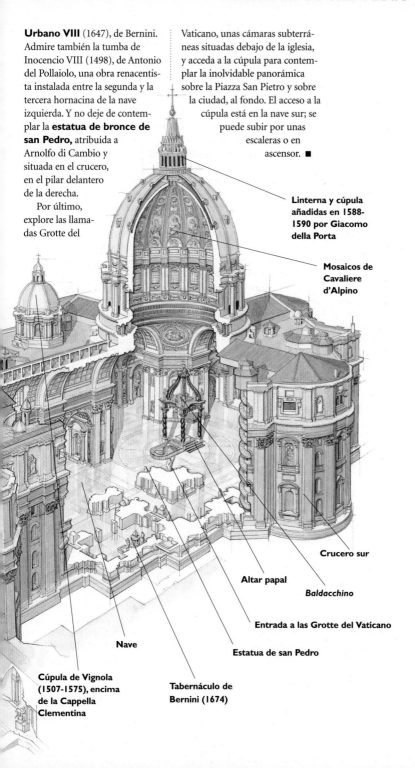

Linterna y cúpula añadidas en 1588-1590 por Giacomo della Porta

Mosaicos de Cavaliere d'Alpino

Crucero sur

Altar papal

Baldacchino

Entrada a las Grotte del Vaticano

Estatua de san Pedro

Nave

Cúpula de Vignola (1507-1575), encima de la Cappella Clementina

Tabernáculo de Bernini (1674)

Musei Vaticani

ES DIFÍCIL IMAGINAR UNOS MUSEOS MÁS EXCEPCIONALES que los del Vaticano. Otros centros pueden igualarlos en cuanto a amplitud temporal y a diversidad de origen de sus materiales, pero ninguno posee obras de arte como las salas realizadas por Rafael y los frescos de la bóveda de la Capilla Sixtina. Las obras están distribuidas en distintos museos y diversos centenares de salas, y para verlas todas hay que andar unos 8 km.

Musei Vaticani
www.vatican.va/museums

🗺 46 A5
✉ Entrada principal por Viale Vaticano
☎ 06 6988 3332
🕐 Cerrados sáb. tarde y dom. (salvo el último dom. de mes) marzo.-oct. y tardes lun.-sáb. y todo el dom. (salvo el último dom. de mes) nov.-marzo
💲 $$$ (gratuito el último dom. de mes)
🚌 Autobuses: 51 81 y 492 a Piazza del Risorgimento Metro: Cipro-Musei Vaticani

Página siguiente: bóveda de la Capilla Sixtina, cuyos frescos de Miguel Ángel narran episodios del Génesis y la historia de la humanidad anterior a Jesucristo.

Visite los lugares más excepcionales –el Museo Pio-Clementino, la Capilla Sixtina, las Stanze di Raffaello y la Pinacoteca (museo de pintura)– y luego diríjase a los museos que más le interesen. Esto puede significar tener que elegir entre la exposición del Antiguo Egipto del Museo Gregoriano Egizio y las piezas etruscas del Museo Gregoriano Etrusco. O puede obligarle a decidirse entre las salas dedicadas a arte moderno o profano, donde se pueden admirar tapices y manuscritos y recorrer pasillos con mapas antiguos, o disfrutar de salas colmadas de muebles medievales y escultura clásica. Reserve tiempo suficiente e intente llegar temprano (en temporada alta, las aglomeraciones pueden resultar agobiantes).

Los Musei Vaticani contienen suficiente escultura clásica para llenar toda una vida. Si desea ver lo mejor, vaya directamente al **Museo Pio-Clementino,** fundado en el siglo XVIII por los papas Pío VI y Clemente XIV. Las mejores piezas del museo están expuestas en el Cortile Ottagono o **Patio Octogonal.** Aquí encontrará el famoso *Laocoonte,* esculpido en la isla de Rodas en 50 a.C. Esta escultura ejerció una enorme influencia en el arte del Alto Renacimiento, como también lo hizo otra de las obras del Patio, el célebre *Apolo de Belvedere,* una escultura romana de 130 d.C. copiada de otra griega (330 a.C.).

Entre las muchas obras excelentes del museo están el *Apoxiomenos* (literalmente el «raspador»), que representa a un atleta raspando el sudor y el polvo de su cuerpo después de un combate de lucha; el *Torso de Belvedere,* una obra que marcó la evolución de Miguel Ángel; una figura de Hermes poniéndose una capa sobre los hombros; la estatua de *Apolo sauróctono,* que retrata al dios en el momento de matar a un lagarto; el *Perseo* (1800) neoclásico de Canova; y los Candelabri Barberini, un par de lámparas del siglo II procedentes de la Villa Adriana, en Tívoli.

STANZE DI RAFFAELLO

En 1503, el papa Julio II encargó a Rafael, que entonces tenía sólo 26 años, la decoración de un conjunto de cuatro salas del Vaticano. El resultado fueron las Stanze di Raffaello o Salas de Rafael. El primer recinto que se pintó fue la **Stanza della Segnatura** (1508-1511), la biblioteca del papa Julio donde las bulas papales y otros documentos recibían la firma (*segnatura*). Las cuatro composiciones principales de la sala exploran los temas de la Teología, la Poesía, la Filosofía y la Justicia, cada uno de ellos con una compleja imbricación de alusiones y personajes clásicos, religiosos y contemporáneos. A continuación, Rafael pasó a la **Stanza d'Eliodoro** (1512-1514), una antecámara privada

énfasis en la figura humana. Se cree que este cambio fue suscitado en parte por la influencia de Miguel Ángel, que entonces trabajaba en la Capilla Sixtina. La evolución posterior del estilo de Rafael fue truncada por su prematura muerte en 1520; solamente una de las pinturas de la última sala, la **Sala di Constantino** (1517-1524) está basada en sus dibujos.

LA CAPILLA SIXTINA

La obra más célebre del arte occidental inició su vida como una humilde capilla construida por el papa Sixto IV en 1475. Se empezó a decorar en 1481, cuando las paredes inferiores fueron pintadas por un grupo de destacados artistas, entre los que estaban Botticelli, el Perugino, il Pinturicchio y Luca Signorelli. La bóveda estuvo prácticamente sin adornar hasta 1508, el año en que el papa Julio II encargó a Miguel Ángel las pinturas más célebres del mundo.

Tardó cuatro años en finalizar esta obra, durante los cuales Miguel Ángel debió soportar unas condiciones durísimas, con calores y fríos extremos y agotadoras semanas pasadas pintando recostado sobre la espalda. Más de 300 figuras animan las escenas, que están divididas en nueve grandes secciones. Se hallan dispuestas en orden cronológico siguiendo el perímetro de la capilla. En primer lugar aparecen los cinco hechos fundamentales del Libro del Génesis: la *Separación de la luz y las tinieblas*, la *Creación del Cielo*, la *Separación de la tierra y las aguas*, la *Creación de Adán* y la *Creación de Eva*. A continuación aparecen *El pecado original y la expulsión del Paraíso*, *El sacrificio de Noé*, *El Diluvio universal* y *La embriaguez de Noé*.

Roma era otra ciudad y Miguel Ángel un hombre distinto cuando

La escultura del *Laocoonte* **está fechada en 50 a.C. Esta obra, una de las más célebres del Vaticano, representa a un sacerdote troyano y sus hijos luchando con serpientes marinas.**

donde el principal cuarteto de pinturas gira en torno al tema de la Divina Providencia que intercede para defender la Fe.

Un nuevo papa, León X, accedió al solio pontificio cuando se decoraba esta sala, lo cual explica que en una de las paredes aparezca la representación de *San León deteniendo a Atila*. León insistió en que se incluyera a su ilustre tocayo León I a fin de asegurarse la gloria por medio de éste. En la tercera sala, la **Stanza dell'Incendio del Borgo** (1514-1517), la mayor parte de las composiciones incluyen a anteriores papas leoninos, aunque su contenido es menos espectacular que su forma, que nos muestra a un Rafael pintando con un estilo más grandioso que en las salas anteriores, con unos colores más vivos y un mayor

llegó para pintar la otra obra maestra de la Capilla Sixtina, el **Juicio Final** (1534-1541), que cubre el muro del fondo de la capilla. Habían pasado 20 años desde que pintara la bóveda. La visión del artista del Día del Juicio Final es oscura e inflexible y su contenido se desvía de las interpretaciones anteriores del tema, en las que el perdón y la redención mitigaban la venganza y la ira divinas. A la derecha de la pintura, los condenados aparecen sujetos a su destino, con las caras y los cuerpos distorsionados por el terror, mientras que los que se salvan –aliviados, pero no exultantes por su salvación– se elevan en el lado izquierdo de la composición.

OTROS LUGARES DE INTERÉS

Entre los Musei Vaticani menores, el más llamativo es la **Pinacoteca,** cuyas más de 20 salas contienen lo mejor de la colección vaticana en pintura medieval y del Renacimiento. Las pinturas más notables del museo son la última obra de Rafael, **La transfiguración** (1517); la *Madonna de Foligno* (1512), del mismo artista; el *Tríptico Stefaneschi* de Giotto; un *Descendimiento* de Caravaggio; y un retrato de Sixto IV y su bibliotecaria, Platina, pintada por Melozzo da Forlì. El museo también contiene la única pintura de Leonardo da Vinci existente en Roma, una composición inacabada de san Jerónimo, así como obras de casi todos los artistas italianos y europeos de cierto relieve.

Otros lugares que merece la pena visitar son la **Galleria delle Carte Geografiche,** cuyas paredes están decoradas con una secuencia formada por 40 paneles de mapas pictóricos (1580). La **Cappella di Niccolò V,** cercana a las Stanze di Raffaello, contiene frescos de Fra Angélico sobre las *Vidas de san Lorenzo y de san Esteban* (1447-1451), mientras que los **Aposentos Borgia** ofrecen unos frescos del artista umbro il Pinturicchio. El **Museo Gregoriano-Etrusco** afirma poseer la mejor colección de arte etrusco después de la de Villa Giulia, mientras que el **Museo Gregoriano Egizio** es un cofre de tesoros egipcios. ∎

La creación de los animales, de Rafael, en las **Stanze di Raffaello.**

Otras visitas interesantes en Roma

MUSEO NAZIONALE ROMANO

La colección estatal de antigüedades de Italia está repartida por varios museos. Las mejores obras se exponen en el **Palazzo Massimo delle Terme** *(plano 46 E4, Largo di Villa Peretti 1, cerca de Piazza dei Cinquecento, Tel 06 481 5576, cerrado lun.)* y en el **Palazzo Altemps** *(plano 46 C4, Piazza Sant'Apollinare 44, Tel 06 683 3759, cerrado lun.).*

El Palazzo Massimo alberga la mejor parte de la colección, una selección de esculturas romanas y griegas, mosaicos y otras piezas. No se pierda los frescos de la última planta, en especial la Casa de Livia (habitación II), parte de la villa del siglo I a.C. que perteneció a la esposa del emperador Augusto.

El pequeño Palazzo Altemps es igual de interesante. Las piezas, que ocupan dos pisos de un palacio del siglo XV restaurado, son en su mayor parte obras maestras.

OTROS MUSEOS Y MONUMENTOS

Pocos de los antiguos relieves romanos están tan bien conservados como los que adornan el **Ara Pacis** *(plano 46 C5; Via di Ripetta; Tel 06 6880 6848; cerrado por obras de restauración)*, una obra maestra de época de Augusto, y pocos teatros son tan imponentes como el **Teatro di Marcello** *(plano 46 C3; Via del Teatro di Marcello; cerrado al público)*, en su día uno de los más grandes de Roma. Los restos romanos de los alrededores del casco antiguo de la ciudad incluyen las **Terme di Caracalla** *(plano 47 D2; Via Antonina; cerradas lun. tarde)*, un magnífico complejo termal, y la **Via Appia Antica** *(fuera del plano 47 E1)*, un tramo de calzada romana perfectamente conservada, bordeado de tumbas. Cerca de ésta encontramos algunas de las antiguas catacumbas cristianas; de las que están abiertas al público, las mejores son las de **San Sebastiano** *(Via Appia Antica; Tel 06 785 0350; cerradas dom. y de mediados de nov. a dic.)*, **San Callisto** *(Via Appia Antica 110; Tel 06 5130 1580; cerradas miér. y feb.)* y **San Domitilla** *(Via delle Sette Chiese 283; Tel 06 511 0342; cerradas mar.)*.

De los museos menores de Roma, el más notable es el del **Castel Sant'Angelo** *(plano 46 B4; Lungotevere Castello 50; Tel 06*

3996 7600; cerrado lun.), cerca de San Pedro, una fortaleza y un mausoleo erigidos en 135 d.C., ahora un museo dedicado a objetos medievales y de otras épocas. Los elegantes salones de la **Galleria Spada**, la **Villa Farnesina** y el **Palazzo Corsini** están animados con obras maestras medievales, renacentistas y de épocas posteriores.

IGLESIAS

Entre la Piazza Navona y el Pantheon se halla la iglesia de **San Luigi dei Francesi** *(plano 46 C4, Via Santa Giovanna d'Arco, Tel 06 688 271, cerrado jue. tarde)*, que alberga tres magníficas telas del apóstol san Mateo realizadas por Caravaggio. En el Trastevere intente visitar **Santa Maria in Trastevere** *(plano 46 B3; Piazza di Santa Maria in Trastevere)*, famosa por los mosaicos del siglo XII que adornan su fachada y su oscuro interior. Cerca de allí, **Santa Cecilia in Trastevere** *(plano 46 C3; Piazza Santa Cecilia)* contiene más mosaicos (del siglo IX) y un baldaquino (1293) de Arnolfo di Cambio. Al otro lado del río, el pórtico de **Santa Maria in Cosmedin** *(plano 46 C3; Piazza Bocca della Verità)* aloja la famosa Bocca della Verità (Boca de la Verdad), cuyas mandíbulas de piedra se supone que se cierran en las manos de los hipócritas.

El interior medieval de Santa Maria crea un fuerte contraste con el carácter barroco que domina en la mayoría de las iglesias de la ciudad. Entre ellas sobresale **Il Gesù** *(plano 46 C4; Piazza del Gesù)*, la iglesia madre de los jesuitas, y dos iglesias más modestas pero no menos interesantes arquitectónicamente: **San Carlo** *(plano 47 D4; Via del Quirinale 23)* y **Sant'Andrea al Quirinale** *(plano 47 D4; Via del Quirinale 29)*, proyectadas por Borromini y Bernini, respectivamente. Una de las esculturas más conocidas de Bernini, el *Éxtasis de santa Teresa*, de una gran carga erótica, adorna la iglesia de **Santa Maria della Vittoria** *(plano 47 E4-E5; Via XX Settembre 17)*. Igualmente destacable, pero más macabra, es la decoración de **Santa Maria della Concezione** *(plano 47 D5; Via Vittorio Veneto 27)*, compuesta en gran parte por calaveras y otros huesos humanos dispuestos ordenadamente. ∎

El noroeste de Italia se enorgullece de sus dos grandes ciudades, Turín y Génova, pero sus mayores atractivos son la cocina y el vino, las actividades al aire libre y la belleza de sus magníficos paisajes montañosos y costeros.

Noroeste de Italia

El emblema de Ferrari

6▷

SUIZA

Formazza

Crodo

Iselle

Santa Maria
Maggiore

Domodossola

PARCO NAZIONALE
DELLA VAL GRANDE

Cannob

Toce

Lago
Maggiore

SS33

4807m
Mont Blanc-
Monte Bianco

Colle del Gran
San Bernardo
2473m

Matterhorn
(Mte. Cervino)
▲4478m

Breuil-
Cervinia

4634m
Monte Rosa

Macugnaga

Gravellona Toce

Verbania

Baveno

Stresa

Omegna

Alpi
Pernine

Courmayeur
SS26

Valtournenche

Champoluc

Alagna
Valsesia

Varallo

Orta
San Giulio

d'Orta

Arona

5▷

Morgex

La Thuile

Valle d'Aosta

Aosta

A5

Châtillon

Ayas

St.-
Vincent

Gressoney-
la-Trinité

Gressoney-
St-Jean

Gozzano

Borgosesia

Borgomanero

Romagnano
Sesia

Oleggio

Galliate

Aymavilles

Fenis

Verres

VALLE   D'AOSTA

Colle del Piccolo
San Bernardo
2188m

Pondel

Val di Rhêmes

Cogne

Giardino
Alpino
Paradisia

Lillaz

Valnontey

☆ Pont-St-Martin

Biella

Gattinara

Cossato

Val di Cogne

Gran Paradiso
4061m

PARCO NAZIONALE
DEL GRAN PARADISO

Ivrea

SS26

Cervo

A26

FRANCIA

Ceresole
Reale

Val Grand

Locana

Castellamonte

Cuorgnè

Cavaglià

SS228

Santhià

Novara

Vercelli

SS11

4▷

Balme

Ala di Stura

Rivarolo
Canavese

A4/5

A5

Cigliano

A4

A26/4

Val di Ala

Lanzo
Torinese

Cirie

Caluso

Sesia

Bardonecchia

Valle di Susa

Susa

A32

Sacra
di San
Michele

Caselle
Torinese

SS11

Chivasso

Crescentino

Trino

LOMBARDIA
(LOMBARDIA)
pág. 103

Casale
Monferrato

Oulx

Sauze
d'Oulx

Fenestrelle

Avigliana

Rivoli

SS25

TORINO
(TURÍN)

Settimo Torinese

Superga

SS31

SS457

Dora Riparia

SS24

Sestriere

SS23

Orbassano

Moncalieri

Chieri

Moncalvo

Valenza

Sale

Po

3▷

Chisone

Pinerolo

Torre Pellice

Santena

PIEMONTE

A21

Monferrato

A21

Alessandria

Torto

Cavour

Carmagnola

Pellice

A6

(PIEDMONT)

Asti

SS10

Castellazzo
Bormida

Novi
Ligur

Alpi
Cozie

Crissolo
Paesana

Moretta

Racconigi

Nizza
Monferrato

Canelli

Gavi

A

Monviso
3841m

Saluzzo

SS589

SS20

Bra

Alba

Acqui
Terme

A26

Ronco
Scrivia

Casteldelfino

Verzuolo

Po

Savigliano

La Morra

SS29

Tanaro

Busalla

Sampeyre

Acceglio

Busca

Fossano

SS231

Barolo

Serralunga
d'Alba

Ovada

Rossiglione

Masone

SS30

SS334

SS35

Maira

Dronero

Stura

A6

Dogliani

Langhe

GU

2▷

Vinadio

SS21

Borgo
San Dalmazzo

Cuneo

Mondovì

Ceva

Albisola
Superiore

A10

Arenzano

SS1

GENOV
(GÉNOV

Valdieri

SS20

Limone
Piemonte

SS28

Carcare

Varazze

Celle Ligure

Savona

Rivi

A

Alpi

3297m
Argentera

Marittime

▲2630m
Mte. Mongioie

Garessio

Spotorno

Noli

△
A

Finale Ligure

Pietra Ligure

Loano

Riviera
di Ponente

Golfo
di Genov

1▷

Pieve di
Teco

A10

Albenga

Pigna

Alassio

SS28

Laigueglia

Dolcedo

SS1

Diano Marina

Dolceacqua

SS20

Taggia

Imperia

Ventimiglia

San Remo

Bordighera

Riviera di Ponente

△
B

△
C

△
D

Noroeste de Italia

EL NOROESTE DE ITALIA COMPRENDE TRES REGIONES, EL PIAMONTE (Piemonte), la Liguria y el Valle de Aosta (Val d'Aosta), y presenta tres tipos de paisaje distintos: montañas, bosques y valles alpinos; tierras llanas y ríos serpenteantes en la llanura del Po; y acantilados, ensenadas y playas en la costa mediterránea.

El nombre de Piamonte deriva de *piede dei monti* –pie de monte–, por la enorme pared alpina que protege sus llanuras envueltas en la niebla, sus pulcras ciudades provinciales y las apacibles colinas. En su centro se alza Turín, una ciudad infravalorada cuyo frío prestigio industrial contrasta con su bello patrimonio barroco y con el ambiente refinado de sus calles, los sombreados pórticos y las elegantes terrazas de sus cafés.

La región posee una rica agricultura y las suaves colinas cretáceas de Monferrato, al sur de Turín, producen trufas, espléndidos quesos, el Asti Spumante y dos de los mejores vinos tintos del país: el Barolo y el Barbaresco. También tienen su origen en esta zona el vermú y los *grissini* (palitos de pan), elementos básicos en los bares y restaurantes italianos de todo el mundo.

Encajado en lo profundo de los Alpes, se abre el Valle de Aosta, que posee algunos de los parajes más espectaculares de Italia, además del mejor parque nacional –el Parco Nazionale del Gran Paradiso– y tres de las montañas más altas de Europa: el Mont Blanc, el Monte Rosa y el Cervino (o Matterhorn).

El parque Gran Paradiso es un destino ineludible, aunque casi todos los valles alpinos menores, como el Val d'Ayas o el Val di Gressoney, ofrecen vistas magníficas. Aosta es la ciudad más importante y merece la pena incluir sus encantadoras iglesias y sus ruinas romanas en una ruta de uno o dos días por el Valle de Aosta. En el fondo del valle se alza un conjunto de sombríos castillos, monumentos a una época en que pasos de montaña como el del Gran San Bernardo convertían la región en un corredor estratégico entre Italia, Francia y Suiza. Hoy día, túneles como el de San Bernardo mantienen la importancia de esta ruta.

Liguria es la región marítima de Italia por excelencia y Génova, su capital, es el primer puerto del país. Los recovecos y las grietas de la recortada costa ligur conforman algunos de los panoramas más seductores de Europa. Esta región, constituida por un reducido territorio, se extiende desde la frontera francesa hasta la Toscana formando una larga franja costera –la Riviera italiana– protegida por los Alpes ligures.

La costa que se extiende al oeste de Génova, bordeada por palmeras, se conoce como la Riviera di Ponente; al este se encuentra la Riviera di Levante. Ambas Rivieras están unidas por centros turísticos y ciudades. Tan sólo quedan unos pocos lugares intactos. Los mejores son Cinque Terre y Portofino. ∎

EMILIA-ROMAGNA
pág. 183

SS45
Santo Stefano d'Aveto

Varese Ligure
Rapallo
Santa Margherita Ligure
ortofino
Lavagna
te di ofino
Sestri Levante

A12

TOSCANA
pág. 241

Cinque Terre
Levanto
Monterosso
Corniglia
Vernazza
Manarola
Riomaggiore
Portovenere
La Spezia
Sarzana
Lerici
I. Palmária

Levante

50 kilómetros

△ E

△ F

Roma ✶

Mapa de situación

Turín

«TURÍN NO ES UNA CIUDAD... DE LA QUE SE PUEDAN contar grandezas,» se lamentaba Henry James en 1877, idea que todavía comparten aquellos que no conocían esta ciudad, al menos antes de los Juegos Olímpicos de Invierno de 2006. Tiene fama de ser una urbe austera y poco italiana. A primera vista, su centro tiene el aspecto de un entramado de calles del siglo XIX y su periferia parece un laberinto de suburbios industriales. Pero una mirada más atenta nos revela una ciudad de notable elegancia, llena de parques, palacios, soportales, tranvías, cafés y algunos de los mejores ejemplos de arquitectura barroca fuera de Roma. También alberga el controvertido Sudario de Turín y la empresa Fiat.

Turín
www.comune.torino.it o
www.turismo.torino.org
🗺 84 C3
Información
✉ Piazza Castello 161
☎ 011 535 181
o 011 535 901

Turin City Pass
Válido para 48 o 72 horas, este abono ($$$$) permite entrar gratis o con descuento en 120 museos y monumentos, y viajar gratis en el transporte público

Turín (Torino) inició su andadura como la capital de los taurini, una tribu de origen celta. Más adelante se convirtió en un modesto enclave militar romano. No alcanzó una posición destacada hasta que los príncipes de Saboya convirtieron la ciudad en la sede de su corte en 1574. En el siglo XIX, los Saboya impulsaron el movimiento en favor de la *unificación* y fueron los primeros reyes de una Italia unida. Ya en el siglo XX, grandes empresas como Fiat, fundada en 1899, atrajeron enormes oleadas de mano de obra emigrante, generando un fuerte crecimiento de los grandes suburbios durante las décadas centrales del siglo.

El centro de Turín es una zona bien delimitada que se presta a ser explorada a pie. En su sector occidental se encuentra la elegante Piazza San Carlo, la más notable, en términos arquitectónicos. En uno de sus lados se alza el Palazzo dell'Accademia delle Scienze, un edificio del siglo XVII de Guarini, que alberga los principales museos de la ciudad: el Museo Egizio y la Galleria Sabauda. Enfrente se encuentran las iglesias de San

Carlo y Santa Cristina, la segunda con una espléndida fachada creada por Juvarra. La principal calle de Turín, la Via Roma, con plazas adoquinadas y tentadoras tiendas, desemboca al este en la Piazza Castello, la segunda de las grandes plazas de la urbe. En ella y a su alrededor están el Palazzo Madama, el Palazzo Carignano, la catedral, que conserva el famoso Sudario de Turín, y el Palazzo Reale, que en otro tiempo fue la residencia de los Saboya.

Sólo Londres y El Cairo poseen colecciones comparables a las de su **Museo Egizio**. La ciudad debe esta suerte a los Saboya, que en 1824 instalaron aquí los materiales coleccionados por Bernardo Drovetti, cónsul general francés nacido en el Piamonte que estuvo destinado en Egipto durante las guerras napoleónicas. A esta colección se añadieron las piezas halladas en las excavaciones realizadas por arqueólogos italianos en 1911 y otros tesoros, como el del templo de Tutmosis II (1450 a.C.) excavado en la roca de Ellessya, donado por Egipto al museo en 1967, en agradecimiento por la

ayuda prestada en la construcción de la presa de Asuán.

La planta baja del museo está dedicada en gran parte a la escultura monumental y las piezas más destacadas son una estatua de diorita negra de Ramsés II (1299-1233 a.C.) y el enorme Coloso de Seti II. En el primer piso se exhibe una muestra de la civilización egipcia que incluye desde objetos relacionados con el arte de tejer, la agricultura, la pesca y la caza hasta tumbas reconstruidas, como los sepulcros de Khaiè y Meriè (siglo XIV a.C.) y un conjunto de papiros, entre ellos el mapa topográfico más antiguo de mundo.

La **Galleria Sabauda** contiene pinturas que los Saboya fueron coleccionando desde el siglo XV. Entre las numerosas obras holandesas y flamencas sobresalen el *Anciano dormido* de Rembrandt, probablemente un retrato del padre del artista; la *Pasión* de Hans Memling; una *Madonna con el Niño* de Antony Van Dyck y Holbein el Joven; y el lienzo *Hijos de Carlos I de Inglaterra* de Van Dyck. Los pintores italianos representados en la colección son

Piazza San Carlo, la plaza más importante de Turín. En su entorno porticado se disponen elegantes tiendas y cafés.

Museo Egizio
- ✉ Via Accademia delle Scienze 6
- ☎ 011 561 7776 o 011 534 623
- ⊕ Cerrado lun.
- 💲 $$$ Entrada combinada con la Galleria Sabauda

Galleria Sabauda
- ✉ Via Accademia delle Scienze 6
- ☎ 011 547 440
- ⊕ Cerrado dom.
- 💲 $$$ Entrada combinada con el Museo Egizio

La Basilica di Superga (ver columna del margen pág. 89), en las inmediaciones de Turín, fue erigida para cumplir una promesa hecha a la Virgen María cuando las tropas francesas asediaban la ciudad en 1706.

Mantegna, cuya pensativa *Madonna* es una de las obras más bellas de la galería; algunos miembros de la escuela veneciana, como Giovanni Bellini, Tiepolo (*El triunfo de Aurelio*), el Veronés (*La cena en casa de Simón*) y Tintoretto, así como una impresionante lista de artistas toscanos: Fra Angélico (*Madonna*), Filippino Lippi (*Tres arcángeles*), Sodoma (*Madonna y santos*) y Antonio y Piero Pollaiolo (*San Tobías y el arcángel Rafael*). También son reseñables la *Anunciación* de Orazio Gentileschi y las panorámicas del Turín del siglo XVIII de Bernardo Bellotto.

Cerca de la Galleria Sabauda se alza el **Palazzo Carignano** (*Via Accademia delle Scienze 5; Tel 011 562 1147; cerrado dom. tarde y lun.*), construido entre 1679 y 1684 por los Carignano, una rama de la familia de los Saboya, y caracterizado por la original fachada curva de ladrillo de Guarini. El primer rey de Italia, Víctor Manuel II, nació en este palacio en 1820 y, entre 1861 y 1864, el edificio fue la sede del primer parlamento de Italia. En la actualidad aloja las 27 salas del **Museo Nazionale del Risorgimento,** un museo dedicado a la unificación de Italia lograda en el siglo XIX.

En el centro de una enorme plaza, al norte del palacio, se halla el **Palazzo Madama,** (*Piazza Castello; Tel 011 442 9912; cerrado lun.; parcialmente cerrado por obras de restauración*). Debe su apariencia actual a Filippo Juvarra (ver pág. 87), pero su origen se remonta a las fortificaciones romanas y a las fortalezas medievales que en otro tiempo ocuparon este lugar. El palacio recibe el nombre de una de sus ilustres ocupantes del siglo XVII, «Madama» Marie-Christine de Francia, la madre de Carlos Manuel de Saboya. En su interior está instalado el **Museo Civico d'Arte Antica,** con una extensa colección que incluye pinturas y objetos de arte que cubren un período de unos tres milenios. Sus piezas más valiosas son, sin duda alguna, el famoso *Retrato de hombre* (1476) del pintor siciliano Antonello da Messina y el *Libro de las horas* (1450), un volumen suntuosamente ilustrado del duque de Berry.

Las obras de la catedral de Turín, el **Duomo di San Giovanni** (*Piazza San Giovanni*) fueron iniciadas por arquitectos toscanos en 1491. Actualmente es el único monumento renacentista importante de la ciudad, aunque también aquí los genios barrocos dejaron su huella: Juvarra diseñó la corona (1720) del *campanile* de ladrillo (1468-1470), mientras que en el interior Guarini construyó la **Cappella della Santa Sindone** (1668-1694). Esta magnífica capilla resultó gravemente afectada por un incendio en 1997, pero su más valiosa reliquia, la *Sindone* o Santo Sudario, salió intacta del incendio. Para los creyentes, esta controvertida reliquia, más conocida como el Sudario de Turín, es la sábana con la que envolvieron a Cristo después de la crucifixión. Para los escépticos, es una falsificación del siglo XIII. Se cree que el Sudario fue llevado de Jerusalén a Chipre y de allí a Francia, donde pasó a manos de los Saboya en 1453. Fue expuesto en la catedral por primera vez en 1694 y ahora sólo se muestra a los visitantes de forma ocasional.

El **Palazzo Reale**, contiguo al Duomo por el lado este, fue la sede principal de los Saboya desde 1646 hasta 1865. Hoy es visitado por sus jardines, sus lujosos salones de gala (*Piazzetta Reale; Tel 011 436 1455; visitas guiadas todos los días salvo lun.*) y por la **Armeria Reale** (*Piazza Castello 191; Tel 011 518 4358; cerrado mar. y jue. mañana; lun., mié., vie. y sáb. tarde; y dom. todo el día*). Está alojada en una de las alas del palacio, y es una de las colecciones de armas y objetos militares más grande y más importante del mundo. Este conjunto, reunido por los Saboya, abarca desde armas de época griega y romana y magníficas piezas medievales y renacentistas hasta armas de lugares tan remotos como China y Japón.

Saliendo en dirección este de la Armeria Reale y de la Piazza Castello por la Via Giuseppe Verdi se llega a la **Mole Antonelliana** (*Via Montebello 20; Tel 011 812 5628; cerrado lun.*), el monumento más destacado de Turín. Durante unos años del siglo XIX, éste fue uno de los edificios más altos del mundo, con una altura de 167 m. Inicialmente fue proyectado como sinagoga por el arquitecto Alessandro Antonelli, en 1862, pero fue acabado por el Ayuntamiento de la ciudad en 1897. Hoy en día, la Mole –que, al igual que en español, significa estructura grande y maciza– se utiliza como un espacio para exposiciones y también como sede del **Museo Nazionale del Cinema,** un centro que presenta la industria cinematográfica italiana desde sus inicios en Turín. Merece la pena subir en ascensor hasta el mirador que se encuentra a media altura, desde donde se puede disfrutar de una impresionante vista aérea de la ciudad y de amplias panorámicas sobre los Alpes y el Valle del Po. ∎

Pruebe una de estas sabrosas tartas en el Caffè Platti, en el Corso Vittorio Emanuele II.

SUPERGA

Superga (*Strada di Superga 73; Tel 011 898 0083*), una magnífica basílica barroca, es la obra maestra del arquitecto Juvarra. Construida entre 1717 y 1731 en lo alto de una colina de 670 m de altitud, a 9,6 km al este de la ciudad, fue levantada en agradecimiento por la liberación de Turín del asedio del ejército francés en 1706. Las terrazas exteriores ofrecen unas vistas extraordinarias y en su interior se encuentran las tumbas reales de los Saboya. ∎

Las trufas

El Piamonte es una de las principales zonas productoras de trufa y el centro de la legendaria trufa blanca (*tuber magnatum*), uno de los productos culinarios más excepcionales del mundo. Las trufas son un producto conocido, y quizás apreciado, desde tiempos antiguos. La primera referencia escrita data del siglo v a.C. Las trufas deleitaron a los babilonios, los griegos y los romanos, que las consumían tanto por sus supuestas cualidades afrodisíacas como por su valor gastronómico.

Las trufas constituyeron un misterio para los escritores clásicos. Plutarco creía que eran bolas de barro secadas por los relámpagos, para Juvenal eran producto del trueno y las lluvias y Plinio, intrigado por sus orígenes, las consideraba el mayor milagro de la naturaleza. Durante la Edad Media, se pensaba que eran manifestaciones del diablo.

En realidad, las trufas son un tipo de hongo que crece bajo tierra. A diferencia de las setas, sus esporas son esparcidas por los diversos animales que las comen, como roedores, ciervos, babosas y jabalíes. Su medio subterráneo impide la fotosíntesis, de forma que obtienen los nutrientes de una relación simbiótica con las raíces de ciertos árboles, por lo general robles, avellanos, hayas y tilos.

Las trufas normalmente alcanzan sus dimensiones finales –tamaño que puede oscilar entre el de un guisante y el de un balón de fútbol– en sólo unos días, en primavera. Protegidas de las inclemencias del tiempo, pueden madurar despacio, a menudo a lo largo de varios meses. Únicamente cuando están maduras –más o menos a partir de noviembre– desprenden su perfume característico y tan sólo durante unos diez días, asegurando así que son recogidas cuando sus esporas están formadas. Después se vuelven venenosas y se pudren. Pero, para conseguir que las arranquen, deben hacer notar su presencia.

Aquí es donde interviene el famoso perfume de las trufas, por no mencionar los perros y los cerdos, los primeros entre el conjunto de buscadores empleados para descubrir el preciado hongo (también se utilizan cabras, zorros y hurones, y en Rusia, incluso oseznos). A los cerdos les encantan las trufas, por lo menos a las hembras, ya que entre los incontables componentes volátiles que exuda la trufa, uno es muy parecido a las feromonas sexuales del jabalí. Las cerdas son animales enormes y difíciles de guiar, y cuando están cerca de las trufas tienden a excitarse sexualmente. Por ello han sido sustituidas por perros.

Pero ¿a qué se debe la admiración y el misterio que envuelve a las trufas? No tienen un aspecto agradable, y su perfume, descrito como la «esencia del sotobosque», se ha comparado con el de las hojas enmohecidas, el queso pasado, el ajo, hierbas, el metano o con el sudor de las axilas. Para los cocineros, su atractivo está en su aroma sutil y único. Brillat-Savarin, el reputado gastrónomo francés del siglo XIX, afirmó que «sin la trufa no puede existir ningun plato verdaderamente gastronómico».

El misterio de la trufa, su crecimiento aparentemente espontáneo y su existencia etérea, es un factor importante. (Lord Byron, el poeta inglés de principios del siglo XIX, tenía siempre una en su escritorio para «estimular la creatividad».) Igualmente importantes son la dificultad y la emoción que comporta su búsqueda (es el único producto gastronómico, de hecho uno de los pocos alimentos, que no se puede cultivar). También es sumamente imprevisible, hasta el punto de que su cultivo se ha convertido en el «Santo Grial» de la agricultura. Un árbol puede dar trufas, mientras que el árbol de al lado, exactamente igual que el primero, no las produce, y no se sabe por qué. El dinero también desempeña un papel destacado. Si se tiene en cuenta el precio por peso, la trufa está entre los alimentos más caros. Sólo la supera el azafrán.

No obstante, una pequeña cantidad es suficiente para disfrutar de sus encomiadas cualidades. En ningún lugar, salvo en el centro de Francia, se puede disfrutar más con su sublime aroma que en los restaurantes del Piamonte, Umbría y –en menor medida–en la Toscana y Las Marcas. ∎

Arriba: para buscar trufas, en Italia se suele utilizar más los perros que los cerdos. Un buen perro buscador de trufas puede costar muchos miles de euros.

Derecha: olfato para la calidad. El perfume distintivo de las trufas es su característica más preciada.

Abajo: las trufas son muy delicadas; deben ser procesadas con sumo cuidado a las pocas horas de ser recogidas.

Parco Nazionale del Gran Paradiso

EL PRIMER PARQUE NACIONAL DE ITALIA INICIÓ SU andadura como una reserva real de caza creada exclusivamente para Víctor Manuel II de Saboya y su familia en 1856. En 1920, Víctor Manuel III donó la reserva al Estado, y tres años más tarde la zona era declarada parque nacional. Actualmente, el Parco Nazionale del Gran Paradiso ocupa unas 70.000 ha; se extiende por las regiones del Piamonte y el Valle de Aosta y protege el majestuoso panorama de montaña del macizo del Gran Paradiso (4.061 m) –de hecho es el único pico totalmente italiano que supera los 4.000 m– y de su entorno.

Los paisajes de la zona alpina del parque son un mosaico de altas montañas, prados alpinos y suaves fondos de valles. Las nieves perpetuas y los glaciares envueltos en su solidez interior son un frío reducto de roca y hielo del cual surgen los rápidos torrentes que atraviesan los pastos cubiertos de flores y los bosques de alerces, abetos y pinos. También abundan las cascadas, los valles profundos y los rincones bucólicos, todos ellos fácilmente accesibles.

Desde el sur se llega a esta zona por el Piamonte, aunque para muchos visitantes resulta más cómodo e interesante entrar por el **Valle de Aosta,** por el norte (ver Ruta, págs. 94-95). La mejor táctica es tomar una de las tres carreteras que siguen los principales valles de la vertiente norte del parque: el Val di Rhêmes, el Val Savarenche y el Val di Cogne. Cualquiera de ellas ofrece vistas prodigiosas, paisajes magníficos y la oportunidad de seguir senderos de longitud y dificultad diversas.

En un mundo ideal, uno exploraría las tres carreteras, pero si no se dispone de mucho tiempo es mejor tomar la SS507, que se adentra en la Val di Cogne, un trayecto que nos conduce al principal centro turístico del parque, Cogne, un pequeño pueblo a unos 30 minutos en coche desde Aosta. Por el camino merece la pena detenerse para admirar el castillo de **Aymavilles** y seguir el desvío señalizado hacia **Pondel**, un pequeño pueblo conocido por sus soberbios puente y acueducto romanos del siglo III a.C.

Cogne (*Información; Piazza Chanoux 36; Tel 0165 74 040*) es un buen lugar para detenerse y recoger información sobre los senderos (éstos han sido marcados con la numeración y señalización oficial de senderos del Club Alpino italiano), aunque para ver las mejores panorámicas hay que tomar carreteras secundarias que se adentran unos kilómetros por el parque. La carretera nos deja en **Lillaz**, un pueblecito relativamente

El Parco Nazionale del Gran Paradiso protege algunos de los paisajes alpinos más bellos de Italia, así como una de las especies europeas en peligro de extinción, el íbice (izquierda).

Parco Nazionale del Gran Paradiso
www.parks.it

⚑ 84 B4

Información

✉ Via Umberto I, Noasca

☎ 0124 901 070

tranquilo donde las casas todavía conservan los tradicionales tejados de pizarra (también se puede llegar a pie desde Cogne por un camino que sigue el curso del río). Desde este pueblo, la mejor excursión es la que recorre el valle que sale al este, donde la Cascata di Balma es uno de los numerosos y espléndidos saltos de agua de la zona.

Se puede seguir asimismo una pequeña carretera secundaria hacia el sur que conduce a **Valnontey**, un pueblo más activo y punto de partida de una de las excursiones más típicas del parque, la ruta al refugio de montaña **Vittorio Sella** (sendero 106/36), que regresa por el Lago di Lauson (sendero 39) y el refugio Sella Herbetet (sendero 33). Dedique un día entero a esta excursión y evite hacerla en fin de semana, cuando la carretera está muy transitada. Valnontey es famoso también por el **Giardino Alpino Paradisia** (*cerrado oct.- mediados jun.*), creado en 1955, en el cual se pueden admirar algunas de las numerosas plantas y flores alpinas cultivadas en condiciones controladas.

Aparte del paisaje, uno de los principales atractivos del Gran Paradiso es su fauna y la facilidad con que buena parte de ella se puede contemplar. Entre los animales, sobresale el *stambecco* (íbice), de la familia del ciervo, que ha sido escogido como símbolo del parque. Este animal, prácticamente extinguido en toda Europa, abunda en esta zona (unos 5.000 ejemplares), donde ha estado protegido desde 1821. La población de rebecos, unos animales parecidos a los ciervos, también es considerable, como lo es la de marmotas. Una excursión por el Valnontey permite, casi siempre, contemplar íbices y rebecos. ∎

Una ruta por el Valle de Aosta

Esta impresionante ruta nos conduce, a través de altos paisajes alpinos, desde Pont-St. Martin hasta Courmayer y el pie del Mont Blanc, pasando por la histórica ciudad de Aosta.

Pont-St Martin ❶ es conocido por sus viñedos y por el pequeño puente romano del siglo I a.C. que se encuentra en el centro de la localidad. De aquí sale la carretera SS505 que se adentra en la **Val di Gressoney**, un típico valle alpino con prados, casas tradicionales y altas montañas, cuyos habitantes, los walser, son descendientes de inmigrantes suizos del siglo XII y todavía hablan un antiguo dialecto alemán.

A pocos minutos de St. Martin por la SS26 se encuentra la severa **Fortezza di Bard** (*cerrada al público*), la primera de las más de 70 fortificaciones que han dado fama al Valle de Aosta. Un poco más adelante por la misma carretera se alza el soberbio **Castello di Issogne ❷** (*cerrado miér. nov.-marzo*), edificado en 1498 por Georges de Challant, un miembro de la familia que controló la mayor parte del Valle de Aosta durante siglos. Al otro lado del río

está el **Castello di Verrès** (*Tel 0125 929 373; cerrado jue. en invierno*), también construido por los Challant, pero de apariencia más sombría, pues su función fue más defensiva que residencial. Una carretera secundaria que sale de Verrès, la SS506, se dirige hacia el norte por el **Val d'Ayas ❸**, el más bello de los valles laterales de esta ruta. Desde el pueblo de **Champoluc**, en la cabecera del valle, hay un teleférico que nos transporta a un mirador con panorámicas sobre el Monte Rosa y el Cervino, las dos montañas más altas de Europa después del Mont Blanc.

St Vicent, una localidad repleta de hoteles, es conocida por su casino y por la carretera

---

🏔 Ver también el mapa de la zona, pág. 84 C4-C5

▶ Pont-St-Martin

↔ 145 km

🕐 1 día

▶ Courmayeur-La Palud

PUNTOS DE INTERÉS
- Val d'Ayas
- Castello di Fenis
- Parco Nazionale del Gran Paradiso
- Teleférico al Mont Blanc (lleve el pasaporte)

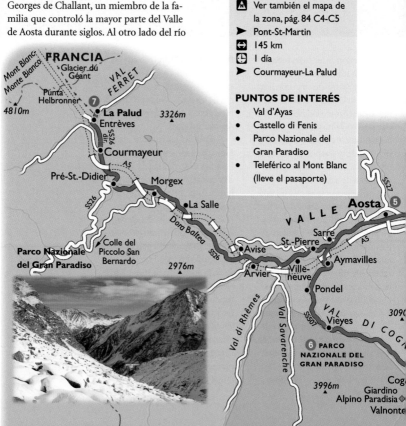

que remonta el río Valtournenche hasta la estación de esquí de **Breuil-Cervinia**. Es mejor seguir adelante, hasta el **Castello di Fenis** ❹ (*Tel 0125 929 067; cerrado jue. en invierno*), un importante castillo famoso por sus frescos del siglo XV y su exquisito mobiliario.

Aosta ❺ (*Información; Piazza Chanoux 8; Tel 0165 236 627*), la capital de la región, es una agradable ciudad histórica con ruinas romanas, iglesias medievales y tranquilas plazas antiguas. Tras ser conquistada por los romanos a los salasi, la ciudad recibió el nombre de Augusta Praetoria en honor al emperador Augusto: Aosta deriva de Augusto.

En el casco antiguo, visite el foro romano, el teatro y el anfiteatro; y más allá del centro se hallan la Porta Pretoria, el Arco di Augusto y un puente romano. Piezas romanas y otros objetos antiguos son los principales materiales que se exhiben en el **Museo Archeologico Regionale** (*Piazza Roncas 12; Tel 0165 238 680 o 0165 238 685*). Cerca de allí se levanta la **Cattedrale** de la ciudad, del siglo XII, con bellas lápidas, un coro y pavimentos de mosaico. Posee, asimismo, una pequeña sala donde se expone el tesoro, el **Museo del Tesoro** (*Piazza Giovanni XXIII; Tel 0165 363 589; cerrado dom. tarde y lun. abril-nov., cerrado dom. tarde en invierno*). Otra de las iglesias más

notables de la ciudad es la encantadora **Collegiata di Sant'Orso**, del siglo XI (*Via Sant' Orso*), un interesante conjunto medieval.

Pasadas Aosta y Sarre, una carretera secundaria, la SS507, se dirige a Cogne y al **Parco Nazionale del Gran Paradiso** ❻ (ver págs. 92-93). Después de este rodeo imprescindible, vuelva a la carretera principal SS26, que gana altura y nos acerca a los picos de la cabecera del valle. Sarre posee otro castillo, elemento que tampoco falta en los pintorescos pueblos de St. Pierre y Avise. En Pré-St.-Didier, la SS26 que se desvía hacia el Colle del Piccolo San Bernardo nos permite tomar desvíos con mejores panorámicas. Es fundamental reservar para subir al **teleférico** (10-12 salidas diarias) del Mont Blanc o Monte Bianco. La ruta, bien señalizada, sale de **La Palud** ❼, una aldea cercana a la estación de Courmayeur. Mucha gente se queda en la Punta Helbronner, pero dos tramos más (*sólo abr.-sept.*) nos permiten alcanzar el glaciar Géant y, a través de la montaña, llegar a Francia. Vuelta a La Palud en teleférico. ∎

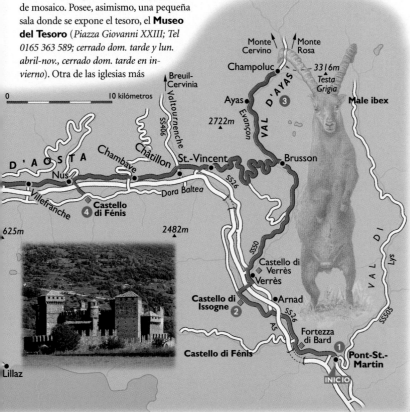

Génova

«SEÑORA DEL MAR», DIJO PETRARCA, EL POETA DEL siglo XIV, de Génova (Genova), captando el poder marítimo de una ciudad cuya fama se ha basado en las proezas navales de sus marinos y en su potencial comercial como primer puerto de Italia. Los visitantes de *La Superba* (La Soberbia), como se conoce a la ciudad, no abundan, en parte porque carece de grandes monumentos y en parte por el desagradable entorno característico de todos los grandes puertos. Con todo, en el núcleo histórico de la ciudad se descubre la riqueza ecléctica que ofrece Génova en sus iglesias, palacios y museos.

Con su estratégica posición y su excelente puerto natural, la aparición de Génova en el curso de la historia era casi inevitable. Durante su apogeo en el siglo XIV, los territorios de esta ciudad se extendían hasta Siria, el norte de África y Crimea. Su derrota ante Venecia en 1380 puso freno a su expansión marítima, pero al cabo de dos décadas, tras diversificar su actividad hacia la banca y otros ámbitos comerciales, ya había recobrado su hegemonía. En aquella época, grandes familias dinásticas, en particular los Doria, enriquecieron la ciudad con palacios, parques y obras de arte. Fue una segunda edad de oro, que finalmente decaería debido a la pérdida de sus colonias a manos de Venecia y los otomanos, y por el peso creciente que adquirían otros puertos mediterráneos. Si uno se pierde en Génova, no tiene más que seguir una de las calles que descienden y llegará cerca del puerto. Desde allí se puede tomar un autobús para dirigirse a cualquier parte de la ciudad.

Provéase de un buen mapa y dedíquese a explorar las calles al azar. Saboree el áspero encanto de las casas inclinadas, de las viejas capillas y de las calles llenas de ropa tendida, pero evite los rincones apartados a partir del anochecer, ya que pueden ser algo peligrosos.

Empiece su paseo en la **Piazza Matteotti**, una de las plazas más amplias, dominada por el inmenso **Palazzo Ducale** (*Tel 010 557 4000; www.palazzoducale. genova.it; cerrado lun.*). Erigido a lo largo de varios siglos como sede de los duques medievales que gobernaban Génova, ahora alberga actividades culturales. Desde aquí, siga en dirección oeste hasta San Lorenzo, y desde allí puede guiarse con un plano (disponibles en los puntos de información turística).

SAN LORENZO

La Cattedrale di San Lorenzo (*Piazza San Lorenzo; Tel 010 247 1831; tesoro cerrado dom.*) es la catedral de Génova. Su construcción se inició en el siglo IX y finalizó en 1118, pero a lo largo de los siglos se le han añadido numerosos elementos decorativos. Así, el portal de San Giovanni, al norte, es románico del siglo XII, mientras que las puertas de la fachada principal y el rosetón imitan modelos del gótico francés tardío. El interior presenta una mezcla similar de estilos, con un aspecto básicamente barroco sólo atenuado por la **Cappella di San Giovanni**, una magnífica capilla renacentista (1451-1465) dedicada a san Juan Bautista, el patrón de Génova.

Abundan las reliquias religiosas de toda índole, sobre todo en la

Génova

www.comune.genova.it

⬛ 84 D2

Información

✉ Piazza Giacomo Matteotti

☎ 010 246 2633

«En los preciosos callejones de Génova, sinuosos, serpenteantes, inclinados, empinados y encajonados, el visitante se halla inmerso en la esencia de Italia... Génova es la más intrincada e incoherente de las ciudades; tendida sobre las laderas y crestas de una docena de colinas, está surcada por barrancos y torrentes bordeados de innumerables palacios...» —Henry James (1877). ■

Pág. anterior: el pórtico gótico de la Cattedrale di San Lorenzo fue creado por artistas franceses en el siglo XIII.

El Palazzo di Giorgio de la Piazza Caricamento, albergó la Banca di San Giorgio, uno de los pilares de Génova en la Edad Media.

«El puerto de Génova es maravilloso. Sus calurosas y coloridas callejuelas, sucias, llenas de ruido y de granujas, en cuyas altas ventanas está tendida la colada de medio mundo.» Dylan Thomas, *Carta a sus padres* (1947). ■

cappella, que contiene un sarcófago francés del siglo XIII que, según la tradición, guardó los restos de san Juan Bautista. En el **tesoro** del templo, al que se accede desde la sacristía, se encuentra el *Sacro Catino*, una bandeja azul en la cual se dice que se presentó la cabeza del santo a Salomé. También hay un bol de cristal verde, al parecer utilizado en la Última Cena.

Al norte de San Lorenzo está la **Piazza San Matteo**, una de las plazas más pintorescas de Génova: su pequeña iglesia y las viejas casas fueron reconstruidas y restauradas por la familia Doria en 1278. Al sur se levanta la mejor de las numerosas iglesias de la ciudad. El encantador edificio de **San Donato** posee un precioso campanario octogonal, un portal y el cuadro de *La adoración de los Magos*, de Joos van Cleve, mientras que la iglesia gótica de **Sant'Agostino**, cerca de la anterior, merece una visita por su museo de frescos, esculturas y piezas arqueológicas (*Piazza Sarzano 35; Tel 010 251 1263; cerrado dom. tarde y lun.*).

Santa Maria Castello (*contigua a la Piazza Embriaci*), un templo románico, debe su nombre a un antiguo *castrum* (castro) romano. La iglesia también contiene algunos frescos y esculturas interesantes, pero su tesoro más valioso se encuentra en el convento dominico anexo. El piso inferior del segundo claustro presenta fascinantes frescos del siglo XV, mientras que el piso superior conserva un fresco monocromo de Santo Domingo y un tabernáculo de la Trinidad, ambas obras genovesas de finales del siglo XV. Desde él se divisa una amplia panorámica sobre el puerto y el centro de la ciudad.

VIA GARIBALDI

Paseando por la Via Garibaldi, a menudo considerada la calle más bella de toda Italia, uno comprende por qué. La Strada Nuova o Calle Nueva, tal como se llamaba entonces, abierta entre 1551 y 1558, fue creada por mercaderes recién enriquecidos que deseaban escapar de la estrechez del barrio medieval. Actualmente, muchos de sus palacios han sido convertidos en oficinas o vistosas tiendas, pero las fachadas, las fuentes, los frescos y los jardines interiores semiocultos conservan todo su esplendor.

Palacio tras palacio se suceden formando un magnífico conjunto: el Palazzo Cambiaso en el nº 1, el Palazzo Carrega-Cataldi (nº 2), el Palazzo Parodi (nº 3), el Palazzo Doria (nº 6) y el Palazzo Podestà (nº 7). El **Palazzo Doria-Tursi** (nº 9) ahora es el Ayuntamiento y acoge también

Cristóbal Colón

Curiosamente, se sabe poco de Cristóbal Colón (1451-1506). El testamento manuscrito del navegante, de 1498, indica que nació en Génova, pero en antiguos registros de la ciudad sólo figura el nombre de su padre, un tejedor. Algunos historiadores afirman que nació en Piacenza, en la Emilia-Romaña, mientras que otros lo consideran suizo, corso, francés, inglés o catalán. También se dice que era un judío español obligado a exiliarse a Italia por las persecuciones, y otros aseguran que era el corsario levantino Giorgio Bissipat. Pero a Génova esto no le preocupa: Cristoforo Colombo, tal como se le llama en italiano, está presente a cada paso. ■

un museo de arte municipal que conserva tres cartas del descubridor Cristóbal Colón y un violín que perteneció al famoso violinista de origen genovés Nicolò Paganini (1784-1840).

Otra parada fundamental es el **Palazzo Bianco**, en el nº 11, sede de una de las principales colecciones de arte de la ciudad (*Via Garibaldi 11; Tel 010 557 2013; cerrado mar., jue. y vier. tarde y lun. todo el día*). Algunas de las pinturas son de artistas genoveses interesantes aunque poco conocidos, pero también incluye piezas de maestros italianos de primer orden –entre ellos, Caravaggio, el Veronés y Filippo Lippi– así como lienzos excepcionales holandeses y flamencos de Memling (*Cristo bendiciendo*), Joos van Cleve (*Madonna y el Niño*) y Jan Provost (*San Pedro*, una *Anunciación* y *Santa Isabel*).

Casi enfrente del Palazzo Bianco está el **Palazzo Rosso** (*Via Garibaldi 18; Tel 010 271 0236; cerrado lun.*), en donde cabe admirar pinturas de calidad similar, entre las cuales, retratos de Antony van Dyck, que trabajó en la ciudad entre 1621 y 1627, y cuadros de Durero, el Veronés, Palma il Vecchio y artistas genoveses menores. El tercero del triunvirato de museos de arte de Génova, el **Palazzo Spinola** (*Piazza Pellicceria 1; Tel 010 247 7061; cerrado dom. mañana y lun.*), se encuentra al suroeste del Palazzo Rosso. Tal como es habitual en los museos italianos, las salas donde se exponen las pinturas –en este caso salones amueblados de los siglos XVII y XVIII– son casi tan atractivas como las propias obras de arte. Naturalmente, de nuevo predominan las producciones de artistas genoveses –los frescos del techo (1615) de Lazzaro Tavarone son particularmente bellos–, pero también hay obras de figuras de mayor relieve, como la sublime *La adoración de los Magos* de Joos van Cleve, el *Ecce Homo* de Antonello da Messina, el retrato ecuestre de Gio Carlo Doria pintado por Rubens y el encantador *Retrato de señora y niño* de Van Dyck.

Renzo Piano, uno de los arquitectos vanguardistas europeos, transformó la línea de mar, que hasta la década de 1990 había estado abandonada. Uno de los lugares de más éxito es el **Acquario** (*Ponte Spinola, Strada Aldo Moro; Tel 010 234 5678; www.acquario.ge.it*), un innovador acuario (el segundo más grande de Europa) con cerca de 20.000 especies marinas, así como reproducciones de entornos subacuáticos. Por otra parte, numerosas exposiciones y películas permiten la participación interactiva del público visitante. ■

Los palacios de la Via Garibaldi poseen salas de suntuosa decoración, como el Salone Dorato o Salón Dorado, del Palazzo Carrega-Cataldi.

El puerto de Portofino, uno de los pueblos más bellos de Italia y destino preferido de ricos y famosos.

Portofino

PORTOFINO ES LA JOYA DE UNA COSTA DOTADA DE GRAN belleza natural. Esta romántica y encantadora localidad es uno de los centros turísticos más selectos y caros de Italia. Aquí, cuando uno se cansa de yates, tiendas sofisticadas, aglomeraciones estivales, estrechas calles empedradas, cafés elegantes y restaurantes de ambiente íntimo, puede pasear por bosques fragrantes o adentrarse por los senderos que recorren el promontorio que domina el pueblo.

Portofino
⚑ 85 E2
Información
✉ Via Roma 35
☎ 0185 269 024

Después de explorar el pueblo, visite la iglesia de **San Giorgio** (*Salita San Giorgio*), donde se encuentran unas reliquias atribuidas a San Giorgio (san Jorge), traídas de Tierra Santa en el siglo XII por los cruzados. Luego, continúe hasta pasar el viejo castillo y siga el camino que conduce al faro, a unos 4 km de distancia. Entre las diversas rutas posibles, éste es el paseo más frecuentado, ya que las vistas que ofrece, especialmente al atardecer, son inolvidables. Se pueden contemplar otras panorámicas casi igual de mágicas desde la carretera abierta en la roca que une el pueblo con el centro turístico de Santa Margherita Ligure.

Gran parte del promontorio que se alza detrás de Portofino forma parte del **Parco Naturale di Monte di Portofino**, en el que árboles como el pino de Alepo y el pino marítimo, y una fragante vegetación de hierbas, enebros, brezos y más de 700 especies de flores silvestres cubren el terreno ondulado. Toda clase de caminos recorren el espacio que separa Portofino de **Camogli**, pueblo de pescadores que ocupa el extremo oeste del promontorio. Pero la mejor excursión desde Portofino es la que conduce a **San Fruttuoso**, monasterio del siglo XI situado ante una idílica bahía y rodeado de olivos y pinos. Andar los 14,5 km de ida y vuelta lleva unas cuatro horas, pero la ida, la vuelta, o ambas, se pueden hacer en barco. ∎

Cinque Terre

LA MAYORÍA DE LOS SECRETOS, CON EL TIEMPO SE DES-
cubren, lo que, por desgracia, es cierto en el caso de Cinque Terre
(Cinco Tierras), un quinteto de pueblecitos situados frente al mar
que hasta hace poco eran casi inaccesibles por carretera. De momento, el encanto de estos pueblos se ha conservado intacto, y
también permanece virgen el paisaje de los alrededores, una sucesión de acantilados, viñedos, olivares y laderas con terrazas.

Se puede llegar en coche a casi todos estos pueblos, aunque aparcar
suele ser imposible, y las carreteras,
llenas de curvas, y fuertes pendien-
tes, son agotadoras. Es mejor tomar el tren, que tiene parada en
todos los pueblos, o el barco. Por
lo general, el alojamiento escasea,
pero se puede intentar hallarlo en
Levanto, una apacible población
situada al norte, donde hay gran
cantidad de hoteles.

Los atractivos de los cinco pueblos son similares: íntimas playas
de guijarros, pequeñas calas, frescos vinos blancos, románticos restaurantes que sirven pescado y
pintorescos grupos de casas pintadas con tonos pastel. Nada de todo
esto le decepcionará y pronto encontrará su opción favorita.

De los cinco pueblos, **Manarola**
es el preferido de muchas personas,
seguido de cerca por **Vernazza.** El
más grande, más famoso y quizás
menos llamativo es **Monterosso**,
pero posee la playa más extensa
y la mejor oferta de alojamiento.
Riomaggiori tiene también muchos lugares donde alojarse y es
más bonito. **Corniglia,** que domina el mar desde un punto elevado, es el más pequeño de ellos
y, aunque está más orientado a la
agricultura que a la pesca, posee
una larga playa de guijarros. Merece
la pena hacer alguna breve excursión (encontrará más detalles en
las oficinas de turismo). La Via
dell'Amore, que enlaza Manarola
y Riomaggiore en sólo 1,6 km,
es el paseo más famoso. ∎

**Encaramado en lo
alto de una peña,
Manarola, al igual
que los otros
cuatro pueblos
de Cinque Terre,
ha estado muy
aislada del mundo
exterior.**

Cinque Terre
www.cinqueterre.it

Levanto
🅰 85 E2
Información
✉ Piazza Mazzini 1
☎ 0187 808 125

Monterosso
🅰 85 E2
Información
✉ Via Fegina 38
☎ 0187 817 204
🕐 Cerrado nov.-S. Santa

Riomaggiore
🅰 85 E2
Información
✉ Piazza Rio Finale 26
☎ 0187 920 633

Otras visitas interesantes en el noroeste de Italia

ASTI

La ciudad piamontesa de Asti se encuentra en el corazón de una de las mejores zonas vinícolas del norte de Italia y es conocida por su vino blanco espumoso, el Asti Spumante. La fiesta más emocionante de la ciudad, una carrera de caballos anual que se celebra en medio de un gran espectáculo medieval, coincide con la feria del vino y con el inicio de la vendimia *(vendemmia)*, a finales de septiembre.

Los edificios más antiguos se encuentran en la calle principal o cerca de ella, en el Corso Vittorio Alfieri, cuyo nombre recuerda al poeta y dramaturgo local Vittorio Alfieri (1749-1803). Vale la pena ver el conjunto de torres medievales del extremo occidental de la calle, el **Duomo** gótico del siglo XIV y la iglesia de **San Pietro in Consavia**, del siglo XV, famosa por sus frescos del XVII, su claustro y su baptisterio circular románico. Este último fue construido entre los siglos X y XII, y en un tiempo perteneció a la Orden de San Juan de Jerusalén. Al oeste de la céntrica Piazza Alfieri se encuentra la iglesia de la **Collegiata di San Secondo,** fundada en el siglo XIII y ornamentada con una serie de frescos del siglo XV y un bello frontal de altar renacentista de Gandolfino d'Asti.

🅼 84 C3 **Información** ✉ Piazza Alfieri 29 ☎ 0141 530 357

LERICI

Lerici es el destino preferido de muchos italianos y visitantes extranjeros, a quienes atrae su ambiente tranquilo. Muchas figuras literarias visitaron Lerici, como el escritor D. H. Lawrence y el poeta W. B. Yeats y, desde un pueblo cercano (San Terenzo), el poeta romántico Shelley se embarcó, en 1822, en el fatídico viaje que lo llevaría a la muerte. Lerici, que antaño era un pueblo de pescadores, se extiende sobre una encantadora bahía a los pies de una sólida fortaleza pisana del siglo XIII, desde la cual se divisa una panorámica soberbia. Casas y villas bellamente pintadas bordean la línea de la costa, en la que se puede contemplar el ir y venir de las barcas, comer o beber en los numerosos restaurantes o relajarse en las pequeñas playas.

🅼 85 F1 **Información** ✉ Via Biagini 6 ☎ 0187 967 346

PORTOVENERE

Situado más al norte en la Riviera di Levante, Portovenere *(www.portovenere.it)* quizá no sea un centro tan selecto como Portofino, pero posee casi el mismo encanto, con su puerto, las casas de colores vivos y las calles y callejuelas. Entre los lugares de más interés está la iglesia de **San Pietro,** fundada en el siglo VI. Desde su posición, en un extremo de la línea de mar conocida como la Palazzata, se divisa una bella perspectiva de la isla de Palmaria, cercana a la costa. En la parte alta del pueblo se puede visitar la iglesia de San Lorenzo, en la cual destaca el relieve situado encima de la puerta que representa el martirio del santo. Desde aquí, suba a las murallas que rodean el castillo del siglo XVI para ver un panorama sorprendente que abarca desde Lerici hasta la imponente pared de acantilados de Cinque Terre.

🅼 85 E1 **Información** ✉ Piazza Bastreri 7 ☎ 0187 790 961

SACRA DI SAN MICHELE

Fundada en torno al año 1000, esta abadía medieval *(www.sacradisanmichele.com)* se levanta justo al lado de una de las principales rutas de peregrinación hacia Roma. Desde el exterior podría parecer una fortificación, ya que sus muros son oscuros y austeros y su emplazamiento, solitario y elevado: se encuentra a una altura de 962 m. Unos 154 escalones tallados en la roca, los Scalone dei Morti (escalones de los muertos), conducen a la Porta del Zodiaco, un pórtico románico con bellos relieves. En su interior, la iglesia del monasterio posee pinturas románicas, menos notables que la magnífica vista que ofrece la explanada de la iglesia.

🅼 84 B4 ✉ Strada Sacra di San Michele, Monte Pirchiriano, cerca de Avigliana ☎ 011 939 130 🕐 Cerrado sáb. y dom. en invierno. 🚇 Tren desde Turín hasta Avigliana y autobús, poco frecuente ∎

Los idílicos lagos y montañas de Lombardía contrastan con la intensa actividad mercantil de Milán, la capital italiana de los negocios, y con la belleza y la diversidad de las localidades históricas de esta región.

Lombardía y los lagos

Elaboración manual de un instrumento musical en Cremona

Lombardía y los lagos

LOMBARDÍA NACE EN LAS CUMBRES ALPINAS QUE BORDEAN LA FRONTERA con Suiza, serpentea por los paisajes más bajos y más poéticos de los lagos italianos y muere apaciblemente en las vastas llanuras del río Po salpicadas de ciudades. Esta región tomó su nombre de los lombardos, invasores del siglo VI, y tiene una larga y distinguida historia, los frutos artísticos de la cual llenan sus numerosas ciudades y pueblos.

La llanura de Lombardía no posee unos paisajes admirables, a excepción del difuso contorno de los Alpes que se perfila en el horizonte. La ciudad más populosa, Milán, es el centro comercial de Italia. No obstante, Lombardía también es una región agrícola, con grandes campos y terrenos de regadío.

La prosperidad de la Lombardía no es un fenómeno moderno, sino que poderosas ciudades-estado ya dominaban este territorio durante buena parte de la época medieval. Y allí donde han existido ciudades-estado fuertes, respaldadas por poderosas familias nobles con medios para ejercer un mecenazgo, generalmente el centro de las ciudades medievales es espléndido, con majestuosos palacios y obras de arte sublimes. En Milán, por ejemplo, donde las dinastías poderosas fueron los Sforza y los Visconti, el aspecto moderno de la ciudad contrasta con la extraordinaria gama de palacios y museos repletos de obras de arte. En Mantua, uno de los tesoros más inesperados, la familia Gonzaga se rodeó de una floreciente corte y erigió dos formidables palacios. Los centros menores no son menos interesantes; dos buenos ejemplos serían Bérgamo, una ciudadela situada en lo alto de un promontorio, y la apacible Cremona, ciudad natal del fabricante de violines Antonio Stradivarius.

LOS LAGOS

Excavados por glaciares alpinos, los lagos que se extienden por el norte de Italia han sido ensalzados por poetas y pintores durante siglos. Pintorescos pueblos, tradicionales centros de turismo, montañas elevadas y magníficas villas con soberbios jardines se esparcen por sus contornos de clima templado. Pocos lugares son tan románticos y poseen paisajes tan cautivadores, por lo menos en las mejores zonas, ya que el progreso ha hecho mella en la belleza y tranquilidad

de algunos sectores de la región. Las cómodas carreteras modernas han permitido la llegada de grandes multitudes a los centros turísticos, en verano y durante los fines de semana; la contaminación se ha cobrado su precio en las aguas de los lagos, en otro tiempo prístinas; y las construcciones

modernas a veces estropean la costa y sus vistas, antes incomparables.

Los lagos de Como, Mayor (Maggiore) y Garda son los más célebres; Orta e Iseo son menores y menos conocidos, mientras que el de Lugano es compartido con Suiza. El Lago Mayor es el más visitado y el de Como, el más bello. En primavera, cuando los jardines están en flor, es sublime. Las sinuosas carreteras que bordean estos lagos son rutas excelentes para contem-

plarlos, pero también se pueden ver fácilmente desde el tren. Ahora bien, los paseos turísticos en barco son algo imprescindible.

La oferta de actividades al aire libre es infinita. En las oficinas de turismo le informarán sobre los campos de golf, los centros de deportes acuáticos y los abundantes senderos existentes en la región, bien señalizados e indicados en mapas.

En el norte, en los Alpes, podrá visitar el Parco Nazionale dello Stelvio. ∎

Mapa de situación

Milán

LA SEGUNDA CIUDAD DE ITALIA ES UNA ACTIVA Y ordenada metrópoli, totalmente distinta de los sublimes encantos medievales de Roma, Florencia o Venecia. Moderna por su carácter y aspecto, a primera vista se diría que ha sacrificado el arte y la belleza a las exigencias del estilo, la moda y las altas finanzas. Sin embargo, entre las tiendas elegantes y los brillantes bloques lisos de oficinas se pueden encontrar edificios menos prosaicos, como la catedral gótica más suntuosa de Europa, la ópera más famosa del mundo, el mejor museo de arte del norte de Italia y una célebre obra maestra de Leonardo da Vinci, *La Última Cena*.

Milán
www.milanoinfotourist.it
🅰 104 B3
Información
Información sobre museos:
www.mimu.it
✉ Via Marconi 1, que
   sale de la Piazza
   del Duomo
☎ 02 7252 4301/2/3

Pág. siguiente: la fachada de la catedral de Milán combina los estilos gótico y barroco de forma magistral.

Empiece su recorrido en la **Piazza del Duomo**, a la que se llega fácilmente a pie, en taxi o en metro (*la metropolitana* o *metro*, en italiano). Desde aquí puede ver el Duomo (catedral) antes de dirigirse hacia el norte para entrar en el Teatro alla Scala, la ópera. Siguiendo a pie hacia el norte, podrá visitar tres museos, entre ellos el Brera, el más importante de Milán (Milano). Cerca de allí está el Quadrilatero, una zona de casas de moda y tiendas de lujo delimitada por cuatro calles: la Via Monte Napoleone, la Via della Spiga, la Via Borgospesso y la Via Sant'Andrea. Continuando hacia el oeste, a poca distancia yendo a pie, se encuentra el Castello Sforzesco, una recia fortificación medieval. Sólo para visitar *La Última Cena* de Leonardo da Vinci, se necesita utilizar un medio de transporte.

HISTORIA

Su emplazamiento ha sido durante mucho tiempo la mejor baza de Milán: la ciudad adquirió su poder por encontrarse en la encrucijada de dos vías comerciales de importancia vital. En el siglo III a.C., Mediolanum, nombre de la ciudad en aquella época, acogía gran parte del ejército romano y, desde 286 hasta 403 d.C., fue la capital efectiva del Imperio: fue aquí, por ejemplo, donde el emperador Constantino promulgó el edicto por el que reconocía el cristianismo, en 313 d.C.

En la Edad Media, bajo el gobierno de las familias Visconti y Sforza, Milán se convirtió en una de las ciudades-estado más poderosas de Italia e incluso adquirió el título de «Nueva Atenas» por la sofisticación cultural que conocieron sus cortes dinásticas.

La capitulación ante los franceses de 1499 fue el preludio de diversos siglos de intervención de potencias extranjeras, con períodos de dominio español, austriaco y napoleónico.

PIAZZA DEL DUOMO

El **Duomo**, la catedral gótica de Milán, cuenta en su decoración exterior con 2.245 estatuas, 135 agujas, 96 gárgolas y cerca de un kilómetro de tracería.

Fundado en 1386, el edificio fue promovido por Gian Galeazzo Visconti. Las obras continuaron durante casi cinco siglos y los toques finales se dieron bajo las órdenes de Napoleón, en 1809.

Después de ver el artificioso exterior, la sobriedad del interior decepciona. Sus dimensiones son lo más impresionante: mide 157 m de longitud y 92 m de anchura. Las vidrieras, algunas de ellas del siglo XV, se cuentan entre

las más grandes de Europa, y en uno de los muros de la nave está el reloj de sol (1786) más grande del mundo.

Otros elementos artísticos importantes consisten en un candelabro de bronce de siete brazos (siglo XIV) de origen francés o alemán, en el crucero norte, y en el lado sur del mismo, una estatua (1562) del mártir san Bartolomé, que fue despellejado (la estatua representa al santo llevando su piel plegada). El crucero alberga también un suntuoso *monumento a Gian Giacomo Medici* (1560-1563) y en él se abre el acceso a la terraza, adonde es aconsejable subir para admirar la decoración exterior –algunos preciosos aguilones, pináculos y gárgolas– y contemplar la vista de los distantes Alpes, que en los días despejados llega al Matterhorn.

Al sur de la catedral se alza el **Palazzo Reale,** un palacio real construido por los grandes duques de Austria en el siglo XVIII. En la actualidad una de sus alas acoge el modesto museo de la catedral, el **Museo del Duomo** (*Piazza del Duomo 14; Tel 02 860 358*).

Sus mejores piezas son un conjunto de moldes tomados de las estatuas de la catedral, una excelente maqueta de madera (1519) del Duomo y el lienzo *Jesús entre los doctores de la Iglesia*, de il Tintoretto. En el segundo piso del palacio está instalado el **Museo Civico d'Arte Contemporanea** (*Piazza del Duomo 12; Tel 02 6208 3219; cerrado lun.*), donde se expone una muestra de arte moderno que incluye obras de Matisse, Picasso, Braque y Umberto Boccioni (1882-1916), el más destacado de los pintores futuristas de Milán.

Al norte de la catedral está la **Galleria Vittorio Emanuele II,**

Izquierda: el exterior de la catedral contiene más de 135 agujas y una infinidad de estatuas, gárgolas y otros elementos decorativos.

Casi todas las agujas y pináculos de la catedral se agregaron en el siglo XIX

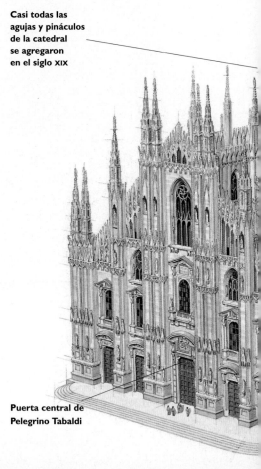

Puerta central de Pelegrino Tabaldi

una bella galería cubierta de cristal (1865), obra maestra de la *Belle Époque* que se puede apreciar mejor desde uno de los cafés situados entre sus elegantes oficinas y lujosas tiendas. El *salotto*, tal como lo llaman los milaneses, o salón, es un amplio espacio donde hacer un alto en la ruta turística y observar cómo la gente de la ciudad pasea y luce sus mejores modelos. Su desafortunado creador, Giuseppe Mengoni, se cayó de la terraza y murió unos días antes de su inauguración, en 1877. Observe si alguien estudia atentamente el zodíaco del mosaico situado bajo la cúpula principal: se dice que detenerse sobre los testículos de Tauro trae buena suerte. Cruce la Galleria y llegará a la Piazza della Scala. A su izquierda está la ópera más famosa del mundo, el **Teatro alla Scala.** Inaugurado en 1778, el edificio tomó su nombre de una antigua iglesia que se alzaba en este lugar, si bien gran parte de la construcción actual, con una fachada lisa, data de 1946, año en que fue abierto de nuevo después de que sufriera graves desperfectos durante la guerra. Tras las obras de renovación del auditorio de 2.800 asientos

Duomo

✉ Piazza del Duomo 14

☎ 02 8646 3456

🕐 Catedral, cripta y tesoro cerrados dom. mañana y durante los servicios

💲 Catedral: entrada gratuita
Techo, cripta y tesoro: $

Ⓜ Metro: Duomo

Cimborrio octogonal de Giovanni Antonio Amadeo (1490-1500)

Vidriera

Dos órganos del siglo XVI

Púlpitos (1585–1602)

Uno de los 52 pilares que sostienen el peso de la catedral

Contrafuertes neogóticos

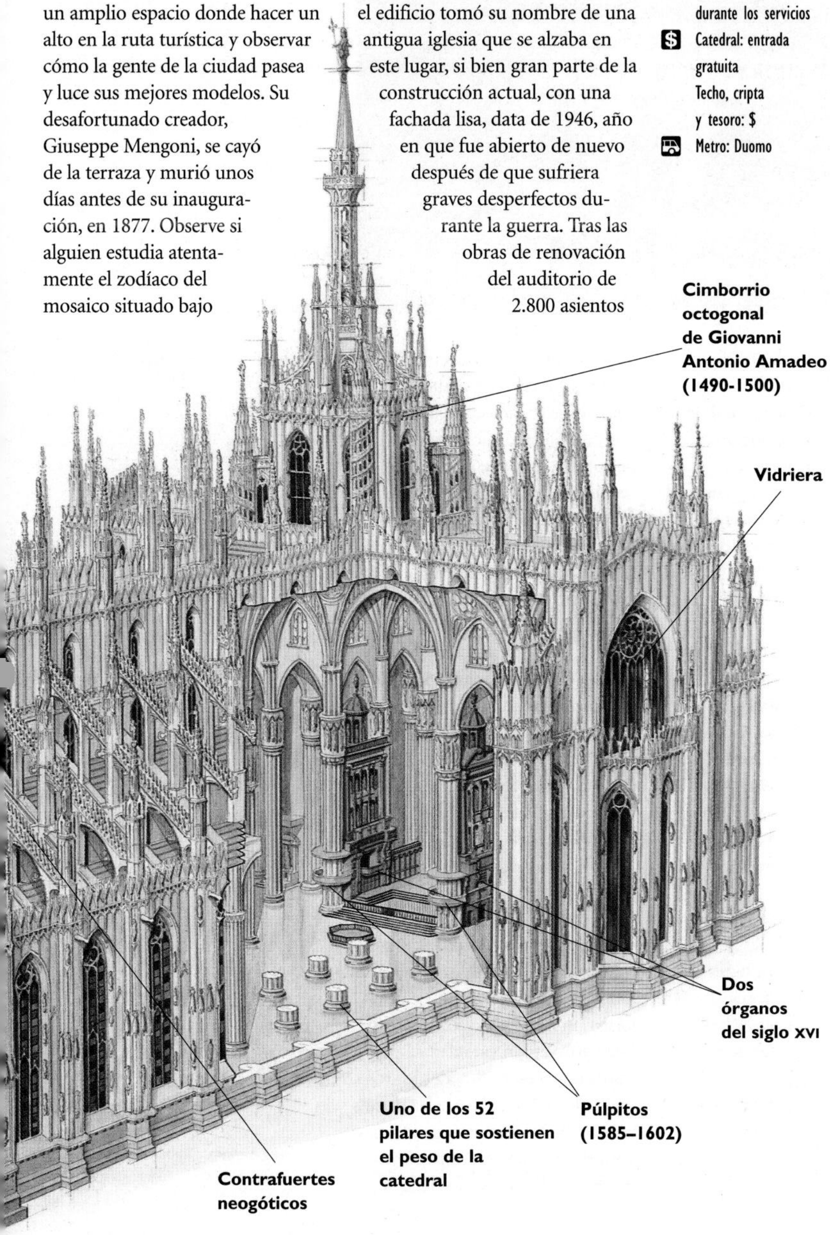

En cuanto a la pintura, sobresalen una *Madonna con el Niño* de Mantegna; el *San Nicolás de Tolentino,* de Piero della Francesca; una *Madonna* y una *Pietà,* de Botticelli; una pintura de *Artemisa,* probablemente de Luca Signorelli; el *Cristo en la tumba* de Giovanni Bellini; y la obra sin duda más célebre del museo, el *Perfil de mujer,* de Antonio o de Piero Pollaiolo. Gran parte de estas obras generalmente se exponen en el Salone Dorato o Salón Dorado, la principal de una serie de salas cuya magnífica decoración resulta tan interesante como las propias obras de arte que contiene.

La Galleria Vittorio Emanuele II es una elegante galería del siglo XIX llena de tiendas y restaurantes.

Museo Teatrale alla Scala

www.museoteatrale.com

✉ Corso Magenta 71

☎ 02 469 1528

💲 $

🚇 Metro: Cadarna

Museo Poldi-Pezzoli

✉ Via Alessandro Manzoni 12

☎ 02 794 889

🕐 Cerrado lun.

💲 $$

🚇 Metro: Duomo, Manzoni

y su enorme escenario, en 2006 se reanudaron las representaciones y las visitas guiadas. Estos recorridos permiten entrar en uno de los palcos desde donde se puede observar el suntuoso interior y las descomunales arañas. También merece la pena el **Museo Teatrale alla Scala,** al que se accede desde la entrada del edificio, por una puerta situada a mano izquierda. Este museo contiene todo tipo de objetos relacionados con la ópera, incluyendo decorados antiguos, vestidos, retratos y el sombrero de copa de Verdi.

Del lado norte de la Piazza della Scala sale la Via Alessandro Manzoni, una de las calles más concurridas y más elegantes. No lejos de la plaza se encuentra el **Museo Poldi-Pezzoli,** con una rica colección legada por el acaudalado aristócrata Giacomo Poldi-Pezzoli en 1879. El gusto ecléctico de Giacomo reunió esta colección que incluye una gran variedad de piezas de arte y utensilios, desde armas, relojes, cuchillos y telas hasta bronces, joyas, pinturas, porcelanas y muebles. Son especialmente notables las alfombras y los tejidos.

MUSEO BAGATTI VALSECCHI

Después de la colección Poldi-Pezzoli, se puede elegir entre otro palacio o más pintura. Gire a la izquierda por la Via Borgonuovo y llegará a la Pinacoteca di Brera (ver más adelante), o bien gire a la derecha por la Via Monte Napoleone, una de las calles de Milán con más tiendas, para ir al **Palazzo Bagatti Valsecchi**. El palacio, cuya construcción se inició en 1876, es un pastiche renacentista por dentro y por fuera. El interior fue decorado de nuevo en 1887 por sus propietarios, Fausto y Giuseppe Bagatti Valsecchi, con obras de arte originales y fieles reproducciones del siglo XIX. La casa permaneció en poder de la familia Valsecchi hasta 1974 y fue abierta como museo en 1994. Al igual que el Poldi-Pezzoli, el interior del edificio tiene tanto interés por su decoración como por sus obras de arte y otros objetos. Su estilo decorativo refleja el gusto del Renacimiento por la ornamentación, gusto que predominó en gran parte de la Italia de finales del siglo XIX.

PINACOTECA DI BRERA

La galería de arte Brera posee la mejor colección de pintura del norte de Italia, después de la Galleria dell'Accademia de

La mayor parte de las tiendas de los diseñadores de Milán se encuentran en las elegantes calles situadas al norte del Duomo.

Museo Bagatti Valsecchi

✉ Via Santo Spirito 10

☎ 02 7600 6132

🕐 Cerrado mar.-dom. mañanas y lun. todo el día

💲 $$ (la mitad de precio los miér.)

🚇 Metro: Montenapoleone

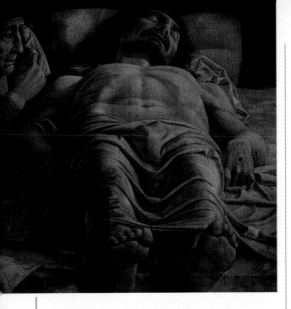

del *Roseto* de Bernardino Luini, la *Madonna y santos* de Vincenzo Foppa y *Gerolamo Casio*, de Giovanni Boltraffio. Caravaggio está representado con su genial *Cena en casa de Erasmo*, aunque, como suele pasar, los artistas del centro de Italia son los que tienen la última palabra. Las obras más célebres que aquí se exhiben son *Los desposorios de la Virgen* de Rafael y la última tela documentada de Piero della Francesca, el *Retablo de Montefeltro*, que muestra a la Virgen rodeada de santos y miembros de los Montefeltro, la familia que gobernaba Urbino.

CASTELLO SFORZESCO

Al oeste de la Brera se yergue la construcción más destacada de Milán, el sombrío **Castello Sforzesco**, una enorme fortificación de ladrillo rojo con altas torres y sólidas murallas. Levantado por los Visconti en el siglo XIV, quedó prácticamente destruido en 1447 durante las revueltas populares contra el monopolio del poder en manos de esta familia. Fue reconstruido poco después por otro clan familiar, los Sforza. Pero no volvió a recuperar su rango después de la derrota de Milán a manos de los franceses, en 1499, ya que sirvió poco más que de cuartel hasta que, en 1904, fue rehabilitado como biblioteca, archivo y museo municipal.

Hoy en día alberga cuatro museos: el de pintura y el de bellas artes son dos paradas imprescindibles, mientras que los otros dos son secundarios y están dedicados a instrumentos musicales y a piezas arqueológicas. En los primeros, la **Pinacoteca** y el **Museo d'Arte Antica**, las obras más notorias son un políptico de Mantegna, el *Pala Trivulzio* (1497), la tumba de 1525 y los relieves de la tumba de Gaston de

El *Cristo muerto* de Mantegna de la Pinacoteca di Brera es famoso por su luz etérea y su extraordinaria perspectiva.

Pinacoteca di Brera

✉ Via Brera 28
☎ 02 8942 1146
🕐 Cerrado lun.
💲 $$. Gratuito algunos sáb. y dom.
Ⓜ Metro: Manzoni, Lanza y Monte

Castello Sforzesco

✉ Piazza Castello
☎ 02 8846 3651
🕐 Cerrado lun.
💲 $$
Ⓜ Metro: Cadorna, Lanzu y Cairoli

Venecia. Pese a que fue fundada en el siglo XVIII, debe mucho a la intervención de Napoleón, que recogió obras de iglesias y palacios de toda Italia para reunir una colección lo bastante valiosa para la ciudad que había de ser la capital de su proyectada «República Cisalpina».

En las **salas 2-15** encontramos una amplia muestra de figuras de la escuela veneciana, en particular de Giovanni Bellini, con la conmovedora *Pietà*, así como de Mantegna, cuyo *Cristo muerto* es una de las obras más famosas del museo. El *Milagro de san Marcos*, de Tintoretto, *La cena en casa de Simón*, del Veronés, y *La predicación de San Marcos en Alejandría*, de Gentile y Giovanni Bellini, atraen también nuestra atención. En estas salas se exhiben asimismo obras tan notables como las anteriores de los grandes nombres venecianos, entre los que están Carpaccio, il Tintoretto, Lorenzo Lotto y Cima de Conegliano.

En las **salas 15-19** destacan pintores que tuvieron contactos con Lombardía. Tres de las pinturas de más relieve son la *Madonna*

Foix de Bambaia y la composición inacabada *Pietà Rondanini*, la última obra conocida de Miguel Ángel. Al norte del castillo se extiende el **Parco Sempione** (1893), el parque público más grande y más céntrico de Milán.

PALAZZO DELL'AMBROSIANA

La oferta de Milán de palacios y museos repletos de arte continúa con el **Palazzo dell'Ambrosiana** (1609), sede de una famosa biblioteca fundada en el siglo XVII por el cardenal Federico Borromeo (1564-1631), arzobispo de Milán. El primer piso contiene también un museo colmado de obras maestras lombardas, venecianas y florentinas. Entre los 750.000 volúmenes y los 35.000 manuscritos de la biblioteca hay dibujos de Leonardo da Vinci, una copia de la *Ilíada* del siglo V y ediciones tempranas de Dante (1353), de Virgilio (1470) y de Boccaccio (1471).

Entre las obras de arte, las pinturas más sobresalientes son un esbozo de Rafael de su obra *La Escuela de Atenas* (ahora en el Vaticano), *Retrato de músico* (1485) de Leonardo da Vinci, y un exquisito *Retrato de una joven* de un discípulo de Leonardo, Ambrosio de Predis. Otras telas que merecen ser destacadas son el *Cesto de fruta* (1596) de Caravaggio, uno de los primeros bodegones del arte italiano, y obras de Botticelli, Ghirlandaio, il Pinturicchio, Tiziano y Tintoretto.

SANT'AMBROGIO

Aproximadamente a un kilómetro al oeste del Palazzo dell'Ambrosiana, Sant'Ambrogio es la más importante de las numerosas iglesias de Milán. Fundada en 379 por el santo patrón de la ciudad (los restos de san Ambrosio, de origen germánico, muerto en 390, aún se conservan en la cripta), su forma constructiva del siglo XII sirvió como modelo para las innumerables basílicas románicas lombardas del norte de Italia.

Dos torres gemelas flanquean la austera fachada y su imponente atrio (1088); la derecha es del siglo IX y la izquierda, del XII. La puerta principal, que ha sido restaurada, presenta paneles de bronce del si-

El Parco Sempione es un lugar concurrido, donde uno puede escapar del calor y el bullicio del centro de Milán.

Sant'Ambrogio
- ✉ Piazza Sant'Ambrogio 15
- ☎ 02 8645 0895
- 🕐 Cerrado durante los servicios
- Ⓜ Metro: Duomo

Palazzo dell'Ambrosiana
www.ambrosiana.it
- ✉ Piazza Pio XI 2
- ☎ 02 806 921
- 🕐 Cerrado lun.
- 💲 $$
- Ⓜ Metro: Duomo

Pese a la polémica surgida en torno a la restauración de *La Última Cena* de Leonardo da Vinci, esta pintura continúa siendo una de las obras de arte más famosas del mundo.

La Última Cena

✉ Piazza Santa Maria delle Grazie 2

☎ 02 8492 1140

🕐 Cerrado lun.

💲 $$

🚇 Metro: Cadorna

Nota: Es preciso hacer reservas con 24 h de antelación (Tel. 02 8492 1140 o en la página web: www.cenacolo. vinciano.it), por las que se paga una tarifa extra ($)

glo IX, probablemente realizados en la misma época que el soberbio copón que se conserva en el interior (en el sagrario) y que el magnífico frontal de altar ornamentado con oro, plata y joyas. Fíjese asimismo en el púlpito del siglo XI, una de las mejores obras románicas italianas, y en el sarcófago del siglo IV que se encuentra debajo de éste. En el extremo de la nave meridional, busque el Sacello di San Vittore, una capilla crepuscular levantada en el siglo IV sobre un antiguo cementerio cristiano. Tanto sus mosaicos como su techo abovedado de color dorado datan del siglo V.

La Última Cena

Pocas pinturas son tan famosas como *La Última Cena* (1494-1497), de Leonardo da Vinci, y pocas, hay que admitirlo, resultan tan decepcionantes al natural. Fue pintada en una pared del refectorio de Santa Maria delle Grazie, de Bramante –una interesante iglesia renacentista–, y su mal estado se debe a que Leonardo prefería las pinturas al óleo a la tradicional técnica del fresco. Al pintar sobre yeso húmedo, los pigmentos se adhieren a una capa porosa dando lugar a una fuerte reacción química. Los óleos permanecen en la superficie y son más sensibles a la humedad y al deterioro por el paso del tiempo. Sin embargo, los óleos ofrecen una mayor gama de colores y tonos, y, a corto plazo, permiten crear unos frescos deslumbrantes. Pero a largo plazo suelen deteriorarse gravemente.

En este caso, el problema se vio agravado por una torpe restauración y porque los monjes residentes cubrieron con cal parte de la pintura; en otra ocasión, las tropas napoleónicas alojadas aquí utilizaron la pared para hacer prácticas de tiro, y en 1943, durante la segunda guerra mundial, parte del edificio fue destruido por un bombardeo. En la actualidad, la pintura ha sido objeto de una nueva restauración para devolverle su primitivo esplendor, su sublime colorido y su impresionante composición. ∎

ALREDEDORES DE MILÁN

Un cómodo recorrido de 38 km hacia el sur nos lleva a **Pavía**, una antigua ciudad a orillas del río Ticino. Pavía, que en un tiempo fue la capital de los lombardos, posee una considerable riqueza en edificios que van de la época románica hasta el Renacimiento, como ocurre en la vecina Certosa di Pavia (ver más adelante). Visite la catedral de la ciudad, en la Piazza Vittoria, y las notables iglesias de **San Michele**, en la Via Capsoni, y **San Pietro**, en la Via Griziotti. En el antiguo castillo Visconti hay un pequeño museo y una interesante galería de arte (*Castello Visconteo, Piazza Castello; Tel 0382 33 853; cerrado lun.*).

La **Certosa di Pavía** (cartuja) es la más hermosa de Europa. El edificio, proyectado como mausoleo de los Visconti, es la máxima expresión del gótico lombardo.

Las obras de la Certosa se iniciaron en 1396 bajo las órdenes de Gian Galeazzo Visconti. No se reparó en gastos. Se trajo mármol desde lugares tan alejados como Carrara o la costa toscana y se contrataron artistas que trabaja-

ban en la catedral de Milán para satisfacer la voluntad de los Visconti. Las obras se prolongaron a lo largo de 200 años, pero las etapas más decisivas se dieron con la intervención de Antonio Amadeo, el arquitecto responsable, entre otros elementos, de gran parte de la magnífica fachada y su impresionante colección multicolor de estatuas y de intrincadas ornamentaciones de mármol.

La decoración interior es también excesiva; unas veces excelente, otras superflua. Los elementos más destacados, que se encuentran en el crucero sur y norte son, respectivamente, la *tumba de Gian Galeazzo Visconti* (1493-1497), el único Visconti enterrado aquí, y el monumento (1497) dedicado a Ludovico Sforza y su prometida de corta edad, Beatrice d'Este. Son interesantes, asimismo, el retablo de *San Ambrosio* (1492), de Bergognone, expuesto en la Cappella di Sant Ambrogio (sexta capilla de la nave norte), las sillas del coro con decoración de marquetería (1498) y el deslumbrante altar de marfil de la vieja sacristía, una obra florentina del siglo XV. ∎

La imponente fachada de la Certosa di Pavía es un reflejo de la riqueza y el poder de sus propietarios, las familias Visconti y Sforza.

Pavía
⊞ 104 B2
Información
✉ Via Fabio Filzi 2
☎ 0382 22 156

Certosa di Pavia
✉ Viale Monumento 9 km al norte de Pavía
☎ 0382 925 613
🕐 Visitas guiadas excepto lun.
💲 Donativo
🚌 Bus: (parada Piazza Piave) de Pavía a Certosa

Lago de Como

EL LAGO DE COMO, O LAGO DI COMO, ES EL MÁS espectacular de Italia. Sus orillas están bordeadas por villas, exuberantes jardines y agradables aldeas, y su entorno es un mosaico de colinas boscosas y agrestes montañas. Para visitar el lago, lo mejor es partir de un punto –Como es la ciudad más grande y Bellagio el pueblo más bonito– y explorar su contorno recorriendo las carreteras que lo bordean o tomando uno de los muchos transbordadores que enlazan los puntos más alejados de su extensión.

COMO

«Asentada entre bosques de castaños», escribió el poeta inglés William Wordsworth sobre la capital del lago de Como en 1791, aunque ahora una reducida zona industrial de su periferia desluce un poco el atractivo de la parte de la ciudad contigua al lago. No obstante, en el casco antiguo, cercano a la orilla, todavía es posible pasear por las avenidas y descansar en agradables terrazas. Aquí se pueden tomar barcos hacia todos los puntos de su contorno.

Entre los principales monumentos de la parte histórica de la ciudad está el **Duomo** (*Via Plinio*), fundado en el siglo XIV. Posee una bella fachada y en el interior contiene diversas joyas artísticas, de las cuales las más notables son diversos tapices (1598) y retablos renacentistas de Tommaso Rodari y Bernardino Lini. Al lado del Duomo se erige el **Broletto,** que fue la sede del Ayuntamiento de la ciudad en el siglo XIII, y un poco más lejos están San Fedele (*Piazza di San Fedele*) y Sant'Abbondio (*Via Regina Feodolinda*), dos ejemplos de iglesias románicas lombardas.

CERNOBBIO Y TREMEZZO

Al norte de Como encontramos el pueblo de Cernobbio, famoso por la Villa d'Este del siglo XVI y por su espléndido jardín, que ahora pertenece a un hotel y, por tanto, sólo está abierto a algunos clientes afortunados. En cambio, en Tremezzo, un pueblo situado más al norte, existen dos conjuntos de jardines, ambos abiertos al público: el **Parco Comunale** y el más elaborado **Villa Carlotta** (*Tel 0344 40 405; cerrado nov.-mediados marzo*). La villa, del siglo XVIII, posee un pequeño museo de escultura. Se pueden hacer excursiones en barco desde el pueblo vecino de Sala o desde otros puertos a la **Isola Comacina,** la mayor isla del lago de Como, o a los románticos jardines de la **Villa del Balbianello,** cerca de Lenno (*Tel 0344 561 102; villa cerrada nov.- marzo; jardines cerrados lun. y miér.*).

BELLAGIO

Bellagio es un lugar de ensueño. Se alza sobre un promontorio que domina los dos brazos del lago de Como. Su nombre deriva del término latín *bi-lacus*, que significa dos lagos. Las panorámicas desde aquí son únicas, las pintorescas calles empedradas, y los jardines de la **Villa Serbelloni** (*Tel 031 950 204; dos visitas guiadas al día, abr.- oct., mar-dom.*) y de la **Villa Melzi d'Eryl** (*cerrado nov.- marzo*) poseen toda la belleza propia de los jardines italianos. Villa Serbelloni se dice que fue construida sobre la villa de Plinio el Joven (61-112 d.C.), un célebre escritor romano nacido muy cerca de aquí.

Como
🗺 104 B3
Información
✉ Piazza Cavour 17
☎ 031 265 244

Bellagio
🗺 104 B4
Información
✉ Piazza della Chiesa 14
☎ 031 950 318

Menaggio
🗺 104 B4
Información
✉ Piazza Garibaldi 8
☎ 0344 32 924

Bellagio es un punto de partida idóneo, pero aunque sólo visite el pueblo por un día, vale la pena tomar el transbordador que va a la costa este del lago para visitar **Varenna.** Los mejores de los abundantes refugios frondosos que tiene el pueblo son la **Villa Cipressi** (*cerrada nov.-marzo*) y la **Villa Monastero** (*cerrada nov.-marzo*), la segunda construida sobre un antiguo convento. En este pueblo, como en la mayoría de los que se encuentran alrededor del lago, hay preciosos senderos, entre los que cabe destacar el que conduce al derruido Castello Vezio, con una panorámica impresionante del lago; el que sigue la orilla del lago hasta el Fiumelatte y el que enlaza este río con Baluardo, otro mirador elevado.

MENAGGIO
De nuevo en la costa oeste del lago, Menaggio, probablemente

el centro turístico más elegante, es el lugar ideal para realizar actividades deportivas y excursiones a pie. El **Monte Bregagno,** una de las mejores montañas de la región (2.107 m), se encuentra cerca. En los puntos de información turística le proporcionarán detalles sobre los senderos y la oferta de deportes en los pueblos de los alrededores del lago. ■

El clima benigno favorece la presencia de exuberantes jardines en las orillas del lago de Como.

Visión de un poeta

«Este lago supera todo cuanto siempre he considerado bello... La unión de cultura y la indomable abundancia y encanto de la naturaleza es aquí tan intensa, que la línea que las divide apenas se distingue.» Percy Bysshe Shelley. Carta a Thomas Love Peacock (1818). ■

Una ruta por el lago Mayor

Esta ruta le llevará por la atractiva costa oeste del lago Mayor (Maggiore), probablemente el más conocido de los lagos de Italia y le permitirá acercarse desde Stresa a las célebres islas Borromeas (Isole Borromee).

La mejor ruta para llegar al lago Mayor desde el sur es la Autostrada A8/26, aunque este trayecto no ofrece paisajes excepcionales. El primer contacto visual con el lago nos muestra una zona industrial en la orilla y la importante ciudad comercial de **Arona** ❶ (*Información; Piazzale Duca d'Aosta; Tel 0322 243 601*), conocida por su colosal estatua del cardenal Carlos Borromeo (1538-1584). Durante mucho tiempo, la familia de los Borromeo fue la más importante del lago: en la actualidad aún posee todas las islas y los derechos de pesca del lago. Carlos fue nombrado arzobispo de Milán a los 22 años, gracias a la influencia de su tío, el papa Pío IV.

Después de explorar la parte alta de la ciudad, la más antigua, y subir a la estatua de 36 metros de altura (*Tel 0322 249 669; cerrada lun., y lun.-sáb. nov.-marzo*), puede elegir entre dos carreteras en dirección norte, ambas de gran atractivo. La SS33 bordea la orilla del lago y pasa por lugares tan interesantes como **Lesa** ❷, donde se puede visitar San Sebastiano, la mejor iglesia románica del lago, y el agradable centro turístico de Belgirate, donde las vistas del lago empiezan a mejorar. La segunda opción nos lleva hacia el interior por la SS142 y cruza el encantador paisaje ondulado de la región de Vergante y una serie de atractivos pueblos. Las dos carreteras confluyen al sur de **Stresa** ❸ (*información turística; Piazza Marconi 16; Tel 0323 30 150 o 0323 31 308*).

Esta población de clima benigno es el centro turístico más importante del lago. Debe su fama a su panorámica sobre las montañas, a sus tranquilos paseos a orillas del lago, a sus exuberantes jardines y a las maravillosas panorámicas de las cercanas Islas Borromeas. Dos de las villas de la zona merecen una visita por sus lujosos jardines a orillas del lago: la **Villa Ducale** y la **Villa Pallavicino**. Dedique un tiempo a pasear por las plácidas calles adoquinadas y explore tranquilamente las **islas Borromeas** ❹

(ver pág. 120) y el **Monte Mottarone** ❺, una montaña de 1.491 m de altitud que se alza detrás del pueblo. Se puede subir a la montaña por una zigzagueante carretera de peaje que sale de la SS33 en dirección oeste justo al sur de Stressa en Alpino, o bien, con un funicular desde Stresa Lido (*Tel 0323 30 295; todos los días, cada 20 min.*). En los días despejados, la panorámica desde la cima es magnífica; abarca el lago Mayor, la llanura de Lombardía, una amplia franja de los Alpes y muchos otros lagos de la región.

Continúe por la carretera principal SS33 hasta **Baveno**. Encajada entre la montaña y la orilla del lago, ha sido un distinguido centro turístico desde el siglo XIX. Visite la iglesia dei Santi Gervasio e Protasio, de fachada lisa y con un baptisterio octogonal cuyo origen se remonta al siglo V. Desviándonos hacia el norte llegamos a **Pallanza** ❻, conocida por la **Villa Taranto** (*Tel 0323 556 667; abierta todos los días abril-oct.*), construida en 1831. Fue rescatada de su estado de semiabandono en 1931 por su propietario escocés, Neil McEachern, quien rehízo su jardín y plantó unas 20.000 flores, arbustos y árboles.

El lago y sus pueblos se vuelven más tranquilos a medida que se avanza por la SS34 de Pallanza hacia el norte. Para seguir hacia el norte hay que volver atrás o tomar la carretera y pasar a Suiza, antes de volver a entrar en Italia y ver la costa este del lago Mayor, más apacible pero menos atractiva. Centros turísticos como **Ghiffa**, **Cannero Riviera** y **Cannobio** tienen también su encanto, pero hay diversas alternativas a esta ruta que pasa por Suiza. Tomando un desvío hacia el oeste en Cannobio, por ejemplo, se puede seguir el Valle Cannobina hasta Domodossola, un recorrido fantástico por un paisaje alpino. O aún mejor, especialmente si se dispone de poco tiempo, en Pallanza tome una carretera que pasa por Gravellona Toce y permite explorar los confines accesibles del **lago de Orta** (ver pág. 121). ∎

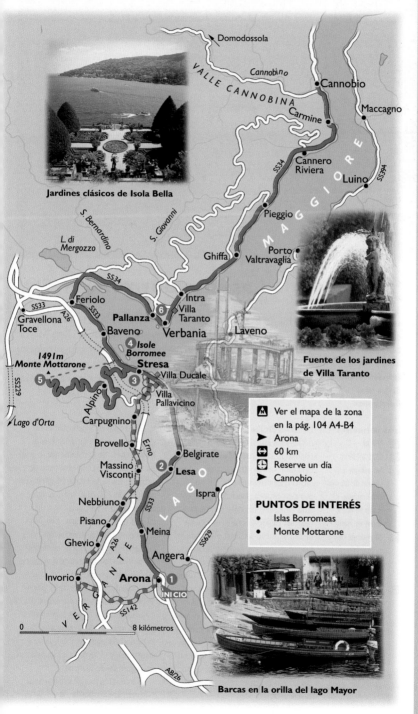

Domodossola

VALLE CANNOBINA

Cannobino

Cannobio

Carmine

Maccagno

Jardines clásicos de Isola Bella

Cannero
Riviera

SS34

Luino

SS394

Pieggio

M
A
G
G
I
O
R
E

S. Bernardino

S. Giovanni

L. di
Mergozzo

Ghiffa

Porto
Valtravaglia

SS34

Feriolo

SS33

Intra
Villa
Taranto

**Fuente de los jardines
de Villa Taranto**

Gravellona
Toce

SS33

A26

Pallanza

6

Baveno

Verbania

Laveno

4   *Isole
Borromee*

1491m
Monte Mottarone

Stresa

›Villa Ducale

5

3

SS229

Alpino

Villa
Pallavicino

Lago d'Orta

Carpugnino

Brovello

Erno

Belgirate

Massino
Visconti

2   **Lesa**

L
A
G
O

🅰 Ver el mapa de la zona
en la pág. 104 A4-B4

⬤ Arona

⬌ 60 km

🕐 Reserve un día

⬤ Cannobio

Nebbiuno

Ispra

PUNTOS DE INTERÉS

Pisano

SS33

Meina

• Islas Borromeas
• Monte Mottarone

Ghevio

A26

V
E
R
G
A
N
T
E

SS629

Angera

Invorio

Arona

1

INICIO

0   8 kilómetros

SS142

A8/26

Barcas en la orilla del lago Mayor

Las islas Borromeas

LAS ISLAS BORROMEAS (ISOLE BORROMEE) SON CUATRO
islas de un encanto idílico, bañadas por las aguas del lago Mayor.
Tres de ellas–Bella, Pescatori y Madre– están muy concurridas en
temporada alta. Pero merece la pena soportar las multitudes y los
precios elevados para ver las villas, los jardines y las vistas de las
dos joyas del archipiélago: la Isola Bella y la Isola Madre.

La **Isola Bella**, la más conocida
de las tres islas, fue un páramo
rocoso hasta el año 1670, cuando
el conde Carlo III Borromeo decidió transformarla en un jardín
para su esposa, Isabella. Se llevó
una cantidad ingente de tierra y
plantas desde tierra firme hasta
la isla y se modeló un espléndido
jardín dispuesto en diez terrazas,
cada una de ellas con una rica
combinación de laureles, cipreses,
camelias, setos de boj y magno-
lias. Las obras del Palazzo Borromeo, contiguo al jardín, duraron diversas generaciones y los
toques finales no se dieron hasta
el año 1959. El resultado, más que
un triunfo arquitectónico, es un
divertido monumento a la esté-
tica *kitsch*.

El exceso de visitantes es el
gran inconveniente de la **Isola
Pescatori**. Probablemente lo mejor es hacer una visita rápida de
camino hacia la **Isola Madre**, que
es más extensa, hay menos aglomeraciones y su paisaje es superior al de las otras islas. Los Borromeo también invirtieron
esfuerzos en esta isla durante generaciones hasta crear un vistoso
jardín, idóneo para dar un paseo.
Los faisanes, pavos reales y papa-
gayos añaden un toque exótico a
este lugar cubierto de camelias de
floración temprana, una amplia
variedad de plantas y árboles poco
comunes, y el ciprés de Cachemira
más grande de Europa.

La cuarta isla del grupo, San
Giovanni, es privada. ■

Lago de Orta

EL LAGO DE ORTA, O LAGO D'ORTA, OFRECE UNA IMAGEN de una época pasada. Viendo su belleza casi intacta podemos imaginar qué aspecto tenían los lagos de Como y Mayor antes de la masificación turística. Tanto su apacible capital, Orta San Giulio, como la Isola San Giulio, son joyas que conservan todo su esplendor, lugares ideales para pasar unos días gozando del paisaje y de su tranquilidad.

Orta San Giulio es el lugar perfecto desde donde descubrir el lago. Este pueblo recogido y sosegado, de calles adoquinadas, junto con su península cubierta de bosque, configuran un paisaje cautivador. La vida del pueblo gira en torno a la Piazza Motta, una plaza a orillas del lago dominada por el Palazzotto (1582), construcción porticada donde estaba el Ayuntamiento. Suba al **Sacro Monte**, en lo alto del pueblo, un simpático grupo de pequeñas capillas (1590-1770) que dominan el lago. Se puede disfrutar de una panorámica todavía mejor desde la **Passeggiata del Movero**, un sendero que conduce a un promontorio cercano al pueblo.

En Orta, un servicio de barcos enlaza con la **Isola di San Giulio,** que toma el nombre del santo del siglo IV que supuestamente limpió la isla de serpientes y dragones. Éste llegó a la isla sobre su manto.

En el edificio barroco de la **Basilica di San Giulio,** en cuya cripta se dice que están las reliquias del santo, se encuentran algunos bellos fragmentos de esculturas del siglo IV. En la nave principal de la iglesia se levanta un púlpito de mármol negro del siglo XI adornado con relieves que representan escenas de la vida de Giulio, las cuales se evocan también en los notables frescos del siglo XV que decoran la nave norte. ■

La Isola di San Giulio se halla en el corazón del lago de Orta.

Lago de Orta
www.orta.net
🅼 104 A3
Información
✉ Via Panoramica, Orta San Giulio
☎ 0322 905 614

SERVICIO DE BARCOS
Navigazione Lago d'Orta *(Tel 0322 844 862)* realiza viajes frecuentes desde Orta *(Piazza Motta)* a la Isola di San Giulio. También efectúa dos o más trayectos diarios entre Orta y ocho pueblos del lago, además de un crucero nocturno en julio y agosto. ■

Bérgamo

BÉRGAMO ES LA SUMA DE DOS CIUDADES: LA BAJA Y MÁS moderna Bergamo Basso, construida en la llanura de Lombardía, en la confluencia de los ríos Brembo y Serio, y Bergamo Alto, un núcleo más antiguo, en parte medieval, que se alza sobre las estribaciones de los Alpes bergamascos. Bergamo Basso posee el mejor museo de arte de la provincia, mientras que Bergamo Alto, con sus torres, agujas y murallas, constituye un conjunto medieval que el escritor francés Stendhal describió como «el lugar más bello de la tierra... el más precioso que he visto nunca».

El elemento más sobresaliente de la **Cappella Colleoni** es una estatua ecuestre de Bartolomeo Colleoni datada en el siglo XV.

Bérgamo
🅰 105 C3
Información
✉ Vicolo Aquila Nero 2, Bergamo Alto y Viale Vittorio Emanuele II 20, Bergamo Alto
☎ 035 232 730

Bergamo Basso, la ciudad baja, tiene diversos sectores medievales. El mejor se encuentra en la Via Pignolo y alrededores, una calle que reúne diversos palacios y que enlaza con la parte alta. Cerca de ella se alza un conjunto de tres iglesias famosas por los altares del artista bergamasco Lorenzo Lotto (1480-1556): **Santo Spirito** (*esquina Via Torquato Tasso*), **San Bernardino** (*Via San Giovanni*) y **Sant'Alessandro** (*Piazzetta del Delfino*). También es obra de Lotto una refinada *Madonna y santos*, en **San Bartolomeo,** una iglesia que da a la Piazza Matteotti, la plaza principal de Bergamo Basso.

La belleza de las pinturas de Lotto nos prepara para la **Accademia Carrara,** un destacado museo de arte provincial lleno de grandes nombres, en particular los de los venecianos más aclamados el siglo XV. Gentile Bellini está representado por diversos retratos de etérea factura, su hermano Giovanni, por un vigoroso *San Sebastián,* y Carpaccio por un majestuoso *Retrato del Doge Leonardo Loredan.* La oferta veneciana incluye también telas de Antonio Vivarini, Tiziano, Tintoretto, Canaletto, Carlo Crivelli, el Veronés, Tiepolo y Guardi. Los florentinos no están ausentes –el *San Sebastián* de Rafael y el severo *Giuliano de' Medici* de Botticelli destacarían en cualquier colección– y tampoco faltan pintores no italianos, como Holbein, Brueghel, Van Dyck, Velázquez y Durero.

Bergamo Alto, la ciudad alta, atrajo a pobladores ligures desde 1200 a.C. Más tarde, este lugar fue ocupado por celtas, que lo llamaron Bergheim o Berghem (ciudad sobre una colina), y luego por los romanos, que cambiaron su nombre por el de Bergomum. Durante la Edad Media se convirtió en una ciudad-estado independiente antes de caer en poder de los Visconti de Milán y pasar después a manos de Venecia. El *condottiere* Bartolomeo Colleoni (1400-1475) y el compositor Gaetano Donizetti (1797-1848) nacieron aquí. Tienen su origen en Bérgamo el baile medieval denominado bergamasco y la *Commedia dell'Arte.*

El casco antiguo de Bérgamo está apiñado dentro de las murallas construidas por los venecianos. En su interior se abren dos plazas muy cercanas, la **Piazza Vecchia** y la **Piazza del Duomo**. La primera, entre su encantador conjunto de edificios medievales cuenta con el **Palazzo della Ragione,** uno de los palacios más antiguos de Italia (1199). En la misma plaza se puede tomar el ascensor de la **Torre Cívica** del siglo XII, que ofrece una panorámica sobre la ciudad (*Tel 035 224 700; cerrado lun. mar.-oct. y lun.-sáb. nov.-feb.*).

En la plaza vecina, el edificio más sobresaliente es la **Cappella Colleoni** de exquisita decoración (*Piazza Duomo; Tel 035 226 331; cerrado lun. nov.-feb.*), encargada en 1470-1476 como mausoleo por el *condottiere* homónimo a

Giovanni Antonio Amadeo. Al lado se alzan el Baptisterio (1340) y la **Basilica di Santa Maria Maggiore** (empezada en 1137). La segunda es una muestra notable de arquitectura románica lombarda, desvirtuada sólo por su interior barroco más tardío. En su interior destacan los tapices flamencos y florentinos, los paneles de madera del presbiterio y el coro.

Diríjase hacia el norte y suba a la **Rocca**, una fortificación en ruinas, para disfrutar de la panorámica. A continuación siga la Via Porta Dipinta hacia el norte y deténgase para admirar los frescos medievales de la iglesia de **San Michele** y del **Convento di Sant'Agostino.** Al sur de la plaza, el funicular que lleva al **Castello** permite disfrutar de una extensa vista. ∎

Las plazas medievales de Bérgamo, como la Piazza Vecchia, han despertado la admiración de arquitectos modernos como Le Corbusier y Frank Lloyd Wright.

Accademia Carrara

✉ Piazza dell' Accademia 82a, Bergamo Basso

☎ 035 399 643

🕐 Cerrada lun.

💲 $$. Entrada gratuita dom.

El Palazzo Ducale de Mantua contiene cientos de estancias con una magnífica decoración.

Mantua

INSPIRADO POR SUS CANALES, SUS ALREDEDORES salpicados de lagos y su núcleo medieval casi impecable, el escritor Aldous Huxley describió Mantua (Mantova) como la ciudad más romántica del mundo. Los lugareños la conocen como *la piccola Venezia* o pequeña Venecia. Las encantadoras calles porticadas son algunas de las más sugerentes de Italia, y el Palazzo Ducale y el Palazzo Tè se cuentan entre los palacios más destacados del país.

Mantua

📍 105 E2

Información

✉ Piazza delle Erbe-Piazza Andrea Mantegna 6

☎ 0376 328 253 o 0376 350 681

Fundada probablemente como refugio por los etruscos en el siglo V o VI a.C., Mantua está asentada en tierras bajas y pantanosas, de ahí sus lagos y canales. A lo largo de la Edad Media, la familia que la gobernó, los Gonzaga, convirtió la ciudad en un gran centro cultural que atrajo a figuras como Leon Battista Alberti (1404-1472), el gran arquitecto renacentista, y a pintores como Mantegna, Pisanello y Giulio Romano.

Mantua posee unos barrios periféricos nada atractivos, pero el centro histórico es una verdadera joya. Aquí, tres plazas centran la atención –la Piazza Sordello, la Piazza Broletto y la Piazza delle Erbe– todas ellas rodeadas de edificios medievales y flanqueadas por calles adoquinadas y antiguas calles porticadas. En la Piazza delle

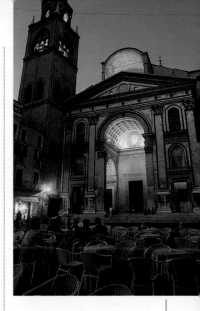

Palazzo Ducale
- Piazza Sordello
- 0376 320 283
- Cerrado dom. tarde
  y lun. todo el día
- $$

Palazzo Tè
- Viale Tè
- 0376 323 266 o
  0376 365 886
- Cerrado lun. mañana
- $$

Erbe se erigen **Sant'Andrea**, una imponente iglesia del siglo XV proyectada por Leon Battista Alberti (el pintor Mantegna está enterrado en una de sus capillas), y la **Rotonda di San Lorenzo** del siglo XI, un reducido templo románico con una preciosa logia y un deambulatorio columnado.

El monumento más importante de Mantua, y de hecho uno de los mejores del norte de Italia, es el **Palazzo Ducale** o Palacio Ducal, un enorme edificio comenzado en el siglo XIV y construido a lo largo de diversas centurias, en gran parte por los duques de Gonzaga. Cuando el edificio fue saqueado en 1630, se utilizaron unos 80 carros para transportar las 2.000 obras de arte de sus 500 habitaciones.

Una sala da paso a otra en una suntuosa serie; algunas son desmesuradamente grandes, otras, diminutas joyas recubiertas de pinturas al fresco. Entre sus obras más relevantes está una serie de excelentes frescos del pintor veronés Pisanello (1395-1450), la mayoría inspiradas en episodios de las leyendas medievales del rey Arturo y los caballeros de la Tabla Redonda. Es igualmente exquisito el Appartamento degli Arazzi o Sala de los Tapices, decorada con tapices flamencos tejidos a partir de diseños de Rafael. Por encima de todo destaca la **Camera degli Sposi** o habitación de los Esposos, llamada así porque en ella se acordaban los matrimonios. Pese a ser pequeña, la estancia está casi completamente recubierta por uno de los conjuntos de frescos (1465-1474) más impresionantes del Renacimiento: los sublimes retratos de la familia Gonzaga y del esplendor de su vida cortesana realizados por el pintor Mantegna.

El **Palazzo Tè**, situado en una finca adyacente a la parte antigua de la ciudad, fue ideado como un palacio de retiro campestre para la familia Gonzaga. Fue edificado posteriormente al Palazzo Ducale, entre 1525 y 1535, y es una construcción más reducida y muy distinta de su rival en el centro de la ciudad. El diseño de su interior y muchos de sus frescos son obra de Giulio Romano (1492-1546).

El palacio, estilizado y deliberadamente sorprendente, fue concebido en un principio como un lugar de placer, y su interés por el hedonismo es especialmente evidente en la **Sala di Psiche** (Sala de Psique), con frescos rebosantes de sátiros y ninfas juguetonas. Las escenas, al igual que muchas otras del palacio, se basan mayormente en la mitología clásica.

Aún más extraordinarias son las pinturas que adornan la **Sala dei Giganti** (Sala de los Gigantes), en la que unas figuras amenazadoras y grotescamente distorsionadas representan la ira de Júpiter contra los Titanes. ■

Otras visitas interesantes en Lombardía y sus lagos

BRESCIA

La segunda ciudad más populosa de Lombardía, Brescia (www.bresciaholiday.com) merece sólo una breve visita. No obstante, destacan la **Pinacoteca Civica** (Via Martinengo da Barco; Tel 030 375 7776; cerrada lun.), un museo que expone obras de Rafael, Tintoretto y artistas locales del Renacimiento, y el **Museo della Città** (Via dei Musei 18b; Tel 030 297 7834; cerrado lun.), un museo de arte y piezas de época romana.

🅰 105 D3 **Información** ✉ Corso Zanardelli 34 ☎ 030 43 418

CREMONA

Cremona tiene diversos atractivos –una bella catedral, una espléndida plaza céntrica y la torre medieval más alta de Italia–, pero sólo merece la pena visitarla si está interesado en los violines y en el fabricante de violines Antonio Stradivarius (1644-1737). Stradivarius formó parte de la larga tradición de Cremona en la fabricación de instrumentos musicales, una tradición que se mantiene hoy en día: en los cerca de 60 talleres de la ciudad se fabrican unos 1.000 violines al año. La exposición del discreto **Museo Civico** (Via Ugolani Dati 40; Tel 0372 461 885; cerrado lun.) hace un repaso a la historia de la fabricación de violines. Para ver el Stradivarius que conserva Cremona es preciso informarse en la oficina de turismo.

🅰 105 D2 **Información** ✉ Piazza del Comune 5 ☎ 0372 23 233

LAGO ISEO

El lago Iseo, eclipsado por los magníficos Como, Garda y Mayor, se considera el pariente pobre de los lagos italianos. En realidad, su paisaje agreste, las altas montañas de alrededor y sus pueblecitos son dignos de ver, y se pueden integrar fácilmente en un itinerario en dirección norte, hacia los Dolomitas.

Sus principales centros –ambos en la orilla oriental– son **Iseo**, en cuya plaza mayor se encuentra la iglesia de Sant'Andrea, y **Pisogne**, al norte, con la iglesia de Santa Maria della Neve, ambas decoradas con frescos. Sin embargo, hay que tener en cuenta que éstos y otros pueblos del lago son lugares muy frecuentados por los italianos los fines de semana. La orilla oeste y los pueblos de Sarnico, Tavernola y Riva di Solto, en general son un poco más tranquilos.

Monte Isola (desde cualquiera de las ciudades del lago salen barcos regularmente hacia allí), una isla verde en medio del lago cuya cima está coronada por la iglesia de la Madonna della Ceriola, ofrece unas formidables panorámicas.

Desde Marone, en la orilla este del lago, una corta excursión en barco nos lleva a **Cislano**, a 5 km de distancia, donde se puede admirar uno de los fenómenos naturales más extraordinarios: las llamadas «hadas del bosque». Consisten en un conjunto de agujas y torres de roca estrechas y erosionadas, muchas de ellas coronadas precariamente por un bloque de piedra.

🅰 105 D3 **Información** ✉ Lungolago Marconi 2c/d, Iseo ☎ 030 980 209

PARCO NAZIONALE DELLO STELVIO

El mejor sector del paisaje alpino de Lombardía está protegido por el Parco Nazionale dello Stelvio (www.stelviopark.it), el más grande de Italia, una gran oferta para practicar el esquí y casi 1.600 km de senderos señalizados. La ciudad de **Bormio** es la mejor base, y el **Valle dello Zebrù**, un espectacular valle al este del anterior, destino ideal para aquellos que visitan la zona por primera vez y desean hacer excursiones a pie.

🅰 105 D5 **Información** ✉ Via Roma 13/b, Bormio ☎ 0342 903 300

SABBIONETA

Esta ciudad de la llanura de Lombardía (www.sabbioneta.org) fue planificada en 1558 por Vespasiano Gonzaga. Encerrada en un perímetro hexagonal, este experimento renacentista resulta encantador, con calles y bellos edificios, como el **Palazzo Ducale**, el **Palazzo del Giardino** y la iglesia de la Incoronata. El **Teatro Olimpico** es obra de Vicentino Scamozzi, un discípulo de Palladio.

🅰 105 D1 **Información** ✉ Via Vespasiano Gonzaga 31 ☎ 0375 52 039 ∎

Venecia es una ciudad que
escapa a toda descripción
y a toda comparación. Tal como
lo expresó la poetisa inglesa
Elizabeth Barrett Browning en
1851: «Nada se le parece, nada
es como ella, no existe una
segunda Venecia en el mundo».

Venecia

**Una góndola cargada
de flores en el Gran Canal**

Venecia

LA CIUDAD MÁS HERMOSA DEL MUNDO RARAMENTE DECEPCIONA. «Prefiero estar en Venecia en un día de lluvia que en cualquier otra gran ciudad en un día soleado», son las palabras que empleó el escritor Herman Melville en 1857, con las que captaba el atractivo de una ciudad cuya magia nos hechiza en cualquier época del año: tanto si se visita en pleno invierno, con la fría neblina flotando sobre las aguas de la laguna, como si es bajo el pesado sol del verano, cuando los canales, las antiguas iglesias y los infinitos palacios están inundados por la cambiante luz del sol mediterráneo. Aunque está amenazada, la ciudad continúa pareciéndose a un cuento de hadas.

Venecia (Venezia) es una ciudad relativamente reciente –comparada con Roma, Londres o París– y sin embargo, pocos lugares han permanecido tan inalterables al paso del tiempo. Es probable que la laguna de la costa adriática estuviera habitada ya en tiempos de Jesucristo, aunque escasamente, y tras las incursiones bárbaras del siglo v, reducidos grupos de refugiados quizá se establecieron en sus islas (la tradición hace remontar la fundación de la ciudad al 25 de marzo del año 421). El primer *doge* o gobernante fue elegido en 726, pero no ejercía el poder sobre una sola ciudad, sino que presidía una confederación de asentamientos independientes. Más adelante, las invasiones francas del siglo VIII obligaron a algunos de los habitantes de la laguna a retirarse al Rivus Altus o margen alto, grupo de islotes más fácilmente defendibles que con el tiempo se convertirían en Rialto, la piedra angular de la Venecia actual.

Hacia el siglo x, la incipiente ciudad ya había creado lazos comerciales con el Este y con otros puntos. Su prosperidad fue en aumento durante la época de las cruzadas y cuando empezó a emerger como potencia marítima. Además, su sólido gobierno le proporcionó cohesión social y política interna y, hacia el siglo XIII, Venecia era señora, según una expresión muy citada, de «un cuarto y medio» del antiguo Imperio romano. En tierra firme, la ciudad sometió a sus principales rivales marítimos, en particular a Génova, extendiendo su dominio por gran parte del noreste de Italia y forjando un imperio que se mantuvo intacto hasta la llegada de Napoleón. Su declive se debió en buena medida a la expansión de los turcos, aproximadamente a partir del siglo XIV, que poco a poco se apoderaron del imperio marítimo de Venecia, y también de la antigua hegemonía de otras potencias italianas y europeas. La disolución final de la república se produjo en 1797 a manos de Napoleón, tras lo cual la ciudad pasó al control austrIaco antes de integrarse en una Italia unificada en 1866.

LUGARES Y MONUMENTOS QUE VISITAR

Venecia está dividida en seis *sestieri* o distritos, tres a cada lado del Gran Canal, la principal vía navegable de la ciudad. (Sin embargo, en lugar de organizar la visita de acuerdo con los *sestieri* es mejor concentrarse en los pequeños grupos de monumentos cercanos entre sí.) Antes de emprender el recorrido, pasee por el Canal Grande (ver págs. 132-133), sin duda la mejor introducción a la ciudad. Es importante no ir directamente a San Marcos, donde las aglomeraciones pueden provocar el deseo de salir de Venecia antes de empezar a verla. Es preferible dirigirse a una de las plazas pequeñas –Campo Santo Stefano y Campo Santa Margherita son las mejores– para conocer sectores de la ciudad que no se han rendido del todo al turismo. Después de haberse familiarizado con el lado más íntimo de Venecia, puede entregarse a las exigencias del turismo.

Las dos iglesias fundamentales de la ciudad son Santa Maria Gloriosa dei Frari y Santi Giovanni e Paolo (conocida como San Zanipolo), y sus museos de arte más importantes, la Galleria dell'Accademia y la

En Venecia se prohibieron las máscaras durante el gobierno de Mussolini, pero se fabrican y se venden en toda la ciudad desde que en 1979 se volvió a celebrar el carnaval.

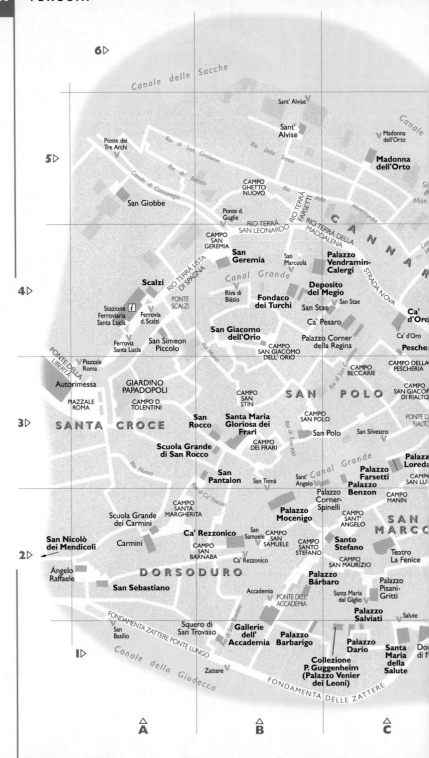

6▷

Canale delle Sacche

Sant' Alvise

Sant'
Alvise

Canale

Madonna
dell'Orto

Ponte dei
Tre Archi

5▷

Rio di San Girolamo

Rio della Sensa

Madonna
dell'Orto

So

Mise

Canale di Cannaregio

Rio del Battello

CAMPO
GHETTO
NUOVO

Misericordia

C A N N A R

San Giobbe

Rio della

Ponte d.
Guglie

RIO TERRÀ
FARSETTI

San
Geremia

San
Marcuola

RIO TERRÀ DELLA

Palazzo
Vendramin-
Calergi

S

Rio

CAMPO
SAN
GEREMIA

RIO TERRÀ
SAN LEONARDO

MADDALENA

STRADA NOVA

4▷

Scalzi

RIO TERRÀ LISTA DI SPAGNA

Canal Grande

Deposito
del Megio

Riva di
Biásio

Fondaco
dei Turchi

San Stae

Ca'
d'Oro

Stazione
Ferroviaria
Santa Lucia

PONTE
SCALZI

Ferrovia
d. Scalzi

Ca' Pesaro

San Stae

Ca' d'Oro

Pesche

Ferrovia
Santa Lucia

San Simeon
Piccolo

San Giacomo
dell'Orio

Palazzo Corner
della Regina

CAMPO
SAN GIACOMO
DELL' ORIO

Rio di San Cassiano

CAMPO DELLA
PESCHERIA

Rio Marin

PONTE DELLA
LIBERTÀ

Piazzale
Roma

GIARDINO
PAPADOPOLI

CAMPO
SAN
STIN

S A N   P O L O

CAMPO
BECCARIE

CAMPO
SAN GIACO
DI RIALTO

Autorimessa

CAMPO D.
TOLENTINI

Rio di San Polo

3▷

PIAZZALE
ROMA

S A N T A   C R O C E

San
Rocco

Santa Maria
Gloriosa dei
Frari

CAMPO
SAN POLO

San Polo

San Silvestro

PONTE D
RIALTO

Scuola Grande
di San Rocco

CAMPO
DEI FRARI

Rio Nuovo

San
Pantalon

San Tomà

Sant'
Angelo

Canal Grande

Palazzo
Farsetti

Palazzo
Loreda

CAMP
SAN LU

Rio di Ca' Foscari

CAMPO
SANTA
MARGHERITA

Palazzo
Corner-
Spinelli

Palazzo
Benzon

CAMPO
MANIN

Scuola Grande
dei Carmini

Palazzo
Mocenigo

CAMPO
SANT'
ANGELO

S A N
M A R C

Carmini

Ca' Rezzonico

San
Samuele

CAMPO
SAN
SAMUELE

CAMPO
SANTO
STEFANO

Santo
Stefano

2▷

San Nicolò
dei Mendicoli

CAMPO
SAN
BARNABA

Ca' Rezzonico

CAMPO
SAN MAURIZIO

Teatro
La Fenice

Ángelo
Raffaele

D O R S O D U R O

Palazzo
Bárbaro

Palazzo
Pisani-
Gritti

San Sebastiano

Accademia

PONTE DELL'
ACCADEMIA

Santa Maria
del Giglio

Palazzo
Salviati

Salute

FONDAMENTA ZATTERE PONTE LUNGO

Squero di
San Trovaso

Gallerie
dell'
Accademia

Palazzo
Barbarigo

Palazzo
Dario

Santa
Maria
della
Salute

Do
di N

San
Basílio

Rio di San Trovaso

1▷

Canale della Giudecca

Zattere

Collezione
P. Guggenheim
(Palazzo Venier
dei Leoni)

FONDAMENTA DELLE ZATTERE

△
A

△
B

△
C

Mestre · A4 · SS14 · Torcello · Burano · *Laguna* · Marghera · Murano · Sant'Erasmo · Punta Sabbioni · Fusina · **VENEZIA (VENECIA)** · **Lido** · Porto di Lido · *Veneta*

Colezzione Peggy Guggenheim. Las principales *scuole*, edificios antiguos repletos de obras de arte, son la Scuola Grande di San Rocco y, más pequeña, la Scuola di San Giorgio degli Schiavoni. Entre los centros de segundo orden están el Museo Civico Correr, Ca' d'Oro y Ca' Rezzonico, mientras que algunas de las iglesias menores son Santa Maria della Salute y San Zaccaria. Por último, prepárese para los «dos grandes»: el Palazzo Ducale y la Basilica di San Marco.

El principal atractivo de Venecia es la propia Venecia y conviene reservar tiempo simplemente para pasear por sus mágicas calles. Merece la pena salir por la noche, cuando la ciudad está casi desierta (no es peligroso). No deje de visitar las zonas periféricas de la ciudad, en especial el tranquilo sector oeste, alrededor de San Nicolò dei Mendicoli y el barrio residencial que hay junto a los jardines Biennale, hacia el este. Intente asimismo ver la Giudecca, una isla poco visitada al sur de la ciudad, pero no pierda tiempo en otro lugar apartado: el famoso pero decepcionante Lido. Es preferible ir a la isla de San Giorgio Maggiore: la vista desde su iglesia es una de las más espléndidas de Venecia, y no deje de visitar la Isola de Torcello, uno de los lugares más encantadores. ∎

Gesuiti (Santa Maria Assunta) · Fondamente Nuove · FONDAMENTE NUOVE · Rio dei Gesuiti · Ospedale Civile · Santa Maria dei Miracoli · Scuola Grande di San Marco · S. S. Giovanni e Paolo (San Zanipolo) · Celestia · Monumento a Bartolomeo Colleoni · CAMPO SANTI GIOVANNI E PAOLO · CAMPO DELLA CONFRATERNITÀ · CAMPO SANTA MARIA FORMOSA · CAMPO SAN LORENZO · Santa Maria Formosa · Scuola di San Giorgio degli Schiavoni · CASTELLO · Museo Civico Correr · Basilica di San Marco · San Zaccaria · CAMPO BANDIERA E MORO · Arsenale · PIAZZA SAN MARCO · Palazzo Ducale · CAMPO SAN ZACCARIA · RIVA DEGLI SCHIAVONI · San Giovanni in Bragora · Tana · Campanile · San Zaccaria · Riva Schiavoni · Ponte dei Sospiri · GIARDINI EX REALI · San Marco · Arsenale · Bacino di San Marco · Giardini della Biennale Internazionale d'Arte · Canale di San Marco · San Giorgio · San Giorgio Maggiore · Isola di San Giorgio Maggiore

D · E · F

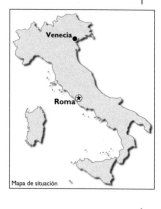
Venecia · Roma · Mapa de situación

Canal Grande

NO EXISTE NINGUNA VÍA URBANA DE MAYOR BELLEZA
que el Canal Grande (Gran Canal), la amplia arteria navegable que
describe un sinuoso y sugerente recorrido por el antiguo corazón
de Venecia. En cuanto llegue a la ciudad, sea cuando sea y donde-
quiera que esté, su primer objetivo debería ser tomar uno de los *vaporetti* que recorren el Canal bordeado totalmente de palacios, una
odisea visual y sonora inolvidable, una primera imagen de las ex-
centricidades acuáticas de la vida cotidiana de Venecia.

HACIA EL RIALTO

Tome un *vaporetto* en Piazzale
Roma o bien un tren en dirección
a San Marco. La primera iglesia
que verá a su izquierda, al otro
lado del puente, es los **Scalzi**,
proyectada en el año 1656 por
Baldassare Longhena (1604-
1682), el arquitecto de Santa
Maria della Salute (ver pág. 151)
y de algunos de los palacios más
prestigiosos del Canal. Más adelante, a la izquierda se alza **San
Geremia**, que alberga las veneradas reliquias de santa Lucía,
una mártir del siglo IV. En la orilla opuesta (sur), el porticado
Fondaco dei Turchi, ahora museo de historia natural de
Venecia, fue la sede central de los
mercaderes *turchi* (otomanos)
entre 1621 y 1838, mientras que
el **Deposito del Megio**, del si-

glo XV, a su izquierda, se utilizó
como almacén de grano de emergencia, y estuvo en servicio en
épocas de hambre y durante los
asedios.

El **Palazzo Vendramin-
Calergi** de Mauro Coducci, uno
de los lugares más famosos del
canal, ahora alberga el Casinò.
Una de sus estancias fue ocupada
por el compositor Richard
Wagner. Más adelante, a poca distancia hay otros dos palacios importantes: Ca' Pesaro y el impresionante **Ca' d'Oro** (ver pág.
134), ahora museos de arte moderno y medieval, respectivamente. Casi enfrente de Ca' d'Oro
se encuentra el edificio neogótico
de la **Pescheria** o mercado del
pescado, que anuncia la llegada al
Rialto, el antiguo centro de la
ciudad, y la inconfundible silueta
del **Ponte di Rialto** o Puente de
Rialto, del siglo XVI.

Más allá del Rialto, a mano izquierda, el **Palazzo Loredan** y
el **Palazzo Farsetti** son la sede
del Ayuntamiento de Venecia; en
otro tiempo fueron la residencia
del escultor neoclásico Antonio
Canova. Entre los anteriores habitantes del **Palazzo Benzon**,
algunos palacios más adelante y
en el mismo lado, vivió la conde-
sa Benzon, destacada figura de
la alta sociedad que entre sus in-
vitados contó con celebridades
como Lord Byron. Además, el
poeta estuvo alojado cerca de allí,

**Izquierda: el Ponte
di Rialto (1588) es
el último de una
serie construidos
sobre este lugar.**

Información
www.turismovenezia.it
✉ Calle dell'Ascensione
71/f
☎ 041 522 5150
⛴ 1, 82 y todos los
barcos que van
a San Marco

✉ Aeroporto Marco Polo
www.veniceairport.it
☎ 041 260 9260

✉ Ferroviaria Santa
Lucia (estación
de tren)
☎ 041 529 8727

en uno de los cuatro palacios de la Volta del Canal –el amplio giro que describe el canal–, el **Palazzo Mocenigo**. En la orilla opuesta, en la misma curva del canal, está **Ca' Rezzonico**, ahora un museo que recoge obras de la Venecia del siglo XVIII (ver pág. 135).

Pasado el Ponte dell'Accademia, el último de los tres puentes del canal, a la izquierda se yergue el **Palazzo Barbaro**, del siglo XV. Los llamativos mosaicos modernos del palacio que se encuentra casi enfrente nos señalan el **Palazzo Barbarigo**, ahora propiedad de una empresa fabricante de cristal. Un poco más allá en la misma orilla está el truncado **Palazzo Venier dei Leoni**, donde está instalada la Colección Peggy Guggenheim (ver pág. 150). Justo al lado se encuentra el **Palazzo Dario**, con sus paredes algo desplomadas, uno de los edificios de aspecto más fascinante, pero poco deseable, pues para los venecianos es un lugar considerado maldito. Dos palacios más adelante, nos encontraremos el **Palazzo Salviati**, con mosaicos en la fachada; al igual que el Barbarigo, pertenece a una empresa fabricante de cristal. Justo pasado el embarcadero de Santa Maria del Giulio se alza el Palazzo Pisani-Gritti, el hotel más importante de Venecia, algo eclipsado por la hermosa iglesia de **Santa Maria della Salute** (ver pág. 151). Poco después podremos contemplar por primera vez el Palazzo Ducale y la majestuosidad de la Piazza San Marco. ■

La Regata Storica es una de las fiestas con ambientación de época que se celebran cada año en el Canal Grande.

Canal Grande

Vaporetto 1, 82

Billetes para el vaporetto: existen tres tipos, viaje de ida, billete de turista para 24 horas y para 3 o 7 días

Nota: el Vaporetto 1 para en todos los embarcaderos del Canal Grande; el 82, más rápido, hace menos paradas

Ca' d'Oro

Ca' d'Oro
www.cadoro.org

🗺 130 C4

✉ Canal Grande o Calle di Ca' d'Oro, que sale de la Strada Nuova

☎ 041 523 8790

🕐 Cerrado lun. tardes

💲 $

🚢 1 a Ca' d'Oro

Antaño se intentó hacer de Ca' d'Oro el palacio más suntuoso del Canal Grande.

CA' D'ORO O CASA DE ORO, RECIBE ESTE NOMBRE POR las incrustaciones de oro y de otros materiales preciosos que antaño adornaban su magnífica fachada. Las obras del edificio empezaron en 1420, pero el palacio sufrió los efectos de la indolencia de sus propietarios y de las mejoras poco hábiles antes de ser donado al Estado y abierto al público en 1927. Tras otra serie de restauraciones, la fachada recuperó su esplendor. Ahora alberga la Galleria Franchetti, una interesante colección de pintura y escultura medieval.

El museo no es grande; sólo tiene dos pisos, cada uno con diversas salas de dimensiones modestas y un amplio *portego* (espacio existente en muchos palacios venecianos que en verano favorecía la entrada de la brisa). Tampoco contiene un gran número de obras de arte, pero muchas de ellas son exquisitas, aunque ninguna supera la obra maestra de Mantegna, el *San Sebastián* (1506). Éste es un santo que se invocaba contra las enfermedades, y en Venecia, que sufrió muchas epidemias, es un tema recurrente. Además, se adecuaba al carácter pesimista de Mantegna, ejemplificado en dos elementos del cuadro: una simbólica vela que se está apagando y una inscripción en latín que dice: «Sólo lo divino es eterno; lo demás no es sino humo.»

Otras piezas destacadas son el *Busto de pareja de jóvenes*, del siglo XV, de Tullio Lombardo, seis relieves en bronce del mismo siglo de Andrea Briscio, algunas telas de Carpaccio, Giovanni Bellini y Antonio Vivarini y obras de maestros florentinos como Luca Signorelli y Antonio da Firenze. Una desgastada escalera señorial conduce al piso superior y a una sala llena de **tapices** flamencos, en su día un artículo mucho más valioso que las pinturas. Entre los tapices hay una *Venus* de Tiziano y retratos de Tintoretto y Van Dyck, unos preludios artísticos a los frescos algo desvanecidos de Pordenone, Tiziano y Giorgione, expuestos en el *portego*. Estas pinturas fueron extraídas de iglesias y otros edificios de la ciudad para detener su progresivo deterioro. ∎

Ca' Rezzonico

En el techo podrá contemplar las espléndidas arañas y la magnífica decoración del salón de baile de Ca' Rezzonico.

VENECIA HA DISFRUTADO DE VARIOS PERÍODOS DE esplendor, pero pocos han sido tan impresionantes como los decadentes años del siglo XVIII, una época en la que, según un adagio popular, «los venecianos no degustaban los placeres, sino que los engullían enteros». Ca' Rezzonico o el Museo del Settecento Veneziano es un museo dedicado a este período, donde los objetos expuestos y su interior palaciego están pensados para reflejar los gustos sociales y artísticos de la ciudad en los años de su declive.

La construcción de Ca' Rezzonico comenzó alrededor de 1667, dirigida por Baldassare Longhena (1598-1682), el principal arquitecto barroco de la época, y fue completada en varias etapas a lo largo de una centuria. El edificio fue adquirido por el Estado y abierto como museo dedicado a la Venecia del siglo XVIII en 1935.

Al visitar el palacio, la primera sorpresa es el magnífico **salón de baile,** sólo malogrado por el famoso pero vulgar mobiliario de Andrea Brustolon (1662-1732), con esclavos de madera tallada atados con grilletes, una visión deprimente. Poco después llegamos a la **Sala dell'Allegoria Nuziale,** cuyo techo está decorado con frescos del siglo XVIII de Giambattista Tiepolo (1696-1770), y luego varias estancias adornadas con retratos de Rosalba Carriera, tapices flamencos y un bello mobiliario lacado.

Parte del segundo piso está destinado a museo de arte. Las telas más destacadas son las de Canaletto, los retratos de miembros de la alta sociedad veneciana de Francesco Guardi y las fascinantes instantáneas de la vida cotidiana de Venecia de Pietro Longhi. Sin embargo, la obra culminante del palacio son los frescos satíricos de Giandomenico Tiepolo (1793-1797) de las tres últimas salas, una secuencia trasladada aquí desde la villa campestre del artista. ∎

Ca' Rezzonico
- 130 B2
- Fondamenta Rezzonico 3316
- 041 241 0100
- Cerrado mar.
- $$
- 1 a Ca' Rezzonico

Piazza San Marco

Piazza San Marco

- 131 D2
- 1, 82 y otros barcos
  que van a San Marco
  o a San Zaccaria

Campanile

- Piazza San Marco
- 041 522 4064
- $$
- Nota: Visítelo temprano
  para evitar las colas.
  Se sube en ascensor

«EL SALÓN MÁS BELLO DE EUROPA», DIJO NAPOLEÓN DE la Piazza San Marco o Plaza de San Marcos, la más famosa y céntrica de Venecia, el marco donde se levantan dos de los edificios más importantes de la ciudad –la Basilica di San Marco (ver págs. 138-143) y el Palazzo Ducale (ver págs. 144-145)– y donde se encuentran algunas terrazas históricas, el Campanile y el Museo Correr, cuyo contenido ofrece una visión fascinante de la historia de Venecia.

Los monumentos menores más característicos de la plaza son las dos **columnas** situadas cerca del Canal, que fueron traídas del Mediterráneo oriental en 1170. Una de ellas está coronada con el león de San Marco y la otra con san Teodoro, uno de los patrones de la ciudad, flanqueado por una figura no identificada de la que se ignora su significado simbólico. Al oeste está la **Zecca** (1545) de

Jacopo Sansovino, la casa de la moneda hasta 1870, y uno de los pocos edificios de la ciudad construido enteramente de piedra como precaución contra el fuego. Al lado se halla la **Libreria Sansoviniana** (1588) o biblioteca del Estado, también de Sansovino, a la que se accede por el pórtico, en el nº 13a.

A la izquierda (norte) de la basílica, contemple la **Torre dell'-Orologio** (1499), un reloj en el

que se lee esta leyenda: «Sólo cuento las horas felices». Sus dos distintivas figuras de bronce son conocidas como *I Mori*, los moros, por su pátina oscura.

El **Campanile**, el edificio más alto de Venecia (98,5 m), cuando fue construido, hacia 912, tenía tres funciones: campanario de la basílica, puesto de vigilancia del puerto y faro para los barcos en alta mar. A lo largo de los siglos fue objeto de numerosas reformas menores, ninguna de ellas, desgraciadamente, dirigida a sus cimientos, de apenas 20 m de profundidad, circunstancia que se ignoraba.

La torre se fue deteriorando progresivamente hasta que el 14 de julio de 1902 se desmoronó –sólo cabía extrañarse de que no se hubiera hundido antes–. Al cabo de unas horas, el Ayuntamiento prometía reconstruir la torre *«dov' era e com' era»* (donde estaba y tal como era). La promesa se cumplió diez años más tarde, en 1912, cuando una nueva torre idéntica a la anterior, excepto que pesaba 600 toneladas menos, fue inaugurada en el día de san Marcos (25 de abril), exactamente mil años después del primer *campanile*.

Flanqueando la plaza por los tres lados está el **Procuratie**, el edificio porticado donde antes se encontraban las oficinas del *Procuratie*, cuerpo administrativo superior de Venecia. Un sector de este edificio aloja el **Museo Cívico Correr** (el Museo Correr), cuyas obras ofrecen una estupenda y a veces particular panorámica de la larga historia de Venecia. En los tres pisos que ocupa, el museo incluye una sección histórica, un museo de arte y una sección más especializada centrada en la unificación de Italia. Posee asimismo un salón con obras maestras tempranas del

Derecha: según la leyenda, los venecianos cegaron a quienes habían fabricado el reloj de la Torre dell'Orologio para evitar que hicieran obras similares para las ciudades rivales.

Museo Cívico Correr

✉ Procuratie Nuove-Ala Napoleonica, Piazza San Marco

☎ 041 522 6525

💲 $$ Entrada combinada con el Palazzo Ducale

escultor renacentista Antonio Canova (1757-1822).

Las salas de la primera sección están organizadas por temas. Empiezan con una muestra dedicada a la topografía y otras imágenes de la ciudad. A continuación está la sección de indumentaria, monedas, banderas, cristalería, armas y objetos relacionados con el mar, aunque la parte que mucha gente prefiere es la dedicada al calzado y a los extraordinarios *zoccoli* o zuecos, que antaño llevaban las mujeres venecianas. Las obras más destacadas de la sorprendentemente rica sección de pintura incluyen la famosa *Dos mujeres*, de Carpaccio (1507), también conocida como *Cortesanas*, y una hermosa *Pietà* (1476) del afamado artista siciliano Antonello da Messina. ∎

Basilica di San Marco

ES DIFÍCIL IMAGINAR OTRO EDIFICIO DE EUROPA QUE supere la belleza que el legado arquitectónico y artístico de los siglos ha conferido a la Basilica di San Marco (Basílica de San Marcos). Constituye una magnífica combinación de iglesia –durante casi mil años ha sido la tumba de san Marcos–, capilla privada de los *dux* (gobernantes de Venecia), y pedestal y máximo símbolo del poder, la autoridad y la continuidad del Estado veneciano, la república más longeva del mundo.

Basilica di San Marco

- 131 D2
- Piazza San Marco
- 041 522 5697 o 041 522 5205
- Basílica, Loggia dei Cavalli-Museo y santuario cerrados dom. mañana
- Basílica: entrada gratuita Loggia dei Cavalli-Museo, santuario y tesoro: $
- 1, 82 y otros barcos que van a San Zaccaria

El primer lugar donde san Marcos fue enterrado es una modesta capilla situada en el interior del Palazzo Ducale, santuario que fue reconstruido por primera vez en 832 y de nuevo en 978, cuando, en una revuelta, la iglesia y el mausoleo existentes fueron destruidos. En el año 1063,

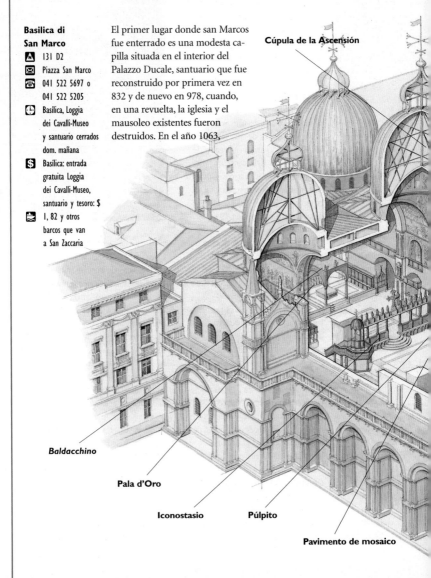

Cúpula de la Ascensión

Baldacchino

Pala d'Oro

Iconostasio

Púlpito

Pavimento de mosaico

el *dux* Contarini promovió una cuarta reconstrucción para erigir una iglesia. Consagrada en 1094, se le añadieron posteriormente diversos elementos decorativos.

Los trabajos en los mosaicos se iniciaron hacia 1100, pero el grueso de la decoración se añadió en el año 1204, procedente del saqueo de Constantinopla durante la cuarta Cruzada.

Cúpula de Pentecostés

Contemple los mosaicos de cerca desde la Loggia dei Cavalli, el balcón de San Marco, que ofrece una panorámica de la Piazza San Marco.

Loggia dei Cavalli

Reproducciones de los caballos de San Marco

Relieves románicos

Entrada principal

Mosaico original de la fachada:
Traslado del cuerpo de san Marcos a la basílica

EXTERIOR

Hay tres fachadas. Empiece la visita por la de la derecha (sur), frente al canal, donde todavía se puede observar el perfil de la que fuera entrada principal de la basílica.

Las dos **columnas** aisladas que se alzan delante de esta fachada, piezas sirias del siglo V, proceden de Constantinopla o bien de Acre, donde los venecianos derrotaron a las fuerzas genovesas en 1256. La base de columna de menor tamaño situada cerca de las anteriores, el **Pietro del Bando,** seguramente proviene de Acre y era una de las dos columnas –la otra está en el mercado de Rialto– desde las que antiguamente se proclamaban los decretos oficiales y donde se exponían las cabezas de los criminales ejecutados. En lo alto de la fachada hay una pequeña Madonna realizada en mosaico y flanqueada por dos lámparas de aceite que siempre están encendidas; antiguamente se encendían para anunciar una ejecución, cuando el condenado se volvía hacia la Madonna y gritaba «Salve Regina».

Muchos de los elementos decorativos que presenta la **fachada principal** son reproducciones, como, por ejemplo, los famosos caballos de bronce (los originales se conservan en el interior) y la gran mayoría de los mosaicos, de los cuales sólo uno es original: el *Traslado del cuerpo de san Marcos a la basílica* (1260-1270), situado sobre la última puerta a la izquierda. Esta misma puerta, una de las cinco, contiene bajorrelieves en arenisca del siglo XIV, que representan los símbolos de los Evangelistas, junto con un espléndido arquitrabe de paneles y figuras que datan del siglo V o del XIII. Los elementos más importantes de la fachada son las

esculturas románicas del siglo XIII que se hallan sobre el portal central (tercero), con una gran diversidad de temas y figuras, que incluye (en el arco exterior) la famosa estatua de un hombre mordiéndose las uñas. Los venecianos afirman que representa a un arquitecto griego del siglo XI enfurecido por las críticas dirigidas a su obra.

Entre los elementos a menudo ignorados de la **fachada norte,** cabe destacar la Porta dei Fiori o Puerta de las Flores, cuyos arcos rodean una encantadora escena de la Natividad. A su lado está la tumba de Daniele Manin (1804-1857), cabeza de un heroico levantamiento contra los austriacos, en el siglo XIX, que fracasó. El primer arco presenta un relieve bizantino del siglo VIII de los Doce Apóstoles, mientras que entre éste y el arco siguiente aparece un singular relieve del siglo X que representa la mítica búsqueda del cielo por Alejandro Magno, montado en un carro tirado por dos grifos.

INTERIOR

Para obtener el máximo provecho de la visita y, sobre todo, para entender la admirable riqueza de los mosaicos, es aconsejable comprar una guía en la tienda de la basílica. Procure visitarla a primera hora de la mañana o a última de la tarde para evitar las colas y tenga en cuenta que se puede acceder libremente al espacio interior, pero se necesita entrada para ver la mayor parte de los auténticos tesoros que contiene.

Los mosaicos

Casi toda la superficie vista de la basílica –unos 4.000 m²– está cubierta de mosaicos de color dorado, una técnica artística que, al igual que la planta de cruz latina, procede de la tradición bizantina.

Pág. siguiente: los mosaicos, algunos de ellos de más de 900 años de antigüedad, cubren casi toda la superficie del interior de la basílica.

Los ejemplares más antiguos datan de alrededor de 1100, pero 700 años más tarde todavía se añadían nuevos mosaicos. En el curso de los siglos, los artistas de más renombre de la época, en particular Tiziano, Tintoretto y el Veronés, aportaron los dibujos para hacer nuevos paneles. Los mosaicos del sombrío interior generalmente reproducen escenas del Nuevo Testamento, mientras que los del **nártex** o vestíbulo, el espacio al que se accede al atravesar la puerta principal de la basílica, describen episodios extraídos del Antiguo Testamento.

La Loggia dei Cavalli

Del nártex sale una escalera que sube a la Loggia dei Cavalli o logia de los Caballos, una terraza exterior que ofrece una panorámica elevada de la Piazza San Marco. Es aquí donde se encuentran los famosos **caballos de bronce** de la basílica, traídos de Constantinopla en 1204. De hecho, son copias de aquéllos, ya que los originales, a fin de protegerlos del efecto corrosivo de la contaminación ambiental, se conservan en el vecino Museo o Galleria Marciano. Estas figuras doradas, que formaban parte de una *quadriga*, es decir, de un carro tirado por cuatro caballos, son las únicas piezas de la Antigüedad clásica que han sobrevivido, aunque no se sabe con certeza si son de origen griego (siglo IV a.C.) o romano (siglo III d.C.). Napoleón envió las cuatro obras de fundición a París en 1797, pero fueron devueltas 18 años más tarde.

El sagrario

Después de los caballos y de la solemne belleza del interior, con su tenue iluminación, el elemento más interesante es el espacio existente detrás del altar mayor –el sagrario– y su monumental retablo, el **Pala d'Oro** (Retablo de Oro). Se alza detrás del altar, donde se dice que descansan los restos de

Los famosos caballos de bronce de la basílica probablemente fueron raspados de forma deliberada para que el sol les diera su textura actual.

Pág. siguiente: la Pala d'Oro o Retablo de Oro, está formada por varias placas esmaltadas. En ésta aparece el barco que llevó el cuerpo de san Marcos desde Alejandría hasta Venecia.

San Marco

Durante mucho tiempo, Venecia ha disfrutado de una relación especial con san Marcos. Al parecer, cuando más cerca estuvo Marcos del emplazamiento de la ciudad fue a su vuelta a Roma desde Aquilea, una colonia romana situada en el Adriático, cuando un ángel se le apareció mientras cruzaba la laguna y le dijo: *«Pax tibi Marce, evangelist meus. Hic requiescet corpus tuum»* (La paz sea contigo, Marcos, evangelista mío. Aquí descansará tu cuerpo).

Esta historia es probablemente una invención de los venecianos para justificar la apropiación del cuerpo del santo y legitimar espiritualmente la fundación de una ciudad que, en realidad, tuvo un origen completamente anodino. El robo, un episodio de los inicios de la historia de Venecia, tuvo lugar en el año 828, aunque los detalles del suceso se mezclan con la leyenda. Según la versión oficial, los guardianes del cuerpo del santo, que se encontraba en la ciudad egipcia de Alejandría, estaban preocupados por el saqueo del rey a la tumba del santo. Temiendo nuevas incursiones, decidieron ayudar a los venecianos a robar el cuerpo y escondieron las reliquias para distraer a los guardias musulmanes. Tras un agitado viaje por mar, los restos fueron presentados ante el dux, y Marcos fue declarado oficialmente el santo patrón de Venecia. ■

san Marcos, aunque también se afirma que sus reliquias fueron destruidas por un incendio en 976. La Pala d'Oro es la pieza realizada en oro y plata más grande de Europa. Su deslumbrante frontal está adornado con 15 rubíes, 100 amatistas, 300 zafiros, 300 esmeraldas, 400 granates, 1.300 perlas y unas 200 piedras variadas. Iniciado en 976, fue modificado en 1105 y en 1209, cuando lo adornaron con parte de la ingente cantidad de joyas saqueadas en Constantinopla durante la cuarta Cruzada.

Al salir del Sagrario, fíjese en el **púlpito**, el lugar donde tradicionalmente los nuevos *doge* se presentaban al pueblo, y en la enorme *iconostasis* o iconostasio, coronado con varias estatuas datadas en el siglo XIV de la Virgen, san Marcos y los Apóstoles.

El tesoro

El botín de la cuarta Cruzada constituye gran parte de la colección del **Tesoro** de la basílica, que se abre en el crucero, en el sector central del lado derecho (sur) de la iglesia. Básicamente está compuesto por antiguas piezas de plata bizantinas, religiosas y profanas. Es la mejor colección europea de su clase y, a no ser por la intromisión de Napoleón, aún sería más rica: unos 55 lingotes de oro y plata fue todo lo que quedó después de que fundiera lo mejor de la colección. Observe el trono que hay al lado de la entrada, el denominado **Trono de San Marcos**, tallado en Alejandría y ofrecido como regalo a uno de los primeros gobernantes de la laguna en 690, y fíjese también en los notables **muros** del Tesoro, que probablemente pertenecían al primitivo Palazzo Ducale, cuyos restos se remontan al siglo IX. ∎

La ornamentada ventana central de la fachada principal del Palazzo Ducale está coronada con una *Justicia* fechada en 1579.

Palazzo Ducale

EL PALAZZO DUCALE O PALACIO DEL DUX FUE LA sede, durante casi mil años, no sólo de los *doges* que gobernaban Venecia, la policía secreta y los principales tribunales de justicia, sino también de la prisión municipal y de instituciones administrativas. El exterior de este palacio, uno de los mejores edificios góticos del mundo, es una bella combinación de columnas, cuadrifolios y mármoles con intrincados motivos decorativos. Su interior es un laberinto de salas ornamentadas con oro y pinturas, pero encierra los calabozos donde estuvo confinado el famoso Casanova.

Palazzo Ducale

- 131 D2
- Piazzetta-Piazza San Marco
- 041 271 5911
- Palacio: $$$$. Visitas guiadas: $$
- 1, 82 y otros barcos que van a San Zaccaria

Nota: visitas guiadas: 2-3 al día, sólo mañanas. Reserve dos días antes llamando al número indicado o en la oficina que hay al pie de la Scala d'Oro

El primer palacio, una estructura defensiva, fue levantado en 814, pero sucumbió a dos incendios, en los años 976 y 1106. El edificio actual empezó a tomar forma en 1314, cuando en una gran sala se iniciaron las obras del Maggior Consiglio, la cámara baja del parlamento de la República. Tres años después de que finalizaran las obras, en 1422, otros sectores del antiguo palacio fueron derribados para poder construir la fachada principal actual. A partir de entonces el interior del palacio fue remodelado, hasta que en 1550 adquirió aproximadamente su forma actual. En 1574 y 1577 se

produjeron dos importantes incendios que casi destruyeron el edificio y durante un tiempo se barajó la idea de derribarlo.

EXTERIOR

Empiece la visita cruzando el Ponte della Paglia, situado en un extremo de la fachada del palacio que da al canal. Desde este pequeño puente se puede admirar el famoso **Ponte dei Sospiri** (1600) o Puente de los Suspiros, nombre que, según se dice, se debe a los suspiros de los condenados que se conducían desde el palacio a las prisiones de la ciudad. Luego, levante la vista hacia la izquierda

para contemplar el *Noé ebrio*, una de las tres estatuas que adornan cada esquina del palacio: las otras dos representan *Adán y Eva* y *El juicio de Salomón*. En la fachada principal está la estatua de la *Justicia* (1579), sobre el ventanal central. Debajo, los capiteles de la extensa columnata presentan decoración en relieve con motivos alegóricos de los vicios y las virtudes.

Dando la vuelta a la esquina, en la otra fachada principal contemple la loggia, en la parte alta, con las dos columnas rojas, supuestamente teñidas por la sangre de los criminales ahorcados aquí. A la izquierda de la florida puerta principal del palacio, la **Porta della Carta** (1443), se encuentran los famosos **Tetrarcas,** un grupo de caballeros tallado en pórfiro pintado de color castaño. El conjunto, probablemente del siglo IV, representa al emperador Diocleciano y los tres cogobernantes del Imperio romano.

INTERIOR

En el patio del palacio está la Scala dei Giganti o Escalera de los Gigantes (1501), nombre que proviene de las estatuas de Jacopo Sansovino *Marte* y *Neptuno* (1567), emblemas del dominio de Venecia sobre la tierra y el mar, respectivamente. Compre la entrada antes de subir a la **Scala d'Oro** o Escalera de Oro (1550), de Sansovino, donde comienza el recorrido. La **Sala dell'Anticollegio,** servía de antesala para los dignatarios que podían contemplar pinturas de Tintoretto y del Veronés. Estos mismos pintores decoraron la **Sala del Collegio,** que alojaba el Collegio, el consejo que gobernaba Venecia, y la Signoria, las figuras más poderosas del Collegio.

Entre la sucesión de estancias que siguen a ésta, destacan la **Sala del Senato**, con una profusa decoración dorada, y la **Sala del Consiglio dei Dieci,** lugar de reunión del Consejo de los Diez: los magistrados y supervisores de la policía secreta de Venecia. A continuación, en la **Sala della Bussola** se puede observar una *Bocca di Lione* (Boca de León), una especie de buzón en el que los ciudadanos podían depositar acusaciones contra sus conciudadanos. La puerta del fondo conduce a una pequeña estancia interior de un tribunal, comunicada con la cámara de tortura y la cárcel.

Más adelante, hay una armería con cuatro salas y luego el itinerario, algo complicado en esta zona, llega al recinto más espléndido del palacio, la inmensa **Sala del Maggior Consiglio,** dominada por la pintura al óleo más grande del mundo, el enorme *Paradiso* (1592) de Tintoretto. Cruzando el Ponte dei Sospiri se llega a las antiguas prisiones.

Siguiendo los Itinerari Segreti, las excelentes visitas comentadas del palacio, se pueden ver otros sectores del edificio, como las viejas mazmorras. ■

Derecha: el misterio envuelve la escultura de los Tetrarcas de la entrada del Palazzo Ducale. Según la tradición eran unos árabes que expoliaron el Tesoro y, después de pelearse por el botín, cada uno planeó asesinar a los otros dos.

Pág. siguiente: la
*Coronación de
la Virgen* de Paolo
Veneziano, del
siglo XIV, es una
de las primeras
grandes pinturas
venecianas.

**Gallerie
dell'Accademia**
www.gallerieaccademia.org

🗺 130 B1

✉ Ponte dell'
Accademia, Campo
della Carità

☎ 041 522 2247

🕐 Cerrado lun. tarde

🚤 1, 82 a la Accade-
mia

💲 $$

*Las proporciones
del hombre,* de
Leonardo da Vinci.

Gallerie dell'Accademia

NO SORPRENDE QUE UNA CIUDAD TAN SINGULAR COMO Venecia produjera artistas y un estilo propio. «Toda Venecia era a la vez modelo y pintor–, observó el novelista Henry James–, y la vida era tan pictórica que no podía evitar convertirse en arte.» El escritor alemán Johann W. Goethe, dijo en 1786 que «como nuestros ojos están educados en los temas que vemos a nuestro alrededor, el pintor veneciano tiene que ver el mundo como un lugar más luminoso y más alegre que la mayoría de la gente».

El arte veneciano ha sido extraordinario durante varios siglos, no sólo en los correspondientes al Renacimiento. También despuntó en siglos anteriores y posteriores, desde la época de los mosaicos bizantinos dorados de Torcello y de la Basilica di San Marco, hasta las vistas urbanas, casi fotográficas, del siglo XVIII de Canaletto.

Una de las glorias de Venecia es la preponderancia del arte, unas veces semioculto, otras exhibido con orgullo en las iglesias y los palacios, para los que originalmente

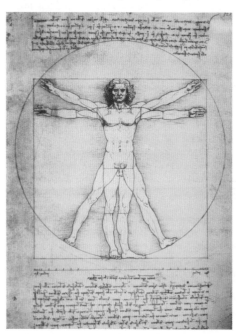

fue producido. Sin embargo, algunas de las mejores muestras de la pintura se encuentran reunidas en un mismo museo, como en la Gallerie dell'Accademia, fundada en 1750 como academia de artes. Una parte importante de su colección fue adquirida en 1807, el año en que la Accademia se trasladó al edificio que ocupa en la actualidad. La mayoría de las piezas procedían de iglesias, conventos y monasterios. Muchas de las pinturas más famosas se encuentran en las salas 1-5 y en la 10 y la 11, y en medio de las dos *storie* o ciclos de frescos narrativos, que constituyen el impresionante broche final de la Accademia.

INICIOS BIZANTINOS

La primera sala de la Accademia posee sublimes techos recubiertos de oro que crean un bello contraste con la serie de pinturas expuestas, muchas de ellas de influencia bizantina. La obra estrella es la excelente *Coronación de la Virgen* (1365) de Paolo Veneziano (activo en 1335-1360), uno de los primeros grandes pintores de la ciudad, y artista que tuvo un papel destacado en la reorientación de las preferencias artísticas de Venecia hacia la pintura en detrimento del mosaico. Al pasar a la **sala 2,** saltamos un siglo adelante y nos encontramos ya entre las obras maestras de los inicios del Renacimiento: Giovanni Bellini

(1435-1516), tal vez el más sublime de los pintores venecianos, está representado con la *Madonna y santos* (1485), mientras que otro nombre destacado, Carpaccio (*c.* 1460-1526), hace una aparición temprana con la seductora *Presentación en el templo* y el gráfico *Diez mil mártires del Monte Ararat*. La segunda alude a la leyenda de los

10.000 soldados romanos martirizados por rebeldes armenios.

GRANDES NOMBRES

Las **salas 4** y **5,** dos de las más reducidas de la Accademia, contienen sus mejores pinturas. Entre ellas está una de las obras más notorias y misteriosas de todas las del Renacimiento, *La tempestad* (1500) de Giorgione. Al lado de ésta hallamos el *Col tempo* («Con tiempo»), también de Giorgione, una alegoría más comprensible de la vejez y el paso del tiempo. El toscano Piero della Francesca (1416-1492), un pintor casi tan enigmático como Giorgione, está representado por un curioso *San Jerónimo*, colocado junto a una extensa serie de pinturas de Giovanni Bellini –un artista muy influido por Della Francesca–,

la más interesante de las cuales es la *Madonna y el Niño con santos*.

EL ALTO RENACIMIENTO

Las **salas 6-9** marcan un punto de inflexión en el recorrido, una tregua interrumpida de forma espectacular por la colosal *Cena en casa de Levi* (1573) de Paolo Veronés en la **sala 10**. Si bien la idea original era crear una imagen de la Última Cena, el Veronés se vio obligado a cambiar el título de su cuadro cuando la Inquisición lo consideró poco ortodoxo. Dos obras menos controvertidas pero infinitamente más curiosas se exhiben cerca, ambas de Jacopo Tintoretto (1519-1594), uno de los gigantes del Alto Renacimiento veneciano, *El milagro del esclavo liberado* (1548) y *El robo del cuerpo de san Marcos* (1560). En la pared de enfrente se expone una *Pietà* (1576), obra maestra de Tiziano (1485-1576), el contraste y rival de Tintoretto. Pintado cuando el artista pasaba de los noventa años, el lienzo muestra una figura con túnica roja a la derecha de Cristo que probablemente es un autorretrato.

LOS *MILAGROS DE LA VERA CRUZ*

El pasillo principal del museo y las **salas 12-19** exhiben muchas obras entre las que sobresalen varias pinturas de Canaletto, pasteles de Rosalba Carriera (1675-1757), una de las artistas venecianas más conocidas, y varias ilustraciones fascinantes de la vida cotidiana en la Venecia del siglo XVIII, de Pietro Longhi (1702-1785). Pero conviene reservar energías para los *Milagros de la Vera Cruz* (1494-1510), en la **sala 20**, una secuencia de ocho pinturas de diversos artistas realizada para la Scuola Grande di San Giovanni Evangelista de Venecia. Cada obra retrata espléndidamente un milagro

Izquierda: el *Sueño de santa Úrsula* de Carpaccio. Fíjese en el ángel y en la tenue luz del amanecer a la derecha del cuadro.

asociado con un fragmento de la cruz de la Crucifixión regalado a la *scuola*, aunque buena parte del encanto de las pinturas deriva del admirable cúmulo de detalles narrativos secundarios que reúne el ciclo. La *Procesión en la plaza San Marcos* de Gentile Bellini ofrece un maravilloso retrato de la Piazza San Marco tal como era en 1496.

SANTA ÚRSULA, DE CARPACCIO

Otro ciclo pictórico ocupa la **sala 21.** Pero en este caso, la secuencia de nueve obras pertenece a un solo artista, Carpaccio, y su tema es la vida y la espantosa muerte de la santa. Úrsula, hija de un rey bretón, se prometió en matrimonio a un príncipe inglés a condición de que él y un cortejo de 11.000 vírgenes la acompañaran

en un peregrinaje a Roma. Carpaccio retrata una amplia variedad de escenas, entre las cuales destacan la *Llegada de los embajadores ingleses*, las *Condiciones del matrimonio*, el *Regreso de los embajadores* y la *Partida a Roma* de Úrsula (el último panel contiene unos cuatro episodios distintos). *Londres* aparece a la derecha, oscura y bárbara, con un simbólico barco hundido. La capital bretona, en cambio –según los conceptos humanistas–, la representa luminosa y cubierta de mármol. Todas las pinturas están repletas de los detalles secundarios que hicieron famoso a Carpaccio, no todas las escenas contienen tanta acción como el penúltimo panel, que combina el martirio de la santa y sus seguidores en Colonia, y su funeral. ∎

Procesión en la plaza San Marcos **(1496), de Gentile Bellini, muestra al dux y su séquito entrando en la Piazza San Marco desde el Palazzo Ducale (derecha).**

Peggy Guggenheim
fotografiada
en el Palazzo
Nonfinito con
algunos de
los perros que
tanto le gustaban.

Collezione Peggy Guggenheim

PEGGY GUGGENHEIM ADORABA VENECIA. LA CIUDAD convirtió a esta heredera nacida en Estados Unidos en una ciudadana de honor, cuando en 1949 Peggy hizo de Venecia su ciudad. Nacida en 1898, se trasladó a Europa en 1921, donde se convirtió en una figura importante de los círculos artísticos y empezó a coleccionar el mejor arte de vanguardia de su tiempo. Muchas de las obras de su colección se exponen en el Palazzo Venier dei Leoni.

Collezione Peggy Guggenheim

www.guggenheim-venice.it

🅰 130 C1

✉ Palazzo Venier dei Leoni, S. Gregorio, Dorsoduro

☎ 041 240 5411

🕐 Cerrado mar.

💲 $$$

🚉 1, 82 a la Accademia o a la Salute

Los jardines del palacio, a orillas del Canal Grande, son una delicia gracias a las esculturas que los adornan, obra de Paolozzi, Giacometti y Henry Moore. Aunque se ha habilitado de forma perfecta a las exigencias de la colección, el palacio, del siglo XVIII, no es tan atractivo, en parte porque nunca se terminó: de ahí su sobrenombre, el «Nonfinito», el Inacabado.

Prácticamente todas las obras expuestas son magníficas, incluso para aquellos cuyo gusto no se inclina por lo moderno y vanguardista. Las aficiones de Peggy eran muy diversas, de modo que la mayoría de los movimientos importantes del siglo XX están representados en la colección, que incluye a Picasso y Braque, los abanderados del cubismo, a Francis Bacon para el modernismo inglés y a Mondrian, Malevich y Pevsner como constructivistas. Entre los surrealistas destacan las obras de Dalí, Max Ernst, Magritte, Jackson Pollock, Willem de Kooning y Mark Rothko. Sin embargo, el italiano Marino Marini creó la obra más provocativa del museo: el *Ángel de la ciudadela*, una estatua ecuestre de un jinete desnudo y un falo erecto, que domina el Canal Grande. ∎

Santa Maria della Salute

SI BORRÁSEMOS LA MAGNÍFICA IGLESIA RENACENTISTA de Santa Maria della Salute de Venecia perderíamos uno de los elementos más distintivos de la ciudad. Dado su emplazamiento en la boca del Canal Grande, este magnífico edificio ha sido un punto de referencia en Venecia durante más de 350 años.

Santa Maria della Salute

🏛 130 CI

✉ Fondamenta della Salute

☎ 041 522 5558

🕐 Sacristía cerrada mañanas a diario

💲 Iglesia: entrada gratuita. Sacristía: $

🚤 1 a la Salute

Santa Maria fue construida en 1631 cumpliendo la promesa formulada por el Senado veneciano de levantar una iglesia si Venecia se libraba de una epidemia que ya se había cobrado 45.000 vidas, cerca de un tercio de la población de la ciudad. Cuando la epidemia desapareció se organizó un concurso para elegir al arquitecto de la iglesia. El ganador fue Baldassare Longhena, que más adelante diseñaría las fachadas de los Scalzi y de la Scuola Grande dei Carmini y de edificios del Canal Grande como Ca' Pesaro y Ca' Rezzonico. Su proyecto ganador fue bautizado como la *Salute*, vocablo que en italiano significa salud y salvación.

El portal principal de Santa Maria sólo se abre durante la Festa della Salute, festividad que se celebra el 21 de noviembre para conmemorar el fin de la epidemia de 1630. La entrada por la pequeña puerta lateral no atenúa el impacto que en el interior producen el bello pavimento de mármol del suelo y la elevada cúpula. En el altar mayor se encuentra la *Virgen expulsando la epidemia* (1670), una escultura diseñada por Longhena y ejecutada por Juste le Court. La figura de la izquierda de la Virgen simboliza a Venecia y la de su derecha representa la epidemia desterrada.

Otras obras de arte destacables son el *Descenso del Espíritu Santo* (1550) de Tiziano, la tercera de las tres pinturas colocadas en el lado izquierdo de la iglesia, y aproxima-

damente una docena de composiciones que se conservan en la sacristía, de las cuales las más notorias son las *Bodas de Caná* (1561) de Tintoretto, un trío de pinturas en el techo, de Tiziano, y la majestuosa *San Marcos y los santos Damián, Cosme, Roque y Sebastián* (1510) del mismo artista. ∎

Las espirales que rodean la cúpula se conocen como *orecchioni* (orejones).

Santa Maria Gloriosa dei Frari

El grandioso retablo de *La Asunción* de Tiziano está bellamente enmarcado por la puerta del coro de los Frari.

SANTA MARIA GLORIOSA DEI FRARI ES EL EDIFICIO religioso más importante de Venecia después de San Marco. Iniciada alrededor de 1250, esta colosal iglesia gótica fue construida por los franciscanos, de los cuales toma su nombre popular, los Frari, una derivación de *frati*, que significa fraile. Posee una enorme cantidad de esculturas y reúne tres de las principales pinturas italianas del Renacimiento.

Santa Maria Gloriosa dei Frari

🅰 130 B3
✉ San Polo, Campo dei Frari
☎ 041 272 8611
🕐 Cerrada dom. mañanas
💲 $
🚏 1, 82 a San Tomà

La primera de estas pinturas, la inmensa **Asunción** (1518) de Tiziano, proclama su gloria de la forma más explícita, dominando la iglesia desde encima del altar mayor. Todo en los Frari contribuye a centrar nuestra atención en esta obra, especialmente el coro con sus 124 sillas de madera (1468) –una obra maestra–, con una puerta de entrada en forma de arco que enmarca el cuadro cuando se contempla desde la parte trasera de la iglesia.

La segunda de las grandes pinturas de los Frari, el sublime **tríptico** de Giovanni Bellini, llamado Giambellino, es la esencia de la meditación. La pintura representa a la Virgen y el Niño entre los santos Pedro, Nicolás, Marcos y Benito (1488), los santos homónimos de las personas que encargaron la obra: Pietro Pesaro y sus hijos Niccolò, Marco y Benedetto.

La tercera de las pinturas, la **Madonna di Ca' Pesaro** (1526) de Tiziano, proporciona otros detalles complementarios interesantes. Este trabajo, encargado por Iacopo Pesaro –enterrado en una tumba situada a la derecha del lienzo–, contiene diversos retratos de la familia Pesaro. Destaca el sobrino y heredero de Iacopo, Lunardo, el niño que mira fijamente al espectador, uno de los toques compositivos más familiares de la pintura. El propio Iacopo es la figura de la derecha, enfrente del caballero (posiblemente un autorretrato de Tiziano), mientras que el hermano de Iacopo, Francesco, es la figura que aparece entre Lunardo y san Francesco (san Francisco). Pesaro fue obispo y almirante, y en 1502 encabezó una campaña contra los turcos impulsada por el papa Borgia, Alejandro VI. Esto explica la presencia de los escudos de armas de los Borgia y de los Pesaro sobre el estandarte rojo, así como el turco con un turbante y el esclavo de la izquierda que son conducidos hacia san Pedro, simbolizando su conversión.

TUMBAS

La tumba más distintiva de los Frari es inconfundible: se trata de

una enorme pirámide de mármol blanco levantada en honor a Antonio Canova (1827). Sin embargo, todo cuanto se conserva en ella del eminente escultor neoclásico es su corazón, ya que el resto del cuerpo fue trasladado al lugar donde nació, en Véneto. El propio Canova diseñó la tumba como mausoleo para Tiziano, fallecido en 1576, que descansa en la nave. A la derecha de la pirámide de Canova se alza el extraordinario *monumento al Doge Giovanni Pesaro* (muerto en 1659).

Las tres tumbas que poseen mayor valor se encuentran en la pared que cierra el crucero sur. Son monumentos a Paolo Savelli (1407), Benedetto Pesaro, muerto en 1503, y el Beato Pacifico (1437). Savelli fue un *condottiero* y su tumba contiene el primer

monumento ecuestre de la ciudad. Pesaro, en cambio, era un almirante veneciano que murió en Corfú, de ahí los relieves de naves y fortalezas costeras que adornan su tumba. El mausoleo de Pacifico, un religioso, es una obra florentina poco corriente, con un palio y figuras de terracota, uno de los elementos más bellos de la iglesia.

En la segunda capilla a la derecha del altar mayor se pueden contemplar dos tumbas de valor similar, en particular la modesta efigie del Duccio degli Uberti (muerto en 1336), a la izquierda, bajo la protección de la singular estatua de la *Madonna y el Niño*. La capilla de la derecha muestra otra obra florentina, una estatua de *San Juan Bautista* (1438) de Donatello, la única obra del escultor toscano que se halla en Venecia. ■

El majestuoso marco de la *Virgen con el Niño y santos* de Giovanni Bellini fue realizado con un arco superior para completar el espacio abovedado existente encima de la figura de la Virgen.

Scuola Grande di San Rocco

LA *SCUOLA* VENECIANA ERA UNA COMBINACIÓN DE gremio, institución benéfica y hermandad religiosa. Algunas fueron creadas para reunir a mercaderes, artesanos o personas que ejercían profesiones similares; otras, para congregar grupos de expatriados, órdenes religiosas e individuos que deseaban realizar obras caritativas y humanitarias. Hacia el final de la República, en 1797, Venecia contaba con más de 300 *scuole*, entre las cuales, las seis más grandes y más prósperas habían adquirido el título de Scuola Grande.

De esta media docena, la más importante era la Scuola Grande di San Rocco (san Roque), un santo de origen francés muy invocado contra las enfermedades infecciosas. Estas credenciales hicieron de él un candidato perfecto para el fervor religioso de Venecia, una ciudad muy castigada por las epidemias (junto con san Marcos, es el segundo patrón de la ciudad), y un modelo adecuado para una institución dedicada a curar a los enfermos. De ahí la considerable suma pagada por la *scuola* para conseguir el traslado de las reliquias del santo de Alemania a Venecia, en 1485.

Además de patronos como san Roque, cada *scuola* tenía su propia iglesia y un lugar de reunión dedicado exclusivamente a esta función. Normalmente era un edificio de dos pisos dividido en un *albergo* (la sala de la comisión) y la *sala del capitolo* (para servicios y ceremonias). La llegada de las reliquias de san Roque propició una lluvia de donativos para la *scuola*, lo cual permitió encargar, en 1516, una nueva y suntuosa sede al arquitecto Bartolomeo Bon. Una vez terminada, el interior tuvo una escasa decoración hasta 1564, cuando Tintoretto obtuvo el encargo de decorar la *sala dell'albergo*, iniciando una vinculación con San Rocco que duraría

25 años y generaría 54 extraordinarias pinturas.

Para seguir el curso cronológico del progreso artístico de Tintoretto en la *scuola*, hay que dejar de lado las pinturas de la planta baja y del primer piso y dirigirse al pequeño anexo de la primera planta conocido como la **sala dell'albergo.** Decorada entre 1564 y 1567, su techo contiene la composición *San Roque en la gloria*, con la que Tintoretto consiguió su primer encargo.

Esta pintura queda eclipsada por la enorme *Crucifixión* (1565), también de Tintoretto, que muchos consideran una de las mejores pinturas de Italia.

Muchos otros cuadros podrían decepcionar después de este *tour de force*, pero no en San Rocco, donde el resto del piso superior, la **Sala Grande,** contiene la mayor parte de las obras de Tintoretto (1575-1581). El artista empezó sus trabajos en el techo, donde una multitud de pinturas describen episodios del Antiguo Testamento. A pesar de que a menudo su contenido es oscuro, todas fueron cuidadosamente seleccionadas para trazar un paralelismo con la finalidad humanitaria de la *scuola*, lo cual explica el énfasis dado a escenas como *La alimentación de los cinco mil* o *Jesucristo curando a un paralítico*.

Scuola Grande di San Rocco

🅰 130 B3
✉ Campo San Rocco
☎ 041 523 4864
💲 $$
🚊 1, 82 a San Tomà

Las diez composiciones de las paredes muestran escenas del Nuevo Testamento. Su voluble composición, su especial colorido y su enfoque, generalmente iconoclasta, las convierten en algunas de las obras de arte más sorprendentes de la ciudad. También es de admirar la excelente colección de **tallas de madera** del siglo XVII, expuestas en las paredes. Las dos más famosas son el *Pintor*, una caricatura de Tintoretto acompañada de pinceles (cerca del altar) y *Curiosidad*, una figura macabra parecida a un espía, con sombrero de tres picos, que echa una siniestra mirada por encima de su capa (debajo y a la izquierda de la *Resurrección* de Tintoretto).

Tintoretto tenía unos sesenta años cuando pasó a la **sala infe-**

rior de la *scuola*, donde ocho enormes telas (1583-1587) recogen escenas del Nuevo Testamento. La inventiva del pintor aquí es tan impresionante como en las salas precedentes. Pocas veces el tema de la Anunciación, por ejemplo, ha sido representado con tanta fuerza o con tal indiferencia hacia las convenciones dictadas por la temática. La casa en ruinas de la Virgen es un caos de maderas astilladas y paredes de ladrillo desmoronadas; su rostro refleja incredulidad y sorpresa ante el ángel Gabriel, que desciende de un cielo oscuro con una cohorte de raudos querubines.

Si todavía desea ver más, en la iglesia de **San Rocco**, contigua a la *scuola*, puede contemplar otras composiciones de Tintoretto. ∎

Tintoretto produjo unas 54 pinturas –todas gratuitamente– a lo largo de 25 años. Ésta ilustra a *San Roque en la gloria*.

Un paseo por San Marco y Dorsoduro

Este recorrido sale de la Piazza San Marco en dirección oeste, atraviesa el centro de Venecia, pasa por el Ponte dell'Accademia para explorar el barrio de Dorsoduro, y finaliza en la Scuola Grande dei Carmini, sede de la orden carmelita.

Partiendo de la **Piazza San Marco** ❶ (ver págs. 136-137) y pasando por el **Palazzo Ducale** (ver págs. 144-145), diríjase a la línea de mar y gire a la derecha. Siga por los Giardini ex Reali y el Harry's Bar, doble a la derecha por la Calle del Ridotto y suba hasta la iglesia de **San Moisè,** que tiene una fachada barroca de Alessandro Tremignon (1668). Cruce el puente del Rio di San Moisè. Hacia el norte, por la Calle delle Veste, está el Teatro La Fenice, la ópera de Venecia. Continúe por la Calle Larga XII Marzo, una vía repleta de tiendas, en dirección oeste hasta el Campo di Santa Maria Zobenigo. Cerca de allí puede visitar Santa Maria del Giglio, una iglesia que posee una

colección de reliquias de santos. Siga en dirección oeste por el Campo San Maurizio hasta llegar al Campo Santo Stefano.

Después de visitar la iglesia de **Santo Stefano** ❷ *(cerrada dom. mañanas)* y tras hacer una pausa para tomar una bebida o un helado en Paolin, salga de la plaza y diríjase al Campo San Vidal, que por el sur enlaza con el **Ponte dell'Accademia,** que cruza el Canal Grande.

Tome la calle Rio Terrà A. Foscarini hacia la izquierda de la **Gallerie dell'Accademia** ❸ (ver págs. 146-149) y luego gire por la Calle Nuova Sant'Agnese. Continúe hacia el este, pasando por la **Collezione Peggy Guggenheim** ❹ (ver pág. 150), hasta que

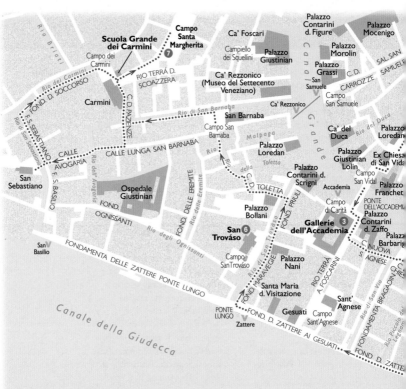

se encuentre frente a **Santa Maria della Salute** ❺ (ver pág. 151). Desde aquí siga el paseo que bordea el canal hasta la Punta della Dogana y el Zattere, donde hay una buena panorámica de la isla de la Giudecca y de la iglesia de San Giorgio Maggiore, de Palladio. Deje atrás la iglesia de los Gesuati y gire hacia el norte por la Fondamenta Maravegie. Fíjese en los *squero* (embarcación tipo góndola) al otro lado del canal, delante de la iglesia de **San Trovaso** ❻.

Cruce el segundo puente y siga la Calle delle Toletta hasta alcanzar el Campo San Barnaba. Al otro lado de la plaza, siga el canal hacia la izquierda. Cruce el puente antes de la curva hacia la izquierda que describe el canal y tome la Calle del Pazienze en dirección norte, hasta la iglesia de la Carmine, que posee dos excelentes pinturas de Lorenzo Lotto y Cima da Conegliano. Justo enfrente se alza la **Scuola Grande dei Carmini** *(Campo Santa Margherita; Tel 041 528 9420; cerrada dom. en invierno)*, famosa por sus frescos del siglo XVIII, de Tiepolo.

Hacia el oeste, por la Calle San Pazienza, la Calle Lunga San Barnaba y la Calle Avogaria, llegamos a la iglesia de **San Sebastiano** *(cerrada dom. mañanas)*, con pinturas del Veronés. Continúe en dirección norte por Fondamenta San Sebastiano y hacia el este por Fondamenta del Soccorso, pase las Carmine y llegará al **Campo Santa Margherita** ❼, una de las plazas más bellas de Venecia. ∎

🗺 Ver también plano, pàg. 131 D2

➤ San Marco: *vaporetti*, 1, 3, 4, 82

↔ 5,5 km

🕐 3-5 horas

➤ Campo Santa Margherita

PUNTOS DE INTERÉS

- Santo Stefano
- Ponte dell'Accademia
- Collezione Peggy Guggenheim
- Santa Maria della Salute
- Scuola Grande dei Carmini

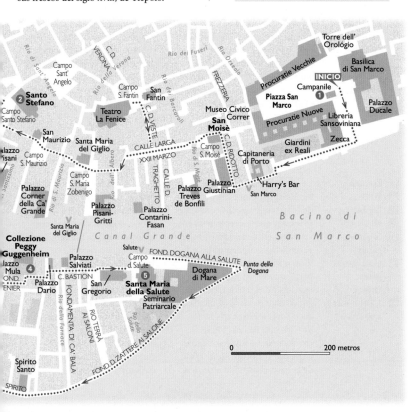

*San Jorge matando
al dragón* (1502),
de Carpaccio.

Scuola di San Giorgio degli Schiavoni

Scuola di San Giorgio degli Schiavoni

🅰 131 E3
✉ Calle dei Furlani
☎ 041 522 8828
🕐 Cerrada dom. tardes y lun. todo el día
💲 $
🚢 1, 82 y otros barcos a San Zaccaria

De las obras de arte de Venecia, pocas son tan encantadoras como las pinturas de esta pequeña *scuola,* fundada en 1451, al servicio de los *schiavoni* (esclavos) de la ciudad. Este conjunto, obra de Carpaccio, está dedicado fundamentalmente a episodios de las vidas de los tres patronos de Dalmacia: san Giorgio, san Trifone y san Girolamo. Esta serie de nueve composiciones (1502) empieza en la pared de la izquierda con *San Jorge matando al dragón.* Los paneles de la derecha retratan *El triunfo de San Jorge, San Jorge bautizando a los gentiles* y el *Milagro de san Trifone.* El tema central de los santos es abandonado en las siguientes pinturas, *La agonía en el huerto* y *La vocación de san Mateo,* para ser retomado en las que representan episodios de la vida de san Jerónimo. ∎

San Zaccaria

San Zaccaria

🅰 131 E2
✉ Campo San Zaccaria
☎ 041 522 1257
🕐 Cerrada dom. mañanas
💲 Iglesias: entrada gratuita
Capillas: $
🚢 1, 82 y otros barcos a San Zaccaria

La iglesia de San Zaccaria está dedicada al santo que fue padre de Juan Bautista y cuyas reliquias se dice que se encuentran en ella.

Varios elementos góticos y renacentistas compiten en los estilos notoriamente distintos de la parte superior e inferior de la fachada. En el interior, en el segundo altar desde la izquierda se encuentra la *Virgen con santos,* de Giovanni Bellini (1505), considerado uno de los mejores altares de la ciudad. Al otro lado de la nave, el segundo altar de la pared norte conserva las reliquias de san Zacarías y un poco más allá se encuentra la entrada a un pequeño museo, instalado en la antigua iglesia románica del siglo XII que ocupaba este espacio. La bóveda de la segunda de sus dos estancias, la Cappella di San Tarasio, presenta una serie de interesantes **frescos** (1442) de Andrea del Castagno, y sus paredes exhiben tres retablos (1443) de los pintores venecianos Antonio Vivarini y Giovanni d'Alemagna. ∎

Santa Maria dei Miracoli

Santa Maria dei Miracoli

🏛 131 D3

✉ Campo dei Miracoli

☎ 041 275 0462

🕐 Cerrada dom. mañana

💲 $

🚌 41, 42, 51 y 52 a Madonna dell'Orto

La iglesia de Santa Maria dei Miracoli, una joya medio oculta y recubierta de mármoles de precioso colorido, ofrece un exterior muy atractivo.

Pietro Lombardo (1438-1515) empezó en el año 1480 Santa Maria, el edificio que debía albergar una imagen milagrosa de la Virgen pintada en 1409. Lombardo evitó la complejidad estructural para crear una iglesia cuya efectividad exterior radicaría casi exclusivamente en el color. En el interior, fue, junto con sus hijos Tullio y Antonio, el artífice de las bellas esculturas talladas en los pilares del coro de los monjes cerca de la entrada y en los pilares y la balaustrada del coro elevado que se encuentra cerca del altar. La imagen de la Virgen que obraba milagros (*miracoli*) y que dio nombre a la iglesia se encuentra encima del altar. ■

El *Arcángel Gabriel* es una de las diversas esculturas de Pietro Lombardo y sus hijos, que se encuentra en Santa Maria dei Miracoli.

Madonna dell'Orto

Madonna dell'Orto

🏛 130 C5

✉ Campo Madonna dell'Orto

☎ 041 719 933 o 041 275 0462

🕐 Cerrada dom. mañana

💲 $

🚌 41, 42, 51 y 52 a Madonna dell'Orto

Madonna dell'Orto era la iglesia parroquial de Tintoretto. Es conocida sobre todo por la abundancia de obras que posee de este artista, pero presenta otros atractivos, como su tranquilo entorno en el barrio norte de la ciudad, menos visitado que otras zonas, y la belleza de su fachada de ladrillo.

La primera iglesia que hubo en este lugar, fundada en 1350, estaba dedicada a san Cristóbal, cuya estatua todavía se puede ver en la puerta principal. Pero se cambió su advocación por la de la Madonna en 1377, cuando en un *orto* (huerto) cercano se descubrió una figura de la Virgen que tenía poderes milagrosos. Durante años, la

joya de la iglesia fue el altar de Bellini, pero, después de su robo en 1993 (no se ha recuperado), el *San Juan Bautista* (1493), una pintura de Cima da Conegliano, situada en el primer altar de la pared sur, ha pasado a ser la pieza artística de más valor. Casi todas las demás obras de relieve que contiene son de Tintoretto, que está enterrado junto con sus hijos en la capilla de la derecha del coro. En ésta se exhiben dos de las obras maestras del artista, el magnífico *Juicio Final* y la *Adoración del becerro de oro*.

Al sur de la iglesia destaca la presencia de las estatuas de tres árabes. ■

Santi Giovanni e Paolo

SANTI GIOVANNI E PAOLO, O SAN ZANIPOLO, ES LA segunda iglesia más importante de Venecia, después de Santa Maria Gloriosa dei Frari. San Zanipolo es la iglesia madre de los dominicos de la ciudad, que empezaron este edificio en 1333. Su fama se basa en la gran cantidad de monumentos funerarios que contiene: no menos de 25 dux están enterrados aquí.

La tumba del dux Nicolò Marcello, de Pietro Lombardo, es uno de los mejores monumentos funerarios.

La puerta principal de San Zanipolo nos introduce en el solemne interior de la iglesia. La **nave**, exenta de adornos, como es típico en las iglesias dominicas, fue diseñada inicialmente para albergar al mayor número de feligreses posible. Al entrar se pasa al lado de la tumba de un dux, Giacomo Tiepolo (muerto en 1249), enterrado en la más adornada de las cuatro tumbas de la fachada exterior. La cara interior del muro de la fachada contiene tres tumbas de la familia Mocenigo esculpidas por Pietro, Tullio y Antonio Lombardo. La mejor pertenece al dux Pietro Mocenigo.

El segundo altar de la pared sur muestra la obra más notoria de la iglesia, el *Políptico de san Vicente Ferrer* (1465) de Giovanni Bellini. A su derecha se halla una urna que contiene la piel de Marcantonio Bragadino, un general veneciano capturado por los turcos en 1571 que fue torturado y despellejado vivo. Al otro lado de la nave, en el muro norte, destacan tres tumbas realizadas por los Lombardo. El *Monumento al dux Nicolò Marcello* (muerto en 1474), de Pietro Lombardo, es la más bella: una obra del Renacimiento tardío que contrasta con la tumba gótica cubierta con palio del mismo artista –tres altares a la derecha– del dux Pasquale Malipiero (muerto en 1462).

En el **crucero sur** se exhiben tres llamativas pinturas: *Cristo llevando la cruz*, de Alvise Vivarini, *La coronación de la Virgen*, atribuida a Cima da Conegliano, y la maravillosa *Limosna de san Antonio* (1542) de Lorenzo Lotto. Pasado el altar mayor, en la pared de la derecha, está la tumba del dux Michele Morosini (muerto en 1382), una esplén-

Bartolomeo Colleoni

A la izquierda de San Zanipolo se encuentra la Scuola Grande di San Marco, con su sublime fachada (1495). Ahora es un hospital, pero en otro tiempo fue la más rica de las numerosas *scuole* de Venecia. A su derecha se alza uno de los mejores monumentos ecuestres de Europa: la estatua de Bartolomeo Colleoni, *condottiero* (soldado mercenario) que sirvió a Venecia. Es una obra del siglo XV de Andrea Verrocchio. Colleoni deseaba que se le conmemorara en la Piazza San Marco y dejó la mayor parte de su inmensa fortuna a la ciudad a condición de que le honrasen tal como quería. Pero Venecia no fomentó el culto a su figura, y menos en su plaza principal. Como deseaba el dinero, engañó al mercenario alzándole una estatua en el Campo San Marco. ■

El monumento ecuestre a **Bartolomeo Colleoni, del artista florentino Andrea Verrocchio,** se yergue ante la iglesia de **Santi Giovanni e Paolo,** no en la **Piazza San Marco, como** deseaba Colleoni.

dida combinación de estilos gótico y bizantino, y uno de los monumentos más exquisitos de la iglesia. En lo alto de la pared de enfrente aparece una tumba gótica de una belleza igualmente notable, el *Monumento al Dux Marco Corner* (muerto en 1368), compuesta por cinco figuras. A su derecha, el *Monumento al Dux Andrea Vendramin* (muerto en 1474), una enorme estructura de mármol blanco de Antonio y Tullio Lombardo.

Las paredes del **crucero norte** pertenecen a los Venier, una de las principales familias patricias de Venecia. El miembro más eminente de este linaje enterrado aquí es el dux Sebastiano Venier (muerto en el año 1578), el comandante que salió victorioso de la batalla de Lepanto (1571). Una puerta conduce a la **Cappella del Rosario,** construida en conmemoración de la batalla, que se libró en el día de la Madonna del Rosario. Sus elementos artísticos más notables son los paneles que hay en el techo, que fueron pintados por el Veronés. ■

Las góndolas

Oscura y silenciosa, la góndola tiene un atractivo romántico. Nada recuerda tan rápidamente a Venecia como la esbelta forma de las góndolas y su grácil movimiento al deslizarse por la suave superficie de los canales. No obstante, pocos elementos emblemáticos de una ciudad tienen unos orígenes tan misteriosos y derivan de una evolución tan compleja a lo largo de los siglos.

Hoy en día, las góndolas presentan una notable uniformidad. Todas pesan unos 700 kg, se componen de unos 280 elementos y constan de ocho tipos distintos de madera: tilo, alerce, roble, abeto, cerezo, nogal, olmo y caoba. Todas tienen un remo, hecho de haya, y una *forcola*, o engarce tallado, fabricado especialmente para cada uno de los gondoleros y que permite el manejo del remo en ocho maniobras distintas. Sus dimensiones son exactamente de 10,87 m de

longitud y 1,42 de anchura, con uno de los lados 24 cm más largo que el otro. Este detalle final, por extraño que parezca, fue uno de los últimos que se incorporaron al proceso evolutivo. En el siglo XIX se le añadió un contrapeso para compensar el del gondolero, lo cual equilibra la góndola y le da su perfil curvado característico.

Algunos expertos afirman que la embarcación se remonta al año 697. Muchos coinciden en que la primera referencia documental es de 1094, cuando la palabra aparece en un decreto por el cual se regulaba el tipo de embarcaciones utilizadas en la laguna. El término *góndola* es objeto de discusión: hay quien afirma que es de origen maltés o turco, mientras que para otros deriva del nombre griego de «copa» o «mejillón». La teoría más fúnebre relaciona este nombre con la mitología clásica y con la embarcación utilizada por Caronte para llevar a los difuntos al mundo de los muertos.

En realidad, la evolución de la góndola ha sido paulatina. Las aguas poco profundas y

La decoración de las góndolas se ha reducido desde que en 1562 se dictó una ley que la regulaba.

Izquierda: unos recién casados pasean en góndola por Venecia, la ciudad más romántica del mundo.

los fondos llenos de lodo de la laguna hicieron necesario, desde los primeros tiempos, un tipo de barcas de poco calado. En el siglo XIII, la embarcación preferida tenía 12 remos; hacia el siglo XV, la góndola había reducido su tamaño e incorporado un *felze* o cabina. En el año 1562, ya había acumulado tal riqueza decorativa que se promulgó una ley prohibiendo casi todo tipo de ornamentación. A partir de entonces, todas las góndolas fueron de color negro y en su exterior, los motivos decorativos se limitaron a tres: un tallo enroscado, un par de caballitos de mar y el típico *ferro* o proa dentada.

El origen y simbolismo de la proa son aún más discutidos que el origen de la góndola. Algunas tienen cinco dientes y otras seis, quizás por los seis barrios de Venecia. La popa, con un solo diente, se considera un símbolo del palacio del dux, de la Giudecca, de Chipre (parte del antiguo imperio de Venecia), o bien de la Piazza San Marco. En cambio, la «hoja» ancha de arriba podría representar el mar, una flor de lis, el sombrero del dux, una alabarda veneciana o el Ponte di Rialto. Según la fuente consultada, el *ferro* se puede inspirar en las galeras romanas, en las barcazas funerarias egipcias o en las hachas de ajusticiamiento.

Paseos en góndola

Los paseos más baratos los realizan los *traghetti* (transbordadores) que recorren el Canal Grande regularmente. Las tarifas están establecidas para las excursiones en góndola «genuinas». Son más caras entre las 8.00 y las 20.00, y se añade un suplemento por cada 25 minutos que excedan los 50 del recorrido estándar. El acompañamiento musical también se paga aparte. En realidad, los gondoleros aceptan negociar –uno puede desear hacer un recorrido en particular, por ejemplo–, pero se aconseja pactar el precio y la duración del trayecto antes de iniciarlo. Recuerde que los precios son por góndola y que el límite es de cinco pasajeros. Averigüe las tarifas y la ubicación de los puestos oficiales en las oficinas de turismo. ■

La isla de Burano,
en la laguna de
Venecia, es
célebre por
sus casas pintadas
de colores
y sus exquisitos
encajes.

La laguna

LA LAGUNA HA SIDO LA SALVACIÓN DE VENECIA Y A LA
vez su perdición. Antiguamente, su entorno acuático constituía
una barrera defensiva contra el mundo exterior y más tarde ayudó
a impulsar una tradición marítima que consolidó un extenso imperio. Pero las mareas altas inundan la ciudad. No obstante, pocos
visitantes se dan cuenta de estos problemas cuando hacen una excursión en barca a una o varias de las islas de la laguna.

La laguna

🅰 Ver el mapa del
recuadro en la
pág. 131

Nota: hallará información
sobre cómo llegar
a las islas en la
pág. 166.

Murano es la más cercana, la más
famosa y la más bella de las islas.
Pese a que está habitada desde la
época romana, no empezó a pros-
perar hasta 1291, cuando los hornos de la industria del vidrio de
Venecia se trasladaron a Murano.
Hoy merece la pena visitarla por
sus tiendas de objetos de cristal, su
museo del cristal, por un par de
iglesias y porque proporciona la

oportunidad, de camino hacia
ella, de ver **San Michele,** la isla
donde se encuentra el principal
cementerio de Venecia.

La Fondamenta dei Vetrai
reúne muchas de las principales
tiendas y hornos de cristal. La iglesia situada en su extremo norte,
San Pietro Martire, posee
grandiosas tallas de madera, varias
arañas de Murano y uno de los

Museo Vetrario

✉ Palazzo Giustinian, Fondamenta Giustinian 8

☎ 041 739 586

🕐 Cerrado miér.

💲 $$

Museo del Merletto

✉ Piazza Baldassare Galuppi 184

☎ 041 730 034

🕐 Cerrada mar.

💲 $

más notables retablos de la ciudad: la *Madonna y el Niño con el dux Agostino Barbarigo* (1488) de Giovanni Bellini. Cerca de allí está el **Museo Vetrario,** o Museo del Cristal, cuyos curiosos materiales documentan la historia y las técnicas de la fabricación de cristal con la ayuda de una espléndida muestra de cristalería. A la derecha del museo se alza la iglesia de **Santi Maria e Donato** del siglo VII, notable por su atípico ábside decorado con arquerías, un púlpito del siglo VI y un imponente pavimento de mosaico del siglo XII.

Así como el atractivo de Murano es el cristal, **Burano** es conocida por sus encajes, que la isla produce desde al menos el siglo XV. En la actualidad, gran parte de la artesanía que se vende es importada, aunque algunas mujeres

de edad todavía hacen las delicadas *punta in aria* (encaje en el aire) que han hecho famosa a la isla. Cada vez menos mujeres se dedican a esta tarea, pero aún se pueden admirar maravillosos encajes antiguos en el **Museo del Merletto,** o Museo del Encaje.

Burano, con sus casas de colores llamativos, conserva un genuino ambiente de población pesquera, con barcas amarradas en las orillas y redes secándose al sol en las calles empedradas. No deje de visitar la vieja lonja de pescado.

Mueva cielo y tierra para visitar **Torcello,** uno de los lugares más encantadores de Venecia. Ahora está prácticamente desierta, pero ésta es probablemente la primera zona de la laguna que fue ocupada, en el siglo V, lo cual la convierte en la cuna de Venecia. Actualmente, en la isla hay sólo un grupo de edificios, al que se llega fácilmente desde el embarcadero, de donde sale un paseo paralelo al canal.

A la derecha se alza **Santa Fosca,** una iglesia bizantina del siglo XI, y a la izquierda, el **Museo di Torcello** (*Tel 041 730 761; cerrado lun.*), un pequeño museo dedicado a la historia de la laguna. Justo delante está **Santa Maria Assunta** (*Tel 041 730 084*), tal vez la iglesia más extraordinaria de Venecia. Fundada en 639, todo en su interior es incomparable, desde el elegante techo de madera tallada del siglo XI y el pavimento de mármol, hasta el iconostasio, el coro y el mosaico de la Virgen que decora el ábside. El edificio data de 1008, la fachada y el pórtico son de alrededor de 864 , y la cripta y el altar mayor pertenecen a la iglesia original del siglo VII. No deje de contemplar dos mosaicos: el de la capilla de la derecha del altar, del siglo XI, y el del Juicio Final de la pared del fondo, del siglo XII. ∎

Otras visitas interesantes en Venecia

IGLESIAS

Entre las iglesias menores de Venecia, la más encantadora es **San Giovanni in Bragora** (*plano pág. 131 E2; Campo Bandiera e Moro; Tel 041 520 5906; cerrada dom.*). Fue la iglesia parroquial de Antonio Vivaldi (observe la pila donde fue bautizado, entrando a mano izquierda) y contiene magníficas pinturas renacentistas de Antonio y Bartolomeo Vivarini, así como un retablo soberbio, el *Bautismo de Cristo* (1494) de Cima da Conegliano. Otra pequeña iglesia espléndida es **San Giacomo dell'Orio,** del siglo IX (*plano pág. 130 B2; Campo San Giacomo dell'Orio; Tel 041 275 0462*), con pinturas del Veronés y un impresionante retablo (1546) realizado por Lorenzo Lotto.

Se pueden contemplar pinturas excepcionales en **San Sebastiano** (*plano pág. 130 A2; Campo San Sebastiano; Tel 041 275 0462*). Aquí, el interior está lleno de obras del Veronés, que vivió en esta zona y fue enterrado en la iglesia. El templo cercano de **San Pantalon** (*plano pág. 130 B3; Campo San Pantalon; Tel 041 523 5893*) está dominado por la obra de Antonio Fumiani, cuya gigantesca pintura del techo se considera la mayor superficie del mundo de tela pintada. No se pierda otra obra de Antonio Vivarini, la *Coronación de la Virgen* (1444), en la capilla de la izquierda del altar mayor.

Cerca del Rialto, **San Giovanni Crisostomo** (*plano pág. 131 D3; San Giovanni Crisostomo; Tel 041 522 7155*) posee un retablo de Giovanni Bellini, mientras que al este del Rialto, **Santa Maria Formosa** (*plano pág. 131 D3; Campo Santa Maria Formosa; Tel 041 277 0233*), contiene una pintura de Palma il Vecchio de santa Bárbara (1522-1524). Santa Maria se encuentra en una plaza, a la que da también **Santo Stefano** (*plano pág. 130 C2; Campo Santo Stefano; Tel 041 275 0462*). En **San Nicolò dei Mendicoli** (*fuera del plano pág. 130 A2; Campo San Nicolò; Tel 041 275 0387*) no hay piezas excepcionales, pero el interior presenta una suntuosa decoración. Finalmente, no deje de visitar otra iglesia apartada: **San Giorgio Maggiore,** de Palladio (*plano pág. 131 D1; Isola di San Giorgio Maggiore; Tel 041 522 7827*), a la que se llega con el *vaporetto* 82 desde Zaccaria. La vista desde su *campanile* es la mejor de Venecia.

Pase Chorus

Chorus Association (*Tel 041 275 0462 o www.chorusvenezia.org*) es una organización no lucrativa dedicada a la protección del patrimonio artístico de las iglesias de Venecia. El Pase Chorus ($$$), de tres meses de validez, le permite visitar 15 iglesias incluidas en su programa. Otra opción es comprar entradas independientes ($). Las entradas incluyen una guía en color y un plano de Venecia. Las iglesias están abiertas toda la semana (*cerradas dom. mañana*). ■

Cómo llegar a las islas

Todos los barcos que comunican con las islas zarpan de Fondamente Nuove. Puede comprar billetes sencillos para ir a Murano ($; válido para un trayecto), aunque los pases de uno ($$$$) o de tres días ($$$$$) resultan más interesantes si tiene pensado tomar barcos en la ciudad más de 3 veces al día. Para visitar Burano y Torcello deberá adquirir un billete especial LN (Laguna Nord) ($$$; válido para 12 horas) y subir al transbordador especial LN.

Murano

🚢 Transbordador LN desde Fondamente Nuove o el 41 o 42 desde Fondamente Nuove y otros puntos de la ciudad (barcos cada 20-25 minutos)

🕐 El viaje dura 7 minutos

Burano

🚢 Transbordador LN desde Fondamente Nuove (barcos cada 30 minutos, cada hora a primera hora y por las tardes)

🕐 El viaje dura 40 minutos

Torcello

🚢 Transbordador LN desde Fondamente Nuove y luego el barco lanzadera (cada 30 minutos) entre Burano y Torcello

🕐 El viaje dura 45 minutos ■

Las grandes ciudades del nordeste de Italia –Verona, Padua y Vicenza– proporcionan el contrapunto histórico perfecto de Venecia, mientras que, gracias al Garda y a los Dolomitas, esta región posee el lago más grande y las montañas más espectaculares de Italia.

Nordeste de Italia

Escalada en los Dolomitas

Nordeste de Italia

EL NORDESTE DE ITALIA ESTÁ DOMINADO POR VENECIA, QUE A MENUDO
desvía la atención de uno de los sectores del país con mayor diversidad paisajística. Esta
zona, que incluye tres regiones –Véneto, Trentino-Alto Adigio y Friul-Venecia Julia–, es
un área de lagos, llanuras sembradas de ciudades y montañas alpinas.

Si no dispone de mucho tiempo para ver el
nordeste, diríjase al Véneto, una próspera región que corresponde aproximadamente a
los límites de Venecia, el territorio continental en otro tiempo gobernado por la
República de Venecia. En la Antigüedad, esta
región estaba atravesada por importantes
vías de comunicación y su emplazamiento
estratégico propició el desarrollo de colonias
que más adelante se convirtieron en las ciudades de Padua, Vicenza y Verona, uno de los
mayores atractivos de la región. Padua posee
algunos de los conjuntos de frescos más célebres de Italia; Vicenza es una pequeña ciudad
conocida por la arquitectura de Palladio; y
Verona –el centro urbano más interesante,
con diferencia– es en sí misma un tesoro de
arte y arquitectura de diversos períodos históricos. Verona está, además, muy cerca del
lago de Garda, el más extenso de Italia y
el mayor atractivo paisajístico de la región.

Al norte del lago de Garda, las llanuras
densamente pobladas del Véneto y las suaves
colinas dan paso a los Alpes, concretamente
a los Dolomitas, las montañas más espectaculares de Italia. Si pretende visitar sólo uno
de los mejores entornos paisajísticos del país,
escoja éste. Bolzano es la ciudad más importante de la zona, pero casi todas las ciudades
y pueblos de la región constituyen un buen
punto de partida.

El Véneto comparte algunos de los 30
o más macizos de los Dolomitas con el
Trentino-Alto Adigio, territorio constituido
por una curiosa mezcla, ya que reúne dos
zonas histórica y étnicamente distintas. El
Trentino, en el sur, cuyo nombre deriva del
de su capital, Trento, es claramente italiano.
El Alto Adigio, en el norte, cubre un territorio que fue cedido a Italia por al antiguo imperio Austrohúngaro tras la Primera Guerra
Mundial (a veces se le denomina *Südtirol* o
Tirol del Sur). Allí el alemán continúa siendo
la lengua dominante y todo, desde la cocina

hasta la arquitectura, tiene un aire netamente teutónico. La arquitectura se vivifica con las iglesias austriacas, con sus típicas cúpulas bulbiformes y los balcones de madera de las casas tradicionales tirolesas, que en verano siempre están adornados con geranios y otras flores.

En la mesa se encuentran los productos básicos italianos, complementados o sustituidos por los *Knödel* (budines) y otras especialidades como la *blau Forelle* (trucha de río), el *Speck* (jamón curado), el *goulash* y, por supuesto, la inevitable tarta de manzana.

La región de Friul-Venecia Julia es una amalgama de culturas italiana, eslava y austroalemana. Su posición periférica desanima al turismo; muchos visitantes sólo han oído hablar de Trieste, una ciudad curiosa, pero demasiado alejada del resto del país para acercarse a ella si su estancia en Italia es breve. ■

Mapa de situación

La Piazza Brà, donde se alza el anfiteatro romano, es el mejor lugar para empezar un recorrido por la ciudad.

Verona

REFINADA, SOSEGADA Y ROMÁNTICA, VERONA ES LA segunda ciudad histórica más interesante después de Venecia. Es, asimismo, una de las poblaciones más ricas del país, gracias a su estratégica situación junto a las principales rutas comerciales. En el pasado fue una ciudad-estado preeminente bajo el gobierno de los Scaligeri, sus señores medievales. Más tarde pasó al dominio de los Visconti de Milán, luego a la República de Venecia y permaneció bajo su control hasta la llegada de Napoleón. A partir de entonces estuvo bajo el yugo austriaco hasta la unificación de Italia.

Verona

◢ 168 B2

Información

✉ Palazzo Barbieri, Piazza Brà-Via Leoncino 61

☎ 045 806 8680

Arena

✉ Piazza Brà

☎ 045 800 3204

🕐 Cerrado tardes jul.-agos. y lun. todo el año

💲 $

Explorar su casco antiguo es fácil y muy agradable. En él abundan los museos y los monumentos, en general próximos entre ellos. Empiece el recorrido en la enorme **Piazza Brà** (del alemán *breit*, «espacioso»), así como en la **Arena**, el tercer anfiteatro romano más grande del mundo, después del de Capua, cerca de Nápoles, y del Coliseo de Roma. Se finalizó en 30 d.C. y su estructura está bastante bien conservada: sólo ha desaparecido su tercer piso, que fue derruido por un terremoto en el año 1183. Las 44 filas de asientos de piedra tienen capacidad para más de 200.000 personas y ahora se utilizan para el prestigioso festival de ópera que se celebra en verano. Merece la pena subir a la parte superior, desde donde se divisa una amplia panorámica de la ciudad.

Al salir de la Arena, diríjase hacia el nordeste por la peatonal Via Mazzini, una de las principales calles comerciales. Le conducirá hasta la **Piazza delle Erbe**, emplazamiento del Foro Romano y

centro de la ciudad medieval.
La plaza, alrededor del bullicioso
mercado, está llena de agradables
cafés y edificios de diversas épocas,
entre los que destaca la **Casa dei
Mercanti** *(esquina Via Pellicai)*.
Este edificio de ladrillo almenado
fue construido en 1301 como
un almacén de mercancías.

En la plaza hay varios monumentos menores: el **Capitello,**
una tribuna de cuatro columnas
desde la cual se proclamaban los
decretos en la época medieval; la
Berlina, donde, en el siglo XVI se
ataba a los convictos y se les tiraba
fruta podrida; la Colonna di San
Marco (1523), coronada con el
León de San Marco; y una encantadora fuente (1523) decorada con
una estatua romana conocida

como la *Madonna Verona* . En el
lado este de la plaza, en la parte
central, busque el **Arco della
Costa** (Arco de la Costilla), llamado así por la costilla de ballena
que aparece colgada bajo él.

Cruzando el Arco della Costa
se llega a la **Piazza dei Signori.**
A su derecha, al entrar en la plaza,
se alza el **Palazzo del Comune**
(empezado en 1193), decorado
con bandas. Antiguamente había
sido el Ayuntamiento y también es
conocido como el Palazzo della
Ragione o Palacio de la Razón, por
su uso posterior como tribunal de
justicia. Gire a la derecha y suba a
la inconfundible **Torre dei
Lamberti,** en el mismo palacio,
que ofrece vistas elevadas sobre la
ciudad. Justo delante se encuentra

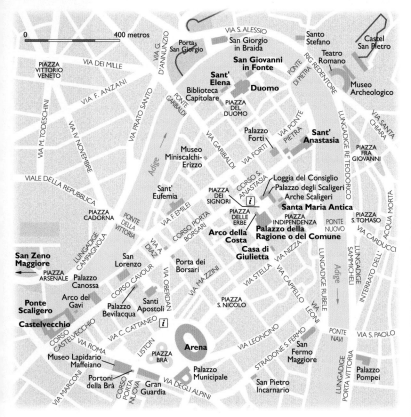

el Palazzo degli Scaligeri o Pre-
fettura, cuya fachada es de ladrillo.
Fue levantado como un palacio
por los Scaligeri, el linaje de los señores feudales de Verona, y más
tarde se apropiaron de él los gobernadores venecianos de la ciudad. A su izquierda se encuentra
la Loggia del Consiglio (1493), un
edificio porticado con frescos en
su primer piso que sirvió como
sala del concejo en la época de gobierno veneciano.

La estatua (1865) del centro
de la plaza representa un Dante de
aspecto severo. En 1301, el escritor
fue recibido en la ciudad por los
Scaligeri, una familia que, pese a
su violento acceso al poder, ejerció
el gobierno de forma relativamente justa y culta. (De hecho, Dante
dedicó la parte final de la *Divina
Comedia* a uno de sus miembros.)

Salga de la Piazza dei Signori
por el arco del flanco este y llegará a la iglesia románica de **Santa Maria Antica,** antigua iglesia
parroquial de los Scaligeri, cuyas
notables tumbas, las Arche Scaligeri, se hallan detrás de la reja
de hierro adyacente. Fíjese en el
motivo de la escalera que se re-
pite en la reja, que responde al
nombre de Scaligeri (*scala* significa «escalera»). Encima de la
puerta lateral de la iglesia está la
tumba del primer miembro de la
familia, Cangrande I, literalmente
«Perro Grande», fallecido en el
año 1329. En esta reproducción
de su monumento ecuestre (el
original está en Castelvecchio)
aparece mirando hacia abajo con
una sonrisa afectada. Otras figuras destacadas de la familia están
enterradas aquí, como el fundador del linaje, Mastino I o
Pequeño Mastín, que yace en
una tumba sencilla adosada a la
pared de la iglesia. Fue asesinado
en el año 1277, en la Piazza
dei Signori.

Los visitantes de Verona suelen
recordar el mito de *Romeo y Julieta,* la romántica tragedia de
William Shakespeare ambientada
en la ciudad. Tarde o temprano
tendrá que visitar la llamada **Casa
di Giulietta** o Casa de Julieta. Es
un edificio situado cerca de las
tumbas de los Scaligeri que encaja
muy bien en su papel, con su balcón y una estatua de la heroína
homónima. Sin embargo, no hay
pruebas que demuestren que existió una Julieta, y menos los des-
graciados amantes ni las sangrien-
tas *vendettas.*

Salga de la Piazza dei Signori
por el lado nordeste y llegará a
Sant'Anastasia, a orillas del río.
Es la iglesia más grande de Verona
y fue construida por los dominicos entre 1290 y 1481. Pasado el
portal principal –lo mejor de su
monótona fachada gótica–, fíjese
en las dos pilas de agua bendita,
cada una sostenida por figuras
agachadas conocidas como *i gobbi*
(los jorobados). Después, ruegue
que la **sacristía** esté abierta, pues
contiene la obra más interesante
de la iglesia, el fresco algo deteriorado de Pisanello de *San Jorge y la
princesa* (1436). Por otra parte,
la capilla de la derecha del altar, la
Cappella dei Pellegrini, está
adornada con bajorrelieves de terracota del siglo XV del escultor
toscano Michele da Firenze. La
primera capilla del crucero sur exhibe otro notable fresco, *La familia Cavalli presentada a la Virgen*
(1380), del artista local Altichero.

EL DUOMO

La catedral de Verona se encuentra
al norte de Sant'Anastasia, en la
Piazza del Duomo. Empezada hacia 1120, su fachada presenta bandas de *rosso di Verona*, la piedra
local de color rosado que confiere
a muchas de las iglesias y palacios
de la ciudad su aspecto cálido de

**Torre dei
Lamberti**

✉ Cortile Mercato
Vecchio, Piazza dei
Signori
☎ 045 803 2726
🕐 Cerrada lun.
💲 $

Casa di Giulietta

✉ Via Cappello 27
☎ 045 803 4303
🕐 Cerrada lun.
💲 Patio: entrada
gratuita
Interior: $

tonos rosados. El **pórtico oeste** (1139) es obra de Niccolò, uno de los dos maestros artesanos a quien se debe también la fachada de San Zeno Maggiore (ver pág. 174). Intente identificar las estatuas de Rolando y Oliver. El pórtico sur, con antiguos pilares romanos, es casi tan impresionante como el anterior: aquí muchos de los relieves describen la historia de Jonás y la ballena.

Los mayores atractivos de su interior son una pintura de la *Asunción* (1540) de Tiziano (primera capilla de la nave norte), la pared del coro (1534) realizada en mármol rosa y gris, de Michele Sanmicheli, los frescos del coro (1534) de Francesco Torbido y la obra escultórica anónima de la Cappella Mazzanti (extremo de la nave sur). En la catedral se abre también la entrada a **San Giovanni in Fonte,** parte de un baptisterio del siglo VIII construido sobre una iglesia del siglo IV, cuyos restos se encuentran cerca. También se pueden observar los vestigios de otra iglesia, **Sant'Elena,** del siglo XII, mientras que un corredor que sale del lado izquierdo de la catedral conduce a un claustro románico edificado sobre los restos de una basílica del siglo V.

Sant'Anastasia
- ✉ Piazza Sant'Anastasia
- ☎ 045 592 813
- 🕐 Cerrada dom. tarde
- 💲 Cappella Giusti: $

Duomo
- ✉ Piazza del Duomo
- 🕐 Cerrada dom. tarde
- 💲 $

El anfiteatro romano de Verona acoge el festival de ópera más importante de Italia.

Relieves de bronce que adornan las puertas principales de San Zeno Maggiore, la iglesia más notable de Verona.

Castelvecchio

✉ Corso Castelvecchio 2
☎ 045 594 734
🕐 Cerrado lun.
💲 $

IGLESIAS

En muchas iglesias de Verona se paga entrada ($). Sin embargo, el *Biglietto Unico* o entrada combinada ($$) permite acceder a todas las iglesias adheridas (donde se venden estas entradas), entre las cuales están San Zeno Maggiore, el Duomo y Sant'Anastasia. ■

CASTELVECCHIO

La colección de arte más importante de las que se encuentran en Verona está instalada en el Castelvecchio, un evocador palacio fortificado a orillas del río, iniciado por Cangrande II en 1354. A su lado, encontramos el más bello de los muchos puentes que hay en Verona, el **Ponte Scaligero**. El **museo**, dividido en 27 salas, se inauguró en 1925 y es uno de los más destacados del norte de Italia. En él se encuentra una colección que abarca desde objetos romanos hasta pinturas del Renacimiento. Entre las obras de arte expuestas en el museo sobresalen la *Madonna della Qualiga* de Pisanello, la *Madonna della Passione* de Carlo Crivelli, la *Sagrada Familia* de Mantegna, el *Descendimiento de la cruz* del Veronés y dos *Madonnas* de Giovanni Bellini, aunque también están representados artistas locales. Se exhiben, asimismo, objetos de cristal, armas, joyas y esculturas, la más notoria de las cuales es la estatua ecuestre procedente de la tumba de Cangrande I (ver pág. 172).

SAN ZENO MAGGIORE

Ya sea siguiendo por el río hacia el oeste, ya sea pasando por el Parco dell'Argonale, el parque más grande de Verona, visite San Zeno Maggiore (*cerrada dom. mañana*). Levantada en el siglo XII, es una de las mejores iglesias románicas del norte de Italia.

Sus tesoros empiezan en la entrada, con el espléndido **porche** cubierto (1138), flanqueado por esculturas y relieves policromos (1140). Éstos enmarcan las recias puertas principales del templo, adornadas con 48 magníficos relieves de bronce del siglo XII, uno de los primeros trabajos de este tipo realizados desde la Antigüedad. Los relieves, de inspiración bizantina, describen escenas bíblicas y episodios de la vida de san Zenón. Probablemente son obra de dos o más escultores: los de la izquierda datan de alrededor de 1030, y los de la derecha, de 1137.

En el interior llama la atención el magnífico **«techo de barca»** (1386), llamado así porque parece el casco de un barco invertido. La estructura de la nave imita la de las antiguas basílicas romanas, y muchos de los capiteles de las columnas fueron recuperados de antiguos edificios clásicos. Algunos paneles de frescos, difuminados pero de gran belleza, adornan las paredes, exentas de cualquier otra ornamentación como un preludio de la obra maestra del interior, el retablo mayor de la ***Madonna con el Niño y santos*** (1457-1459) de Mantegna. Hay que destacar el modo en que Mantegna representó el halo de la Virgen, como si se tratara de un reflejo del rosetón de la iglesia, del siglo XII. El claustro anexo (1123) y la antigua y sugerente cripta de la iglesia también merecen una visita. ■

Vicenza

La basílica de
Vicenza fue la
primera gran obra
de Palladio, el
arquitecto italiano
más influyente del
siglo XVI.

DOTADA DE «TODAS LAS VENTAJAS DE UNA GRAN ciudad», escribió de Vicenza Johann W. Goethe en 1786, observación que mantiene su validez en esta pequeña y sofisticada población. Debe su fama a los edificios de Palladio, uno de los arquitectos renacentistas más influyentes. Sus calles están entre las más elegantes de Italia en términos urbanísticos y arquitectónicos.

Los modernos suburbios de Vicenza enseguida dejan paso a su espléndido casco antiguo, ordenado en torno a la calle principal –el **Corso Palladio**– y a una plaza espectacular, la **Piazza dei Signori.** Esta última está dominada por la **Basilica** de Palladio, un gigantesco edificio que estuvo a punto de derrumbarse hasta que el arquitecto lo envolvió en un círculo de columnas y de arquerías. En la plaza también se alzan la **Loggia del Capitaniato** del año 1571, otro edificio de Palladio, y el león veneciano de san Marco colocado en lo alto de una columna: Vicenza disfrutó de siglos de gloria como *municipium* romano y como ciudad independiente antes de pasar a dominio de Venecia en 1404. Pasee por la vecina Piazza delle

Erbe, donde se celebra un pintoresco mercado, y luego llegue hasta la **Casa Pigafetta** (*Contrà Pigafetta*), un edificio de profusa ornamentación iniciado en 1441, que perteneció a un miembro de la tripulación de Magallanes en el viaje de la vuelta al mundo de éste, completado por Elcano (1519-1522).

Los amantes de la arquitectura pueden pasar un día entero (o dos) contemplando los edificios de Palladio existentes en Vicenza. Para los profanos es mejor limitarse al fantástico **Teatro Olimpico** (1580), la última obra del arquitecto y el interior más antiguo de un teatro que se conserva en Europa. Fuera del Corso se levanta la iglesia más importante de la ciudad, **Santa Corona,** conocida por el *Bautismo de Cristo* de

Vicenza

🅐 169 C2

Información

✉ Piazza Matteotti 12

☎ 0444 320 854

Teatro Olimpico

✉ Piazza Matteotti

☎ 0444 320 854

🕐 Cerrado lu.

💲 $

Museo Civico Pinacoteca

✉ Palazzo Chiericati, Piazza Matteotti

☎ 0444 321 348

🕐 Cerrado lu.

💲 $

En las afueras de Vicenza, La Rotonda es el edificio más famoso de Palladio.

Villa Valmarana ai Nani

✉ Via dei Nani 2-8

☎ 0444 543 976 o 0444 321 803

🕐 Cerrada nov.-mediados marzo y mañanas lun., mar. y vier.

💲 $$

La Rotonda

✉ Via Rotonda 29

☎ 0444 321 793

🕐 Villa: generalmente cerrada jue.-mar. Jardines: lun.

💲 Villa: $. Jardines: $$

Giovanni Bellini (quinto altar de la pared norte). Enfrente del teatro, en el interior del Palazzo Chiericati (1551-1557) está el **Museo Civico Pinacoteca,** cuyo contenido, expuesto de forma soberbia, incluye una amplia gama de obras medievales y renacentistas de pintores de Vicenza, Venecia y otras localidades del norte de Italia.

Conviene tomar un taxi hasta el Monte Berico, la colina cubierta de cipreses que domina Vicenza, y llegar hasta la **Basílica** (*cerrada dom. mañana*) situada en la cima. Contemple la panorámica de la ciudad desde la explanada cercana al templo y después visite el antiguo refectorio de la basílica para admirar la *Cena de san Gregorio el Grande*, del Veronés.

La **Villa Valmarana ai Nani,** a diez minutos andando desde la basílica, posee aromáticos jardines con vistas a los viñedos, las verdes colinas y las suaves hileras de chopos. No obstante, la verdadera razón de la visita son los notables edificios, que conservan gran parte de su mobiliario original y algunos artesonados. Lo más sobresaliente es una serie de **frescos** del siglo XVIII, algunos de ellos eróticos, de Giovanni Tiepolo y su hijo, Gian Domenico.

Desde la basílica se puede llegar fácilmente a la Villa Capra Valmarana, obra de Palladio, más conocida como **La Rotonda.** Su construcción se inició hacia el año 1551 y fue muy imitada por otros arquitectos. ∎

Palladio

Palladio nació en Padua en 1508. Se trasladó a Vicenza a los 16 años, donde al principio trabajó como maestro de obras y luego fue el protegido de Giangiorgio Trissano, un noble que le presentó a diversos clientes acaudalados. Hasta su muerte, en 1580, Palladio construyó palacios y villas en Vicenza y en otras ciudades —sobre todo en Venecia—, unas obras que reinventaron las formas de la arquitectura clásica de un modo que influyó en arquitectos posteriores. ∎

Padua

SIGLOS DE ESPLENDOR ARTÍSTICO Y CULTURAL EN PADUA (Padova) fueron destruidos durante la segunda guerra mundial en sólo unos días. Sin embargo, la milagrosa supervivencia de uno de los mejores conjuntos de frescos de Italia y el templo de uno de los santos más venerados del país merecen una visita.

El monumento más importante de Padua es la **Cappella degli Scrovegni.** Encargada en 1303 por el noble Enrico Scrovegni, esta capilla debe su fama a una exquisita serie de pinturas (1303-1305) de Giotto. La mejor composición es la escena del muro del fondo (entrada), el *Juicio Final*. Visite también el complejo museístico anexo, los **Musei Civici,** un excelente conjunto moderno en el que se exhiben monedas, pinturas, esculturas y materiales arqueológicos.

El segundo tesoro de Padua es la **Basilica di Sant'Antonio** (*Piazza del Santo*), donde está enterrado san Antonio de Padua, uno de los santos más venerados de Italia. Numerosos peregrinos visitan en la iglesia contigua el mejor monumento ecuestre del país,

la estatua del *condottiero* Gattamelata de Donatello (1453). Las obras más notables del interior de la basílica son los relieves y las estatuas de bronce del altar mayor, también de Donatello, una colección de reliquias expuestas en el fondo de la iglesia y los nueve bajorrelieves (1505-1507) que rodean la tumba del santo, la mayoría de ellos obra de Tullio y Antonio Lombardo y Jacopo Sansovino, que representan episodios de la vida del santo.

También vale la pena visitar otros lugares: dos plazas en la parte antigua de Padua, la Piazza della Frutta y la Piazza dei Signori, el **Baptisterio** (1376), con bellos frescos, y el colosal **Palazzo della Ragione** (1218), una de las mansiones medievales más grandes de Italia (*cerrado lun.*). ∎

La Cappella degli Scrovegni, adornada con admirables frescos de Giotto, del siglo XIV, que tuvieron una gran influencia.

Padua
🅰 169 C2
Información
✉ Stazione Ferrovie (estación de tren)
☎ 049 875 2077

Cappella degli Scrovegni y Musei Civici
✉ Piazza Eremitani
☎ 049 820 4550 o 049 875 1153
🕐 Museo cerrado lun.
💲 Entrada conjunta para la capilla, museos y otros monumentos: $$

Una ruta por el lago de Garda

Este recorrido le llevará por el lago más grande y de mayor diversidad paisajística de Italia. Empieza en la verde orilla meridional, se adentra por las laderas y acantilados del extremo norte y finaliza en el umbrío flanco oriental, dominado por montañas.

La ruta comienza en **Peschiera del Garda,** población presidida por una fortaleza veneciana. Tome la SS11 en dirección oeste, hacia **Sirmione** ❶ (*Información, Viale Marconi 2; Tel 030 916 245*), el centro turístico más concurrido del lago. La **Rocca Scaligera** (*cerrada lun. y tardes oct.-marzo*), construida por la familia Scaligeri de Verona, se yergue sobre el puerto y el pueblo. Desde aquí salen barcos –merece la pena el trayecto por las vistas– hacia muchas poblaciones de las orillas del lago.

Siga hacia el oeste por **Desenzano del Garda,** ciudad famosa por sus vinos y por su proximidad a Solferino, donde en 1859 se libró una sangrienta batalla, a raíz de la cual se fundó la Cruz Roja. Más allá de Desenzano, por la SS45 bis, está **Salò** ❷, recordada como la capital de la efímera república creada por Mussolini tras el armisticio italiano de 1943. Es la población más atractiva de la costa oeste, gracias a su ambiente tradicional y a su magnífica catedral del siglo XV.

Gardone Riviera (*Información, Via Republica 39; Tel 0365 20 347*) se halla a 5 km al noreste de Salò por la SS45 bis. En otro tiempo fue el centro turístico más elegante del lago. Gardone marca el inicio de los paisajes más espectaculares del Garda. Se encuentra también a sólo 1 km del monumento más extraordinario de la región, la **Villa Il Vittoriale** ❸ (*Tel 0365 20 130; cerrada lun.*), una villa transformada en una extraordinaria muestra de arte kitsch por Gabriele d'Annunzio (1863-1938). Es destacable su sorprendente y profusa decoración, que incluye desde una tortuga disecada hasta un biplano de la primera guerra mundial.

Avanzando hacia el norte se pasa por algunos pintorescos pueblos: **Gargnano** ❹ es especialmente encantador. El mejor paisaje nos acerca a los miradores del santuario de **Madonna di Monte Castello** ❺ y a **Pieve di Tremosine,** cerca de Campione.

(Tome el desvío señalizado que sale de la SS45 bis hacia el norte, después del túnel que hay pasado Gargnano.) Las dos carreteras, la interior y la del lago, se encuentran en **Limone sul Garda,** uno de los mayores centros turísticos del lago. Siga la SS45 bis desde Limoni hasta **Riva del Garda** ❻ (*Información; Giardini di Porta Orientale 8; Tel 0464 554 444*), en el extremo septentrional del lago. Éste es el centro turístico más conocido y más popular entre los aficionados los deportes acuáticos. Su terraza al lago y su barrio medieval, como en la mayoría de los pueblos del Garda, conservan el encanto de otros tiempos.

En dirección sur por la SS249, que bordea el lago, llegará a **Malcesine** ❼ (*Información; Via Capitanato 6-8; Tel 045 740 0044*), la localidad más atractiva de la costa este, conocida por su bien conservada fortificación y por el teleférico que sube al **Monte Baldo**. La panorámica desde lo alto de esta montaña de 2.218 m es sensacional y desde allí se pueden hacer excursiones por los numerosos senderos señalizados. La zona es también famosa por su flora: en tiempo fue conocida como el *hortus europae* o jardín de Europa, por la ingente diversidad de especies que crecen aquí. Las aguas del lago y el arco protector que forman los Dolomitas crean unos microclimas templados pero variados que favorecen esta variedad floral y la presencia de vegetación anómala: olivos, higueras, limoneros, parras y cipreses.

Más al sur, continuando por la SS249 que bordea la costa, ahora rodeada de olivos y otros árboles, se pasa por **Torri del Banaco,** con otro castillo de los Scaligeri, y por el saliente de la **Punta di San Vigilio,** uno de los lugares más románticos del lago: más de lo que se puede decir de la cercana **Garda,** una zona de veraneo famosa pero de escaso atractivo que creció tras la segunda guerra mundial. ■

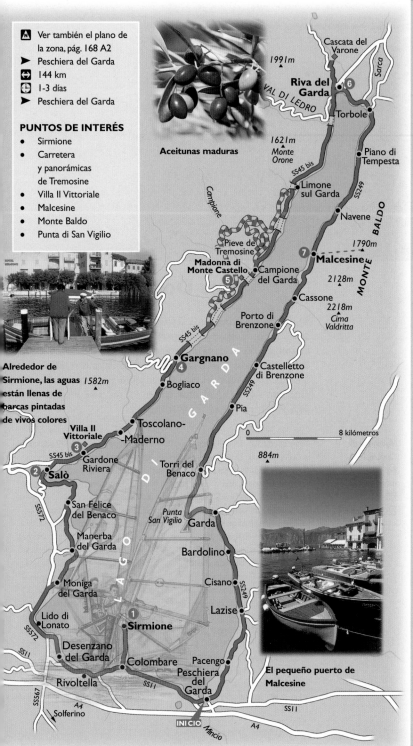

Ver también el plano de la zona, pág. 168 A2

▶ Peschiera del Garda

↔ 144 km

🕐 1-3 días

▶ Peschiera del Garda

PUNTOS DE INTERÉS

- Sirmione
- Carretera y panorámicas de Tremosine
- Villa Il Vittoriale
- Malcesine
- Monte Baldo
- Punta di San Vigilio

Aceitunas maduras

Alrededor de Sirmione, las aguas están llenas de barcas pintadas de vivos colores

El pequeño puerto de Malcesine

1991m

Cascata del Varone

Riva del Garda ⑥

VAL DI LEDRO

Sarca

Torbole

1621m
Monte Orone

Piano di Tempesta

SS45 bis

Limone sul Garda

SS249

Navene

MONTE BALDO

Campione

1790m

Pieve de Tremosine

⑤ Madonna di Monte Castello

Campione del Garda

⑦ Malcesine

2128m

Cassone

2218m
Cima Valdritta

Porto di Brenzone

SS45 bis

④ Gargnano

Bogliaco

Castelletto di Brenzone

SS249

1582m

Pia

0   8 kilómetros

884m

Toscolano-Maderno

Torri del Benaco

LAGO DI GARDA

SS45 bis

③ Villa Il Vittoriale

② Salò

Gardone Riviera

SS572

San Felice del Benaco

Punta San Vigilio

Garda

Manerba del Garda

Bardolino

Moniga del Garda

Cisano

SS249

Lido di Lonato

SS572

① Sirmione

Lazise

SS11

Desenzano del Garda

Colombare

Pacengo

Peschiera del Garda

SS567

Rivoltella

SS11

A4
Solferino

INICIO

Mincio

A4

SS11

Los Dolomitas

ENTRE TODAS LAS MAJESTUOSAS CADENAS MONTAÑOSAS de los Alpes, ninguna es comparable a los Dolomitas (Dolomiti), un conjunto de macizos muy compactos situados en el nordeste de Italia cuyos picos y cimas convierten esta zona en la región montañosa más fascinante del país. A gran altitud, la fauna y la flora alpinas son soberbias, mientras que en los valles se puede disfrutar de la vida rural propia de otro tiempo.

**Madonna di
Campiglio**
⬛ 168 A4
Información
✉ Via Pradalago 4
☎ 0465 442 000

Ningún macizo de los Dolomitas le decepcionará. Desde el punto de vista de las excursiones a pie, es preferible escoger uno o dos y explorarlos a fondo (los **Dolomiti di Brenta** son perfectos para una primera visita). Si prefiere hacer recorridos más largos o admirar el paisaje desde el coche, entonces siga la **Grande Strada delle Dolomiti,** o Gran Carretera de los Dolomitas, que enlaza Bolzano (Bozen), la capital de la región de lengua alemana, con Cortina d'Ampezzo, la más prestigiosa estación de esquí de la zona.

Gran parte de la región tiene muchos elementos en común con Austria y Alemania, entre los cuales el gusto teutónico por el ejercicio y los paisajes grandiosos cobran un gran relieve.

En cualquier ciudad o pueblo se puede encontrar un cómodo alojamiento a precios razonables. En la oficina de información turística le proveerán de mapas y consejos para realizar excursiones de todos los niveles de dificultad, y al adentrarse en la montaña encontrará senderos bien señalizados, así como abundantes refugios (*rifugi*) de montaña (para más detalles, consulte en los centros de información). Las ciudades y los pueblos, por lo general ocupan lugares elevados, de modo que los senderos rápidamente alcanzan cotas altas (en verano se puede subir en teleférico,

lo que permite recorrer senderos a gran altitud con el mínimo esfuerzo). Todos los macizos están cartografiados (la numeración de los caminos la establece el Club Alpino Italiano), pero los senderos se hallan tan bien señalizados que casi nunca se necesita llevar mapa. En todas las ciudades hay tiendas de deportes que venden botas y material de montaña.

Los **Dolomiti di Brenta** son un buen sitio para empezar a hacer excursiones, tomando como base la ciudad de **Madonna di Campiglio.** Muchos recorridos circulares empiezan cerca de esta ciudad situada a 1.500 m, de la que salen teleféricos que suben a las montañas. Una buena opción es tomar el teleférico Grosté, que llega al refugio Graffer, a 2.348 m, y luego seguir el sendero 316 hasta el Rifugio Tuckett antes de volver a Madonna por el sendero 317 o el 328/318. Otra posibilidad es hacer recorridos a menor altitud por los alrededores del pueblo de **Molveno.**

Sin embargo, no todo el mundo desea hacer excursiones de alta montaña o dedicarse a pasear por los bosques y las orillas de los lagos. Entonces, la carretera es ideal y la montaña es tan fantástica que recorrerla en coche permite admirar excelentes panorámicas del paisaje. Existen muchas posibilidades. En el norte se puede tomar la Autostrada A22 desde Bolzano (Bozen) hasta Bressanone (Brixen) y luego seguir la carretera SS49 por la estupenda Val Pusteria. Desde aquí puede dirigirse hacia el sur por la SS244, pasando por Brunico (Bruneck) y por la Val Badia, o bien, tomando la SS51 en Dobbiaco (Toblach) por los Dolomiti di Sesto, una de las cadenas más notables del macizo, hasta Cortina d'Ampezzo. Una vez en Cortina, puede volver a Bolzano por la Gran Carretera de los Dolomitas (SS48/SS241), de 110 km de recorrido, construida en el año 1909 y que atraviesa Catinaccio, Latemar, Marmolada y otros macizos. Otra posibilidad también interesante es dejar la ruta señalizada y desviarse por la Val Gardena (SS242), o seguir carreteras de montaña por Siusi (Seis) o Tires (Tiers). ■

Los escarpados peñascos de roca calcárea son el sello distintivo de los Dolomitas. Aquí, las posibilidades de practicar montañismo y otras actividades al aire libre son casi infinitas.

ORÍGENES
Muchos macizos de los Dolomitas se formaron a partir de arrecifes de coral que se elevaron del fondo del mar, de ahí el distintivo tono rosa anaranjado de su roca –una caliza *dolomia* poco frecuente– y el aún más característico aspecto erosionado de sus elevados picos, agujas y escarpadas laderas. ■

Otras visitas interesantes en el nordeste de Italia

AQUILEIA

Si bien ahora es poco más que un pueblo adormecido, Aquilea fue un centro importante a comienzos del cristianismo, y la cuarta colonia italiana del Imperio romano, después de Roma, Milán y Capua. Los hallazgos de las excavaciones se exhiben en dos museos arqueológicos, el **Museo Paleo-cristiano** (*cerrado todas las tardes*) y el **Museo Archeologico** (*cerrado lun. tarde*). Más impresionante es la **Basilica,** en la Piazza del Capitolo. Fundada en 313 d.C., conserva el pavimento de mosaico del siglo IV. También son dignas de ver la **Cripta degli Scavi,** que conserva estructuras de la iglesia original, la Cripta degli Affreschi, repleta de frescos del siglo XII, y las tumbas de los primeros Patriarcas o dignatarios cristianos de la región.

🅼 169 E3 **Información** ✉ Piazza Capitolo ☎ Sin teléfono

En Aquileia, los arcos de la **Cripta degli Scavi están cubiertos de frescos del siglo XII.**

ASOLO

En el nordeste de Italia abundan las ciudades pequeñas y agradables –como Cividale del Friuli, Castelfranco Veneto y Conegliano– pero ninguna tiene el encanto medieval de Asolo. Desde esta urbe se pueden hacer excursiones a la villa de Palladio, a Maser, a 10 km al este, y a las ciudades de Feltre,

Castelfranco Veneto y Bassano del Grappa, esta última conocida por la *grappa,* un aguardiente de sobremesa.

🅼 169 C3 **Información** ✉ Piazza D'Annunzio 2 ☎ 0423 529 046

TRENTO

Las principales carreteras que se dirigen hacia el norte y los Dolomitas pasan por Trento, una ciudad medieval cercana a las zonas fronterizas de habla italiana y alemana del Trentino-Alto Adigio. Su nombre está relacionado con el del Concilio de Trento (1545-1563), convocado para debatir la forma de detener la expansión del luteranismo. Algunas de las sesiones del concilio se celebraron en el Duomo (catedral), edificio que merece la pena visitar en razón de la belleza de su decoración exterior (en la fachada). Cerca de allí, el **Museo Diocesano** (*Piazza del Duomo; cerrado dom.*) contiene valiosas obras procedentes de la catedral. También hay que ver el **Castello del Buon Consiglio** (*Via Bernardo Clesio; Tel 0461 233 770; cerrado lun.*), fortificación del siglo XIII con un museo que exhibe una interesante colección de pintura, escultura, cerámica y otros objetos artísticos.

🅼 168 B3 **Información** ✉ Via Manci 2 ☎ 0461 983 880

TREVISO

La antigua ciudad amurallada de Treviso ofrece una agradable combinación de canales bordeados de árboles, edificios con balcones, fachadas decoradas con frescos y porches sombreados. La **Piazza dei Signori,** renacentista, es la más importante. Cerca está la Piazza San Vito, donde hay dos iglesias: **San Vito** y **Santa Lucia,** la segunda decorada con frescos de Tommaso da Modena (1325-1379). Este artista también trabajó en el principal monumento de la ciudad, **San Nicolò** (al otro lado del río Sile), una iglesia de de la orden dominica de estilo románico-gótico. En las columnas del interior, el artista pintó frescos y retratos de dominicos del monasterio contiguo.

🅼 169 D2 **Información** ✉ Piazza Monte di Pietà 8 ☎ 0422 547 632 ∎

La Emilia-Romaña es uno de los centros gastronómicos de Italia, tierra del jamón de Parma, el queso parmesano y de la capital culinaria, Bolonia. Las Marcas, menos conocida, cuenta con un magnífico paisaje y la olvidada Urbino.

Emilia-Romaña y Las Marcas

Mosaico bizantino de Rávena

LOMBARDIA
(LOMBARDIA)
pág. 103

LIGURIA
pág. 83

TOSCANA
pág. 241

Emilia-Romaña
y Las Marcas

CON SU GRAN RIQUEZA INDUSTRIAL Y AGRÍCOLA, EMILIA-ROMAÑA ES UNA DE LAS regiones más desarrolladas del país. Las Marcas es un reducto más rural y cuyos mayores alicientes son de tipo paisajístico, mientras que los de Emilia-Romaña son culturales y culinarios.

Debido a su situación, la Emilia-Romaña (Emilia-Romagna) ha sido desde siempre un territorio estratégico para Italia. En la época romana, las ciudades proliferaron a lo largo de la Via Aemilia, construida en 187 a.C. para enlazar la costa del Adriático con la ciudad de Piacenza, enclave militar de vital importancia. En los últimos días del Imperio, la atención se desplazó a Rávena, la capital del Imperio romano de Occidente.

Al término de la Edad Media surgieron las ciudades--estado, que con el tiempo cayeron en manos de grandes familias de la nobleza, como los Bentivoglio en Bolonia, los Este en Ferrara y los Farnese en Parma. La vida cortesana experimentó un gran florecimiento, cuando el mecenazgo en gran escala atrajo a escritores, poetas y pintores –Dante, por ejemplo, tras exiliarse de Florencia, mu-

rió en Rávena–, legando un patrimonio cultural que ha iluminado las ciudades históricas de la región hasta nuestros días. Una vez se hubieron integrado en los dominios de la Iglesia, Emilia y Romaña se desarrollaron como Estados papales independientes hasta 1860. La región de Las Marcas no conoció estas divisiones, dado que durante siglos no fue sino un lugar relegado al olvido. La región toma su nombre de una palabra alemana que significa límite o frontera, reafirmando su situación periférica. Se trata de un territorio alargado, estrecho y básicamente agrícola, separado de Roma, la Toscana y del resto de Italia central por la barrera montañosa de los Apeninos.

En el siglo XV, los duques de Montefeltro convirtieron Urbino en una de las cortes europeas más deslumbrantes de Europa.

Otras ciudades de Las Marcas son menos notorias: Ascoli Piceno y su perfecto núcleo medieval es una excepción.

Entre los italianos, Las Marcas es conocida particularmente por sus ciudades de la costa y sus playas: Pesaro, Fano, San Benedetto del Tronto y muchas otras. Al oeste, el paisaje ondulado se combina con las altas montañas de los Apeninos, que culminan en el macizo de Sibillini, al otro lado del cual, pasando por Piano Grande, se puede visitar Umbría.

Emilia-Romaña carece de paisajes impresionantes. Aquí los lugares de interés son de carácter urbano, concretamente las ciudades históricas de Ferrara y Rávena, así como Bolonia y Parma, célebres tanto por su gastronomía como por su arte y arquitectura. La cocina y los restaurantes de estas ciudades están considerados como los mejores de Italia. ■

Las *torre pendenti* o torres inclinadas de Bolonia proyectan su sombra sobre el corazón medieval de la ciudad.

Bolonia

EN BOLONIA, LA COCINA TIENE FAMA DE SER LA MEJOR de Italia, de ahí el sobrenombre de *La Grassa* o La Gorda, mientras que su universidad, una de las más antiguas de Europa, ha valido a la ciudad otro título: *La Dotta*, la Docta. Su casco antiguo, de calles estrechas, es un agradable mosaico medieval de arcos de ladrillo, torres, iglesias, palacios y fascinantes museos. También es una urbe de gran vitalidad cultural, animada con festivales, teatro, música y otras actuaciones veraniegas. Teniendo en cuenta esta oferta, Bolonia es una ciudad interesante para dedicarle una visita.

Bolonia
www.comune.bologna.it
🅰 184 D4
Información
✉ Piazza Maggiore 1
☎ 051 246 541

El emplazamiento céntrico de Bolonia ha sido siempre su punto fuerte: carreteras y vías férreas convergen en la ciudad desde el norte del país. Fundada por los etruscos o quizás antes, fue invadida por los galos en el siglo IV a.C., conquistada por los romanos y más tarde saqueada por los bárba-

ros. Aproximadamente entre 1300 y 1500 floreció como un Estado independiente, un período de prosperidad truncado bruscamente por violentas luchas aristocráticas. Aquí, como en otros lugares, se impuso una familia, los Bentivoglio. Al cabo de unos 50 años de gobierno autocrático, el

poder pasó a manos del Papado, que desde 1506 gobernó ininterrumpidamente hasta la irrupción de Napoleón y luego, de Austria.

Dadas las importantes dimensiones de la ciudad, el núcleo medieval de Bolonia es sorprendentemente pequeño: todos sus monumentos se pueden ver perfectamente en un día. La mayoría de los lugares interesantes –tiendas y cafés incluidos– se pueden visitar andando desde la Piazza Maggiore y la contigua **Piazza Nettuno.** El orgullo de la plaza es la **Fontana del Nettuno** (1566) o fuente de Neptuno, de Giambologna, vasta estructura de bronce con multitud de chorros de agua, que en la ciudad denominan *Il Gigante* (El Gigante). También es interesante ver el **Palazzo Comunale,** enorme edificio de

distintas épocas, cuyo modesto museo municipal, la Collezioni Comunali d'Arte, contiene un gran número de pinturas de artistas boloñeses. Podemos contemplar construcciones aún más interesantes en la Piazza Maggiore, como el **Palazzo del Podestà,** del siglo XIII, antiguo palacio de los gobernadores, y la magnífica iglesia de **San Petronio.** Este templo, el más grande e importante de Bolonia, está dedicado a san Petronio, obispo del siglo V y patrón de la ciudad. Fundado en 1390, tiene una fachada de ladrillo en la que destaca el pórtico principal, adornado con una *Madonna con el Niño* (1425-1438) y otras obras del gran escultor sienés Jacopo della Quercia.

En el interior atrae nuestra atención la altísima bóveda gótica

Palazzo Comunale

✉ Collezioni Comunali d'Arte, Piazza Maggiore 6

☎ 051 203 526

🕐 Cerrado lun.

💲 $$

ANÉCDOTAS

«En Bolonia, antes que nada probé los embutidos boloñeses, de la misma forma que en Roma, lo primero que se hace es ir a San Pedro.»
—Herman Melville (1857) ∎

Bolonia es una de las capitales gastronómicas de Italia. Sus tiendas de comestibles ofrecen tentadores surtidos de quesos, jamones y toda clase de embutidos.

Museo Civico Medievale

✉ Palazzo Ghisilardi-Fava, Via Manzoni 4 -Via dell' Indipendenza
☎ 051 203 930
🕐 Cerrado lun.
💲 $$

Museo Civico Archeologico

✉ Via dell' Archiginnasio 2 -Piazza Maggiore
☎ 051 233 849
🕐 Cerrado lun.
💲 $$

de la nave, con una estructura arquitectónica que ha situado esta iglesia como una de las mejores construcciones de ladrillo de Italia. Posee pocas obras de arte destacadas y están muy separadas entre sí. La Cappella Bolognini, la cuarta capilla del extremo de la nave norte, contiene lo mejor: una serie de frescos del siglo XV de Giovanni da Modena y un retablo (1410) de Jacopo Paolo.

El Duomo barroco o catedral, al norte de la Piazza Nettuno, es un edificio decepcionante. No lo es, en cambio, el museo municipal, el **Museo Civico Medievale** que se encuentra enfrente. Acoge una colección de primer orden de pintura, escultura y artes aplicadas de las épocas medieval y renacentista. Entre las esculturas de mayor calidad están *San Miguel y el diablo*, de Alessandro Algardi, algunas obras de Bernini y una mágica *Madonna y el Niño con santos* de Jacopo della Quercia, y también un *Mercurio* y una maqueta de la fuente de Neptuno de Giambologna. Entre las artes aplicadas, contemple unos delicados bronces del siglo XIII y una

suntuosa capa del siglo XIV. El museo también contiene una colección de armas, cristal, marfiles, cerámica e instrumentos musicales.

El museo arqueológico de Bolonia se encuentra al este de San Petronio. El **Museo Civico Archeologico** exhibe piezas interesantes, sobre todo, para especialistas, concretamente para amantes del arte egipcio y etrusco. Bolonia recibió influencias etruscas y también de los umbros, una tribu de Italia central que fue absorbida por los etruscos. Los ajuares funerarios de ambas culturas constituyen el grueso de los materiales expuestos, entre los cuales destacan los procedentes de la necrópolis de Felsina, el asentamiento umbroetrusco del siglo VI a.C. situado en el emplazamiento de la Bolonia actual. Las mejores piezas egipcias son los relieves de piedra procedentes de la tumba de Horemheb, del siglo XIV a.C. El museo también conserva piezas prehistóricas, romanas y griegas.

Al sur del museo se alza el **Palazzo dell'Archiginnasio** (1562-1563), construido por el

legado papal en lugar de lo que
habría debido ser el crucero norte
de San Petronio. Durante siglos,
el palacio formó parte de la prestigiosa universidad de Bolonia, y
hoy merece la pena visitarlo por
su Teatro Anatomico (1637), la
antigua aula de disección de la facultad de medicina (*Tel 051 236
488, cerrado dom. y tardes*), cuyo
techo posee un artesonado de madera. En otro tiempo, los estudiantes se sentaron en sus gradas
para observar las disecciones de
cuerpos humanos, método de enseñanza introducido por primera
vez en esta facultad.

Las panorámicas de la ciudad
son irresistibles. Las mejores se
pueden contemplar desde una de
las *torri pendenti* o torres inclinadas situadas al este de la Piazza
Nettuno. Las obras empezaron en
torno a 1109, y la **Torre
Garisenda** y la **Torre degli
Asinelli** son dos supervivientes de
las 180 o más torres medievales

que caracterizaban el perfil de la
ciudad. Ambas pertenecían a importantes familias de la nobleza,
eran torres de primer orden, incluso en su día, y aparecen men-
cionadas en el *Infierno* de Dante.
La torre Garisenda, de 50 m de

**El Palazzo
Comunale de la
Piazza Nettuno
de Bolonia. La
estatua del centro
representa al papa
Gregorio XIII.**

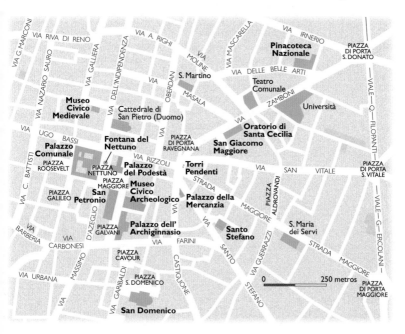

Haga una pausa en su recorrido turístico para disfrutar de un *cappuccino*.

MONUMENTO

«Bolonia es para la Edad Media lo que Pompeya fue para la Antigüedad: un monumento al estilo de su existencia doméstica.» Lady Morgan (1820) ∎

Pinacoteca Nazionale

- ✉ Accademia di Belle Arti, Via delle Belle Arti 56
- ☎ 051 421 1984
- 🕐 Cerrado lun. y todas las tardes
- 💲 $$

altura, se dejó inacabada y en el siglo XIV fue rebajada para evitar su derrumbe; aún hoy en día su desplome parece factible. Su rival, de 97,5 m, es la cuarta más importante: sólo las de Cremona, Siena y Venecia son más altas. Una agotadora ascensión por sus 486 peldaños, a los que se accede desde la Via di Porta Ravegnana, nos recompensa con la visión de una estupenda panorámica sobre la ciudad.

Antes de salir de la zona de las torres, contemple el **Palazzo della Mercanzia** (1382-1384) en la contigua Piazza Mercanzia. Antigua sede de gremios y lugar de reunión de mercaderes, es una de las mejores muestras de arquitectura gótica de la ciudad. No deje de explorar tampoco la **Strada Maggiore**, la más encantadora de las calles antiguas de Bolonia.

A sólo unos minutos a pie desde las torres de la Via Zambolini se yergue **San Giacomo Maggiore**, una bella iglesia románico-gótica fundada por los agustinos en 1267. Posee un bello exterior –observe el espléndido portal (1481) de la fachada norte– y un aceptable conjunto de pinturas y frescos en su interior. No obstante, la principal razón de la visita es la **Cappella Bentivoglio** (1486), en un extremo de la nave norte, levantada en 1445 como mausoleo por la familia Bentivoglio, los antiguos gobernantes de Bolonia. El **retablo** (1488) es obra del pintor Francesco Francia, mientras que los frescos del *Apocalipsis* y el *Triunfo de la muerte*, así como los retratos de la familia Bentivoglio en compañía de la Virgen y diversos santos, se deben a Lorenzo Costa. En el deambulatorio o pasillo enfrente de la capilla se halla la *tumba de Anton Galeazzo Bentivoglio* (1435), una de las últimas obras del escultor sienés Jacopo della Quercia.

Antes de salir de la iglesia, deténgase un momento en el **Oratorio di Santa Cecilia,** al que se accede por el pórtico lateral de la iglesia, que contiene otros frescos y pinturas (1506) de Francia y Lorenzo Costa.

En la **Pinacoteca Nazionale**, el museo de arte más importante de la ciudad, predominan las pinturas de artistas boloñeses medievales, empezando por los pintores más antiguos, como Simone de'Crocefissi y Vitale da Bologna, hombres profundamente influidos por las convenciones estilizadas del arte bizantino. Obras posteriores de artistas renacentistas locales ocupan la **galería larga**, aunque los artistas representados, en particular Francesco Francia, conocido por su *Retablo Felecini*, suelen quedar eclipsados por composiciones de Giotto (una *Maestà*), destacados venecianos como Cima da Conegliano (una conmovedora *Madonna*) y miembros de la escuela de Ferrara, como Francesco del Cossa (otra *Maestà*).

El cuadro más impresionante es la *Santa Cecilia* (1515) de Rafael, una de las obras más famosas del pintor. Representa la santa patrona de los músicos con instrumentos a sus pies, sosteniendo con las manos un órgano , del que se dice fue la inventora. Otras pinturas de relieve son la *Madonna y santos* del Parmigianino, la *Pietà de Santa Maria dei Mendicanti* de Guido Reni y obras de maestros como el Perugino, Giotto, Tiziano, El Greco y Caracci.

Santo Stefano (*Via Santo Stefano; Tel 051 223 256*) no es una iglesia sino varias, integradas en un bello conjunto monástico mencionado por primera vez en el año 887, que originalmente incluía por lo menos siete iglesias distintas. A la mediocre **Crocefisso**, restaurada en 1924, le sigue la más interesante **San Sepolcro**, que acoge el templo del patrón de Bolonia, san Petronio. Detrás de éstas se encuentra el Cortile di Pilato y un precioso claustro románico, desde el cual se accede a un pequeño museo de pintura y objetos religiosos (*Tel 051 223 256*). El *cortile* (patio) contiene una gran pila del siglo VIII con inscripciones lombardas, de la cual se dice que fue el recipiente utilizado por Poncio Pilato para lavarse las manos y absolverse de la responsabilidad de la muerte de Cristo. En un lado del patio se levanta la iglesia del siglo XIII de la Trinità, mientras que al lado del Santo Sepolcro se halla la decepcionante **Santi Vitale e Agricola**, la iglesia más antigua de Bolonia, que data del siglo V y ha sufrido importantes alteraciones desde entonces.

En la iglesia de **San Domenico** (*Piazza San Domenico*), está enterrado santo Domingo, que murió en la ciudad en 1221. La tumba es una muestra ejemplar de arte medieval con relieves funerarios (1267) realizados por los maestros toscanos Nicola Pisano y Arnolfo di Cambio, magníficos relieves esculpidos (1468-1473) por Niccolò da Bari, y un ángel genuflexo y dos santos (1494) de un joven Miguel Ángel. Otras obras imprescindibles son el lienzo *Los desposorios místicos de santa Catalina* (1501), de Filippino Lippi, las sillas del coro con decoración de marquetería (1451) y –en el museo de la sacristía (*cerrado dom.*)– un busto de santo Domingo en terracota policroma realizado por Niccolò da Bari. ∎

La pintura *Santa Cecilia,* de Rafael, está expuesta en la Pinacoteca Nazionale. Cecilia es la santa patrona de los músicos, de ahí los instrumentos musicales.

Parma

EL NORTE DE ITALIA POSEE CIUDADES OPULENTAS, pero tal vez ninguna tan entregada a los placeres de la vida como Parma. Paradigma de los productos selectos –el jamón de Parma y el queso parmesano provienen de aquí–, Parma es una ciudad refinada y distinguida, llena de cafés elegantes, extraordinarios restaurantes y boutiques de lujo. Si desea darse el placer de una comida cara o hacer compras especiales y a la vez visitar un interesante museo o ver una maravillosa plaza medieval, Parma es su ciudad.

El núcleo histórico de Parma es mucho más reducido que el de otras ciudades italianas, pero su belleza compensa ampliamente la escasez de tamaño. Lo más sobresaliente son los edificios de la **Piazza del Duomo**, un impecable conjunto presidido por el **Duomo** del siglo XI y su *campanile* gótico (1284-1294). La catedral, una obra maestra románica, es famosa por los frescos de la *Asunción* (1522-1530) de su cúpula principal, obra de Correggio (1489-1534), la figura más relevante, junto con Parmigianino (1503-1540), de la escuela de pintura de Parma. Entre sus obras de arte destaca asimismo el relieve del *Descendimiento* (1178), en el crucero sur, obra del escultor parmesano Benedetto Antelami.

Antelami también es el creador de muchos de los demás edificios destacados de la plaza, como el exquisito baptisterio octogonal (iniciado en 1196), un característico y armonioso edificio construido básicamente con mármol anaranjado y rojizo de Verona. Este escultor diseñó la estructura y creó la suntuosa decoración escultórica que flanquea los tres portales principales, así como la pila de agua bendita del interior, el altar y muchos de los capiteles y relieves que coronan las puertas. Sin embargo, el ele-

mento más prominente del interior son los frescos (1260-1270), obra anónima de influencia bizantina que narra diversos episodios bíblicos.

Otros frescos, en este caso de Correggio, se pueden contemplar en **San Giovanni Evangelista**, inmediatamente detrás del Duomo, y en la **Camera di Correggio** o Camera di San Paolo (*Via Melloni; Tel 0521 282 217; cerrada tardes*).

Es imprescindible ver el **Palazzo della Pilotta**, un colosal edificio de ladrillo construido para los Farnese. Actualmente acoge tres instalaciones distintas: el Museo Archeologico Nazionale, el Teatro Farnese y la Galleria Nazionale.

El **Museo Archeologico Nazionale** ocupa gran parte de la planta baja y el primer piso. Sus 15 salas contienen obras prehistóricas, griegas, etruscas, egipcias y romanas.

De interés más general es el **Teatro Farnese** (1617-1618), con un escenario y un auditorio de madera y estuco extraordinarios, inspirado en el Teatro Olimpico de Vicenza que diseñó Palladio (ver pág. 175). La soberbia **Galleria Nazionale** o museo de arte, en la Piazza Pilotta, ocupa el piso central con las obras de pintores emilianos, con una clara inclinación por artistas locales como el Parmigianino y Correggio. La *Madonna della Scodella* (1525-1530), del segundo, es una de las piezas estrella del museo, con un rival próximo en *La Scapiliata* de Leonardo da Vinci y la *Madonna con el Niño y santos* de Cima da Conegliano. Otras de las telas destacadas son de Fra Angélico, Van Dyck, Holbein, Canaletto y Giuliano Romano.

Después de la visita del museo, descanse paseando por el **Parco Ducale** (1560), creado como retiro de verano para los Farnese frente al Palazzo della Pilotta, al otro lado del río. Cerca de su esquina sureste se halla la **Casa Toscanini**, lugar de nacimiento del director de orquesta Arturo Toscani (1867-1957). La casa alberga un pequeño museo (*Borgo delle Grazzie; Tel 0521 285 499; cerrada dom. mañanas y lun.*). ∎

¿Quién pintó los bellos frescos del siglo XIII del baptisterio de Parma? Nadie lo sabe.

Parma
www.comune.parma.it
🗺 184 C5
Información
✉ Via Melloni 1b
☎ 0521 218 889
o 0521 234 735

Palazzo della Pilotta
✉ Piazzale della Pilotta 15
☎ 0521 233 309 o 0521 233 617
🕐 Todos los museos cierran a diario por las tardes y el lun. todo el día
💲 Museo Archeologico: $. Teatro Farnese: $. Galleria Nazionale: $$

Dos fachadas muy distintas: la catedral románico-gótica (arriba) y la del Palazzo Diamanti (pág. siguiente).

Ferrara

FERRARA ES UNA APACIBLE CIUDAD MEDIEVAL ASENTADA
en la llanura de la Emilia y alejada de las zonas turísticas de más renombre. Su patrimonio histórico se debe principalmente a una sola familia, los Este, cuyo proceder a menudo despótico no impidió el florecimiento de una civilizada corte por un largo período (1208-1598) en el cual controlaron el destino de la ciudad. Los palacios, castillos y las murallas son su legado más perdurable.

Ferrara
www.ferrarainfo.com
🅜 184 D5
Información
✉ Castello Estense
☎ 0532 209 370

Castello Estense
✉ Largo Castello-Piazza della Repubblica
☎ 0532 299 233
🕐 Cerrado lun.
💲 $$

En primer lugar, diríjase a la Piazza della Repubblica situada en el centro de la ciudad, donde se alza el **Castello Estense** (empezado en 1385), una grandiosa fortaleza dotada de torres, foso, puentes levadizos y altas murallas. Sede principal de los Este, su maravilloso interior, acogió en otro tiempo a numerosos escritores y artistas. Entre los pintores se puede citar a miembros de la denominada escuela de Ferrara, encabezada por Cosmè Tura, Francesco del Cossa, Lorenzo Costa y Ercole de' Roberti. La lista de escritores incluye a Tasso, Petrarca y el autor del poema épico medieval *Orlando Furioso*, Ludovico Ariosto (1474-1533), que vivió en la casa de la Via Ariosto nº 67.

Cerca del castillo está la **catedral**, con una soberbia fachada.

Lamentablemente, su interior es mucho menos espectacular a causa de las torpes restauraciones realizadas en el siglo XVIII. Las principales obras de arte conservadas se encuentran en el excelente **Museo della Cattedrale** (*Piazza della Cattedrale; Tel 0532 761 299; cerrado lun.*), que contiene una colección de tapices, manuscritos ilustrados, relieves románicos, paneles de órgano pintados por Cosmè Tura que representan un *San Jorge* y una *Anunciación* (1469), y una *Madonna* (1408) del escultor sienés Jacopo della Quercia.

El sector norte de Ferrara está integrado en la llamada Addizione Erculea o Adición Hercúlea, programa de desarrollo urbano promovido por el duque Ercole I d'Este en 1492. El espacio está distribuido alrededor del Corso Ercole I d'Este, la calle principal, y el centro neurálgico es el **Palazzo Diamanti** (comenzado en 1492). Hoy acoge la Pinacoteca Nazionale, museo de arte especializado –aunque no exclusivamente– en obras de artistas de la escuela de Ferrara.

El cuarto de los edificios más sobresalientes de Ferrara, el Palazzo Schifanoia, se yergue al suroeste de la ciudad. El trayecto que enlaza la catedral con este palacio pasa por la Via Savonarola, donde se puede admirar la **Casa Romei** (*Tel 0532 240 341; cerrada lun. y tardes*), elegante mansión del siglo XV que conserva parte del mobiliario original y su decoración de frescos. Desvíese un poco al norte para contemplar el mobiliario, los jardines y los elaborados techos de la **Palazzina di Marfisa d'Este** (1559).

El **Palazzo Schifanoia,** proyectado como la residencia estival de los Este (su nombre significa despreocupado), se empezó en

Palazzo Diamanti (Pinacoteca Nazionale)
- ✉ Corso Ercole d'Este 1 21
- ☎ 0532 205 844
- ⊕ Cerrado lun. y tardes (excepto sáb.)
- $ $$

Palazzina di Marfisa d'Este
- ✉ Corso della Giovecca 170
- ☎ 0532 207 450
- ⊕ Cerrado lun.
- $ $

Palazzo Schifanoia
- ✉ Via Scandiana 23
- ☎ 0532 209 988
- $ $$

1385. En la actualidad debe su fama principalmente a los estucos de la Sala dei Stucchi (1470) y al **Salone dei Mesi** (1460-1471), este último decorado con frescos de Cossa y otros artistas o con espléndidas escenas alegóricas que representan los meses del año.

Un poco más al sur se levanta el **Palazzo Ludovico il Moro** (*Via XX Settembre 124; Tel 0532 66 299; cerrado lun.*), un palacio del siglo XV, ahora sede del Museo Archeologico Nazionale di Spina, centrado en los hallazgos del yacimiento de Spina, antiguo puerto greco-etrusco del delta del Po. La iglesia del convento cercano de **Sant'Antonio in Polesine** (*Vicolo del Gambone; Tel 0532 64 068; cerrada sáb.-dom.*) encierra diversas capillas con frescos de la Alta Edad Media. ∎

Rávena

RÁVENA CONSIGUIÓ CASI POR CASUALIDAD LOS MEJORES mosaicos bizantinos y paleocristianos de Europa. En el año 401 d.C., cuando el poder de Roma estaba en declive, fue nombrada capital del Imperio romano. Su puerto se convirtió en un cordón umbilical para el resto del mundo, y las tierras pantanosas de sus alrededores fueron el bastión contra los ejércitos bárbaros invasores. Tras la caída del Imperio, la ciudad continuó prosperando. El rey ostrogodo Teodorico gobernó desde Rávena después de 493 d.C., como lo hizo el emperador Justiniano a partir de 540. Ambos contribuyeron a embellecer sus iglesias y otros monumentos religiosos.

Rávena

www.turismo.ravenna.it

🅰 185 E4

Información

✉ Via Salara 8-12

📠 0544 541 688

MUERTE DEL IMPERIO

«Terminamos en Rávena y sentimos el esplendor de la Roma que moría entre los bárbaros de una forma que no volví a sentir hasta que llegué a las ruinas del Levante.»
—Freya Stark, (1950) ∎

Arriba y pág. siguiente: Rávena posee algunos de los mejores mosaicos del mundo. En el Mausoleo di Galla Placidia, iniciado hacia 430 d.C., el mosaico del fondo representa *El buen pastor.*

BASILICA DI SAN VITALE

El mayor atractivo de Rávena es la **Basilica di San Vitale** (*Via Fiandrini; Tel 0544 34 266*), iniciada por Teodorico en 521 d.C. y terminada en 547 por Justiniano. Este edificio octogonal posee mosaicos del siglo VI de una calidad extraordinaria. Los del ábside reflejan los séquitos cortesanos de Justiniano (a la izquierda) y su esposa Teodora (a la derecha).

En los jardines de la basílica se levanta un monumento de un encanto aún mayor, el **Mausoleo di Galla Placidia** o tumba de Gala Placidia, hermana del emperador Honorio I, que en 401 d.C. sancionó la elevación de la ciudad de Rávena a capital. La diminuta capilla está completamente cubierta con los más extraordinarios mosaicos de Italia.

Por otra parte, el edificio conventual de San Vitale, del siglo X, se ha destinado al **Museo Nazionale** (*cerrado lun.*), centro que destaca por su colección de marfiles y monedas antiguas, pero también por su exposición de piezas arqueológicas, bronces, tejidos, armas, cerámica y mosaicos romanos, bizantinos y paleocristianos.

LA CIUDAD

Mosaicos aparte, Rávena como ciudad es sorprendentemente agradable y rica. Su barrio medieval gira en torno a la **Piazza del Popolo**, una plaza con numerosos edificios antiguos y atractivas terrazas de cafés. Merece la pena visitarla, no por el Duomo, un decepcionante edificio del siglo V remodelado en el XVIII, sino por los interesantes edificios que hay a su alrededor.

El más importante es el **Battistero Neoniano** (*Via Battistero; Tel 0544 218 559*), unas termas romanas que fueron reformadas por el obispo Neón en el siglo V. En el interior, las paredes están casi enteramente cubiertas de mosaicos, estucos y otros tipos de decoración. Compare esta construcción con otra de igual importancia, el **Battisterio degli Ariani** (*Via degli Ariani; Tel 0544 34 424*), cuyos mosaicos, algo más tardíos, representan unos temas prácticamente idénticos.

Detrás de la catedral, el primer piso del palacio del Arzobispado aloja el **Museo Arcivescovile** (*Piazza Arcivescovile 1; Tel 0544 218 158*), en el que se encuentran cuatro piezas de gran interés: el *Trono de Maximiano*, marfil del siglo VI con grabados que representan escenas bíblicas; la *Cruz de San Agnellus* (556-569 d.C.), de plata; y dos capillas enteras decoradas con mosaicos de los siglos V y VI.

Al sur de la Piazza del Duomo encontramos la **Tomba di Dante** (*Via Dante Alighieri*), en la que está enterrado el poeta, que murió en la ciudad en el año 1321, después de exiliarse de Florencia. A su lado, la iglesia de **San Francesco**, del siglo X y en gran parte reconstruida en 1793, conserva algunos sarcófagos paleocristianos, un altar labrado a partir de la tumba de san Liberio del siglo IV, y la cripta original del siglo X.

También cabe destacar los mosaicos de la apartada pero notable iglesia de **Sant'Apollinare Nuovo** (*Via Roma; Tel 0544 39 081*), empezada en 519 d.C. por Teodorico. Los mosaicos dorados del siglo VI forman una banda en lo alto de las dos paredes de la nave: en el lado derecho (sur) se observa una fila de 26 mártires acercándose a Cristo y en la izquierda, una procesión de 22 vírgenes mártires que siguen a los Reyes Magos. Sobre ambas bandas, a cada lado están las figuras de algunos profetas y padres de la Iglesia, y episodios de la vida de Cristo. No confunda esta iglesia con la de **Sant'Apollinare in Classe** (*Tel 0544 473 661; cerrada dom. mañanas*), templo del siglo VI que se encuentra a unos 5 km al sur de Rávena. Esta construcción es todo cuanto queda del antiguo puerto romano de Classis, y sus mosaicos igualan en maestría a los que se pueden ver en la ciudad. ∎

Entradas

Existe una entrada válida para visitar San Vitale, el Mausoleo di Galla Placidia, el Battisterio Neoniano, el Museo Archivescovile, Santo Spirito y Sant'Apollinare Nuovo, la Ravenna Visitcard. Está a la venta en todos los monumentos citados. Para más detalles, consulte en las oficinas de turismo. ∎

Los venecianos crearon la Piazza del Popolo, el centro de la Rávena medieval, en el siglo XV.

Urbino

El Palazzo Ducale
de Urbino fue
comenzado en
1465 por Federico
da Montefeltro, un
hombre de armas
que hizo fortuna
como soldado
mercenario.

HUBO UN TIEMPO EN QUE URBINO ERA UNA DE LAS
cortes renacentistas europeas más importantes. Su actividad artística y cultural fue impulsada por los duques de Montefeltro, que
entonces la gobernaban. Y fue bajo el reinado de Federico da
Montefeltro, entre 1444 y 1482, cuando la ciudad alcanzó su máximo apogeo. En la actualidad constituye uno de los secretos más
bien guardados de Italia por sus calles antiguas y su palacio ducal.

El **Palazzo Ducale** o Palacio
Ducal domina el promontorio que
ocupa Urbino, con sus torres y sus
baluartes de piedra de color dorado alzándose sobre el agradable
paisaje ondulado que se extiende
hasta los pies de las murallas medievales de la ciudad. Su principal
arquitecto fue Luciano Laurana
(1420-1479), que creó un palacio
renacentista casi perfecto, con un
apacible patio interior (al estilo de
los modelos florentinos), una armoniosa combinación de ladrillo
y piedra, y una impecable pureza
de líneas y ornamental. En este
marco, no es de extrañar que floreciera la vida cultural: Rafael y el
arquitecto Bramante nacieron en
la ciudad, y Baltasar de Castiglione
se basó en sus experiencias en la
corte de Montefeltro para elaborar
su obra *El cortesano*, un manual de
comportamiento renacentista del

Urbino

🅰 185 F3

Información

✉ Piazza Duca
Federico 35

☎ 0722 2613 o 0722
2788

El significado de la extraña pintura de Piero della Francesca *La flagelación* aún escapa a los especialistas. El apuesto joven que aparece en primer término podría ser el medio hermano asesinado de Federico da Montefeltro.

Palazzo Ducale-Galleria Nazionale

✉ Piazza Duca Federico

☎ 0722 2760

🕐 Cerrado lun. tarde

💲 $$

Casa Natale di Raffaello

✉ Via di Raffaello 57

☎ 0722 320 105

🕐 Cerrada dom. y todas las tardes nov.-marzo

💲 $

siglo XVI que se difundió por toda Europa.

Procure visitar el *studiolo*, el estudio privado del duque, cuya *intarsia* (marquetería) en algunos puntos imita diseños de Botticelli.

En este palacio, la relativa falta de mobiliario de época puede decepcionar, aunque toda posible sensación de anticlímax es rápidamente compensada al llegar a la **Galleria Nazionale delle Marche** o Galería Nacional de Las Marcas. Contiene una enorme riqueza en pintura italiana, incluyendo tres de las mayores obras maestras del país: *La Muta*, de Rafael y dos misteriosas obras de Piero della Francesca: *Madonna di Senigallia* y *La flagelación*. Es igualmente destacable la pintura realizada por Luciano Laurana *La ciudad ideal*.

Urbino, una ciudad pequeña y amurallada, al igual que su palacio, vale la pena explorarla por sí misma. Al recorrerla, la primera parada obligatoria es un lugar de peregrinación artística, la **Casa Natale di Raffaello**, lugar de nacimiento de Rafael (1483-1520), quien residió en urbino hasta los 14 años. En el interior, la casa conserva todo el encanto de su época.

En la Via Barocci no deje de fijarse en dos pequeños oratorios (*ambos cerrados dom. tarde*): el **Oratorio di San Giuseppe**, conocido por su *stucco presepio*, un pesebre del siglo XVI, y el **Oratorio di San Giovanni Battista**, cuyo interior está adornado con frescos del siglo XIV que representan la *Crucifixión* y la *Vida de san Juan Bautista*. Reserve un rato también para el **Duomo**. Está alterado por reformas neoclásicas, pero guarda la famosa *Última Cena* de Federico Barocci, del siglo XVI. Cerca de aquí, en el **Museo Diocesano** (*Piazza Pascoli 2; Tel 0722 2850; cerrado lun. por las tardes en invierno*), es interesante ver la colección de cerámica, cristal y objetos religiosos. Finalmente, pasee por la Strada Panoramica, una pintoresca calle que sale de la Piazza Roma, y suba al parque situado en lo alto de la ciudad. Desde ambos sitios, las vistas sobre Urbino y el paisaje de los alrededores son admirables. ∎

Ascoli Piceno

POCAS PLAZAS, INCLUSO EN ITALIA, SON TAN FASCINANTES como la Piazza del Popolo de Ascoli Piceno, el corazón de la ciudad más bella de Las Marcas después de Urbino. Situada en el bucólico entorno del alto valle del Tronto, esta población cuenta con un casco antiguo amurallado fiel a la retícula de calles de la antigua colonia romana, Asculum Picenum.

En la **Piazza del Popolo,** edificios renacentistas menores se alzan codo a codo junto a palacios góticos de mayor envergadura. Entre ellos se halla el Palazzo dei Capitani del Popolo, cuya fachada está adornada con un portal renacentista y una estatua (1549) del papa Pablo III del pintor local Cola dell'Amatrice (1480-1559). De una categoría similar es la iglesia de San Francesco, iniciada en 1262, con un aspecto austero atenuado por la contigua Loggia dei Mercanti o Logia de los Mercaderes, edificio de influencia toscana que data de 1513.

Para recorrer la ciudad, diríjase en primer lugar a la Piazza Arringo, al este de la Piazza del Popolo. El *duomo* y el baptisterio se encuentran en ella, junto con el Palazzo Comunale, antes Ayuntamiento y ahora sede de la **Pinacoteca Civica** o museo de arte municipal. El *duomo*, del siglo XII, posee una fachada también de Cola dell'Amatrice, mientras que en su interior el elemento de más relieve es un excelente políptico (1473) de Carlo Crivelli, artista de origen veneciano que se estableció en la ciudad.

Siga el **Corso Mazzini** para observar la iglesia de Sant'Agostino, conocida por un fresco de *Cristo llevando la cruz*, de Cola dell'Amatrice. Luego, gire hacia el norte por la Via dei Torri para visitar las iglesias de San Pietro Martire del siglo XIII y la románica de Santi Vincenzo e Anastasia. ■

En Ascoli Piceno, el Palazzo dei Capitani del Popolo, del siglo XIII, preside la Piazza del Popolo.

Ascoli Piceno
www.le-marche.com
🗺 185 G1
Información
✉ Piazza del Popolo 17
☎ 0736 253 045

Pinacoteca Civica
✉ Palazzo Comunale, Piazza Arringo
☎ 0736 298 213
💲 $

Otras visitas interesantes en Emilia-Romaña y Las Marcas

FIDENZA

Los barrios modernos de Fidenza se apiñan alrededor del compacto núcleo medieval, visitado principalmente por su catedral del siglo XIII, un logrado ejemplo de fusión del románico lombardo y el gótico. Se encuentra en la Piazza del Duomo.

🚇 184 B5 **Información** ✉ Via Melloni 1b, Parma ☎ 0521 218 889

EL DELTA DEL PO

Una de las zonas donde todavía se pueden contemplar aves en cantidades considerables, en especial en primavera y otoño, es el delta del Po, al norte de Rávena. Gran parte de la zona es un parque, el **Parco Regionale del Delta del Po** (*www.parcodeltapo.com*), con interesantes reservas situadas cerca de Comacchio, la ciudad más importante de la región, y en los antiguos bosques del Bosco della Mesola. Allí podrá ver avocetas, garzas, garcetas, golondrinas de mar y otras aves acuáticas. Además, se puede disfrutar de los etéreos paisajes del delta conduciendo por la carretera SS309 o haciendo excursiones en barca desde pueblos como Taglio di Po.

🚇 185 E5 **Información** ✉ Via San Basilio 12, San Basilio ☎ 0426 71200 🕐 Cerrado dom. tarde, lun. y mediados sep.-mediados jun.)

MÓDENA

Módena (*www.comune.modena.it*) ofrece diversos elementos culturales destacados. Su catedral es una de las mejores del norte de Italia y el **Palazzo dei Musei** alberga un complejo de museos repletos de pinturas, esculturas y valiosos manuscritos. La **Galleria Ferrari**, en Maranello (*Via Dino Ferrari 43; Tel 0536 943 204; cerrada lun.*), a 20 km al sur, posee un museo dedicado a objetos relacionados con la marca Ferrari y a coches antiguos.

🚇 184 D4 **Información** ✉ Via Scudari 12 ☎ 059 206 660

PIACENZA

Debido a su fundamental emplazamiento en la llanura del Po, Piacenza (*www.comune. piacenza.it*) fue una importante plaza fuerte romana. El origen romano de la ciudad aún se puede observar en el trazado de las calles del casco antiguo. Su punto de mayor interés es el **Museo Civico** (*Piazza Citadella; Tel 0523 328 270; cerrado lun. y mar.-jue.*), instalado en el colosal Palazzo Farnese, comenzado en 1558. Sus piezas más destacables son una pintura de la *Madonna con el Niño y san Juan Bautista* de Sandro Botticelli y la curiosa y enigmática *Fegato di Pienza*, o hígado de Piacenza, bronce etrusco que representa un hígado de oveja cortado en rodajas sobre el que figuran los nombres de las deidades etruscas.

Otros lugares reseñables son la **Piazza dei Cavalli**, la plaza principal, denominada así por las dos estatuas de bronce de caballos y jinetes situadas a ambos lados de la plaza. Son obra de Francesco Mochi, y representan a Alessandro Farnese, que fue noble y soldado mercenario, y a su hijo Ranuccio.

Desde la plaza, diríjase a la **catedral** románico-lombarda (1122-1233), que se levanta al final de la Via XX Settembre, la calle principal. El interior del edificio, sencillo pero admirable, merece unos minutos de atención, al igual que la iglesia de **Sant'Antonino** (*desde la catedral se llega a ella por la Via Chiapponi*), célebre por los bajorrelieves del siglo XII que adornan su puerta principal.

🚇 184 B5 **Información** ✉ Piazzetta dei Mercanti 7 ☎ 0523 329 324

SAN LEO

San Marino, la pequeña República independiente dentro de Las Marcas, está situada en lo alto de una colina llena de turistas. El viaje sólo vale la pena por el paisaje. **San Leo** es mucho menos conocida; es una ciudad situada en un punto elevado con unas vistas también espléndidas, entre otros atractivos. Maquiavelo, el político y filósofo medieval, describió esta fortaleza como el mejor enclave militar de Italia, mientras que Dante se inspiró en su castillo para componer algunas partes de su *Purgatorio*. Dicho castillo todavía existe, rodeado de sus altas murallas que se elevan desde una plaza adoquinada flanqueada por una iglesia parroquial del siglo IX y por la catedral románica.

🚇 185 F3 **Información** ✉ Piazza Dante Alighieri 14 ☎ 0541 916 306 ∎

F lorencia es una ciudad
que rebosa arte y
arquitectura. Es un santuario
del Renacimiento cuyas calles y
museos están repletos de
pinturas y esculturas del mayor
florecimiento artístico que
Europa ha conocido.

Florencia

Bronce de Lorenzo Ghiberti

Florencia

FLORENCIA (FIRENZE) ESTÁ COLMADA DE PINTURAS, FRESCOS Y esculturas. Los tesoros del Renacimiento llenan multitud de museos, iglesias y galerías, mientras que la lista de nombres famosos del pasado de la ciudad –Dante, Maquiavelo, Miguel Ángel y Galileo– incluye algunas de las figuras más célebres de la Edad Media. La gran cantidad de museos que posee la convierten en una ciudad fundamentalmente de interiores, pero los animados mercados, las bellas plazas y sus jardines son ideales para descansar de esta profusión de obras de arte.

Florencia fue fundada en 59 a.C. para reemplazar un asentamiento etrusco anterior (en la actual Fiesole) situado en las colinas contiguas a la ciudad moderna. La colonia debió su prosperidad en gran parte al río Arno, navegable hasta este punto y atravesado por la Via Cassia, una de las rutas estratégicas que unían Roma con el norte. En la Edad Media, Florencia se convirtió en una ciudad-estado independiente, y rápidamente prosperó gracias a su industria textil y a su actividad bancaria. A lo largo del siglo XIII disfrutó de una sofisticada forma de gobierno republicano, pero en la centuria siguiente cayó en poder de una poderosa familia dedicada a la banca, los Médicis.

La fortuna de esta familia fue amasada por Giovanni de' Medici (1360-1429) y consolidada por Cosme el Viejo (1389-1464). Su heredero, Lorenzo el Magnífico (1449-1492), fue quien se benefició de sus frutos. El mecenazgo ilustrado de los Médicis y otros linajes, junto con la eclosión del saber humanista y clásico, constituyeron el estímulo para el Renacimiento, un despertar artístico que encontró en Florencia un medio idóneo para su expansión; por aquel entonces era la ciudad más dinámica y cosmopolita de Europa.

El poder de los Médicis empezó a flaquear en la década de 1490, a la muerte de Lorenzo, dejando paso a Girolamo Savonarola (1452-1498), un carismático monje que en 1498 sería destituido por el Papado. En 1512, los Médicis habían vuelto, aunque con su poder algo menguado, para ser expulsados de nuevo, en 1527, por el emperador Carlos V. Sólo dos años más tarde, la familia logró nuevamente el mando, ahora con Cosimo I, que tomó bajo su control la Toscana y adoptó el título de gran duque. El último Médicis murió en 1737, poniendo fin a una serie de gobernantes ineptos. La ciudad pasó por decreto a Francesco de Lorena, el futuro emperador Francisco I de Austria, y permaneció bajo el yugo austriaco hasta la unificación italiana, en 1860. Desde entonces, el suceso más destacado ocurrido en la ciudad es la catastrófica inundación de 1966, que causó numerosas víctimas y destruyó o deterioró millares de obras de arte.

Empiece su periplo artístico con las dos plazas principales: la Piazza della Signoria y la Piazza del Duomo. En la segunda se encuentran la catedral, el baptisterio y el Campanile. No deje de subir al campanario de la catedral o Campanile, donde la panorámica sobre Florencia y sus alrededores es fabulosa. Desde la plaza puede dirigirse a tres de los principales museos de la ciudad: Uffizi (pintura), Bargello (escultura) y el Museo dell'Opera del Duomo (escultura).

A continuación vienen dos importantes iglesias, Santa Croce y Santa Maria Novella, y luego, algunos museos de contenido excepcional: la Galleria dell'Accademia (el *David* de Miguel Ángel), el Palazzo Medici-Riccardi (una serie de frescos de Benozzo Gozzoli), el Museo di San Marco (pinturas de Fra Angélico) y las Cappelle Medicee (esculturas de Miguel Ángel).

En algún momento cruce el río, preferiblemente por el célebre Ponte Vecchio, y explore el barrio conocido como el Oltrarno. Aquí puede descubrir el Palazzo Pitti, cuyo museo de arte sólo es superado por los Uffizi, y la Cappella Brancacci. También encontrará el Giardino di Boboli, el jardín más encantador de la ciudad, así como numerosos talleres de artesanos y tiendas de antigüedades. Finalmente, no se pierda la magnífica iglesia de San Miniato al Monte. ∎

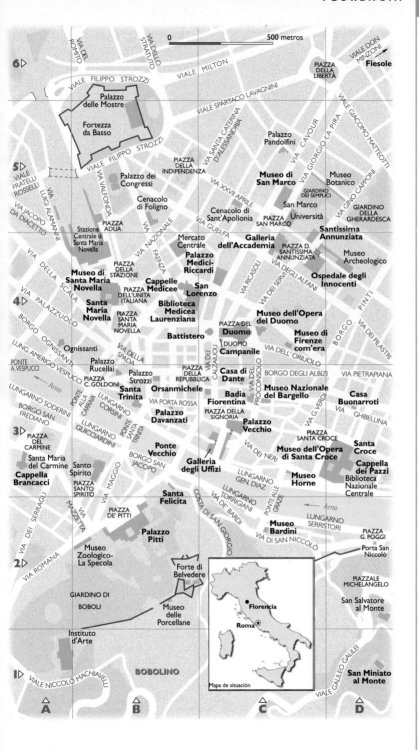

0   500 metros

VIALE DON MINZONI

VIALE DEL ROMITO

VIA DELLO STRAUTO

VIALE FILIPPO STROZZI

VIALE MILTON

PIAZZA DELLA LIBERTÀ

Fiesole

Palazzo delle Mostre

Fortezza da Basso

VIALE SPARTACO LAVAGNINI

VIA GIACOMO MATTEOTTI

VIALE FILIPPO STROZZI

Palazzo Pandolfini

VIA CAVOUR

VIA GIORGIO LA PIRA

VIALE FRATELLI ROSSELLI

VIA SANTA CATERINA D'ALESSANDRIA

PIAZZA DELLA INDIPENDENZA

Museo di San Marco

Museo Botanico

VIA VALFONDA

Palazzo dei Congressi

VIA XXVII APRILE

GIARDINO DEI SEMPLICI

VIA GINO CAPPONI

VIA LUIGI ALAMANNI

Cenacolo di Foligno

San Marco

GIARDINO DELLA GHERARDESCA

VIA JACOPO DA DIACETO

PIAZZA ADUA

VIA NAZIONALE

Cenacolo di Sant'Apollonia

PIAZZA SAN MARCO

Università

Santissima Annunziata

Stazione Centrale di Santa Maria Novella

VIA FAENZA

VIA GUELFA

Mercato Centrale

Galleria dell'Accademia

PIAZZA D. SANTISSIMA-ANNUNZIATA

Museo Archeologico

Museo di Santa Maria Novella

PIAZZA DELLA STAZIONE

Palazzo Medici-Riccardi

VIA RICASOLI

VIA DEI SERVI

Ospedale degli Innocenti

VIA DELLA SCALA

Cappelle Medicee

San Lorenzo

VIA DEGLI ALFANI

VIA DEI PILASTRI

VIA PALAZZUOLO

PIAZZA DELL'UNITÀ ITALIANA

Santa Maria Novella

Biblioteca Medicea Laurenziana

PIAZZA SANTA MARIA NOVELLA

Museo dell'Opera del Duomo

BORGO

BORGO OGNISSANTI

Battistero

PIAZZA DEL DUOMO

Museo di Firenze com'era

Ognissanti

VIA DELLA SPADA

DUOMO

VIA DELL'ORIUOLO

Palazzo Rucellai

VIA DEI CALZAIUOLI

Campanile

LUNG. AMERIGO VESPUCCI

PONTE A. VESPUCCI

Arno

PIAZZA C. GOLDONI

Palazzo Strozzi

PIAZZA DELLA REPUBBLICA

Casa di Dante

VIA DEL PROCONSOLO

BORGO DEGLI ALBIZI

VIA PIETRAPIANA

Santa Trìnita

Orsanmichele

Museo Nazionale del Bargello

Casa Buonarroti

LUNGARNO SODERINI

PONTE ALLA CARRAIA

LUNGARNO CORSINI

VIA PORTA ROSSA

Badia Fiorentina

VIA G. VERDI

VIA GHIBELLINA

BORGO SAN FREDIANO

Palazzo Davanzati

PIAZZA DELLA SIGNORIA

Palazzo Vecchio

PIAZZA SANTA CROCE

Santa Croce

LUNGARNO GUICCIARDINI

PONTE SANTA TRINITA

Ponte Vecchio

VIA DEI NERI

Museo dell'Opera di Santa Croce

Cappella dei Pazzi

PIAZZA DEL CARMINE

BORGO SAN JACOPO

Galleria degli Uffizi

LUNGARNO GEN. DIAZ

Museo Horne

Biblioteca Nazionale Centrale

Santa Maria del Carmine

Santo Spirito

VIA MAGGIO

Santa Felicita

LUNGARNO TORRIGIANI

PONTE ALLE GRAZIE

Arno

Cappella Brancacci

PIAZZA SANTO SPIRITO

COSTA DI SAN GIORGIO

VIA DE' BARDI

LUNGARNO SERRISTORI

VIA DEI SERRAGLI

PIAZZA DE' PITTI

Palazzo Pitti

Museo Bardini

PIAZZA G. POGGI

VIA MAZZETTA

VIA DI SAN NICCOLÒ

Porta San Niccolò

VIA ROMANA

Museo Zoologico-La Specola

Forte di Belvedere

PIAZZALE MICHELANGELO

GIARDINO DI BOBOLI

Museo delle Porcellane

Florencia

San Salvatore al Monte

Instituto d'Arte

Roma

VIA GALILEO GALILEI

VIALE NICCOLÒ MACHIAVELLI

BOBOLINO

Mapa de situación

San Miniato al Monte

A   B   C   D

6 ▷ 5 ▷ 4 ▷ 3 ▷ 2 ▷ 1 ▷

Florencia
www.firenzeturismo.it
o www.firenzemusei.it

📍 243 C4

Información

✉ Via Cavour 1r

☎ 055 290 832
o 055 290 833

✉ Borgo Santa Croce
29r

☎ 055 234 0444

✉ Piazza della Sta-
zione

☎ 055 212 245

Nota: en Florencia, las
direcciones comercia-
les terminan con
una r, que significa
rosso (rojo). En la
calle. estos números
aparecen en rojo

Piazza del Duomo

LA PIAZZA DEL DUOMO ES EL CENTRO RELIGIOSO DE Florencia. En ella se alza el Duomo (catedral) con su imponente cúpula, uno de los principales símbolos de la ciudad, flanqueada por su magnífico *Campanile* o campanario. Al pie de la catedral se erige el baptisterio, el edificio más antiguo de Florencia, un lugar de gran importancia espiritual y artística durante más de un milenio. Algunas de las obras de arte originalmente creadas para estos edificios se han trasladado para su mejor conservación al Museo dell'Opera del Duomo.

El **Duomo,** la cuarta catedral más grande de Europa, fue comenzado en el año 1296 por el arquitecto Arnolfo di Cambio (1245-1302). Consagrado en 1436, fue coronado con la mayor cúpula construida desde la Antigüedad, una obra maestra de la ingeniería medieval diseñada por Filippo Brunelleschi (1377-1466). La fachada policroma actual es un pastiche gótico, muy reciente, de 1887, ya que la de Arnolfo di Cambio fue derribada en 1587.

El contraste entre el exterior de la catedral, con su profusa decoración, y el interior, en apariencia sencillo, difícilmente podría ser

más acentuado. Contiene dos elementos arquitectónicos destacables: la cripta, donde se pueden ver los vestigios de **Santa Reparata**, antigua iglesia que ocupaba este lugar, y la **cúpula** de Brunelleschi, desde donde se divisa un espléndido panorama de Florencia y del paisaje de sus alrededores.

No obstante, antes de visitarlos contemple otras obras meritorias del interior. Empiece por tres pinturas expuestas en la pared derecha (norte): *Dante y la Divina Comedia* (1465) de Domenico di Michelino y dos retratos ecuestres de los soldados mercenarios Sir John Hawkwood (1436) y Niccolò da Tolentino (1456) de Paolo Uccello y Andrea del Castagno, respectivamente. El interior de la cúpula está decorado con los frescos de vivos colores del *Juicio*

Final (1572-1579) de Giorgio Vasari, que distraen nuestra atención de los auténticos tesoros que contienen las sacristías gemelas que se abren bajo la cúpula. A la izquierda, mirando al altar, está la **Sagrestia Nuova** o Sacristía Nueva, decorada con exquisitos paneles con decoración de marquetería y protegida con puertas de bronce (1446-1467) diseñadas por Michelozzo y Luca della Robbia. Sobre las puertas hay una luneta de ladrillo de color blanco azulado (1442), también de Luca della Robbia. Una luneta casi idéntica (1446-1451) del mismo artista adorna la **Sagrestia Vecchia** o Sacristía Vieja, al otro lado de la iglesia. Entre las dos sacristías, en el ábside central, hay un magnífico relicario de bronce (1432-1442) de Lorenzo Ghiberti.

Cúpula de la catedral (derecha), el Campanile (centro) y el Palazzo Vecchio (izquierda).

Duomo
- 205 C4
- ✉ Piazza del Duomo
- ☎ 055 230 2855
- 🕐 Cerrado dom. mañana y tardes del 1er sáb. de mes

Battistero
- 205 C4
- ✉ Piazza San Giovanni-Piazza del Duomo
- ☎ 055 230 2885
- 🕐 Cerrado lun.-sáb. mañanas y dom. tardes
- 💲 $$

año 897, cuando se menciona como la primera catedral de la ciudad. Gran parte de su decoración de inspiración clásica se remonta a la etapa comprendida entre 1059 y 1128, un período de reformas que vio la incorporación de la decoración geométrica exterior, compuesta por pilares, cornisas y frisos de mármol de colores. Los elementos de mayor relieve del Baptisterio son, sin lugar a dudas, sus **puertas**. Las del lado sur fueron las primeras en colocarse (1328-1336). Su diseño se debe al escultor de Pisa Andrea Pisano. Están decoradas con 28 paneles que muestran escenas de la vida del patrón de Florencia, san Juan

Turistas ante la puerta este del baptisterio, cuyos paneles Miguel Ángel bautizó como las «Puertas del Paraíso».

BATTISTERO

El Battistero o Baptisterio es el edificio más antiguo de la ciudad. Fue levantado sobre el emplazamiento de un edificio romano del siglo I d.C., probablemente hacia el siglo VI o VII, aunque la referencia documental más antigua es del

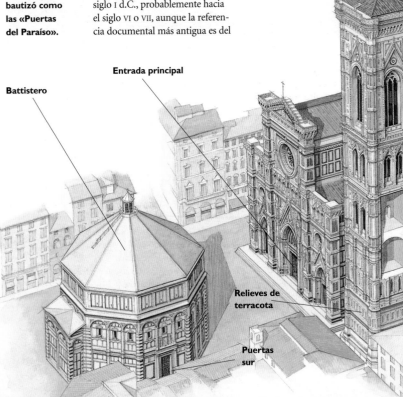

Campanile

Entrada principal

Battistero

Relieves de terracota

Puertas sur

Bautista, a quien está dedicado el templo. Las puertas del lado norte (1403-1424) fueron encargadas a Lorenzo Ghiberti, después de un concurso realizado en 1401, una fecha que a menudo se ha considerado el inicio del Renacimiento en Italia. Los temas representados son episodios de la vida de Cristo, los Evangelistas y los doctores de la Iglesia.

Son de una calidad incluso superior los paneles de Ghiberti (1425-1452) que decoran la más famosa de las tres puertas, la oriental, llamada **Puerta del Paraíso**, cuyos diez entrepaños ilustran escenas del Antiguo Testamento y poseen un grado de sofisticación narrativa y técnica nunca visto hasta entonces. Los paneles actuales son reproducciones: los originales se encuentran en el Museo dell'Opera del Duomo (ver más adelante).

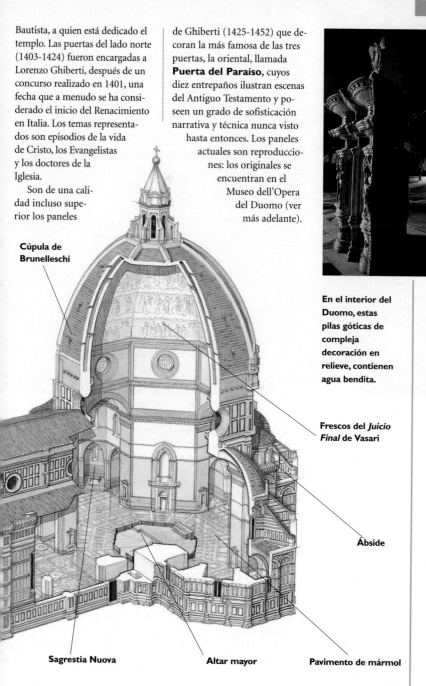

Cúpula de Brunelleschi

En el interior del Duomo, estas pilas góticas de compleja decoración en relieve, contienen agua bendita.

Frescos del *Juicio Final* de Vasari

Ábside

Sagrestia Nuova

Altar mayor

Pavimento de mármol

Muchos paneles de mosaico del techo del baptisterio son obra de artesanos venecianos.

Campanile

🅰 205 C4

✉ Piazza del Duomo

☎ 055 230 2885

💲 $$

A primera vista, el interior del Baptisterio parece una estructura anodina. Sin embargo, una mirada hacia arriba nos muestra un **techo** decorado con un majestuoso mosaico. Es una obra básicamente del siglo XIII iniciada por artesanos venecianos (los florentinos no dominaban la técnica del mosaico). Su composición, de extrema complejidad, abarca episodios de las vidas de Jesucristo, José, la Virgen y Juan Bautista. A la derecha de la *scarsella* o ábside encontramos una obra de Donatello y Michelozzo, la **tumba de Juan XXII**, consejero y amigo de los Médicis que murió en la ciudad en 1419. En el interior cabe destacar también la hilera de columnas de granito, probablemente procedentes del Capitolio romano, así como

el pavimento taraceado de mármol, donde todavía se puede observar el perfil octogonal de la pila bautismal original.

EL CAMPANILE

El Campanile es el campanario de la catedral. Su construcción empezó en 1334 bajo la supervisión del pintor Giotto, por entonces *capo maestro* o maestro de obras de la ciudad. Antes de su muerte, en 1337, solamente dejó terminados los cinco primeros pisos de la torre. Las obras prosiguieron en dos fases: la primera (1337-1342) con Andrea Pisano, artífice de la puerta norte del Baptisterio, y la segunda (1348-1359) con Francesco Talenti. La mayor parte de los relieves de los primeros pisos —los elementos decorativos más interesantes de la torre— fueron ejecutados por Pisano, Luca della Robbia y sus ayudantes. Los relieves actuales son copias: los originales se conservan en el Museo dell'Opera. Merece la pena subir los 82 metros hasta lo alto de la torre –no hay ascensor– por las sensacionales vistas sobre la ciudad.

EL MUSEO DELL'OPERA DEL DUOMO

El edificio de la Opera del Duomo fue erigido en 1296 para proteger la fábrica de la catedral. Desde 1891, este recinto se ha utilizado para salvaguardar obras de arte que a lo largo de los siglos se han extraído del Duomo, del Baptisterio y del Campanile. Su colección de esculturas, que ocupa dos pisos y un entresuelo en un impresionante y moderno museo, sólo es superada por la del Bargello.

El principal espacio es el patio cerrado del museo, donde el joven Miguel Ángel esculpió casi todo su célebre *David*. Hoy día alberga las «Puertas del Paraíso», los restaurados paneles de Lorenzo Ghiberti del baptisterio (ver pág. 209).

En la sala principal de la planta baja se exhibe un gran número de estatuas, la mayor parte de ellas sacadas de la fachada de la catedral, realizada por Arnolfo di Cambio, antes de su demolición. Las más llamativas son una imagen de *San Juan* de Donatello y dos obras de Di Cambio: la *Madonna de los ojos de cristal*, famosa por su mirada ausente, y una estatua del papa *Bonifacio*.

Subiendo al primer piso llegamos a la **Pietà** de Miguel Ángel (h. 1550), una obra tardía, realizada probablemente para su propia tumba (la figura de Nicodemo del Nuevo Testamento puede ser un autorretrato). Miguel Ángel quedó decepcionado con esta obra y, llevado por su frustración, rompió el brazo izquierdo y la pierna.

Más adelante, los desperfectos fueron reparados por uno de sus discípulos, pero las fracturas todavía son visibles y la discrepancia de estilos resulta evidente.

La primera sala del piso superior contiene dos *cantorie* o **coros,** uno de Donatello (1433-1439) y el otro de Luca della Robbia (1431-1438), procedentes de las entradas de las sacristías de la catedral. También se encuentra aquí la célebre talla de madera de *María Magdalena* (1455) de Donatello, y el profeta *Abacuc* o Habacuc (1423-1425), una de las 16 figuras procedentes del Campanile. La sala de la izquierda exhibe otros elementos extraídos de la torre: los relieves alegóricos del primer piso realizados por Andrea Pisano, Luca della Robbia y sus discípulos. Otras salas de los pisos superiores y del entresuelo albergan pinturas renacentistas, relicarios y una fascinante sección dedicada a Brunelleschi, con una serie de herramientas y otros utensilios usados en la construcción de la cúpula de la catedral. ■

La *Pietà* de Miguel Ángel, en el Museo dell'Opera. En un arranque de ira el escultor rompió el brazo y la pierna de Jesucristo; uno y otra, fueron restaurados posteriormente.

Museo dell'Opera del Duomo

🅐 205 C4

✉ Piazza del Duomo 9

☎ 055 230 2885

🕐 Cerrado 1° y último. lun. de mes

💲 $$

Orsanmichele

Orsanmichele
- 205 C3
- Via dei Calzaiuoli 42
- 055 284 944
- Cerrado 1er y último lun. de cada mes

Se cree que el cuadro que está al fondo del tabernáculo de Orcagna tiene poderes milagrosos.

DESDE LA PIAZZA DEL DUOMO, DIRÍJASE HACIA EL SUR por la Via dei Calzaiuoli, la calle peatonal más importante de Florencia. A mitad de recorrido, a la derecha, está la iglesia de Orsanmichele, conocida particularmente por la extraordinaria serie de esculturas de su, por otra parte, austero exterior. La iglesia toma su nombre de San Michele ad Hortum, el nombre de un oratorio del siglo VII que ocupaba el *hortum* u *orto* (huerto) de un monasterio benedictino situado en este lugar.

Este oratorio fue reemplazado hacia 1280 por un mercado de cereales. Durante la centuria siguiente, el edificio fue reconstruido en varias ocasiones y hacia 1380, su planta baja se había convertido en

una iglesia –más o menos el edificio que vemos hoy–, mientras que los niveles superiores conservaron su uso como graneros durante las épocas de hambruna y de asedio.

En 1339 ya se había encargado a los gremios de la ciudad la decoración del edificio. Cada una de las hornacinas exteriores de la fachada debía contener una estatua del patrón de un gremio. Algunos de los grandes nombres del primer Renacimiento, como Donatello, Ghiberti, Verrocchio y Luca della Robbia trabajaron en este edificio, esculpiendo las estatuas para las hornacinas y la decoración de su contorno (las obras actuales son copias).

El interior de la iglesia es un refugio apacible, aislado del gentío de la Via dei Calzaiuoli. Al entrar, una vez los ojos se han acostumbrado a la oscuridad se pueden contemplar fragmentos de frescos en las paredes: la mayoría representan a patronos de los gremios. En la parte trasera se conserva un magnífico **tabernáculo** (1348-1359) de Andrea Orcagna, construido en parte para alojar una pintura de una *Madonna y el Niño* (1347) de Bernardo Daddi, una obra que se creía que tenía poderes milagrosos. El tabernáculo, el mejor ejemplo en su género de toda Italia, fue sufragado con una cantidad ingente de donativos, motivados por la epidemia de peste negra de 1348. ■

Piazza della Signoria

Las almenas y la torre del reloj del Palazzo Vecchio, núcleo de la Piazza della Signoria.

ASÍ COMO LA PIAZZA DEL DUOMO ES EL CENTRO religioso de Florencia, la Piazza della Signoria ha sido durante siglos el centro administrativo. En uno de sus lados se alza el Palazzo Vecchio, antigua sede del gobierno de la ciudad, y está embellecida con varias esculturas de notable relieve. Es un lugar de reunión de turistas y florentinos: el Rivoire, uno de los cafés más distinguidos de la ciudad, se encuentra aquí, y cerca de éste se abre la entrada del más célebre de los museos de Florencia, los Uffizi (ver págs. 216-219).

Dominando la Piazza della Signoria se yergue el **Palazzo Vecchio.** Sus obras se iniciaron en 1299, probablemente a partir de un proyecto del arquitecto de la catedral, Arnolfo di Cambio. Inicialmente fue sede de los Priori o Signoria, el consejo que gobernaba la ciudad, pero en 1540 se convirtió en la mansión del Gran Duque Cosme

I. Éste se trasladó al Palazzo Pitti 9 años después, momento en que el palacio viejo (*vecchio*) adquirió el nombre que ha conservado hasta la actualidad.

Hoy en día, el palacio alberga de nuevo el Ayuntamiento, aunque gran parte del interior también está abierto al público. Se accede al recinto por un **patio** (1555-1574)

Piazza della Signoria
🅰 205 C3

Palazzo Vecchio
✉ Piazza della Signoria
☎ 055 276 8465
⊕ Cerrado jue. tarde
💲 $$

Un escultor amigo de Bandinelli comentó que su estatua *Hércules y Caco,* de la Piazza della Signoria, parecía un saco de melones.

con una espléndida decoración de Giorgio Vasari; a continuación se sube al **Salone dei Cinquecento,** la espaciosa estancia principal del palacio, diseñada para alojar a los miembros del Consiglio Maggiore, la asamblea que gobernó la República. Las pinturas del techo, la *Apoteosis de Cosme I* y las pinturas de las paredes, que narran victorias militares florentinas, son obra de Vasari.

Más interesantes resultan la estatua *Victoria* (1525), de Miguel Ángel, y el pequeño **Studiolo di Francesco I** (1569-1573), un estudio decorado por más de 30 artistas. En el piso superior, una vez en el Salone, gire a la izquierda y una serie de estancias, el Quartiere degli Elementi, le conducirá al Terrazzo dei Saturno, que ofrece una curiosa panorámica de la ciudad. Gire a la derecha y entrará en el Quartiere di Eleonora, los aposentos de la esposa de Cosme I. Aquí, lo más notable es la pequeña **Cappella di Eleonora** (1540-1545), suntuosamente decorada por el pintor manierista Bronzino.

Entre las habitaciones siguientes, la **Sala dell'Udienza** proporciona una buena vista sobre la Piazza della Signoria; tiene un espléndido techo (1472-1476) de Giuliano da Maiano, que también es el creador, junto con su hermano, de la puerta labrada de la sala contigua, la **Sala dei Gigli,** cuyo nombre proviene de las flores de lis (*gigli*) que la decoran. Esta habitación presenta otro notable techo de Maiano, una secuencia de frescos de Domenico Ghirlandaio (1481-1485) y la sublime estatua de Donatello de *Judith y Holofernes* (1455-1460). A su lado, la **Cancelleria** fue en otro tiempo el despacho de Niccolò Machiavelli, mientras que la contigua **Sala delle Carte**, donde ahora se exhiben magníficos mapas del siglo XVI, se destinaba a guardar los trajes oficiales de Cosme I.

La **Loggia della Signoria,** con sus tres grandes arcos y situada en el lado oriental de la plaza, se empezó a construir en 1376, seguramente a partir de los planos de Orcagna, para proteger a las autoridades de la ciudad de las inclemencias del tiempo durante las numerosas ceremonias públicas. Hoy sirve de pequeño museo exterior, donde se exhiben dos esculturas importantes y varias obras menores. La más famosa es el prodigioso *Perseo* (1545-1553) de Benvenuto Cellini. A su derecha está *El rapto de las ssabinas* (1583), de Giambologna, tallado en un único bloque de mármol. ■

Estatuas

Pág. siguiente: al atardecer, la gente va de compras y pasea alrededor del Palazzo Vecchio y su imponente campanario.

De izquierda a derecha, mirando hacia el Palazzo Vecchio, en el flanco oriental de la Piazza della Signoria aparecen estas estatuas: *Cosme I* (1587-1594), monumento ecuestre al duque de Médicis realizado por Giambologna; *Neptuno* (1565-1575) de Ammannati, una obra ridiculizada, entre otros, por Miguel Ángel; *Il Marzocco* (1418-1420) de Donatello, reproducción de la estatua del símbolo heráldico de Florencia (el original se conserva en el Museo Nazionale del Bargello); *Judith y Holofernes* de Donatello, otra copia cuyo original se encuentra en el Palazzo Vecchio; el *David*, reproducción del original de Miguel Ángel, ahora en la Galleria dell'Accademia; y *Hércules y Caco* (1534), esculpida por Bandinelli para exponerla junto al *David*. ■

Galleria degli Uffizi

ESPLÉNDIDO ES UN ADJETIVO DEL CUAL SE ABUSA EN Italia. En el caso de la Galleria degli Uffizi o los Uffizi, el término se queda corto ante un museo que reúne la mejor colección del mundo de pintura del Renacimiento. Todos los nombres destacados del arte italiano están aquí, no sólo los maestros renacentistas, sino también los pintores del apogeo del arte medieval, barroco y manierista de Italia. También exhibe obras de artistas extranjeros, en especial de los Países Bajos, España y Alemania.

El público de los Uffizi admira *El nacimiento de Venus* de Botticelli, una de las pinturas más famosas de la galería.

Galleria degli Uffizi

🅰 205 C3

✉ Loggiato degli Uffizi 6, que sale de la Piazza della Signoria

☎ 055 238 8651 o 055 294 883

🕐 Cerrado lun.

💲 \$\$

Florencia debe agradecer los Uffizi a la familia Médicis. El edificio que acoge la colección se proyectó en 1560 como un conjunto de oficinas (*uffizi*) para Cosme I, el primer gran duque de este linaje, mientras que la colección, acumulada por la familia a lo largo de siglos, fue legada a la ciudad (a condición de que nunca saliera de Florencia) por Anna Maria Luisa, hermana del último gran duque, Gian Gastone Médicis. La obra escultórica de la colección se destinó al Bargello; los materiales etruscos y otras obras de arte antiguas fueron al Museo Archeologico y la pintura se distribuyó entre los Uffizi y el Palazzo Pitti.

La galería ocupa unas 45 salas, y un repaso breve sólo permite ver las obras culminantes. Para los amantes de la pintura es recomendable efectuar dos visitas: una para recorrer las 15 primeras salas, que muestran las obras del Renacimiento florentino, entre ellas algunas de las telas más célebres del museo, y la segunda para disfrutar de las obras de artistas de otras escuelas italianas y extranjeras, que se distribuyen en las 30 salas restantes. Tenga en cuenta que es preciso hacer cola a cualquier hora y en todas las estaciones del año, aunque se pueden reservar entradas para una determinada hora del día (ver pág. 218).

Una serie de esculturas y frescos de Andrea del Castagno, en la planta baja, son el preludio a la visita de los Uffizi y, a partir de las tres soberbias imágenes de la **Maestà** o Virgen en el Trono de la **sala 3**, la exposición alcanza ya su pleno ritmo. Los tres mejores artistas italianos del siglo XIII son los autores de estas pinturas. La representación de Cimabue de los santos en torno al trono de la Virgen supera la de Duccio: los santos de Cimabue permanecen en una posición fija, mientras que los de Duccio, un pintor más próximo a la tradición bizantina, parecen estar flotando. Giotto da un salto aún mayor al utilizar la luz y las sombras para representar los pliegues del manto de la Virgen.

Las pinturas de los maestros italianos del gótico llenan las **salas 3-6**, empezando con obras de la ciudad de Siena, donde los artistas continuaron ciñéndose a las convenciones del arte bizantino de su etapa epigonal. Destacan la *Anunciación* (1333) de Simone Martini y obras de Pietro y Ambrogio Lorenzetti. A continuación vienen algunos exponentes del gótico internacional, un estilo muy detallado y de carácter cortesano, representado por la exquisita *Adoración de los Magos* (1423) de Gentile da Fabriano y la *Coronación de la Virgen* (1413), obra de Lorenzo Monaco.

La primera eclosión del Renacimiento se puede contemplar en la **sala 7**, que exhibe composiciones de los primeros iconoclastas, como Masaccio, Masolino y Fra Angélico. En la misma sala se expone una tela de uno de los más peculiares artistas italianos, Domenico Veneziano, un artista del que sólo se conocen con seguridad 12 obras. Cerca de éste observamos dos pinturas muy conocidas de uno de los discípulos de Veneziano, Piero della Francesca: los retratos (1460) de Federico de Montefeltro, el duque de Urbino, y de su mujer, Battista Sforza. En los retratos, Federico siempre mostró su perfil izquierdo, como aquí, a partir del momento en que se desfiguró el rostro en un torneo.

Botticelli
Casi con toda seguridad las **salas 10-14** son las que más se llenan de todo el museo, ya que en ellas se encuentran las pinturas más famosas: *La primavera* (1478) y *El nacimiento de Venus* (1485), de Botticelli. La segunda, en que aparece una mujer sobre una concha, fue el primer desnudo pagano del Renacimiento y, al igual que *La primavera*, tiene como principales referentes la mitología clásica y el saber humanista de la época. Venus quedó embarazada después

de la castración de Urano y entonces salió del mar, sugiriendo que la belleza (Venus) fue el resultado de una unión de lo físico y lo espiritual (Urano). En el mito –y en el cuadro–, las ninfas Cloris y Céfiro soplan para impulsar a Venus hacia la orilla, donde Hera la cubre con un manto. El tema de *La primavera* no es tan claro. Algunos críticos sugieren que se trata de una alegoría de la primavera o de las cuatro estaciones, mientras que para otros representa el triunfo de Venus; las Gracias que la acompañan simbolizarían su belleza y Flora, su fecundidad.

De Leonardo a Miguel Ángel
La **sala 15** contiene dos de las pinturas del reducido grupo de obras existentes en Florencia que se atribuyen a Leonardo da Vinci:

El duque Federico da Montefeltro de Piero della Francesca. Pese a que el artista admiraba al duque, pintó de él un retrato estrictamente realista.

La *Venus de Urbino*, de Tiziano. El inteligente uso del color por parte del artista, en particular del rojo, confiere mayor fuerza a la composición.

La Anunciación (1475) y *La Adoración de los Magos* (1481), obras que eclipsan las telas de Luca Signorelli y del Perugino expuestas en la sala.

La Tribuna octogonal, la actual **sala 18,** fue especialmente construida por los Médicis para exhibir sus obras de arte, entre las cuales sobresalía la *Venus de Médicis,* estatua romana del siglo I a.C.

Las seis salas siguientes están dedicadas a cuadros florentinos, venecianos, alemanes y flamencos. Ya bien entrados en la segunda mitad de la galería, hasta la **sala 25,** no encontramos la única pintura de Miguel Ángel que posee

Reserva de entradas

Durante todo el año y a cualquier hora del día se forman largas y tediosas colas para entrar en los Uffizi. Para reservar entradas, llame a Firenze Musei (Tel 055 294 883, *www.firenzemusei.it*) entre las 8.30 y las 16.30 h de lun. a vier. o entre las 8.30 y las 12.30 h los sáb. (Las líneas telefónicas suelen estar ocupadas.) Si hay plazas disponibles, le darán un número de reserva para el día de su visita. En caso de que tenga una reserva, deberá recoger las entradas en la recepción, situada a la izquierda de la entrada principal de la galería. Recójalas a la hora convenida y acceda directamente a la galería. Al precio normal le añadirán un pequeño recargo por la reserva. ∎

los Uffizi: el *Tondo Doni*, o *Sagrada Familia* (1504).

Rafael y los manieristas

El significado del *Tondo Doni* de Miguel Ángel no se ha llegado a esclarecer, pero su mensaje deliberadamente oscuro, sus figuras contorsionadas y su vivo colorido ejerció una profunda influencia en un estilo de pintura conocido como Manierismo, corriente cuyos máximos exponentes se pueden contemplar en las cuatro salas siguientes. Fíjese en particular en la *Cena de Emaús* (1525) de Pontormo, en la **sala 27**, y en la *Madonna y el Niño con ángeles* (1534-1540) del Parmigianino, esta segunda, famosa por el cuello de la Virgen, de acusada palidez **(sala 29)**.

Otro de los pintores del Alto Renacimiento que influyó sensiblemente en los manieristas fue Rafael, cuyas obras de mayor relieve en los Uffizi se concentran en la **sala 26**. Las más notables son la *Madonna del jilguero* (1506) y los retratos impasibles (1506) del papa Médicis, León X, y de los cardenales Julio de Médicis y Luigi de Rossi. La influencia de Rafael también es patente en Tiziano, cuya escandalosa *Venus de Urbino* (1538), uno de los desnudos más explícitos del arte occidental, llevó a Mark Twain a describirla como «la pintura más sucia, más vil y más obscena que posee el mundo.»

Rembrandt y Caravaggio

Las **salas 30-35** contienen principalmente pinturas de artistas del norte de Italia, sobre todo de Venecia y de la Emilia-Romaña,

pero quizá deseará prescindir de estas salas y reservar energías para las obras de excepcional calidad de las últimas salas del museo. La **sala 41** está dominada por Van Dyck y Rubens, y por las pinturas encargadas a Rubens después del matrimonio del rey Enrique IV de Francia con María de Médicis. Caravaggio enarbola el estandarte de Italia en la **sala 43,** cuya pomposidad crea un fuerte contraste con dos autorretratos introspectivos de Rembrandt, que figuran en la sala siguiente.

Derecha: Miguel Ángel pintó la *Sagrada Familia* o *Tondo Doni* para celebrar el matrimonio de Angelo Doni y Madalena Strozzi en 1504.

En el **Corridoio Vasariano** se exhibe un gran número de lienzos de artistas que ya hemos visto y de otros que vemos por primera vez. Se trata de un cuerpo construido por Cosme I para comunicar los Uffizi con el Palazzo Pitti por encima del río. Sin embargo, como sólo está abierto de forma intermitente, hay que consultar los horarios de visita en las oficinas de información o en la taquilla de los Uffizi. ■

Museo Nazionale del Bargello

LA COLECCIÓN DEL BARGELLO DE ESCULTURA GÓTICA Y renacentista es una de las más importantes de Italia. Únicamente la supera la de otro museo de Florencia, la de los Uffizi. El museo recibe su nombre del edificio que lo acoge, el Bargello, un edificio construido en 1255 y utilizado como sede del *podestà*, el alto magistrado de la ciudad. Posteriormente se convirtió en tribunal de justicia, prisión y lugar de ejecución, para adquirir su nombre actual en el año 1574, después que los Médicis aboliesen el cargo de *podestà* y cedieran el edificio al *bargello*, o jefe de policía.

Piedad de Giovanni della Robbia. La familia Della Robbia dio varios artistas famosos por este tipo de terracotas esmaltadas policromas.

Museo Nazionale del Bargello

- 205 C3
- Via del Proconsolo 4
- 055 238 8606
- Cerrado lun. y tardes mar.-dom., pero abierto mañanas 1°, 3°, 5° dom. y 2° y 4° lun. de mes
- $$

Pág. siguiente: el David (1430-1440) de Donatello. La figura se representa de pie sobre la cabeza de Goliat.

Las obras escultóricas más destacadas del Bargello ocupan dos grandes salas, una en la planta baja y la otra en el primer piso, aunque conviene puntualizar que el museo también dedica muchas salas a una espléndida colección de alfombras, tapices, objetos de plata, esmaltes, marfiles, cristalería y otras valiosas piezas artísticas.

La primera sala de la planta baja a mano derecha, pasada la taquilla, muestra las mejores esculturas del museo, de finales del Renacimiento. La mayoría de la gente se dirige directamente a las tres obras de Miguel Ángel: un **Baco** (1497) tambaleante y claramente ebrio, esculpido cuando el escultor tenía sólo 22 años; un delicado tondo de la **Madonna con el Niño** (1503-1505) y un busto de **Bruto** (1539-1540) de cara sa-

tisfecha, la única obra de este tipo que el genio dejó terminada.

Esta sala contiene además diversas obras de artistas contemporáneos de Miguel Ángel. Benvenuto Cellini es el creador, entre otras piezas, del **Busto de Cosme I** y de varios bronces precursores de su magnífica estatua del *Perseo*, que se alza en la Loggia della Signoria (ver pág. 214). Giambologna está representado por su **Mercurio** alado.

Cruce el patio del Bargello, antiguo lugar de ejecuciones, para contemplar las obras góticas, menos llamativas, de las dos salas restantes de la planta baja (los blasones de las paredes del patio pertenecen a los numerosos *podestà* que ocuparon el palacio a través de los siglos). Luego, suba por la escalera exterior del patio al primer piso, donde encontrará un bello y excéntrico conjunto de animales de bronce creado por Giambologna. Gire a la derecha y pasará a la segunda gran sala de esta planta, el **Salone del Consiglio Generale.**

Las esculturas que contiene representan la culminación del arte del Renacimiento. El papel preeminente de Miguel Ángel en la planta baja es asumido aquí por Donatello y su escultura más célebre, el andrógino *David* (1430-1440). Otras obras maestras más pertenecientes al mismo artista son el *San Jorge* (1416), realizado para los Armaiuoli, o gremio de los armeros; *San Jorge matando al dragón* (1430-1440), esculpido para Orsanmichele; un *David* (1408) de mármol; un *Marzocco* (1420) de piedra, el símbolo heráldico de Florencia; y el **Atis-Amorino** (1440), un *putto* (amorcillo) frívolo de origen mitológico desconocido.

Otras dos composiciones imprescindibles, de una inmensa importancia histórica, son dos **relieves** que representan el *Sacrificio de Isaac,* de Lorenzo Ghiberti y Filippo Brunelleschi. Ambos resultaron vencedores en un concurso celebrado en 1401 para escoger al escultor al que se encargarían las puertas del baptisterio (ver págs. 208-209). Son destacables también las características figuras de terracota policroma del siglo XV de Luca della Robbia, así como las obras de la mayoría de los grandes nombres de la escultura del Renacimiento: Michelozzo, Vecchietta, Agostino di Duccio, Desiderio da Settignano y muchos más.

El resto de la primera planta y toda la segunda del Bargello están dedicadas, en gran parte, a una sobresaliente colección de **artes decorativas** que abarca muchos si-

glos. En el segundo piso, las piezas más notorias son las colecciones de arte islámico, marfiles y la Cappella di Santa Maria di Maddalena, magníficamente decorada. En el primero se exhiben unos frescos (1340) de la escuela de Giotto descubiertos en 1840, cuando la capilla se reformaba tras su uso como prisión. La excelente pintura de *Il Paradiso*, en la pared del fondo, representa a Dante (de castaño, en el grupo de la derecha de los salvados, el quinto desde la derecha). Muchos estudiosos del Renacimiento creen que esta figura era el propio Giotto. El precioso púlpito de la capilla, el atril y las sillas del coro (todo ello de 1483-1488) originalmente fueron ejecutados para la iglesia de San Miniato al Monte (ver pág. 239).

En la tercera planta observe las terracotas esmaltadas de la familia della Robbia (Andrea, Luca y Giovanni); los bronces y otras esculturas de Antonio del Pollaiolo y del artista sienés Vecchietta; la Sala delle Armi, una muestra de armas y armaduras; y el Salone del Camino, que alberga la mejor colección de miniaturas de bronce de Italia. ■

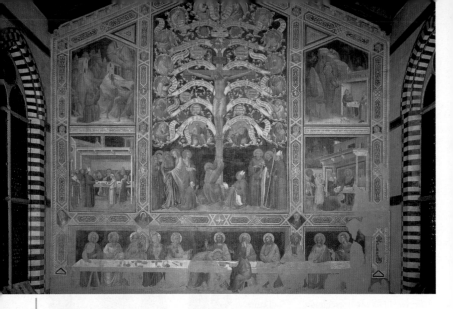

Santa Croce

LA IGLESIA MÁS EXCEPCIONAL DE FLORENCIA NO ES SÓLO un templo al arte –con frescos de Giotto y otros artistas–, sino también el lugar donde están enterrados 270 de los personajes más eminentes de la ciudad, ente ellos Galileo, Miguel Ángel y Maquiavelo. En el claustro contiguo al edificio está la Capilla dei Pazzi, considerada una de las creaciones más perfectas del primer Renacimiento. La plaza exterior, la Piazza Santa Croce, es el centro de uno de los barrios antiguos más interesantes de la ciudad.

Santa Croce

- 205 D3
- Piazza Santa Croce
- 055 244 619
- Cerrada dom. mañana
- Iglesia, museo y Cappella dei Pazzi $

La iglesia de Santa Croce, probablemente diseñada por Arnolfo di Cambio, fue construida por encargo de los franciscanos. Iniciada hacia 1294, en su edificación se invirtieron enormes sumas de dinero, en gran parte procedente de poderosas familias florentinas.

Las elevadas sumas invertidas en Santa Croce por estos mecenas explican la ostentosa decoración de sus capillas, muchas de las cuales llevaban el nombre de las familias que las financiaban. También explica el lujo de sus numerosas **tumbas**, que encontramos justo al acceder al espléndido interior del **Monumento a Miguel Ángel** (1570) de Giorgio Vasari (frente al primer pilar, en la pared sur). A su lado se alza un cenotafio a Dante: el poeta está enterrado en Rávena, donde murió en el exilio en 1321. A continuación aparece un bello púlpito (1472-1476) de Benedetto da Maiano (tercer pilar), seguido por la **tumba de Maquiavelo** (1787). Detrás de ésta, y pasado un relieve de piedra lustrada de la *Anunciación* (1435) de Donatello, se hallan las tumbas del compositor lírico Gioacchino Rossini (1792-1868) y del erudito humanista del siglo XV Leonardo Bruni.

Esta última (1446-1447) es obra de Bernardo Rossellino y se convirtió en uno de los monumentos funerarios más influyentes de los inicios del Renacimiento, especialmente porque era la primera vez que una figura humana era el centro de la tumba de un laico. Entre las obras que recibieron su influencia está la segunda gran tumba de un seglar, el monumento (1453) de Desiderio da Settignano dedicado a Carlo Marsuppini, otro erudito humanista. Se alza al otro lado de la nave, casi enfrente de la tumba de Bruni. Volviendo atrás, en el lado norte se puede contemplar la **tumba de Galileo** (1737), cerca de la entrada que hay frente al monumento a Miguel Ángel.

Las paredes de Santa Croce están decoradas con fragmentos de frescos descoloridos que acentúan el gusto por las mejores obras pictóricas: la Cappella Bardi y la Cappella Peruzzi, dos capillas situadas a la derecha del altar mayor, con frescos de Giotto realizados aproximadamente entre 1315 y 1330. En la segunda capilla, los murales describen escenas de las vidas de san Juan Bautista y de san Juan Evangelista, mientras que los de la primera representan varios episodios de la *Vida de san Francisco*.

Las capillas de alrededor contienen numerosos frescos de artistas influidos o formados por Giotto. A la izquierda de la **Cappella Bardi,** en el presbiterio que rodea el altar mayor, se pueden observar los frescos de la *Leyenda de la Cruz* (1380) de Agnolo Gaddi (1333-1396). El mismo artista decoró la **Cappella Castellani** (primera capilla a la derecha en el crucero sur), en cuya pared izquierda se reflejan episodios de la vida de san Antonio abad y en la derecha, imágenes de las vidas de san Juan Bautista y de san Nicolás (1385). A la izquierda de esta capilla, la **Cappella Baroncelli** contiene una serie del padre de Agnolo, Taddeo, dedicada básicamente a escenas de la vida de la Virgen (1332-1338). Más obras de Taddeo y otros artistas decoran la sacristía y su pequeña capilla anexa, la Cappella Rinuccini. Otras pinturas, entre ellas un célebre *Cristo* del siglo XIII de Cimabue, se pueden contemplar en el **Museo dell'Opera di Santa Croce,** cuya entrada se encuentra en el pasillo derecho de la iglesia. La entrada del museo incluye también la visita a la **Cappella dei Pazzi** (1429-1470), una obra maestra de la arquitectura diseñada por Brunelleschi y decorada por Luca della Robbia, Giuliano Maiano y Desiderio da Settignano. ∎

Santa Croce es una obra maestra del arte gótico.

San Lorenzo

San Lorenzo

🅰 205 B4

✉ Piazza San Lorenzo

☎ 055 216 634

🕐 Cerrada dom.

💲 $

SAN LORENZO ES LA IGLESIA MÁS ANTIGUA DE FLORENCIA –fue fundada en 393– y durante muchos años fue la catedral de la ciudad y la parroquia de los Médicis. Unos generosos donativos de la familia en el siglo XV ayudaron a transformar la antigua iglesia románica del siglo XI en el edificio actual, una sobria obra maestra del Renacimiento diseñada por Filippo Brunelleschi.

El *Martirio de san Lorenzo*, de Bronzino, muestra cómo el santo es asado vivo en una parrilla.

La obra de arte más importante de la iglesia son los *Desposorios de la Virgen* (1523), de Rosso Fiorentino, expuesta en la segunda capilla de la pared sur. En medio de la nave se alzan dos púlpitos (1460), cuyos relieves de bronce fueron una de las últimas obras de

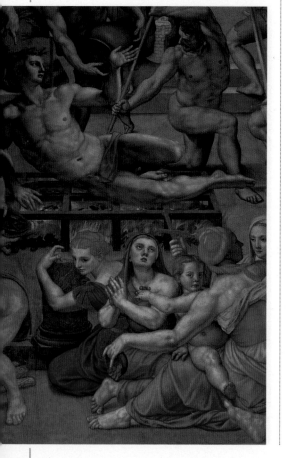

Donatello, que está enterrado en la iglesia. A su derecha hay un tabernáculo, la *Pala del Sacramento* (1458-1461), de Desiderio da Settignano, mientras que bajo la cúpula, una inscripción señala la tumba de Cosme de Médicis.

Encontramos otras tumbas de los Médicis a la izquierda del altar, en la **Sacrestia Vecchia** o Sacristía Vieja (1421-1426), encargada como capilla privada por el padre de Cosme, Giovanni Bicci de Médicis. Giovanni y su esposa están enterrados bajo la losa de mármol del centro de la capilla, mientras que sus nietos, Giovanni y Piero de Médicis, yacen en una tumba (1472) de Andrea del Verrocchio, a la izquierda de la puerta de entrada. Donatello es el autor de los ocho *tondi* (relieves circulares) pintados, del friso de querubines y de dos grandes relieves, así como de las puertas de bronce de la pared del fondo.

Salga de la iglesia por el extremo norte de la nave, deteniéndose antes a admirar el frontal de altar de la *Anunciación* (1440) de Filippino Lippi. Antes del claustro, una puerta a su derecha da acceso a la **Biblioteca Medicea Laurenziana** (*Tel 055 210 760; cerrada mar.-dom. tardes y lun. todo el día*), una biblioteca creada por el papa Clemente VII para albergar los 15.000 manuscritos acumulados por Lorenzo y Cosme de Médicis. El vestíbulo y la sala de lectura fueron diseñados por Miguel Ángel. ∎

Cappelle Medicee

LAS CAPPELLE MEDICEE O CAPILLAS MEDICEAS SON EL mausoleo de los Médicis, un recinto anexo a la iglesia de San Lorenzo. En la primera sección yacen muchísimos miembros secundarios de la familia, mientras que la segunda, la Cappella dei Principi, alberga las tumbas de seis de los grandes duques. La tercera parte, la Sacrestia Nuova, es la más espectacular.

Cappelle Medicee

- 205 B4
- Piazza Madonna degli Aldobrandini 2
- 055 238 8602
- Cerrados 2° y 4° dom. y 1°, 3° y 5° lun. de mes.
- $$

Pasada la recepción, envueltos en la penumbra de la **cripta,** descansan los cuerpos de 49 de los miembros secundarios de la familia Médicis.

Desde aquí, unas escaleras conducen a la **Cappella dei Principi** o Capilla de los Príncipes, el más caro de los proyectos emprendidos por los Médicis. Iniciada en 1604, todavía se estaba pagando cuando la línea familiar se extinguió en 1743. El colosal interior contiene las tumbas de seis de los grandes duques Médicis: Cosme fue el primero en adoptar el título de duque, en 1570. Todas ellas son monumentos desmesurados, como lo son también los mármoles de tonos llamativos que cubren las paredes. Los elementos de mayor interés son los escudos de armas de piedra de las 16 principales ciudades toscanas que estaban bajo control de la familia.

Podemos observar ejemplos más bellos del mecenazgo de los Médicis en la **Sacrestia Nuova,** proyectada por Miguel Ángel. También se deben al escultor las **tres tumbas** (1520-1534) de este recinto. La de la derecha pertenece a Lorenzo, el arrogante nieto de Lorenzo el Magnífico, representado aquí como un pensador. Las dos figuras que lo acompañan encarnan el Alba y el Crepúsculo. Frente a ésta se halla la tumba de Juliano, el menor de los hijos de Lorenzo el Magnífico, de carácter débil, que aparece representado

como un hombre de acción, acompañado por las figuras del Día y la Noche. La tercera escultura, una *Madonna con el Niño* inacabada, fue encargada para embellecer las tumbas de Lorenzo el Magnífico y de su hermano Juliano. ■

La tumba de Juliano de Médicis, de Miguel Ángel.

El *Cortejo de los Magos* de Benozzo Gozzoli, contiene retratos de Lorenzo el Magnífico y otros insignes Médicis.

Palazzo Medici-Riccardi

EL PALAZZO MEDICI-RICCARDI FUE CONSTRUIDO POR Cosme de Médicis entre los años 1444 y 1462, probablemente según un proyecto de Brunelleschi. Fue la casa de la familia Médicis hasta 1540, cuando Cosme I se trasladó al Palazzo Vecchio. Aunque es un edificio subestimado, el palacio, con su rusticidad –lograda mediante un almohadillado tosco–, tuvo cierta influencia en otros palacios florentinos posteriores.

Cappella dei Magi

🅰 205 C4
✉ Via Cavour 3
☎ 055 276 0340
🕐 Cerrada miér.
💲 $$

ENTRADAS

La taquilla del palacio se encuentra en el jardín, pasado el patio. Al entrar en él, a mano derecha salen las escaleras que suben a la capilla. Suele haber una larga cola, pues en su interior sólo se permite un máximo de 15 personas a la vez. ∎

Actualmente, los turistas lo visitan por la **Cappella dei Magi,** una reducida capilla decorada con un fresco en tres paneles (1460) de Benozzo Gozzoli, discípulo de Fra Angélico.

A primera vista, el tema representado es el *Cortejo de los Magos.* Pero posiblemente su tema en realidad es la procesión anual de la *Compagnia dei Magi,* la más prestigiosa de las cofradías medievales de Florencia. Algunos Médicis fueron miembros de esta orden, entre ellos Pedro II de Médicis, quien pudo haber encargado los frescos. Dada la posición de la familia, no es de extrañar que muchos de sus miembros aparezcan como protagonistas de las pinturas.

Asignar nombres a los personajes, sin embargo, no resulta fácil. La figura que encabeza la procesión montada en un caballo blanco se cree que es Pedro; el personaje a lomos de mula que lleva un gorro rojo podría ser Cosme de Médicis, mientras que el rey, cubierto con una capa dorada y jinete en un caballo gris y separado del resto de la comitiva, seguramente es Lorenzo el Magnífico. El hermano de Lorenzo, Juliano, podría ser la figura precedida por un arquero. Gozzoli se incluyó también en la multitud: aparece a la izquierda, en la segunda fila del fondo, con las palabras OPUS BENOTTI –obra de Benozzo– en color dorado destacando sobre su gorro rojo. ∎

Galleria dell'Accademia

TAN SÓLO LOS UFFIZI RECIBEN MÁS VISITANTES QUE LA Galleria dell'Accademia, ya que el *David* de Miguel Ángel atrae a multitud de visitantes. El edificio fue erigido por el Gran Duque Pietro Leopoldo I en 1784 para instalar una colección de pintura y escultura florentina con el fin de que sirviese de taller para los estudiantes de la academia de artes de la ciudad.

Galleria dell' Accademia

🄰 205 C4

✉ Via Ricasoli 60

☎ 055 238 8609.
(reserva de entradas
055 294 883)

🄲 Cerrada lun.

🅂 $$

El *David* de Miguel Ángel fue encargado en 1501 por la Opera del Duomo, la institución que se ocupaba del mantenimiento de la catedral. El tema –David dando muerte a Goliat– fue elegido por su paralelismo con la historia de Florencia en aquella época, ya que evocaba la tardía liberación de la ciudad del poder de los Médicis y su capacidad de oponerse a enemigos poderosos.

La creación de Miguel Ángel resulta aún más admirable por el hecho de que la estatua fue tallada en un solo bloque de mármol, delgado y lleno de imperfecciones, que se consideraba inadecuado para trabajarlo. Diversos artistas, Leonardo da Vinci entre ellos, no habían conseguido hacer nada con el bloque. Miguel Ángel sorprendió a los escépticos al terminar su obra al cabo de tres años, tras los cuales se colocó en la Piazza della Signoria.

La estatua permaneció en la plaza hasta 1873, cuando su prolongada exposición al aire libre ya había hecho desaparecer el dorado de sus cabellos y de su pecho. También desapareció la falda de hojas de cobre diseñada para complacer a los florentinos más puritanos. Lo que ha quedado son las curiosas proporciones de la figura –los brazos son desproporcionadamente largos, y las manos y la cabeza, demasiado grandes–, detalles que resaltaban la monumentalidad de la estatua.

La galería también posee un gran número de pinturas y otras obras de Miguel Ángel, como la estatua de *San Mateo* (1504-1508) y cuatro *Esclavos.* Las cinco esculturas (inacabadas), inicialmente fueron proyectadas para la tumba del papa Julio II. ■

El *David* de Miguel Ángel fue creado para exponerlo al aire libre.

Museo di San Marco

EL MUSEO DI SAN MARCO EN UN TIEMPO FORMÓ PARTE del convento dominico de San Marcos, un edificio en gran parte sufragado por Cosme de Médicis, que impulsó la creación de una espléndida biblioteca y corrió con los gastos de la ampliación del edificio conventual, realizada entre el 1437 y el 1452. Hoy en día, el convento es un museo especializado en obras de Fra Angélico, el antiguo monje y prior de la congregación recordado como uno de los pintores más sublimes del Renacimiento.

Museo di San Marco

- 🅰 205 C5
- ✉ Piazza San Marco 1
- ☎ 055 238 8608
- 🕐 Cerrado todas las tardes y 1°, 3° y 5° dom., y 2° y 4° lun. de mes
- 💲 $$

Al entrar en este antiguo monasterio, se accede al **Chiostro di Sant'Antonio,** un claustro diseñado en la década de 1440 por Michelozzo, uno de los arquitectos predilectos de los Médicis. Toma su nombre de Antonino Pierozzi (1389-1459), un arzobispo de Florencia que fue el primer prior del monasterio y el consejero religioso de Fra Angélico. Preferentemente, observe en primer lugar los descoloridos frescos de las cuatro esquinas del claustro, todas decoradas por Fra Angélico, antes de pasar a las obras mayores del **Ospizio dei Pellegrini** (en el exterior del claustro, a la derecha), sala en otro tiempo utilizada para ofrecer hospitalidad a los peregrinos que estaban de paso. Las pinturas proceden de iglesias y otros edificios de Florencia, e incluyen

dos de las principales obras del artista: la *Madonna dei linaiuoli* (1433), encargada por el gremio de tejedores (los *linaiuoli*), y el *Retablo de san Marcos* (1440), un encargo de los Médicis para la iglesia de San Marcos, contigua al convento. Cabe destacar la presencia en el retablo de los santos Cosme y Damián, escogidos como sus patronos por los Médicis, por su estatus de *medici*, médicos.

En la esquina a mano derecha del claustro, una puerta da acceso a la **Sala del Lavabo,** donde los monjes se lavaban antes de comer. Las paredes de la entrada muestran otros frescos de Fra Angélico, mientras que el espacioso refectorio que se encuentra a la derecha está dominado por una pintura de *La Última Cena,* obra del siglo XVI del artista Giovanni Sogliani.

El *Cenacolo* o Última Cena, era un tema frecuente, por razones obvias, en la decoración de los refectorios monásticos. Diversos edificios de Florencia ofrecen otras versiones, pero existe una de mayor calidad, realizada en 1480 por Domenico Ghirlandaio, en el **Refettorio Piccolo** (Refectorio pequeño) de San Marcos, al que se llega por un pasillo que sale del claustro, al lado de la antigua campana del convento. La contigua **Sala Capitular,** cerca de la campana, contiene un impresionante fresco de *La crucifixión* (1441) de Fra Angélico. Pasado el refectorio,

un pasillo conduce a la **Foreste-ria,** la antigua hospedería del convento, actualmente llena de piezas arqueológicas y desde la cual se aprecia una bella panorámica del claustro de San Domenico, que está cerrado al público.

Florencia ofrece muchas sorpresas artísticas, pero ninguna tan espléndida como la vista de la *Anunciación* de Fra Angélico, una pintura magistral situada en lo alto de las escaleras que llevan al primer piso de San Marco. Fíjese en la inscripción de la pintura, que invitaba a los monjes a rezar un Ave Maria cuando pasaban ante la imagen.

También llama poderosamente la atención el magnífico techo de madera, seguido por dos corredores a los que dan las 44 **celdas-dormitorio**. Muchas de éstas presentan frescos sencillos sobre motivos religiosos pintados por Fra Angélico y sus ayudantes. Las celdas 1, 3, 6 y 9 merecen especial atención: representan un *Noli mi tangere* («no me toques») una *Anunciación*, una *Transfiguración* y una *Coronación de la Virgen*, respectivamente.

Al final de este pasillo, gire a la derecha y llegará a un conjunto de tres salas que ocupó Girolamo Savonarola. Al lado de la *Anunciación*, gire a la derecha por el pasillo más cercano y cruzará la entrada (a la derecha) de la **biblioteca** (1441-1444), diseñada por Michelozzo y donada por la familia Médicis. Más allá, las dos últimas salas de la derecha, más amplias, estaban reservadas para uso de Cosme de Médicis. ∎

Escenas de la *Pasión de Cristo* **y del** *Juicio Final* **de Fra Angélico. Estas pinturas originalmente eran cajones de un baúl utilizado para guardar plata.**

Un paseo desde la Santissima Annunziata hasta Santa Trinità

Merece la pena hacer este paseo tras una visita a la Galleria dell'Accademia o el Museo di San Marco, ya que están cerca de su punto de partida, la Piazza Santissima Annunziata.

Contemple la estatua del **Gran Duque Fernando I** (1608) de Giambologna en la **Piazza Santissima Annunziata,** construida en 1420 por Brunelleschi, antes de visitar la iglesia de la **Santissima Annunziata** ❶. El vestíbulo de la iglesia, conocido como el Chiostrino dei Voti, muestra una espléndida serie de frescos con escenas de la *Vida de la Virgen* y de la *Vida de san Filippo Benizzi* de Andrea del Sarto, Pontormo y Rosso Fiorentino. El principal atractivo del interior es el tabernáculo (1448-1461) de Michelozzo, encargado por los Médicis para ensalzar una imagen milagrosa de la Virgen, del siglo XIII.

En el lado oriental de la plaza se levanta el **Ospedale degli Innocenti** (*Tel 055 249 1708; cerrado miér. y todas las tardes*). Fundado como un orfanato en 1445, es célebre por su fachada (1419-1426) de Brunelleschi, sus dos patios interiores y un modesto museo de pintura y escultura renacentistas.

Diríjase hacia el sur por la Via dei Servi, gire a la izquierda en la Via Bufalini y luego a la derecha por la Via Portinari. Al final de la calle, deténgase en el **Museo di Firenze com'era** ❷ (*Via dell'Oriuolo 24; Tel 055 261 6545, cerrado todas las tardes*), que contiene una colección de pinturas y documentos topográficos sobre cómo era la ciudad. Son especialmente bellas las 12 pinturas en lunetas (1599) de las villas de los Médicis, obra del artista flamenco Justus Utens.

Diríjase hacia el oeste, hacia la **Piazza del Duomo** (ver págs. 206-211) y gire en dirección sur por la Via dello Studio. El poeta Dante Alighieri nació en una de las casas de esta zona en 1265, aunque no en la llamada **Casa di Dante** (*Via Santa Margherita 1; Tel 055 219 416, cerrada dom. tardes y mar.*), que imita una construcción medieval y contiene un museo dedicado al poeta. Dos iglesias cercanas están vinculadas con Dante: Santa Margherita de' Cerchi fue la iglesia parroquial de los Portinari, apellido de la familia de Beatriz, a la que Dante amó, mientras

que San Martino del Vescovo, frente a la Casa di Dante, fue la iglesia de la familia Alighieri.

Prosiga en dirección este por la Via Dante Alighieri y encontrará la **Badia Fiorentina** ❸, iglesia abacial del siglo X donde se supone que Dante vio por primera vez a Beatriz. Sus obras más valiosas son la pintura de la *Aparición de la Virgen a san Bernardo* (1485) de Filippino Lippi y el Chiostro degli Aranci, un claustro con una serie de frescos anónimos sobre la *Vida de san Benito* (1436-1439).

Gire a la derecha y después a la izquierda por la Via Ghibellina y deténgase en el **Museo Nazionale del Bargello** ❹ (ver págs. 220-221) antes de seguir hasta **Santa Croce** ❺ (ver págs. 222-223). Haga un rodeo hasta Vivoli, el fabricante del mejor helado de Florencia (*Via Isola delle Stinche 7r*). Los entusiastas de Miguel Ángel pueden desviarse hacia el norte para acercarse a la **Casa Buonarroti** (*Via Ghibellina 70; Tel 055 241 752; cerrado mar.*), museo que contiene obras menores y objetos relacionados con el escultor.

El **Museo Horne** se halla al sur de Santa Croce (*Via de' Benci 6; Tel 055 244 661; cerrado dom. y tardes*), una colección reunida por el historiador del arte Herbert Percy Horne (1864-1916). Ahora cruce el Ponte alle Grazie para visitar un centro simi-

---

🗺 Ver el plano de la pág. 205 C4

▶ Piazza della Santissima Annunziata

🔁 3 km

🕐 Calcule por lo menos medio día

▶ Piazza Santa Trinità

PUNTOS DE INTERÉS

- Chiostrino dei Voti
- Museo di Firenze com'era
- Museo Bardini
- Santa Felicità
- Palazzo Davanzati
- Santa Trinità

lar, el **Museo Bardini** 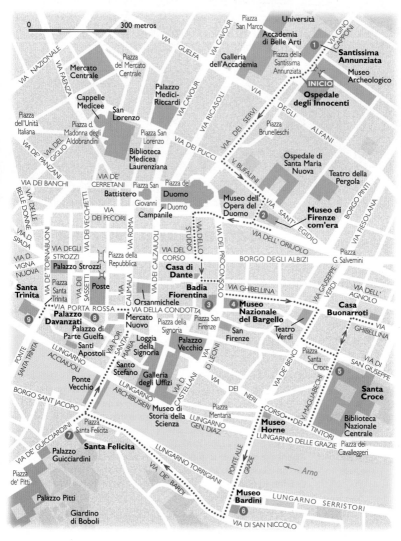 (*Piazza de'Mozzi 1; Tel 055 234 2427 para más información; cerrado por obras de restauración*), una colección reunida por Sergio Bardini (1836-1922).

Desde el museo, diríjase hacia el este por la Via de' Bardi hacia el Ponte Vecchio (ver pág. 234), y gire a la izquierda hasta llegar a la iglesia de **Santa Felicità** ❼, cuya Cappella Capponi, conocida por la pintura de *El descendimiento* (1525-1528) de Pontormo, merece una visita. Vuelva al Ponte Vecchio y cruce el río. Siga en dirección norte hasta el

Mercato Nuovo y gire hacia el oeste por la Via Porta Rossa. A mitad de la calle se encuentra el **Palazzo Davanzati** ❽ (*Via Porta Rossa 13; Tel 055 238 8610 para información; cerrado por obras de restauración*), cuyo interior conserva la decoración de una casa florentina medieval. En la plaza del final de la calle está la interesante iglesia de la **Santa Trinità** ❾ *(Tel 055 216 912; cerrado dom. mañanas)* con frescos (1483-1486) de Domenico Ghirlandaio y el retablo de la Cappella Sassetti. ∎

Santa Maria Novella

SANTA MARIA NOVELLA SE CONSIDERA LA SEGUNDA
iglesia más importante de Florencia, después de la de Santa
Croce. Es la iglesia madre de los dominicos de la ciudad y fue levantada en 1246 para reemplazar un templo de principios del siglo XI que se encontraba en el lugar. Tanto la fachada como el interior son de gran interés, pero destacan sus frescos y pinturas.

**Santa Maria
Novella**

🗺 205 B4

✉ Piazza Santa Maria
Novella

☎ 055 215 918

🕐 Cerrada dom.
y vier. tardes

El interior de Santa Maria fue
terminado en 1360, aunque su
fachada románica permaneció
inacabada hasta 1456, cuando
Giovanni Rucellai, un comerciante
de paños, encargó a Leon Battisti
Alberti que terminara el frontispi-
cio con un estilo más moderno,
de influencia clásica. En lo alto de
esta fachada se puede ver una versión latinizada del nombre de
Rucellai –Iohanes Oricellarius–

junto al emblema de su familia, la
vela hinchada de la Fortuna.
Observe que, en la parte alta, las
columnas de las naves se inclinan
hacia el centro, un método ideado
para compensar la desviación que
crea la perspectiva.

Otro triunfo sobre ésta lo constituye el fresco de Masaccio situado en la parte central de la nave
a mano izquierda, la *Trinidad*
(1427), la primera obra del

**Derecha:
las figuras
arrodilladas
de la *Trinidad* de
Masaccio
representan al
juez florentino
que sufragó
esta obra y a
su esposa.**

**Museo di Santa
Maria Novella**

✉ Piazza Santa Maria
  Novella

☎ 055 282 187

🕐 Cerrado dom.
  mañanas y vier.

💲 $

Renacimiento en la que las nuevas ideas de las proporciones aparecen aplicadas con éxito. En 1427, los florentinos quedaron admirados al contemplar el milagro de un cuadro que generaba la impresión de un espacio tridimensional sobre la superficie de una pared. Fíjese en el esqueleto y en su escalofriante leyenda: «Yo era lo que tú eres, tú serás lo que yo soy».

El conjunto de frescos de Santa Maria ocupa la **Cappella di Filippo Strozzi,** que se encuentra a la derecha del presbiterio. Las pinturas (1489-1502), financiadas por el banquero Filippo Strozzi, son obra de Filippino Lippi y muestran episodios de la vida del santo homónimo de Strozzi, san Filippo el Apóstol (Filippo es Felipe). Al fondo de la capilla está la tumba del banquero (1491-1495) obra de Benedetto da Maiano.

El segundo y más importante conjunto de frescos, realizados por Domenico Ghirlandaio, está dispuesto alrededor del **presbiterio.** Fue encargado por Giovanni Tornabuoni. Aquí los temas son la *Vida de Juan Bautista* (pared derecha) y la *Vida de la Virgen* (1485-1490), aunque la serie contiene numerosos retratos –incluidos los de los miembros de la familia Tornabuoni– y escenas cotidianas de la Florencia del siglo XV.

El tercer ciclo se encuentra en la **Cappella Strozzi,** en el crucero norte. Sus pinturas (1350-1357) fueron sufragadas por Tommaso Strozzi, un antepasado de Filippo Strozzi. Su autor es Nardo di Cione (muerto en 1366), hermano del Orcagna más célebre (Andrea di Cione), el autor del principal retablo de la capilla. Estos frescos describen el *Paraíso* (pared izquierda) y una versión pictórica del *Infierno* de Dante (pared derecha). Casi en la misma entrada al museo de Santa

Maria, al que se accede por el lado izquierdo de la iglesia, está el **Chiostro Verde** (1332-1350) o Claustro Verde, llamado así por el pigmento de *terra verde* de sus frescos. Éstos (1425-1430) son obra de Paolo Uccello y describen *Episodios del Génesis*. El panel más famoso es el de *El Diluvio*, en la pared derecha (este), con sus imágenes gemelas de antes y después de la inundación.

A la salida del claustro encontramos el **Cappellone degli Spagnuoli** o Capilla de los españoles, gran parte de la cual está adornada con frescos (1367-1369) de Andrea da Firenze (activo entre 1343 y 1377). Los de la pared izquierda representan el *Triunfo de santo Tomás de Aquino*, y los de la derecha, la *Exaltación de la labor de los dominicos en la iglesia*. ■

El Ponte Vecchio
fue el único
puente de
Florencia que
los nazis no
destruyeron
en 1944, durante
su retirada de
suelo italiano.

Ponte Vecchio

EL PONTE VECCHIO, CON SUS TIENDAS Y EDIFICIOS, ES una de las imágenes más familiares de Florencia. Durante siglos, ha sobrevivido a innumerables crecidas del río y a los estragos de las guerras. Se dice que durante la segunda guerra mundial se salvó gracias a la intervención de Hitler, quien ordenó al mariscal Kesselring no destruirlo en la retirada nazi de la ciudad.

Ponte Vecchio
205 B3

Es probable que desde la época de los etruscos existiera un puente en este lugar, el punto donde el Arno es más estrecho. En época romana formaba parte de la Via Cassia, que enlazaba Roma con las principales ciudades del norte. Durante siglos, este paso ha sido la única comunicación entre las dos orillas del Arno, aunque su estructura superior de madera a menudo era restaurada después de las crecidas del río. El puente actual se construyó en el año 1345 y tomó su nombre actual, el Ponte Vecchio (puente viejo), acuñado por los florentinos para distinguirlo del Ponte alla Carraia (1218), por aquel entonces conocido como Ponte Nuovo (puente nuevo).

En el siglo XIII empezaron a aparecer las primeras tiendas sobre el puente. La mayoría eran de pescadores y carniceros atraídos por el río, al que podían arrojar cómodamente los desperdicios. Después llegaron los curtidores, que ponían las pieles en remojo antes de curtirlas con orina de caballo. Con el tiempo, en la parte central del puente se abrió un espacio, que todavía se conserva, para arrojar los desechos al agua.

Hacia 1593, el gran duque Fernando I expulsó a los que él llamaba practicantes de esas «viles artes». En su lugar, y después de duplicar el precio del alquiler, instaló a 50 joyeros y orfebres. En medio del puente se alza un busto (1900) de Benvenuto Cellini. ■

Cappella Brancacci

EN UNA CIUDAD DE MAGNÍFICAS PINTURAS, POCAS suscitan tanto interés como los frescos de la Cappella Brancacci. Estas obras de Masaccio, Masolino da Panicale y Filippino Lippi, están entre las más importantes del arte occidental. Se realizaron en el apogeo del Renacimiento, con un estilo cuya innovación e inventiva iban a influir en pintores de varias generaciones futuras.

Cappella Brancacci

🅰 205 A3

✉ Santa Maria del Carmine, Piazza del Carmine. Entrada a la derecha de la iglesia

☎ 055 238 2195. (reservas 055 294 883)

🕐 Cerrada dom. mañana y mar. En la capilla sólo se admiten grupos de 30 personas durante un máximo de 15 minutos

💲 $$

Derecha: *Adán y Eva expulsados del Paraíso* de Masaccio, uno de los frescos de la prestigiosa serie de la Capilla Brancacci.

Estos frescos fueron encargados por el comerciante de sedas y diplomático Filippo Brancacci, y las empezaron en 1424 Masolino (1383-1447) y su joven ayudante, Masaccio (1401-1428). En 1426, Masolino fue llamado a Budapest, donde se convirtió en uno de los pintores oficiales de la corte húngara. En su ausencia, floreció el genio de Masaccio.

Sus frescos superaban todo cuanto se había visto en Italia hasta entonces por su deslumbrante realismo, fuerza narrativa y dominio de la perspectiva. En palabras de Giorgio Vasari, el artista e historiador del siglo XVI, los «más celebres escultores y pintores... se convirtieron en excelentes e ilustres artistas estudiando su arte».

No obstante, Masaccio moriría cuando sólo tenía 28 años. Brancacci se exilió en 1436 y se detuvieron las obras de la capilla. Los frescos no serían concluidos hasta 50 años más tarde, por Filippino Lippi, cuyo dominio de la técnica de copiar fue tan notable que hasta 1838 no se pudo determinar cuál era la parte de la capilla pintada por él. La imagen más célebre del conjunto se debe a Masaccio: el desolador panel de una gran carga emotiva de *Adán y Eva expulsados del Paraíso* (a la izquierda del arco de entrada mirando a los frescos). Compárelo con la interpretación más anodina de Masolino de *Adán y Eva* que aparece en la pared de enfrente. Otros paneles de la serie presentan episodios de la vida de san Pedro, entre los cuales los más impresionantes, todos ellos de Masaccio, son *El tributo de la moneda*, *San Pedro curando a los enfermos con su sombra* y los paneles unidos de la *Resurrección del hijo de Teófilo* y la *Adoración de san Pedro en cátedra*. ∎

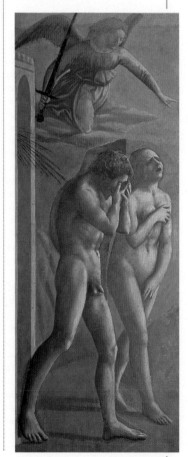

Inundaciones

Florencia tiene fama de ser propensa a las inundaciones. Las fuertes crecidas de 1966, en las que se perdieron varias vidas e infinidad de obras de arte, no fueron más que la última de las numerosas inundaciones que han afectado la ciudad. Los principales culpables son el Arno –un río descrito en una ocasión por Dante como «un canal maldito y desafortunado»– y las impetuosas aguas de deshielo de los Apeninos. El problema también es del propio emplazamiento de Florencia, rodeada de montañas, cerca de la llanura del río y asentada precisamente en la confluencia del Arno con su principal afluente, el Sieve.

Florencia ha sido víctima en tantas ocasiones de las inundaciones, que los antiguos cronistas dedujeron que su fundador debió de ser Noé. A lo largo de los años, abundan las referencias a crecidas catastróficas. «Una gran parte de la ciudad se convirtió en un lago», se lamentaba un testimonio en 1269, después de que los torrentes arrastraran los puentes de Carraia y Trinità. En 1333, una tormenta que duró cuatro días provocó una crecida tan violenta, que los campanarios tocaron para ahuyentar a los demonios, a quienes se atribuía la inundación. Y en 1557, Cosme I levantó unas primitivas defensas en la urbe, después de que una enorme ola derrumbara el puente de Trinità. En esta ocasión, toda la gente que estaba en el puente murió, salvo dos niños, que quedaron atrapados sobre pilares durante dos días, antes de que pudieran ser rescatados.

En la actualidad, la mayoría de los turistas ven el Arno en su período más calmado, en verano, cuando sus apacibles aguas parecen benignas. Mark Twain, aludiendo al río en su obra de 1869 *Los inocentes en el extranjero* no entendía el porqué de su fama: «Este gran riachuelo histórico –escribía–, «de cuatro pies de profundidad... sería un río muy plausible si le pusieran algo de agua». Compare esta frase con el relato de otro escritor americano, K. K. Taylor, que en 1966 describía una escena muy distinta en *Diary of Florence in Flood*: «Una tumultuosa masa de agua se extiende de orilla a orilla –escribió–, «un fragoroso torrente de aguas turbias que descienden a gran velocidad, formando remolinos y contracorrientes... Esta tremenda corriente arrastra toda clase de materiales: paja, ramas, troncos con hojas, trapos... escombros que el río engulle para luego arrojarlos con el impulso de sus turbulentas aguas».

Esta apocalíptica imagen se pudo contemplar después de 40 días de lluvia. En los días anteriores a la inundación, sólo cayeron 53 cm^3. Pero la noche del 4 de noviembre, abrieron las compuertas de una presa, aguas arriba de Florencia, para evitar un desbordamiento. Las únicas personas a quienes se avisó de la crecida del río fueron los joyeros del Ponte Vecchio, para que salvasen sus mercancías cuando el famoso puente ya empezaba a tambalearse.

Al alba, las aguas se precipitaron sobre la ciudad, y las personas que se encontraban en el paso subterráneo de la estación de ferrocarril se ahogaron. Perdieron la vida 35

Arriba: en 1996 el Ponte Vecchio estuvo a punto de ceder por la crecida del río.

Derecha: la corriente era tan fuerte que arrancó cinco paneles de bronce de las puertas del baptisterio.

florentinos, y centenares de personas se quedaron sin hogar.

Muchos edificios y obras de arte permanecieron bajo el agua y los daños se agravaron por el gasóleo que se derramó. La mezcla manchó unas 8.000 pinturas de los sótanos de los Uffizi y un millón y medio de libros y manuscritos de la Biblioteca Nazionale.

Llegaron voluntarios a la ciudad –los Ángeles de Florencia– para ayudar a limpiarla. A partir de entonces, las técnicas de restauración han progresado, aunque sólo dos tercios de las pinturas deterioradas vuelven a estar expuestas, mientras que dos laboratorios aún trabajan para reparar los daños producidos en una sola noche. ■

Palazzo Pitti

EL PALAZZO PITTI, EMPEZADO EN 1460 POR LA FAMILIA Pitti, un linaje de banqueros, resultó tan sumamente costoso que se vieron obligados a vender su creación en 1549; entonces fue adquirido y ampliado por Cosme I. Ahora, el palacio alberga un grupo de museos, el más importante de los cuales es la Galleria Palatina, que reúne gran parte de la colección de arte de los Médicis.

Orientarse por las numerosas salas del museo puede resultar difícil. En ellas las pinturas están dispuestas en dos o tres filas, lo cual resulta desconcertante, aunque era la disposición preferida de Cosme y los Médicis. Realizar un recorrido sistemático es casi imposible,

de modo que puede pasear a su aire hasta que uno de los cuadros atraiga su mirada.

No tardará en llamarle la atención alguna tela, ya que son muchas las obras maestras expuestas. El museo cuenta nada menos que con 11 obras de Rafael, las mejores de las cuales son la *Madonna della*

Seggiola (1515) o la Madonna de la Silla, y la *Donna Velata* (1516) o Mujer con Velo (se dice que la figura era la amante del pintor, la hija de un panadero romano). El conjunto de 14 pinturas de Tiziano incluye diversos retratos de gran profundidad. El más famoso de ellos es *El joven inglés* (1540) de la segunda sala.

Otra de las obras dignas de destacar es la erótica y curiosamente pálida *Judith y Holofernes* (1610-1612) de Cristofani Allori, exhibida en la sala 8, una de las siete salas menores paralelas a las salas principales. Entre los otros pintores representados están Caravaggio, Filippino Lippi, Andrea del Sarto, Rubens y Tintoretto.

La entrada para la Palatina incluye la visita a los **Aposentos Reales,** las estancias oficiales de suntuosa decoración que posee el palacio. La entrada aparte para visitar el **Museo degli Argenti,** una colección de piezas de plata y otras artes decorativas, también es válida para ver el Museo de Porcelana y los jardines Boboli. ∎

Jardines Boboli

Detrás del Palazzo Pitti se extiende el mayor parque de Florencia, el Giardino di Boboli, o Jardín Boboli, creado por Cosme I en 1549. Está abierto al público desde 1766, y sus árboles, sus sosegados jardines, paseos y fuentes ofrecen un espacio verde y tranquilo. ∎

Palazzo Pitti
🏛 205 B2
✉ Piazza de' Pitti

Galleria Palatina
☎ 055 238 8614
🕐 Cerrada lun.
💲 $$

Museo degli Argenti
☎ 055 238 88710
🕐 Cerrado todas las tardes, todos los lun. y dom. tarde excepto el 1º, 3º y 5º dom. y el 2º y 4º lun. de mes
💲 $$

Izquierda: Rafael compuso el retrato *Agnolo Doni* para celebrar su matrimonio con una mujer de la nobleza florentina, Maddalena Strozzi.

Giardino di Boboli
☎ 055 238 8616
🕐 Cerrado 1º lun. del mes
💲 $

San Miniato al Monte

Las columnas del ábside del siglo XIII y el altar mayor de San Miniato al Monte probablemente proceden de un edificio romano.

SAN MINIATO, CON SU SOBERBIA FACHADA DE MÁRMOL de colores, visible desde el extremo opuesto de la ciudad y erigida en lo alto de una colina cercana a las frondosas orillas del Oltrarno, es la iglesia más bella de Florencia. Se empezó a construir en 1013 en el espacio que ocupaba una capilla dedicada a san Miniato.

En la Edad Media, esta iglesia solía considerarse un edificio romano antiguo. También se creía que era romano el baptisterio. La parte inferior de la fachada probablemente es del siglo XI, mientras que la superior es del XII. El mosaico que representa a *Cristo entre la Virgen y san Minias* está fechado en 1260. Cabe destacar el águila (1401) con el fardo de tela, el símbolo del gremio de los comerciantes de paños.

Su interior es incomparable. El bello pavimento data de 1207 y muchas de sus columnas y capiteles proceden de edificios romanos y bizantinos anteriores. El centro de la nave está presidido por la **Cappella del Crocefisso** (1448) de Michelozzo, creada para instalar en ella un crucifijo milagroso (ahora ya no está) y adornada con paneles pintados (1394-1396) por Agnolo Gaddi. A un lado de la capilla nacen las escaleras que conducen a la **cripta.**

Otras escaleras conducen al coro elevado de la iglesia, dominado por un soberbio **púlpito** románico, un **iconostasio** (1207) y el admirable mosaico del ábside (1297). A la derecha del coro se halla la sacristía, cuyas paredes están cubiertas con una admirable serie de mosaicos de Spinello Aretino sobre la *Vida de san Benito* (1387). De nuevo en el nivel inferior, en la nave norte se abre la **Cappella del Cardinale del Portogallo** (1473), una composición que combina esculturas y pinturas de Antonio Rossellino, Alesso Baldovinetti y Luca della Robbia. ∎

San Miniato al Monte

🅰 205 D1

✉ Via del Monte alle Croci-Viale Galileo Galilei

☎ 055 234 2731

🚶 El trayecto desde el Ponte Vecchio hasta San Miniato pasando por la Costa di San Giorgio, el Forte di Belvedere y la Via di Belvedere es un paseo agradable pero de fuerte pendiente. Otra opción es tomar el autobús 13 a Piazzale Michelangelo

Fiesole

Fiesole
www.comune.fiesole.fi.it

▲ 243 D6

Información

✉ Piazza Mino da Fiesole 37

☎ 055 598 720

🚌 Bus: 7, desde la estación de tren de Santa Maria Novella, en las afueras de Florencia, hasta la Piazza Mino da Fiesole, en Fiesole. Salidas frecuentes

ENTRE LAS EXCURSIONES QUE SE PUEDEN REALIZAR A los alrededores de Florencia, la ciudad de Fiesole es el destino más frecuente. Asentada en las colinas cubiertas de cipreses, sus raíces se remontan a la época de los etruscos (*c*. 600 a.C.). Pasó a depender de Florencia en 1125 y desde entonces ha constituido el lugar de descanso predilecto entre los florentinos.

El **Duomo** o catedral de Fiesole, fundado en 1028, cuenta con una fachada simple del siglo XIX que oculta un altar mayor (1450) de Bicci di Lorenzo; la **Cappella Salutati** (a la derecha del coro) contiene un frontal de altar y una tumba (1466) de Mino da Fiesole.

La Via San Francesco conduce desde las afueras de la ciudad hasta las iglesias de **Sant'Alessandro** y **San Francesco**. Merece la pena visitar las dos, aunque lo mejor de este lugar son las bellas panorámicas sobre Florencia. Nuevamente en la plaza, otra calle enlaza con la atractiva **zona arqueológica** (*Via Portigiani 1; Tel 055 59 477; cerrada mar.*), con vestigios de un teatro romano, un complejo termal, templos, murallas etruscas y un museo arqueoló-

gico. Cerca de allí está el **Museo Bandini** (*Via Duprè 1; Tel 055 59 477; cerrado mar. nov.-marzo*), dedicado a marfiles, cerámicas y pinturas florentinas.

Si desea hacer un pequeño recorrido a pie (2,5 km), siga la Via Vecchia Fiesolana, que sale del lado sur de la Piazza Mino. El camino pasa por la **Villa Medici** (*jardines cerrados tardes y dom.*), levantada por Cosme de Médicis, antes de llegar a la iglesia y convento de **San Domenico**. En un tiempo fue el hogar del pintor Fra Angélico y allí se puede admirar su *Madonna con santos y ángeles* (1430).

La Via della Badia conduce a la **Badia Fiesolana**, la catedral hasta el año 1028, que conserva su fachada románica integrada en otra del siglo XV. ∎

La Toscana es un paraíso de viñedos, campos cubiertos de amapolas, olivares y lomas bañadas por el sol. Antiguos pueblos y ciudades, todos ellos repletos de iglesias, museos y recónditos rincones medievales, salpican su espléndido paisaje.

Toscana

Una capilla toscana a la sombra de dos cipreses

Toscana

LA TOSCANA ES ITALIA EN TODO
su esplendor. En Florencia tiene la ciudad
más importante del Renacimiento; en
Siena, uno de sus núcleos medievales más
perfectos; y en San Gimignano, el pueblo
más célebre. También posee centros históricos
menores –como Lucca, Pisa y Pienza–, de los que
cualquier país se enorgullecería, y paisajes de un
encanto bucólico. Por si el arte, la arquitectura y el
paisaje no fueran suficientes, la región ofrece asimismo playas, amplia variedad de actividades al aire libre y algunos de los mejores platos y vinos del país.

Ningún recorrido por la Toscana es completo si no se visita
Siena, una de las ciudades medievales de mayor atractivo. Aunque menos conocida, Lucca es también encantadora y comparte
con Siena su impresionante diversidad de iglesias y museos, y un
casco antiguo sorprendente. Cerca de ellas, Pisa es imprescindible: la torre inclinada es su monumento más famoso.

Si Siena es la ciudad que hay que visitar antes que ninguna,
San Gimignano es el pueblo que uno no se puede perder si no
va a visitar ningún otro. Situado justo al norte de Siena, este
pueblo medieval es conocido por su conjunto de torres antiguas.

Entre las poblaciones situadas al sur de Siena, que es el centro
de la región, la más notable es la pequeña Pienza, planificada
como una ciudad modélica del Renacimiento en el siglo XV
aunque ahora es poco más que un soñoliento pueblo apartado. A poca distancia encontramos Montalcino, otro encantador pueblo conocido por dos vinos tintos muy
apreciados, el Brunello y el Rosso di Montalcino. Un poco
más al interior está Montepulciano, típica localidad toscana
emplazada sobre un promontorio, también famosa por su vino,
el Vino Nobile di Montepulciano. Al norte de Siena, los mejores
paisajes son los del Chianti, región de colinas boscosas y viñedos
que es sinónimo del vino tinto más famoso de Italia.

Si no dispone de mucho tiempo, limítese a los paisajes
del Chianti y del sur de la Toscana, que ofrecen la imagen rural
más típica: colinas cubiertas de cipreses, campos de trigo en verano teñidos por las amapolas, casas rústicas de piedra, elegantes villas renacentistas, viñedos y antiguos olivares. Si le queda
tiempo, acérquese a la zona más agreste de Garfagnana, una región al norte de Lucca que abarca los paisajes montañosos de
Orecchiella y los Alpes apuanos. La Toscana también tiene
una larga línea costera en el mar de Liguria, con muchos lugares donde bañarse, navegar y tomar el sol: Viareggio y Forte
dei Marmi son dos de las zonas más concurridas del norte,
Castiglione della Pescaia, Talamone, y los selectos Porto Ercole
y Porto Santo Stefano son las mejores del sur, así como
un archipiélago que incluye la isla de Elba. ■

0   50 kilómetros

EMILIA-ROMAGNA
pág. 183

12
San Marcello
Pistoiese
i di Lucca
Collodi
Pescia
catini
ne
Monsummano
Terme
Vinci
icecchio
Empoli
ontedera
nsacco
Péccioli
San Gimignano
Pomarance
neto
ucci
glia
na
Ala
Castiglione
della Pescáia
Marina di Alberese
Porto Santo Stefano
Isola del
Giglio

Vernio
Pistoia
Prato
Sesto
Fiorentino
Lastra a
Signa
Scandicci
San Miniato
San Casciano
in Val di Pesa
Castelfiorentino
Certaldo
Poggibonsi
Colle di
Val d'Elsa
Volterra
Monteriggioni
Siena
Le Crete
Monticiano
Buonconvento
Massa
Marittima
Roccastrada
Abbazia di
Sant'Antimo
Cinigiano
Arcidosso
Roccalbegna
Grosseto
Scansano
Magliano
in Toscana
Parco Naturale
della Maremma
Talamone
Orbetello
Ansedonia
Monte
Argentario
Porto
Ercole
Isola di
Giannutri

San Piero
a Sieve
Dicomano
Fiesole
Pontassieve
Reggello
Figline
Valdarno
Greve
in Chianti
San Giovanni
Valdarno
Radda
in Chianti
Gaiole
in Chianti
Castellina
in Chianti
Castello
di Brolio
Asciano
Abbazia di Monte
Oliveto Maggiore
Sinalunga
San Quirico
d'Orcia
Montalcino
Bagno
Vignoni
Castiglione
d'Orcia
1738m
Mte. Amiata

Firenzuolo
Marradi
Mugello
Borgo San Lorenzo
1654m
Mte. Falterona
Stia
Camaldoli
Badia
Pratáglia
Chiusi della
Verna
Poppi
Bibbiena
1591m
Grópina
Montevarchi
Búcine
Chianti
Monte
San Savino
Rapolano
Terme
Foiano
della Chiana
Montepulciano
Pienza
Chianciano
Terme
Chiusi
Cetona
Sorano
Sovana
Pitigliano
Manciano
Capalbio

FIRENZE
(FLORENCIA)

Pratomagno
Subbiano

PARCO NAZ. DELLE
FORESTE CASENTINESI-
MONTE FALTERONA-
CAMPIGNA

Pieve Santo
Stefano
Caprese
Michelangelo
Sansepolcro
Anghiari
Arezzo
Monterchi
Castiglion
Fiorentino
Montecchio
Cortona
Brolio
Torrita di
Siena

MARCHE
pág. 183

UMBRIA
pág. 269

TOSCANA

Maremma
M. dell'Uccellina

LAZIO

Roma

Mapa de situación

C
D
E

Siena

SIENA ES LA CIUDAD MEDIEVAL MÁS PERFECTA DE ITALIA. En el centro se encuentra el Campo, donde tiene lugar una célebre carrera de caballos anual, el Palio, y donde se alza el majestuoso Palazzo Pubblico, cuyas salas están repletas de arte. Cerca de allí se encuentran el Duomo, uno de los mejores edificios góticos de Italia, y los tesoros del museo de la catedral. A su alrededor, un laberinto de calles con multitud de palacios y rincones tranquilos son lugares perfectos para pasar horas descubriéndolos.

El primer lugar donde conviene detenerse en Siena es el **Campo,** una plaza en forma de concha que durante mucho tiempo ha sido el corazón de la ciudad. Se encuentra en el punto donde convergen tres elevados promontorios –hoy conocidos como *terzi,* tercios–, cuya situación estratégica contribuyó a su desarrollo. Esta zona también era el punto de intersección de las independientes y rivales *contrade* o parroquias y, por tanto, el único punto neutral de esta combativa ciudad. En el lugar que ocupa esta plaza probablemente existió un foro romano, y más adelante estuvo instalado el principal mercado de la urbe. Adquirió su aspecto actual hacia 1293, cuando la institución que entonces gobernaba la población, el Consejo de los Nueve, empezó a adquirir terrenos con el propósito de abrir una nueva plaza pública.

En torno a la plaza se construyeron palacios, entre los que sobresale el **Palazzo Pubblico** (1297-1342), ahora Ayuntamiento de la ciudad. Entre en el palacio, suba las escaleras que hay a la derecha y llegará al **Museo Cívico.** Las dos salas más espléndidas son contiguas: la **Sala del Mappamundo** y la Sala della Pace. La pared del fondo de la primera está decorada con una bella *Maestà* (1315) de Simone Martini y la efigie ecuestre del *condottiero* sienés *Guidoriccio da Fogliano* (1328), pintura atri-

buida a Martini (las dos figuras de santos pintadas bajo el retrato, que datan de 1529, son de Sodoma). En la **Sala della Pace** encontramos el ciclo de frescos más célebre de la ciudad, *Las alegorías y los efectos del buen y del mal gobierno en la ciudad y en el campo* (1337-1339) de Ambrogio Lorenzetti. La **Sala dei Pilastri,** al lado de la Sala della Pace, contiene la gran *Maestà* del siglo XIII de Guido da Siena y una violenta *Matanza de los inocentes* de Matteo di Giovanni, del siglo XV.

Atrae poderosamente la atención la **Sala del Concistorio,** cuyas bóvedas están cubiertas de frescos con escenas mitológicas y alegóricas del pintor manierista sienés Domenico Beccafumi (1485-1551). También es destacable la **Cappella del Consiglio,** con las sillas de marquetería (1415-1428), una elaborada iconostasis de hierro forjado (1435-1445) de Jacopo della Quercia, un retablo (1530) de Sodoma y frescos sobre la *Vida de la Virgen* (1407-1408) de Taddeo di Bartolo.

Ya en el patio del Palazzo, gire a la izquierda y suba los 503 peldaños de la **Torre del Mangia** (1338-1348), de 102 m de altura, proyectada por el pintor sienés Lippo Memmi. Se dice que el campanario lleva el nombre de su primer vigía y campanero, Giovanni di Balduccio. (En el patio hay una estatua dedicada a él.)

Siena
www.terresiena.it
🅐 243 D3
Información
✉ Piazza del Campo 56
☎ 0577 280 551

Museo Cívico y Torre del Mangia
✉ Palazzo Pubblico, Piazza del Campo
☎ 0577 292 263
💲 Museos: $$. Torre: $$

Las vistas son magníficas, especialmente la del Campo, que está a sus pies, donde se pueden distinguir perfectamente los nueve sectores de la plaza que simbolizan los nueve miembros del Consejo y el manto de la Madonna que protege la ciudad.

Enfrente de la torre se levanta la característica **Cappella di Piazza,** una logia de piedra comenzada en 1348 para conmemorar el fin de la terrible peste negra. La fuente situada a un lado de la plaza, la Fonte Gaia, es una copia del siglo XIX de la fuente original, que databa del siglo XV.

Presidiendo la Piazza del Duomo se erige el **Duomo** de Siena: un magistral edificio sólo comparable a las catedrales de Milán y Orvieto. Su asombrosa **fachada** (1284-1296), combinación de esculturas, pilares y complejos detalles decorativos de estilo gótico y románico, es en gran parte obra de Giovanni Pisano (1245-1320). En el interior, el techo atrae rápidamente nuestra atención con sus cabezas de piedra que representan los bustos de un gran número de Papas, y también destaca el **pavimento de mármol,** formado por 56 paneles narrativos (1349-1547) diseñados por artistas sieneses.

En mitad de la nave norte está la obra maestra escultórica del interior, el **Retablo Piccolomini** (1503), cuyas estatuas de las hornacinas inferiores son una obra de juventud de Miguel Ángel. A su lado se abre la entrada a la **Biblioteca Piccolominià** (*Tel 0577 47 321*), edificio del siglo XVI decorado con un conjunto de frescos (1502-1509) del artista umbro Piccolomini. Estas pinturas reflejan episodios de la vida de Francesco Todeschini Piccolomini (el papa Pío III), nacido en 1439.

El magnífico Duomo de Siena se alza en el lugar antiguamente ocupado por un templo romano dedicado a Minerva.

Battistero di San Giovanni

✉ Piazza San Giovanni (entrada por una escalera sita detrás de la catedral)

☎ 0577 283 048

💲 $

ENTRADAS

Los *biglietti cumulativi* permiten entrar en varios sitios, como el Museo Civico y la Torre del Mangia, el Battistero di San Giovanni, el Museo dell'Opera del Duomo, y el Oratorio di San Bernardino. La hallará en todos esos monumentos. ∎

El presbiterio contiene un notable conjunto de sillas de coro con marquetería. Y cerca de allí encontramos la obra de mayor relieve de la catedral: el célebre **púlpito** de Nicola Pisano y sus relieves de episodios de la *Vida de Cristo* (1266-1268). Justo delante de éste, la pared de la izquierda contiene la *tumba del cardenal Petroni* (1318) de Tino da Camanio. Frente a ella está la *Tumba del obispo Pecci* (1426), monumento de bronce de Donatello. La **Cappella di San Giovanni Battista,** en la esquina norte del crucero, luce una estatua de Juan Bautista (1457) y más frescos (1504) de Pinturicchio.

No deje de visitar el **Battistero di San Giovanni,** el baptisterio subterráneo de la catedral, ya que contiene una pila bautismal (1417-1430) que es una de las obras escultóricas de mayor belleza de la ciudad. Sus paneles decorativos fueron realizados por los más destacados escultores sieneses y florentinos de la época: Lorenzo Ghiberti (*El bautismo de Cristo* y *El Bautista frente a Herodes*), Donatello (*Banquete de Herodes*) y Jacopo della Quercia (*Anuncio a Zacarías y los Profetas*). Jacopo también realizó la estatua del Bautista de la pila y su tabernáculo de mármol, mientras que Donatello creó dos de los ángeles de las esquinas. Además, las paredes del baptisterio están cubiertas de frescos del siglo XIV, en su mayor parte de Vecchietta (1410-1480), un influyente escultor y pintor sienés.

El edificio que se alza frente a la fachada de la catedral es el **Ospedale di Santa Maria della Scala.** Durante casi 800 años fue el principal hospital de Siena.

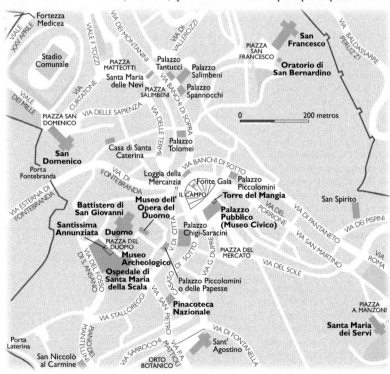

En la actualidad está habilitado como espacio dedicado al arte y a las exposiciones. Sin embargo, pocas de las obras que se introduzcan en él podrán eclipsar las obras maestras que ya posee. La primera de ellas, situada en el pequeño vestíbulo que se encuentra pasada la recepción, es un fresco de *Santa Ana y san Joaquín* (1512) de Beccafumi. Saliendo por la izquierda hay dos enormes salas –los antiguos pabellones del hospital–, la segunda de las cuales contiene un extraordinario **ciclo de frescos** (1440) de Vecchietta y Domenico di Bartolo (1400-1445). El ciclo trata de la historia del hospital y ofrece numerosas imágenes de la vida cotidiana en la Siena del siglo XV.

La **Sagrestia Vecchia**, próxima al hospital y de dimensiones más reducidas, posee otra serie de frescos, los *Artículos del Credo* de Vecchietta y un retablo de la *Madonna della Misericordia* (1444) de Domenico di Bartolo.

Vecchietta es autor, asimismo, de la estatua del *Cristo resucitado* (1476), erigida en el altar mayor de la iglesia contigua, la **Santissima Annunziata.** Otras obras eminentes incluyen el extraño Oratorio di Sante Caterina della Notte, un oratorio subterráneo de lujosa decoración, y la enorme y peculiar colección de reliquias religiosas del hospital.

El *fienile* del hospital (antiguo pajar) alberga los paneles de mármol originales de Jacopo della Quercia que decoraban la Fonte Gaia, en el Campo.

Unas escaleras conducen al **Museo Archeologico**, una reducida colección de piezas etruscas. La excelente exposición muestra hallazgos de Pienza, Casole d'Elsa y de la misma Siena. Las joyas y piezas de orfebrería, procedentes de una tumba cer-

La Piazza del Campo de Siena vista desde la Torre del Mangia. Su forma simboliza el manto de la Virgen resguardando la ciudad bajo su abrazo protector.

Ospedale di Santa Maria della Scala
✉ Piazza del Duomo
☎ 0577 224 811
💲 $$

El diablo, imagen de un fresco del Palazzo Pubblico, en la Piazza del Campo.

Museo dell'Opera del Duomo

✉ Piazza del Duomo 8
☎ 0577 283 048
🕐 Cerrado tardes nov.-marzo.
💲 $$

Pinacoteca Nazionale

✉ Via San Pietro 29
☎ 0577 281 161
🕐 Cerrada lun. tarde y dom. tarde
💲 $$

cana a Monteriggioni, son especialmente interesantes.

En la Piazza del Duomo no deje de visitar el **Museo dell' Opera del Duomo,** con pinturas y esculturas, la mayor parte de ellas retiradas de la catedral y del baptisterio. La Gallerie delle Statue, en la planta baja, empieza con esculturas; sobresalen entre ellas un gracioso tondo, o relieve circular, de Donatello, un bajorrelieve de Jacopo della Quercia y diversas estatuas góticas bastante deterioradas de Giovanni Pisano. En el piso superior, la Sala di Duccio contiene la más importante de todas las pinturas sienesas, la monumental *Maestà* de Duccio, pintada para el altar mayor de la catedral en 1313. A continuación encontramos una sala con bocetos del pavimento decorativo de la catedral y la Sala di Tesoro, donde sobresale un peculiar *Cristo en la cruz* (1280) de Giovanni Pisano. Otra habitación llena de pinturas es dominada por la *Madonna degli Occhi Grossi* (1220-1230) o *Madonna de los ojos grandes*, inolvidable icono bizantino que fue el retablo del altar mayor de la cate-

dral antes que el de Duccio. Desde esta sala, pase a la terraza exterior del museo para contemplar sus vistas.

PINACOTECA NAZIONALE
El principal museo de arte de Siena tiene su sede en el imponente **Palazzo Buonsignori** del siglo XV. Sus numerosas salas ofrecen una amplia visión de la escuela de pintura gótica de la ciudad, estilo que en sus inicios tuvo fuertes influencias de la composición estilizada, los coloridos intensos y los fondos dorados del arte bizantino. Todos los nombres mayores –y muchos menores– sieneses están representados en él, incluidos algunos de los más importantes maestros que figuran en el Palazzo Pubblico y en el Museo dell'Opera. Las salas y las pinturas están ordenadas cronológicamente, y ello pone de relieve la creciente influencia del arte florentino en el sienés, más anclado en el pasado. Las últimas salas muestran producciones como las del manierismo sienés, un estilo ejemplificado por obras del siglo XVI de pintores como Sodoma.

Siena cuenta con tres grandes iglesias. **Santa Maria dei Servi** se encuentra a cierta distancia del centro de la ciudad, pero merece la pena dar el paseo no sólo por la iglesia en sí misma sino también por las magníficas vistas desde su plaza arbolada. La más antigua de sus pinturas (primer altar de la nave sur) es la *Madonna di Bordone* (1261) de Coppo da Marcovaldo. En el extremo de la misma nave se encuentra la terrible *Matanza de los inocentes* (1491) de Matteo di Giovanni. Una descripción igualmente violenta de este episodio de la mano de Pietro Lorenzetti adorna la pared derecha de la segunda capilla a la derecha del altar mayor. Lorenzetti decoró la segunda capilla a la izquierda del altar, junto con uno de sus discípulos, Taddeo di Bartolo, cuya *Natividad* (1404) también se exhibe aquí. El discípulo de Taddeo, Giovanni di Paolo, realizó la *Madonna della Misericordia* (1431) en el crucero norte.

El fuego y algunas restauraciones excesivas han malogrado **San Francesco.** Las mejores piezas que conserva son las tumbas del siglo XIV de los Tolomei, en el extremo sur de la nave. También son interesantes los frescos de Sassetta (a la derecha de la puerta principal). Y aún más, el **Oratorio di San Bernardino** (*Piazza San Francesco; Tel 0577 280 55; cerrado nov.-mediados de marzo*), al sur de la iglesia, con un salón recubierto de madera en el piso superior que contiene frescos sobre la *Vida de la Virgen* (1496-1518) de Sodoma, Beccafumi y Giralmo del Pacchia.

El perfil gótico de la tercera iglesia, **San Domenico,** domina el norte de Siena. Comenzado en 1226, este austero templo construido con ladrillo está estrechamente asociado con santa Catalina de Siena, la patrona de Siena y (junto con san Francisco) de Italia. Fue aquí donde obró sus

milagros, se hizo monja dominica y recibió los estigmas. Sus vínculos con la iglesia se recuerdan en la **Cappelle delle Volte,** que muestra su retrato, y en la **Cappella di Santa Caterina** (en el centro de la nave sur), en cuyo tabernáculo (1466) se conserva parte de su cráneo. La segunda capilla también posee dos frescos (1526) de Sodoma sobre episodios de la vida de la santa. El altar mayor está adornado con un tabernáculo y unos ángeles (1465) de Benedetto da Maiano. ■

Las tres Gracias y frescos del siglo XVI de Pinturicchio, en la Libreria Piccolomini de la catedral de Siena.

Historia de Siena

Según la mitología, Siena fue fundada por Senio y Acio, hijos de Remo, de ahí las estatuas existentes en la ciudad de la loba que amamantó a los míticos fundadores de Roma, Rómulo y Remo. En realidad, Siena empezó sus días como un asentamiento etrusco que a principios del siglo I se transformó en colonia romana, Saena Julia. En la Edad Media, la banca y la industria textil florecieron de tal modo que la convirtieron en una de las principales ciudades de Europa. Su categoría

la llevó inevitablemente a enfrentarse con Florencia, alternándose ambas ciudades en su rol hegemónico. La balanza se inclinó hacia Florencia en 1348, cuando la peste negra se cobró 70.000 víctimas entre los 100.000 habitantes de Siena. La urbe consiguió salir adelante hasta 1554, cuando la República de Siena finalmente se rindió. A partir de entonces, Florencia ahogó la ciudad deliberadamente, convirtiéndola en un centro rural poco activo, lo que explica su impecable aspecto actual. ■

El Palio

El Palio de Siena es la fiesta más espectacular de Italia. Se celebra dos veces al año e incluye una emocionante carrera de caballos, montados a pelo, alrededor del Campo, que se disputa el último día de las fiestas, después de las representaciones, procesiones y redobles de tambores, con banderas ondeando por las calles y un intenso colorido. El espectáculo y la fiesta son una vívida expresión de rivalidades y tradiciones que se remontan a más de 700 años atrás.

De una forma u otra, el Palio se ha venido celebrando en Siena prácticamente cada año desde el siglo XIII. Al principio se disputaba en las calles de la ciudad: hasta 1656 no adoptó el famoso circuito de tres vueltas al Campo. El premio siempre ha sido el mismo: el estandarte bordado o *pallium* que da nombre a la carrera. También se ha mantenido su dedicación a la Virgen, por cuya razón las carreras se hacen en festividades dedicadas a la Madonna o en una fecha cercana. El 2 de julio, la carrera coincide con la fiesta de la Visitación, y la competición del 16 de agosto cae al día siguiente de la fiesta de la Asunción. Esporádicamente se convocan otras carreras para conmemorar acontecimientos importantes, como las que se hicieron para celebrar el fin de la Segunda Guerra Mundial (1945).

Los contrincantes de la carrera representan a las *contrade* de Siena, los barrios en los que la ciudad ha estado dividida desde el siglo XIII. Hoy existen 17 barrios, menos que en tiempos pasados, cuando llegó a haber hasta 42. Cada *contrada* dispone de su propia iglesia, club social, emblema heráldico, museo, bandera y un animal que la simboliza. La lealtad al barrio es absoluta. A los bautizos de los bebés en la iglesia, por ejemplo, les sigue otro bautizo en una fuente pública. Cada barrio posee también sus propias procesiones anuales y su banda de *tamborini* (tamborileros) y *alfieres* (portadores de estandartes), los cuales se puede ver practicando por las calles sienesas durante todo el año.

Sólo diez *contrade* pueden tomar parte en el Palio. Son elegidas por sorteo y los jinetes de los siete desafortunados perdedores pueden acompañar al *carroccio*, el carro que transporta el *pallium* en la procesión que precede a la carrera. Cada *contrada* tiene su propio rival y es tan importante hacer que el rival pierda como conseguir la propia victoria. Se pactan alianzas y se pagan (y se aceptan) sobornos. Los caballos pueden doparse, y se ha dado el caso de caballos o jinetes que han sido secuestrados. Por ello, caballos y jinetes se vigilan día y noche, y estos últimos tan sólo pueden comunicarse con el mundo exterior por medio de sus guardaespaldas.

El día de la carrera, los ceremoniales son interminables y todos ellos constituyen un espectáculo impresionante, tanto si uno con-

La carrera del Palio sólo dura 90 segundos, pero los espectáculos previos y las celebraciones pueden durar semanas.

sigue introducirse en el Campo para ver la carrera como si no. Hacia las 7 de la tarde llegan los caballos para correr la carrera de 90 segundos. Todos los jinetes se agrupan, salvo uno. La carrera empieza cuando el jinete separado embiste a sus rivales. A partir de ese momento, casi todo vale. La única norma es que los competidores no pueden empuñar las riendas de otro caballo. La carrera es febril, caótica, violenta y peligrosa.

Miles de personas participan de un banquete en las calles del barrio ganador, se escriben sonetos, cruzan apuestas en las que se ganan grandes o pierden sumas de dinero. ■

San Gimignano

EN EL PERFIL DEL PUEBLO MÁS FAMOSO DE LA TOSCANA sobresalen las numerosas y antiguas torres de piedra. Aunque es un lugar muy conocido –demasiado en verano–, el pueblo conserva todo su encanto, especialmente cuando los turistas que lo recorren durante el día ya se han ido. Merece la pena visitarlo por sus torres y por su museo de arte, sus espléndidas panorámicas sobre la Toscana y por dos de sus iglesias, que encierran unos frescos.

San Gimignano ya existía en tiempos de los etruscos y los romanos. En la Edad Media creció gracias a su situación al lado de la Via Francigena, ruta comercial y de peregrinación que unía Roma con el norte. Las famosas torres empezaron a levantarse en 1150 con un doble propósito: constituir un símbolo de la categoría de la ciudad y formar un recinto defensivo para las épocas de conflictos.

Las epidemias y las constantes luchas entre facciones aristocráticas, con el tiempo fueron debilitando esta población, que en 1348 se puso bajo la protección de la república de Florencia.

Recorrer el pueblo es fácil: se puede ir andando de un extremo al otro sólo en unos minutos. Inicie su recorrido en el portal sur, la Porta San Giovanni, y siga la Via

San Giovanni. A medio camino, haga una parada en **San Francesco,** una iglesia secularizada que ahora se utiliza, como muchos otros edificios, para vender el vino blanco de la zona, el Vernaccia. Su terraza posterior ofrece unas vistas inolvidables.

Al final de la calle, un arco nos introduce en una de las dos plazas centrales, unidas entre sí: la **Piazza della Cisterna** y la **Piazza del Duomo.** La primera está rodeada de torres, edificios medievales y cafés. En la segunda se levantan los dos edificios más interesantes de la ciudad: la Collegiata y el Museo Civico, además de un baptisterio decorado con frescos y el **Museo d'Arte Sacra** (*Tel 0577 942 226; cerrado mediados de enero-feb.*), modesto museo de arte religioso y arqueología.

San Gimignano se llena de turistas en verano, pero en temporada baja es un lugar tranquilo.

San Gimignano
www.sangimignano.com
Ⓐ 243 C4
Información
✉ Piazza del Duomo 1
☎ 0577 940 008
Nota: Una entrada combinada ($$$) permite visitar los principales monumentos, como el Museo Civico y la Torre Grossa (pero no la Colegiata)

La **Collegiata**, en otro tiempo fue la catedral de San Gimignano. Fundada en el siglo X, fue consagrada en 1148 y ampliada por el arquitecto y escultor Giuliano da Maiano entre 1466 y 1468.

Detrás de una fachada de una gran sobriedad (1239) aparece un extraordinario interior cubierto casi por completo con frescos. Tres secuencias principales adornan las paredes, empezando en la parte posterior (muro de entrada) con un *Juicio Final* (1410) del destacado pintor sienés Taddeo di Bartolo (1363-1422); el *Inferno* está representado a la izquierda y el *Paradiso*, a la derecha. Entre estas dos escenas, ejecutadas sobre paredes que sobresalen, se halla un fresco de Benozzo Gozzoli, el *San Sebastián* (1465), santo que se invocaba contra las enfermedades

infecciosas y se representó a menudo durante las epidemias de peste y después de ellas. Las dos tallas de madera que flanquean el fresco, el *Arcángel Gabriel* y la *Madonna Annunciate* (1421) son obra del maestro sienés Jacopo della Quercia.

El segundo ciclo de frescos (1356-1367), en la pared izquierda (norte), fue realizado por Bartolo di Fredi y describe pasajes del Antiguo Testamento, con escenas bíblicas de la Creación en las lunetas superiores. La imagen más célebre, aunque sólo sea porque muestra un pene dibujado con detalle, es el *Noé ebrio*. (Según la tradición, Noé fue el primero en cultivar viñas y el primero en abusar del vino.) Fíjese asimismo en la encantadora escena que representa la *Creación de Eva* (cuarta luneta

Las famosas torres de San Gimignano: la mayoría de las ciudades italianas debieron de tener un perfil parecido.

Collegiata

✉ Piazza del Duomo

☎ 0577 940 316

🕐 Cerrado dom. mañanas y feb.

💲 Iglesia y Cappella di Santa Fina: $

desde la izquierda), en la que se representa a Eva emergiendo de la costilla de Adán. El ciclo de escenas del Nuevo Testamento de la pared opuesta (de alrededor de 1333) es atribuido a uno de estos dos artistas sieneses: Lippo Memmi o Barna da Siena.

Arriba: detalle de un fresco de Memmo di Filipuccio, en el Museo Civico.

Pág. siguiente: los turistas admiran las torres de la familia Salvucci que flanquean la Piazza del Duomo.

Museo Civico

✉ Palazzo del Popolo, Piazza del Duomo

☎ 0577 940 340

🕐 En invierno, los horarios de cierre varían; infórmese antes

💲 Museo: $$. Torre Grossa: $$

Dentro de la iglesia, no deje de admirar la Capella di San Gimignano (a la izquierda del altar mayor), que contiene un altar de Benedetto da Maiano (hermano de Giuliano), y visite la **Cappella di Santa Fina** (se paga entrada), en la nave sur. Está dedicada a uno de los santos patronos de San Gimignano, el cual es el tema de los frescos de las lunetas (1475), obra del destacado pintor florentino Domenico Ghirlandaio (1449-1494). El altar de la capilla, el relicario de mármol y los bajorrelieves (1475) son de Benedetto da Maiano.

MUSEO CIVICO

El museo de San Gimignano está dividido en dos secciones. Se precisa una entrada para acceder al museo propiamente dicho y otra

para la **Torre Grossa,** la única de las torres de San Gimignano actualmente abierta al público. Se entra a través de un precioso parque adornado con piezas arqueológicas y frescos (1513) de Sodoma. El museo empieza con la **Sala del Consiglio,** dominada por la *Maestà* (1317) de Lippo Memmi. En la primera planta se encuentra el museo de pintura, lleno de obras maestras de un gran número de pintores sieneses y florentinos, entre los que destacan Benozzo Gozzoli y Filippino Lippi. Las pinturas más interesantes, obra del pintor local menor Memmo di Filipuccio, se exponen en una sala aparte (en lo alto de las escaleras, gire a la izquierda). Los paneles de principios del siglo XIV representan tres escenas de bodas.

Desde la Piazza della Cisterna, salga hacia el norte para llegar al tercer monumento más relevante de San Gimignano, la iglesia de **Sant'Agostino** (Piazza Sant' Agostino), y disfrute de las callejuelas del trayecto. Dedique unos momentos a contemplar los restos de la **Rocca** o castillo (1353) y sus apacibles jardines públicos situados al oeste de la Piazza del Duomo. Al entrar en la iglesia, la pared oeste, a su izquierda, contiene la **Cappella di San Bartolo,** donde está la tumba de otro de los santos de San Gimignano. Los relieves (1495) de tres episodios de su vida son de Benedetto da Maiano. Unos frescos completan la ornamentación de la capilla y de parte de los muros laterales, aunque éstas y otras pinturas quedan eclipsadas por la impresionante **secuencia de frescos** pintados por Benozzo Gozzoli que se encuentra situada en torno al altar mayor. Realizados entre 1463 y 1467, reflejan varias *Escenas de la vida de san Agustín.* ∎

Toscana meridional

POCAS ZONAS DE LA TOSCANA DECEPCIONAN AL visitante, pero por la diversidad de paisaje, interés histórico y pueblos destacados, ninguna se puede comparar a la región del sur de Siena. Este territorio de viñedos, villas con cipreses y colinas cubiertas de olivares constituye la quintaesencia de la Toscana. Dos de las mejores abadías de la región se encuentran aquí, junto con encantadoras ciudades, y todo ello unido por tranquilas carreteras.

Asciano
🅼 243 D3
Información
✉ Corso Matteotti 18
☎ 0577 719 510

Abbazia di Monte Oliveto Maggiore
🅼 243 D3
✉ Cerca de Chiusure
☎ 0577 707 611

Buonconvento
🅼 243 D3
Información
✉ Via Soccini 18
☎ 0577 806 012/6

La mejor manera de introducirse en la región es partiendo en coche de Siena y dirigiéndose hacia el este por la carretera SS438. Ésta nos lleva hasta la **Crete,** un característico paisaje de colinas de arcilla casi desérticas quemadas por el sol que brilla en torno al pueblo de **Asciano.** Deténgase en él para admirar la Collegiata di Sant'Agata, iglesia románico-gótica del siglo XIII, y la rica colección de pintura sienesa medieval que se expone en el **Museo d'Arte Sacra** (*Piazza F. Ban-diera; reserva de visitas en el centro de información; Tel 0577 719 510; cerrado lun.*).

Desde Asciano, tome la pintoresca carretera secundaria que se dirige hacia el sur, hacia la **Abbazia di Monte Oliveto Maggiore,** abadía benedictina del siglo XIV de grandes dimensiones erigida en un espléndido marco. Sant'Antimo (ver más adelante) quizás es más interesante arquitectónicamente, pero carece de la majestuosa oferta artística del Monte Oliveto: un conjunto de frescos (1497-1508) de Sodoma y Luca Signorelli, las *Escenas de la vida de san Benito,* situadas en el claustro principal.

Desde el Monte Oliveto, la SS451 nos lleva en dirección oeste, hasta **Buonconvento,** un pueblo que oculta un precioso núcleo medieval. Aquí el máximo atractivo es el poco conocido **Museo d'Arte Sacra** (*Via Soccini 18; Tel 0577 807 181; cerrado miér. y lun.-jue. desde nov.-med. marzo*), que,

al igual que el museo de Asciano, posee una colección de arte que no guarda proporción con las dimensiones del pueblo.

Desde Buonconvento, una carretera en dirección sur asciende a **Montalcino,** pueblo que desde lejos parece acercarse a la perfección medieval. Aquí, la parte alta está casi intacta. De cerca tiene casi el mismo atractivo: envuelto en sus murallas y coronado por un castillo de postal, domina una magnífica panorámica sobre las colinas de la Crete y los bosques de la Val d'Orcia (ver más adelante). Es probable que sus orígenes se remonten al paleolítico o al período etrusco, aunque fue en 1555 cuando vivió su momento de mayor esplendor: convertido en el último bastión de la República de Siena, resistió durante cuatro años el asedio de los florentinos.

Mucha gente viene a esta localidad por uno de los mejores vinos tintos de Italia, el Brunello di Montalcino, que se puede comprar, junto con su pariente más asequible, el Rosso di Montalcino, en las tiendas del pueblo. Pero aquí también hay mucho que ver,

empezando por la **Rocca** o castillo (*Piazzale della Fortezza; Tel 0577 849 211; cerrado lun. en invierno*), con su pequeña tienda de vinos y la extensa panorámica que se divisa desde sus almenas. Al final de la calle se halla el **Museo Civico e Diocesano d'Arte Sacra** (*Via Ricasoli; Tel 0577 846 014; cerrado lun.*), repleto de pintura y escultura medieval presentadas de forma magistral. Diríjase hacia la plaza principal, la exigua **Piazza del Popolo**, y tómese un respiro en la Fiaschetteria, un agradable café del siglo XIX.

A 10 km al sur de Montalcino se yergue, aislada en un paisaje de bosques, la **Abbazia di Sant'Antimo**, la más soberbia de las abadías medievales de la Italia central. Fundada en el siglo VIII, posiblemente por Carlomagno, se construyó en su forma actual en 1118. La iglesia abacial es notable por su simplicidad, su interior basado en modelos del románico francés y el tono dorado de su piedra, además de sus notables relieves medievales.

Desde Sant'Antimo, prosiga hacia el este por la espléndida ca-

La Toscana en todo su esplendor, en una vista del Monte Amiata desde la Val d'Orcia.

Montalcino
www.prolocomontalcino.it
🅰 243 D3
Información
✉ Costa del Municipio 8, frente a la Piazza del Popolo
☎ 0577 849 331

Abbazia di Sant'Antimo
🅰 243 D2
✉ A 10 km al sur de Montalcino
☎ 0577 835 659

La elevada posición de **Montalcino** ofrece extensas vistas sobre el paisaje de la Toscana, bañado por el sol.

Castiglione d'Orcia
243 D2
Información turística
✉ Via Marconi 13
☎ 0577 887 363

San Quirico d'Orcia
243 D3
Información turística
✉ Via Dante Alighieri 33
☎ 0577 897 211
🕐 Cerrado nov.-marzo

rretera que se adentra en la **Val d'Orcia,** el valle del río Orcia, donde se alzan tres pequeños pueblos que merece la pena visitar antes de continuar hasta Pienza y Montepulciano (ver más adelante). El primero, a 20 km de Sant'Antimo, es **Castiglione d'Orcia,** apiñado en torno a una altiva fortaleza. Cerca de allí está la aldea de **Bagno Vignoni,** famosa por su plaza mayor, que en realidad no es una plaza sino una gran fuente de la cual mana agua sulfurosa caliente. Cerca de aquí es posible bañarse en aguas de la misma fuente en el hotel Posta Marcucci por un módico precio.

A unos 6 km al norte está **San Quirico d'Orcia,** conocido por la Collegiata, notable iglesia románica situada frente a la Piazza Chigi. Construido en el siglo XII, el edificio debe el renombre a su primitivo pórtico (1080), considerado la mejor obra de este tipo de la región. El interior es igualmente admirable: contemple la pintura de la *Madonna y santos* del sienés Sano di Pietro, del siglo XV, en el crucero norte. Visite también el Horti Leonini, contiguo a la Porta Nuova,

un sencillo huerto renacentista, y la pequeña iglesia del siglo XI, Santa Maria Assunta, en la Via Dante.

A unos kilómetros al este de San Quirico está **Pienza,** un tranquilo pueblecito que se llamó Corsignano hasta 1459, el año en que el papa Pío II decidió transformar su pueblo natal en una ciudad renacentista. Pío murió cuando el proyecto estaba sólo en sus inicios, pero no antes de que los arquitectos hubieran levantado una catedral, una residencia papal y una céntrica plaza rodeada de palacios. La visita resulta interesante por las vistas y por sus calles llenas de flores.

La **catedral** presenta una de las primeras fachadas (1462) renacentistas de la Toscana y en el interior hay cinco altares sieneses del siglo XV encargados ex profeso para este lugar. A su izquierda se levantan dos palacios, uno de los cuales, el Palazzo Borgia o Palazzo dei Vescovi, alberga el **Museo Diocesano** (*Piazza Pio II; Tel 0578 749 905; cerrado mar., sáb. y dom., sólo con cita previa de nov. a mediados de marzo*) y su colección de arte y objetos medievales. A la

derecha de la catedral se alza el **Palazzo Piccolomini** (*cerrado lun.*), donde se pueden seguir visitas guiadas por las que fueron las estancias de Pío II.

Encamínese hacia el este por la calle principal, el Corso Rossellino, y llegará a la iglesia de San Francesco, anterior a la época de Pío II. Detrás de ésta se abre la Piazza Dante, desde donde sale una encantadora callejuela que bordea las murallas y ofrece unas vistas sensacionales. Otra calle desciende hacia el **Pieve di Corsignano** (está señalizado), la iglesia parroquial de Pienza, del siglo X.

Montepulciano se extiende sobre un estrecho afloramiento volcánico y consiste en poco más que una calle principal –conocida como el Corso–, empinada vía que discurre ante un grupo de iglesias y palacios, la mayoría del siglo XVI. Empiece el recorrido por el pue-

blo en la parte baja de la calle, en la Porta al Prato. Vale la pena ver el **Palazzo Bucelli,** en el n.º 70, cuyo suelo está lleno de restos romanos y etruscos; la iglesia de **Sant'Agostino,** proyectada por Michelozzo en 1472; y el pequeño **Museo Civico** (*Via Ricci 10; Tel 0578 717 300; cerrado lun.*), con su colección de pintura y escultura medieval.

Al final de la calle llegará a la **Piazza del Duomo,** una de las diversas plazas del pueblo con tiendas en las que se vende el prestigioso Vino Nobile. Dominando la plaza se yergue el Duomo, conocido por el impresionante altar mayor (1401) de Taddeo di Bartolo y el baptisterio. No deje de seguir la Via di San Biagio hasta San Biagio (a 10 minutos andando cuesta abajo), iglesia renacentista que fue planificada por Antonio da Sangallo a principios del siglo XVI. ■

Pienza

🗻 243 D3

Información

✉ Corso Rossellino 59

☎ 0577 749 071

Montepulciano

www.prolocomontepulciano.it

🗻 243 E3

Información

✉ Via di Gracciano nel Corso 59a

☎ 0578 757 341

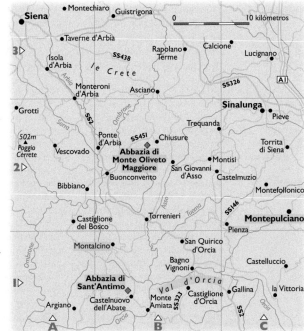

Lucca

El contorno de la Piazza dell'Anfiteatro sigue la forma del anfiteatro romano que en otro tiempo ocupó este lugar.

«TODO EN LUCCA ES BELLO», ESCRIBIÓ HILLAIRE BELLOC en 1902 en *El camino de Roma*. Unos años antes, Henry James había dicho de esta ciudad que «rebosa de todo lo que contribuye a la comodidad, a la abundancia, a la belleza, al interés y al buen ejemplo» (*Italy Revisited*, 1877). Desde entonces ha cambiado poco. Tranquila, urbana y rodeada de murallas coronadas por árboles, actualmente la población continúa siendo una atractiva mezcla de plazas, iglesias, museos, galerías y calles adoquinadas. De toda la Toscana, sólo Florencia y Siena son más interesantes.

Lucca

🅜 242 B5

Información

✉ Vecchia Porta di San Donato, Piazzale Verdi

☎ 0583 583 150 o 0583 442 944

Lucca debe a los romanos el trazado reticulado de su centro. Bajo los godos y los lombardos fue la capital toscana, y alcanzó en la Edad Media una cierta categoría gracias al comercio de la seda. Durante el siglo XIV, la ciudad se apoderó de Pisa y de Pistoia, y estuvo muy cerca de conquistar Florencia. A partir de entonces, Lucca entró en decadencia, pero mantuvo su independencia hasta la llegada de Napoleón. Los Borbones asumieron el control hasta la unificación de Italia.

Hoy en día, todo cuanto hay que ver en la ciudad se encuentra en el interior de las murallas.

La mejor estrategia es empezar o bien en el Duomo y avanzar hacia el este, o bien en la plaza central, la Piazza San Michele, y continuar hacia el norte.

Pocas iglesias son tan impresionantes a primera vista como **San Michele in Foro** (*Piazza San Michele*), erigida en el lugar que ocupaba el Foro Romano. Su soberbia **fachada** combina el revestimiento de mármol en franjas, que caracteriza a los edificios románicos pisanos, con una asombrosa estructura de logias en miniatura, arquerías ciegas y originales columnas helicoidales. El interior es menos llamativo.

No obstante, contiene una notable obra de arte, los *Santos Jerónimo, Sebastián, Roque y Helena*, de Filippino Lippi (al fondo de la nave sur).

El hijo más ilustre de Lucca, el compositor Giacomo Puccini (1858-1924), nació a un paso de la iglesia. Su casa natal, la **Casa Puccini** (*Carte San Lorenzo 9, Via di Poggio; Tel 0583 584 028; cerrada lun. oct.-mayo*) alberga un museo dedicado al músico.

Otra espléndida **fachada** (1060-1241) se alza frente a la catedral de Lucca, el **Duomo de San Martino,** en la Piazza San Martino, cuyo elemento más destacado es una serie de relieves del siglo XIII alrededor del atrio y en las puertas de entrada. Los de la puerta de la izquierda son del célebre escultor Nicola Pisano (1200-1278), mientras que los paneles colocados entre las puertas sobre la *Vida de san Martín* son obra del principal arquitecto de la fachada, Guidetto da Como (activo a principios del siglo XIII). En mitad de la nave se alza el **Tempietto** (1482-1484), una recargada capilla octogonal construida por el escultor local Matteo Civitali (1435-1511) para alojar el **Volto Santo** (Santa Faz), crucifijo de madera del que se decía era un retrato de Jesucristo tallado por Nicodemo, un testigo de la Crucifixión. De hecho, probablemente se trata de una copia del siglo XIII de un original del siglo VIII.

Mayor mérito artístico presenta la *Tumba de Ilaria del Carretto* (1410), dedicada a la esposa de Paolo Guinigi, uno de los gobernantes medievales de Lucca, que se halla en la sacristía. Esta obra maestra del escultor sienés Jacopo della Quercia es una de las esculturas más bellas de Italia.

La entrada para visitar la sacristía da acceso al **Museo della Cattedrale,** que se encuentra en la Piazza Antelminelli, con una excelente colección de pintura, escultura y objetos religiosos. También da acceso a la iglesia cercana del **Santissime Giovanni e Reparata,** donde las excavaciones efectuadas han descubierto edificios romanos y restos medievales de la primera catedral y el primer baptisterio de Lucca (*Sacristía, museo e iglesia; Tel 0583 490 530; cerrado en invierno*).

Al sur de la catedral hay un acceso a las murallas (1544-1645). Aquí se puede seguir el paseo arbolado de 4 km que contorna toda la ciudad. Diríjase hacia el

Derecha: detalle de la fachada de San Michele in Foro. Los pilares y las pequeñas arcadas son características del denominado estilo pisano de la arquitectura románica.

Museo della Cattedrale

✉ Via Arcivescovado

☎ 0583 490 530

🕐 Cerrado lun. y mar.-vier. en invierno

💲 $

Conversando en la calle: Lucca es la más agradable y relajante de todas las ciudades toscanas.

este y verá el **Giardino Botanico,** al que se entra por la Via del Fosso (*Tel 0583 442 160; cerrado lun.-vier. tardes y sáb. y dom., excepto abril-oct.*).

A los aficionados a las plantas les gustarán los jardines de la cercana **Villa Bottini** (*Via Elisa; Tel 0583 442 140; cerrada dom. tarde*). A unos pasos más al oeste se alza Santa Maria Forisportam, una inacabada iglesia románico-pisana que señalaba los límites de la ciudad.

Siga hacia el norte, donde encontrará el edificio más insólito de Lucca, la **Casa Guinigi** (*Via Guinigi 29; Tel 0583 48 524; cerrada dom. tardes y lun.*), casa urbana medieval construida por los Guinigi, la familia más importante de la Lucca medieval. Es conocida por su torre, ¡y por las dos encinas que crecen en su tejado! Otra de las casas habitadas antiguamente por los Guinigi es ahora el **Museo Nazionale di Villa Guinigi** (*Via della Quarquonia; Tel 0583 496 033; cerrado lun. y dom. tardes*); erigida en 1418, alberga una colección de restos arqueológicos, pintura, escultura, tejidos medievales y otras artes aplicadas.

Desde la Piazza San Michele, tome la Via Fillungo, la calle principal de Lucca, que le conducirá a la **Piazza dell'Anfiteatro,** plaza cuyos edificios medievales fueron levantados alrededor del espacio oval del anfiteatro romano. Un par de manzanas al este aparece otra joya de iglesia, la pequeña **San Pietro Somaldi.** Al noroeste se levanta un templo más grande, **San Frediano** (1112-1147), con una fachada del siglo XIII decorada con mosaicos, y con tesoros como la pila de agua bendita del siglo XII; las magistrales terracotas esmaltadas elaboradas por la familia Della Robbia; relieves y tumbas de Jacopo de la Quercia (cuarta capilla a la izquierda) y frescos del siglo XVI de Amico Aspertini de la *Llegada del Volto Santo a Lucca* (segunda capilla del muro norte).

Al suroeste de la iglesia, visite los jardines del **Palazzo Pfanner** (*Via degli Asili 33; Tel 0583 49 1243; cerrado dic.-feb.*), y, más al oeste, el **Museo Nazionale di Palazzo Mansi** (*Via Galli Tassi 43; Tel 0583 55 570; cerrado dom. tardes y lun.*), magnífico marco para una excelente colección de pintura. ∎

Pisa

LA MAYORÍA DE LA GENTE CONOCE LA FAMOSA TORRE Inclinada de Pisa, pero sólo unos pocos saben que la torre es uno de los componentes de un precioso conjunto medieval, y que el resto de la ciudad es en gran medida moderna (como consecuencia de los bombardeos de la Segunda Guerra Mundial).

La **Torre Inclinada** *(Tel 050 560 547, visitas cada 35 minutos; las entradas se venden en Campo dei Miracoli o en www.opapisa.it)* originalmente era uno de los elementos más modestos del **Campo dei Miracoli,** o Campo de los Milagros, una plaza que también incluye la catedral, el baptisterio y el camposanto. Las obras de la torre comenzaron en 1173, pero casi inmediatamente se empezó a inclinar, a causa de la debilidad del subsuelo arenoso que sostenía sus cimientos.

El **Duomo,** empezado aproximadamente un siglo antes, con su decoración de pilares, columnas y mármoles policromos, iba a constituir un modelo para otros templos románicos pisanos. Es conocido por sus puertas de bronce del lado sur (1180), por el mosaico del

ábside del *San Juan* (1302) de Cimabue y por el impresionante púlpito (1302-1311) de Giovanni Pisano, en el extremo de la nave norte. En el **Baptisterio** circular (iniciado en 1152) se halla otro púlpito magistral del padre de Giovanni, Nicola Pisano. En el cercano **Museo dell'Opera del Duomo** se pueden contemplar joyas de la catedral y del Baptisterio. El último elemento, el Camposanto, es un cementerio medieval.

Otros lugares interesantes de la ciudad son la **Piazza dei Cavallieri,** rodeada de edificios medievales; **Santa Maria della Spina,** iglesia a orillas del río, en Lungarno Gambacorti; y el **Museo Nazionale di San Matteo** *(Piazza San Matteo; Tel 050 541 865; cerrado dom. tarde y lun.).* ■

El Campo dei Miracoli acoge la catedral de Pisa, el baptisterio y la Torre Inclinada.

Pisa
www.pisa.turismo.toscana.it
⊡ 242 B4
Información
✉ Piazza del Duomo 1
☎ 050 560 464

ENTRADAS
El Duomo, el baptisterio, el Museo dell'Opera y el camposanto están abiertos todos los días desde las 8.00 hasta las 19.30 h (en invierno, menos horas; el Duomo cierra dom. tardes). Existen entradas combinadas para ver 2, 3 o los 4 monumentos *(Tel 050 561 820).* ■

Un paseo por el territorio del Chianti

Existen muchas rutas posibles por los viñedos, olivares, pequeñas ciudades y ondulados bosques del Chianti, la región más visitada de la Toscana. Este recorrido que se inicia en Siena le permitirá ver lo mejor de esta zona en una excursión de un día.

Salga de Siena por la carretera SS2 (la Via Cassia) hacia el oeste, y busque los indicadores de Castellina in Chianti y de la carretera SS222 que se dirige al norte, una ruta panorámica conocida como la Chiantigiana. De hecho, siguiendo esta carretera se llega a Florencia pasando por Greve in Chianti, una excelente manera de llegar a la capital de la Toscana. Esta ruta ofrece una espléndida panorámica de la región del Chianti y es mejor que la *superstrada*, la autopista que enlaza las dos ciudades.

Si desea hacer un trayecto circular, pero igualmente representativo por el Chianti desde Siena, debe seguir la SS222 hasta Castellina. A partir de la ruta que describimos aquí se pueden tomar muchos desvíos, pero tenga en cuenta que, pese a que son buenas, las carreteras del Chianti son buenas, suelen tener muchas curvas. En general, los pueblos de la región son relativamente mediocres, de forma que el propio recorrido y los paisajes que atraviesa son el principal atractivo.

El paisaje va unido a los viñedos, a cientos de ellos. Sus uvas producen el famoso vino Chianti. La mayoría de los viñedos están señalizados y abiertos al público para la venta y degustación.

Como introducción a la viticultura de la región, lo mejor es hacer una parada en **Castellina di Chianti** ❶, a 21 km del centro de Siena, donde podrá comprar vinos locales y aceite de oliva en la Bottega del Vino Gallo Nero, en la Via della Rocca 10 (el Gallo Nero, o Gallo Negro, es una de las cooperativas más prestigiosas de productores de Chianti). No deje de recorrer tampoco la curiosa Via delle Volte, una calle medieval abovedada que se encuentra justo al entrar en la muralla.

Desde Castellina, diríjase hacia el este por la SS429 hacia **Radda di Chianti** ❷, un tramo de carretera de 10 km con un paisaje especialmente bello. Los alrededores de

Radda, de aire moderno, no son nada llamativos, pero su casco antiguo conserva un aspecto netamente medieval. Pasado Radda, continúe hacia el este para adentrarse en una zona de bosques, los **Monti del Chianti**, o Montes del Chianti, y tras recorrer 3 km, desvíese a la izquierda, hacia **Badia a Coltibuono** ❸, abadía vallambrosana situada en un encantador paraje, a unos 10 km de Radda, que ahora alberga un restaurante y unas bodegas de vino. Al sur de la abadía, la carretera enlaza con la SS408, donde debe girar a la derecha hacia **Gaiole di Chianti**, otra importante ciudad vinícola con un pintoresco casco antiguo rodeado de barrios más modernos.

A 5 km al sur de Gaiole, pase de largo los desvíos que salen de la SS408 hacia Radda y Cartagnoli y siga adelante otros 5 km hasta el siguiente cruce de carreteras. Gire a la izquierda por la SS484 y siga los indicadores hacia **Castello di Brolio** ❹ (*cerca de San Regolo; tel 0577 7301; cerrado en invierno*). Este gran castillo almenado, al que se llega por un precioso camino bordeado de cipreses, ha pertenecido a la familia Ricasoli desde el siglo XII. Desde sus almenas se divisan unas amplias panorámicas del valle de Arbia y las colinas del Chianti, y en la *cantina* del castillo se venden los famoso vinos producidos en su propia heredad.

Algunas carreteras secundarias, la mayoría *strade bianche* (carreteras blancas), cubiertas de grava de color claro, nos devuelven a la SS408, ya sea por San Felice o por Cacchiano y Monti, la vía más rápida. De nuevo en la SS408, tuerza a la derecha y se encontrará a unos 16 km de Siena.

También puede volver desde Castello di Brolio a la SS484 y continuar 8 km hasta un cruce pasado Villa a Sesta, cerca de **San Gusme,** uno de los pueblos más pintorescos de la zona. Desde allí, el viaje de vuelta a Siena es algo más largo y menos directo. ■

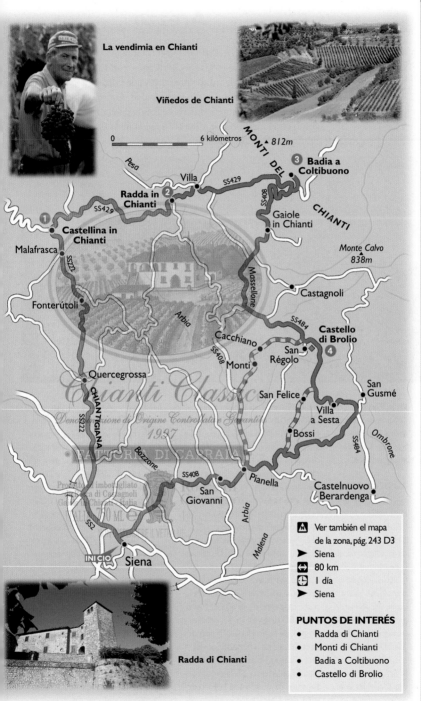

La vendimia en Chianti

Viñedos de Chianti

MONTI DEL

▲ 812m

CHIANTI

Pesa

Villa

3 Badia a
Coltibuono

SS429

Radda in
Chianti

2

SS429

SS408

Gaiole
in Chianti

1 Castellina in
Chianti

SS222

Malafrasca

Monte Calvo
838m

Fonterútoli

Massellone

Castagnoli

Arbia

Cacchiano

SS484

Castello
di Brolio

SS408

Monti

San
Régolo

4

Quercegrossa

San Felice

San
Gusmé

CHIANTIGIANA

Villa
a Sesta

SS222

Bozzone

Bossi

SS484

Ombrone

SS408

Pianella

San
Giovanni

Castelnuovo
Berardenga

SS2

Arbia

Malena

INICIO   Siena

0 ———— 6 kilómetros

PUNTOS DE INTERÉS

- Radda di Chianti
- Monti di Chianti
- Badia a Coltibuono
- Castello di Brolio

Ver también el mapa
de la zona, pág. 243 D3

➤ Siena

⟷ 80 km

🕐 1 día

➤ Siena

Radda di Chianti

Arezzo

Arezzo
 243 E4
Información
✉ Piazza della
Repubblica 28
☎ 0575 377 678

AREZZO FUE UNA IMPORTANTE CIUDAD ETRUSCA QUE tuvo su importancia en las épocas romana y alto-medieval, cuando su situación al pie de rutas comerciales que cruzaban los Apeninos le permitió alcanzar una gran prosperidad. Ahora, su bienestar deriva de una floreciente industria centrada en el oro y la joyería, así como en el turismo que atrae *La leyenda de la Cruz* de Piero de la Francesca, una de las secuencias de frescos más famosos de Italia.

En la Piazza Grande de Arezzo, todos los meses hay una feria de antigüedades.

RUTA DE PIERO
Los entusiastas de Piero della Francesca (1416-1492) pueden visitar la antigua escuela de Monterchi (*Via della Regia; cerrada lun.*) para ver su *Madonna del parto* y el Museo del Sansepulcro (*Via Niccolò Aggiunti 65*), que exhibe la *Resurrección* y la *Madonna della Misericordia*. ∎

Arezzo no es la más bella de las ciudades toscanas –los bombardeos de la segunda guerra mundial se encargaron de evitarlo–, pero conserva un núcleo medieval casi intacto. La mayoría de los visitantes van directamente a la iglesia de **San Francesco,** en la Piazza San Francesco, cuyo ábside está decorado con los famosos frescos (1457) de Piero della Francesca.

La mayor parte de los edificios interesantes de Arezzo se encuentran en la **Piazza Grande,** la principal plaza de la ciudad. En la parte más elevada se alza el **Palazzo delle Logge** (1573), precedido por un bello pórtico renacentista del artista e historiador del arte Giorgio Vasari (1512-1574), nacido en Arezzo. En la esquina superior izquierda está la **Fraternità dei Laici,** palacio gótico célebre por su portal y sus lunetas en forma de esculturas (1434), obra de Bernardo Rossellino. Un poco más abajo se encuentra el ábside de **Santa Maria,** una mágica iglesia románica del siglo XII, a la que se accede por el Corso Italia. Pase al interior para admirar el retablo del altar mayor de la *Madonna y santos* (1320) de Pietro Lorenzetti.

Al norte de la plaza se abre el **Passeggio del Prato,** un agradable parque flanqueado por la catedral y los restos de la Fortezza Medicea, castillo del siglo XVI construido por los Médicis. La **catedral** merece una visita por sus vidrieras (1523), por un fresco de *María Magdalena* de Piero della Francesca (nave norte, pasado el órgano) y por la tumba (1327) de Guido Tarlati, un obispo de Arezzo del siglo XIV. ∎

Cortona

CORTONA DESPUNTA SOBRE LAS TIERRAS DE SU ALREDEDOR y ofrece hermosas vistas desde sus murallas que abarcan una vasta extensión de la Toscana y Umbría. Tan antigua como Troya, al menos según la leyenda, la ciudad ya era un centro floreciente a la llegada de los etruscos en el siglo VIII a.C. Hoy en día, Cortona tiene un aire medieval y los dos museos de la ciudad y sus diversas iglesias la convierten en un lugar que merece la pena conocer.

Cortona

 243 E3

Información

✉ Via Nazionale 42

☎ 0575 630 352

Como en la mayoría de ciudades italianas, se disfruta tanto paseando simplemente por las calles de Cortona como viendo sus museos y galerías. Vaya a la parte alta de la ciudad, en particular a las ruinas de la **Fortezza Medicea** (fortaleza de los Médicis), donde la panorámica es especialmente buena.

El principal lugar de interés de la céntrica Piazza della Reppublica es el **Museo Diocesano** (*Piazza del Duomo; Tel 0575 62 830; cerrado lun. nov.-marzo*), una colección de arte renacentista dominada por dos pinturas excepcionales de Fra Angélico: una *Anunciación* y una *Madonna con el Niño y santos* (1428-1430). Cerca de allí se halla el **Museo dell'Accademia Etrusca** (*Piazza Signorelli 9; Tel 0575 637 235; cerrado lun. oct.-nov.*), donde se exponen básica-

mente materiales relacionados con el legado etrusco de Cortona.

También merecen una visita algunas iglesias de esta zona: **San Nicolò**, en la Via San Nicolò, por ejemplo, posee un curioso altar de dos caras de Luca Signorelli (1441-1523), destacado pintor renacentista nacido en Cortona. Se conserva otra pintura del mismo artista en **San Domenico** (al lado de la Piazza Garibaldi), junto con la *Coronación de la Virgen* (1402) de Lorenzo di Niccolò Gerini. Pero la iglesia más célebre es la de **Santa Maria del Calcinaio,** que –junto con el edificio similar de San Biagio de Montepulciano– se considera la mejor iglesia renacentista de la Toscana. Está a 3 km al este de Cortona, en la carretera que lleva al pueblo desde el fondo del valle. ∎

Arriba izquierda: la panorámica desde la elevada situación de Cortona se extiende a lo largo de kilómetros por las llanuras de la Toscana y la vecina Umbría.

Arriba derecha: la *Anunciación*, de Fra Angélico, el pintor y monje florentino que pasó diez años de su vida en el monasterio dominico de Cortona.

Otras visitas interesantes en la Toscana

BARGA

Si se encuentra cerca de Lucca, diríjase hacia el norte, a este precioso pueblo de la Garfagnana. El pueblo está al pie de los montes Orecchiella, en medio de un terreno boscoso que domina el valle de Serchio y los elevados picos de los Alpes Apuanos. Su monumento más valioso es una encantadora **catedral** del siglo X, un edificio de piedra de color dorado precedido por una bella terraza panorámica. La fachada está adornada con relieves y en su interior se conservan una enorme estatua de san Cristóbal del siglo X y un púlpito del siglo XIII del escultor Bigarelli da Como.
242 B5 **Información** ✉ Via di Mezzo 45 ☎ 0583 724 743

LA MAREMMA

La región de la Maremma incluye la sombría ciudad de Grosseto y los encantos medievales de **Massa Marittima** *(información, Via Tosini 3; Tel 0566 902 756)*, la única ciudad de la zona que merece una visita, en especial por su catedral. Aquí, la costa tiene muchas playas y pequeños centros turísticos; son destacables las tranquilas arenas de la Marina di Alberese, el pueblo de Castiglione della Pescaia, y los animados centros de Porto Ercole y Porto Santo Stefano del Monte Argentario. Los mejores parajes costeros están protegidos por el **Parco Naturale della Maremma**, al que se llega a pie desde Talamone, otro pequeño pueblo turístico, o en autobús (en el parque no se permite la entrada de coches) desde Alberese, al sur de Grosseto.

Vale la pena desviarse también hacia algunos pueblos del interior: Capalbio, aislado en lo alto de una colina, es un laberinto de calles antiguas; **Pitigliano** *(información, Piazza Garibaldi 51; Tel 0564 617 111)* es un pueblo de origen etrusco situado encima de un estrecho peñasco, mientras que **Sovana** *(información, Piazza del Pretorio 12a; Tel 0564 614 074)* es una joya de una sola calle con una sublime iglesia parroquial, Santa Maria, antigua catedral, y una colección de tumbas etruscas. Al norte de Sovana se alza el **Monte Amiata**, de 1.738 m, una montaña cubierta de bosque.

243 C2–D1 **Información sobre el parque** ✉ Oficina Central del Parco Naturale, Via del Fante, Alberese ☎ 0564 407 098

PISTOIA

Pistoia se encuentra en una zona poco atractiva entre Florencia y Lucca. Sin embargo, posee muchos elementos interesantes. Comience por explorar la céntrica **Piazza del Duomo**, rodeada de palacios medievales, pequeños museos y un baptisterio, y visite el Duomo del siglo XII, que alberga el famoso Dossale di San Jacopo (Retablo de san Jaime). Se trata de una de las piezas de orfebrería más magistrales de Italia. Se empezó en 1287 y pasaron 200 años antes de que se terminara. Contiene 628 figuras esculpidas y pesa cerca de una tonelada. Entre las muchas iglesias soberbias, fíjese en **Sant'Andrea**, que posee un púlpito esculpido (1297) de Giovanni Pisano. Busque también el **Ospedale del Ceppo**, al final de la Via Pacani, hospital medieval adornado con un friso de esmaltes policromo (1526-1529).
243 C5 **Información** ✉ Piazza del Duomo 4 ☎ 0573 21 622

VOLTERRA

Volterra está asentada en un peñasco escarpado fácilmente defendible, el marco preferido de sus fundadores etruscos. El **Museo Etrusco Guarnacci** es uno de los más importantes de Italia, después de los de Roma y Florencia *(Museo Etrusco Guarnacci, Via Don Minzoni 15; Tel 0588 86 347; cerrado tardes nov.-marzo)*. La entrada al museo permite acceder a la **Pinacoteca,** museo de arte que acoge una obra maestra manierista de Rosso Fiorentino, el *Descendimiento* (1521).

Como suele suceder en los pueblos toscanos, a los museos se añade un casco antiguo donde recorrer y admirar las calles medievales es un verdadero placer. Desde el punto de partida, en la céntrica **Piazza dei Priori,** dé una vuelta por la Rocca (castillo), el Balze (sector de las murallas del pueblo, algo desmoronadas) y el Parco Archeologico (parque con ruinas romanas y de otras épocas).
243 C3 **Información** ✉ Piazza dei Priori 20 ☎ 0588 87 257 ∎

Umbría es la tierra de san Francisco, tierra de colinas soleadas, paisajes encantadores y montañas; es una región cuyos excelentes comida y vinos, y sus ciudades medievales todavía intactas rivalizan con los de la Toscana.

Umbría

Ubaldo, un santo umbro

Umbría

DURANTE AÑOS, UMBRÍA HA SIDO CONSIDERADA LA HERMANA POBRE DE la Toscana, pero ahora su imagen ha cambiado. La región ha emergido de la sombra de su vecina más famosa y se ha convertido en un interesante destino por sus propios valores. El denominado corazón de Italia, íntimo y de gran belleza, es ideal para unas vacaciones, no sólo por su guirnalda de pueblos asentados sobre promontorios –dotados de infinidad de museos, galerías y recónditos rincones medievales–, sino también por su diversidad paisajística, sus excelentes vinos y su cocina, sencilla y auténtica.

Umbría tiene mucho en común con la vecina Toscana, incluyendo los cipreses, las casas de campo tradicionales y los viñedos, que aquí aparecen teñidos de colores otoñales.

Los primeros habitantes de Umbría fueron los umbros, una tribu de agricultores que fue absorbida por los etruscos hacia finales del siglo VII a.C. Más tarde llegaron los romanos, cuya importante calzada que atravesaba la región, la Via Flaminia, propició la aparición de numerosas ciudades. Entre ellas, la más importante era Spoleto, que más tarde sería adoptada como capital por los lombardos.

Alrededor del siglo XII surgieron poderosas ciudades-estado. Solamente Perugia, todavía hoy capital de Umbría, alcanzó cierto relieve en el ámbito nacional. Su caída en manos del Papado en el siglo XVI precipitó un largo período de estancamiento, hasta que a partir de la década de 1980, la región se convirtió en destino turístico.

Como lugar de nacimiento de san Francisco (1181/2-1226) y san Benito (480-550), los santos más insignes de Europa y

fundadores de las órdenes monásticas más influyentes del mundo occidental, ninguna región puede rivalizar con su fama. Además, ha visto nacer a tantos otros santos que incluso se la ha llamado *Umbra santa* o *Umbra mistica*, Umbría santa o Umbría mística.

En Umbría hay dos ciudades fundamentales: Orvieto, sede de la majestuosa catedral gótica, y Asís, que acoge la impresionante Basilica di San Francesco. Esta basílica, donde está enterrado san Francisco de Asís, el santo patrón de Italia, es un edificio que alteró el curso del arte italiano y europeo. Giotto, Cimabue y todos los artistas italianos de prestigio en su día pintaron en Asís, empezando a alejarse de las estrictas convenciones del arte bizantino para crear un estilo pictórico más naturalista que culminaría en el Renacimiento.

Pero marcharse de Umbría habiendo visto sólo estos lugares sería un error, ya que

los pueblos y ciudades se encuentran a poca distancia entre sí. Perugia es la ciudad más grande y merece un día entero. Puede alojarse en Spoleto, una de las poblaciones más encantadoras del centro de Italia, o bien, en una de las localidades menores asentadas en puntos elevados, como Todi, Spello o Montefalco. Asís es también una buena base, pese a su fama, ya que, cuando por la tarde se van los turistas, es bastante tranquila.

Pueblos más remotos como Gubbio, una joya medieval, son fascinantes, como también lo es Norcia, al este de Umbría, más montañoso y agreste. Esta localidad es un paraíso para los gourmets y un excelente punto de partida para ver el Parco Nazionale dei Monti Sibillini. El paisaje del parque abarca el monte Sibillini, situado en Las Marcas, uno de los principales macizos de los Apeninos, y la extraordinaria llanura de Piano Grande, cubierta de flores y ro-deada por montañas.

El parque es perfecto para hacer excursiones a pie gracias a su paisaje y a la calidad de los mapas de la zona, algo insólito en la Italia central y meridional.

En Umbría occidental, los paisajes suelen parecerse a los de la Toscana. ∎

Mapa de situación

Perugia

Perugia
🗺 271 B3
Información
✉ Piazza IV
Novembre 3
☎ 075 572 3327 o
075 573 6458

ADÉNTRESE EN EL LABERINTO DE AUTOPISTAS Y LOS suburbios de la capital de Umbría y descubrirá un magnífico centro histórico en el que todavía resuenan los ecos de su pasado etrusco, romano y medieval. Aparte de los monumentos agrupados alrededor de la Piazza IV Novembre, la plaza principal, hay muchos lugares para ver en los alrededores, así que prepárese para hacer un largo recorrido visitando los edificios de interés.

La Piazza IV Novembre acoge la catedral y la Fontana Maggiore, una de las fuentes más encantadoras de Italia.

Inicie la ruta con un paseo por el Corso Vanucci, calle peatonal que atraviesa el centro medieval de Perugia. En el flanco norte de la Piazza IV Novembre está la Fontana Maggiore (1277), una fuente proyectada por los Pisano padre e

hijo, Nicola y Giovanni, escultores que trabajaron en Pisa, conocidos por sus púlpitos de Siena y Pisa (ver págs. 246-248 y pág. 263). Detrás de la fuente está el **Duomo** (comenzado en 1345), cuyo interior contiene las tumbas de dos Papas que murieron en la ciudad. Una de las pinturas del interior es la *Madonna delle Grazie*, de finales del siglo XV (tercer pilar de la nave sur), supuestamente con poderes milagrosos. Contemple también la **Cappella del Sant'Anello** (primera capilla de la nave norte), donde se guarda un ágata, que según se dice pertenecía al anillo de bodas de la Virgen.

PALAZZO DEI PRIORI

En la esquina de la Piazza IV Novembre con el Corso Vannucci se yergue uno de los palacios municipales más formidables de Italia, el Palazzo dei Priori (1293-1443), que alberga cuatro ámbitos de gran interés. El primero, la **Sala dei Notari** (*cerrada lun. excepto jul.-sept.*), lugar de reunión de los juristas medievales de la ciudad, presenta un techo abovedado y el escudo de armas del *podestà* o magistrado medieval de Perugia. Se accede desde la plaza, por unas escaleras en forma de abanico.

Siguiendo el Corso adelante, en el nº 15 se encuentra la entrada a la **Sala del Collegio della Mercanzia** (*Tel 075 573 0366; cerrada tardes dom. y lun., tardes a diario nov.-feb. excepto sáb.*).

y miér.), donde se reunía el gremio de mercaderes. Esta pequeña sala del siglo XV presenta un elaborado artesonado de madera. A poca distancia, en el nº 25, se abre la entrada al **Collegio del Cambio** (*Tel 075 573 0366; cerrado tardes dom. y lun., tardes a diario nov.-feb. excepto sáb. y miér.*), antaño sede del gremio de cambistas. El hijo predilecto de la ciudad, Pietro Vannucci (1446-1523), más conocido como el Perugino, es el autor de su decoración; los frescos (1496) de la sala se consideran su obra maestra.

Resérvese lo mejor del palacio para el final, la **Galleria Nazionale dell'Umbria** (*Tel 075 572 1009; cerrada 1er lun. del mes*), un gran museo de pintura situado en el cuarto piso (se accede por la puerta principal). Cuenta entre sus obras con lo mejor del arte de Umbría, junto con obras toscanas magistrales, como las pinturas de la *Madonna con el Niño y santos* de Fra Angélico y de Piero della Francesca (1437 y 1460).

Desde el Corso, diríjase al oeste por la pintoresca Via dei Priori, hasta encontrarse ante el **Oratorio di San Bernardino**, célebre por su fachada policromada decorada con esculturas (1457) de Agostino di Duccio. Gire hacia el norte, hasta la Piazza Fontebraccio, donde podrá admirar el Arco di Augusto (siglos III-I a.C.), un portal etrusco-romano, antes de seguir el Corso Garibaldi en dirección norte hasta las iglesias de **Sant' Agostino** y **Sant'Angelo**.

Al oeste de la plaza, los elementos más relevantes son un pozo etrusco en la Piazza Danti y la iglesia de **San Severo** (*Piazza Raffaello; Tel 075 573 0366; cerrada mar. nov.-marzo*), que posee una pintura de Rafael. Prosiga hacia el sur por el Corso Cavour, que le conducirá a **San Domenico**, la iglesia más grande de Perugia, conocida por la tumba gótica del siglo XIV del papa Benedicto XI (a la derecha del altar).

En esta misma calle, más adelante se encuentra el **Museo Archeologico** (*Piazza Giordano Bruno 10; Tel 075 572 7141; cerrado lun. mañanas*), donde se exponen piezas que ilustran el rico legado etrusco y romano de Perugia, y la encantadora iglesia de **San Pietro**, de visita obligada. ∎

La Sala dei Notari (1293) es uno de los sectores más antiguos del Palazzo dei Priori de Peruggia. Los escudos de armas pertenecían a los magistrados medievales de la ciudad.

El enorme volumen de la Basilica di San Francesco, donde está enterrado san Francisco, domina la ciudad de Asís.

San Francisco con el hábito franciscano. El santo no fue sacerdote ni ejerció formalmente el ministerio.

Asís

ASÍS ES UNA CIUDAD FAMOSA POR SER EL LUGAR DE nacimiento de san Francisco, el patrón de Italia, fundador de la orden de los franciscanos y una de las figuras religiosas más influyentes del mundo medieval. Su basílica, formada por dos iglesias, es uno de los centros artísticos y religiosos más importantes de Europa. Por otra parte, Asís es una preciosa ciudad situada sobre una colina, dotada de iglesias y museos de arte, con calles llenas de flores y magníficos edificios medievales de piedra rosada.

El edificio más importante de Asís, la Basilica di San Francesco (iniciada en 1229), se yergue en el extremo oeste de la ciudad. Seguramente iniciará el recorrido en la céntrica **Piazza del Comune**, donde debió de estar situado el antiguo Foro Romano. Su flanco norte está dominado por el **Tempio di Minerva**, del siglo I, un frontón de templo romano con seis columnas en excelente estado de conservación. Escondido en la esquina oeste de la plaza se abre el **Museo e Foro Romano**, que ofrece la posibilidad de contemplar las excavaciones de los restos romanos existentes bajo la plaza (*Via Portica 2; Tel 075 813 053*). Al oeste de la plaza

se encuentra la **Pinacoteca** (*Via San Francesco 10; Tel 075 812 033*) de la ciudad o museo de pintura, modesta pero interesante colección de pintura umbra medieval y renacentista .

En 1997, un terremoto afectó la **Basilica di San Francesco** y derribó parte de la Iglesia Superior, destruyendo algunos de sus numerosos frescos. Aun así, en la **Iglesia Superior**, recinto gótico de gran altura, todavía se puede contemplar el incomparable ciclo de frescos de *La leyenda de san Francisco* (1290-1295), junto con obras del maestro de Giotto, Cimabue. En la **Iglesia Inferior**, parecida a una cripta, las paredes están cubiertas con frescos de

Giotto, del *Maestro de san Francesco*, anónimo, y de los eminentes artistas sieneses Simoni Martini y Pietro Lorenzetti. También contiene la tumba de san Francisco, a la que se llega por una escalera de piedra.

La tumba fue descubierta en 1818, después de excavar durante dos meses. San Francisco fue enterrado en secreto para evitar el robo de su cuerpo. Francisco murió en 1226 y fue canonizado al cabo de dos años. La basílica es un ejemplar temprano de gótico italiano cuya Iglesia Superior, de una sola nave, fue un referente para las iglesias franciscanas y de otras órdenes.

Al salir de la basílica debería desviarse hacia el sur para admirar **San Pietro**, agradable iglesia románica del siglo XIII, y luego volver a la Piazza del Comune por la Via Ancaiani, una vieja calle de aspecto medieval, o por la Via San Francesco, más animada. En la segunda, en el nº 11, contemple el **Oratorio dei Pellerini**, del siglo XV, cubierto de frescos medievales umbros. De nuevo en la Piazza del Comune, un corto paseo hacia el este le llevará a la

Basilica di Santa Chiara, donde está enterrada santa Clara (Chiara), la compañera de san Francisco y fundadora de la orden de las clarisas. Más al norte se encuentra el **Duomo** (comenzado en 1140 sobre una base anterior de 1029), cuyo anodino interior lo compensa una notable fachada románica. Y en la misma dirección se encuentra la **Rocca Maggiore**, las ruinas del castillo de la ciudad. Desde sus murallas se divisa una extensa panorámica de Asís y del paisaje que la rodea.

No deje de visitar el **Eremo delle Carceri**, un monasterio franciscano oculto en un espléndido entorno, a unos 3 km del centro de la ciudad. El interior es fascinante –se puede ver la antigua celda que utilizó san Francisco–y en los bosques de alrededor hay muchos senderos donde hacer cómodos paseos. Otra iglesia menos atractiva pero de igual importancia para los peregrinos es **Santa Maria degli Angeli**, erigida sobre el lugar donde falleció san Francisco. Se encuentra en el pueblo del mismo nombre, en la llanura que se extiende al pie de Asís. ■

Asís
🅰 271 B3
Información
✉ Piazza del Comune 22
☎ 075 812 450 o 075 812 534

Los peregrinos se congregan en San Damiano, la iglesia donde san Francisco oyó por primera vez la llamada de Dios.

Una ruta por el corazón de Umbría

Los pueblos menos conocidos situados entre Spoleto y Asís son lo más destacado de esta bucólica ruta por los lugares más ignorados de Umbría.

Salga de Asís en dirección este hacia el **Eremo delle Carceri** ❶ (ver pág. 275) y gire a la izquierda justo después del monasterio para seguir la carretera que sube entre bosques hasta las laderas del **Monte Subiaso** ❷, la montaña con perfil de ballena que se alza detrás de la ciudad. La carretera es buena, pero suele haber gravilla, y cuando hace mal tiempo es preferible tomar la SS75, que va directamente de Santa Maria degli Angeli a Spello. Pero, desde la carretera de Subiaso, que alcanza los 1.290 m, las vistas son inolvidables.

La carretera de Subiaso desciende a la ciudad amurallada de **Spello** ❸ (Hispellum en época romana), que es mejor visitar a pie. La mayor parte de los edificios de interés están en la calle principal, empezando en la parte baja con la Porta Consolare, un portal romano. Más arriba se alza la iglesia de **Santa Maria Maggiore**, que posee una célebre **secuencia de frescos** de la *Vida de la Virgen* (1501) de Pinturicchio, uno de los más prestigiosos artistas umbros del Renacimiento. Le esperan otras obras de arte a la izquierda de la iglesia, en la excelente **Pinacoteca Cívica** (*Piazza Giacomo Matteotti 10; Tel 0742 300 039 para más información; actualmente cerrada*), mientras que en el crucero sur de la iglesia de Sant'Andrea se expone otro lienzo de Pinturicchio. Suba a la parte alta de la ciudad y visite la **Villa Fidelia** (*Via Centrale Umbra; Tel 0742 651 726; cerrada lun.*) para ver su colección de muebles antiguos, escultura e indumentaria.

Tome la carretera SS75 que enlaza Spello con Foligno y desvíese en el primer cruce importante en dirección a **Bevagna** ❹ por la SS316. Esta población, que fue un puesto militar romano de la Via Flaminia, hoy es un típico pueblo rural articulado alrededor de la **Piazza Filippo Silvestri**, una impresionante plaza medieval. Dos encantadoras iglesias del siglo XII se miran de frente a uno y otro lado de la plaza, San Silvestro y San Michele. Visite también el pequeño **Museo di Bevagna** (*Corso Matteotti 70; Tel 0742*

360 031; cerrado lun. oct.-marzo) con una heterogénea colección de objetos. La entrada incluye la visita del **Mosaico Romano**, en la Via Porta Guelfa 4. Cerca de allí se hallan las ruinas de un templo clásico y un anfiteatro romano (*Via dell'Anfiteatro*).

Una carretera panorámica enlaza Bevagna con **Montefalco** ❺ (monte del halcón). Desde lo alto de este elevado pueblo se divisan panorámicas del Vale de Spoleto. Es uno de los pueblos más bellos, y un buen lugar donde quedarse unos días. Es famoso por sus vinos tintos, en particular el Sagrantino y el Sagrantino Passito, el segundo uno de los escasos vinos tintos de postre. En el pueblo destaca el magnífico museo de arte alojado en la antigua iglesia de **San Francesco** (*Via Ringhiera Umbra; Tel 0742 379 598; cerrado lun. nov.-feb.*), una colección de pintura medieval dispuesta en torno a un soberbio conjunto de frescos del siglo XV de Benozzo Gozzoli. Se pueden contemplar otros frescos en las iglesias de **Sant'Agostino** (*Via Umberto I*), **Sant'Illuminata** (*Via Verdi*) y **San Fortunato**, esta última en un precioso entorno, al lado de la carretera que sale del pueblo en dirección sur.

Gire a la izquierda en el cruce que se encuentra pasado San Fortunato y siga los indicadores hacia el pueblo de **Trevi** ❻, que pronto aparece en lo alto. El principal lugar de interés es la pulcra **Pinacoteca Comunale** (*Largo Don Bosco; Tel 0742 381 628; cerrado lun. todo el año y mar.-jue. nov.-marzo*), que atesora magníficos cuadros umbros de distintas épocas y un pequeño museo adyacente dedicado al aceite de oliva. Después de explorar la ciudad, vuelva al valle y gire hacia el sur por la SS3 hacia Spoleto. Si dispone de tiempo, deténgase en el **Tempio del Clitunno**, una iglesia del siglo VIII, y en las **Fonti del Clitunno** ❼, límpidas fuentes cuya fama se remonta a la época clásica. Ambos están señalizados en la carretera al salir de Trevi. Desde las Fonti, continúe otros 11 km hacia el sur por la SS3 hasta Spoleto (ver págs. 278-279). ∎

UNA RUTA POR EL CORAZÓN DE UMBRÍA

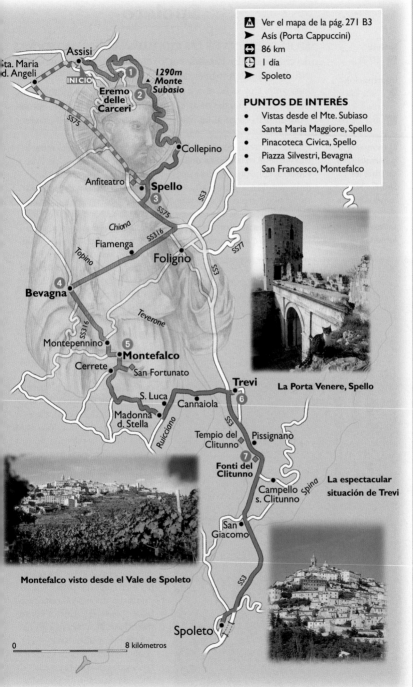

Ver el mapa de la pág. 271 B3

Asís (Porta Cappuccini)

86 km

1 día

Spoleto

PUNTOS DE INTERÉS

- Vistas desde el Mte. Subiaso
- Santa Maria Maggiore, Spello
- Pinacoteca Civica, Spello
- Piazza Silvestri, Bevagna
- San Francesco, Montefalco

Sta. Maria d. Angeli · Assisi · INICIO · 1290m Monte Subasio · ① · ② Eremo delle Carceri · Collepino · Anfiteatro · Spello ③ · SS75 · SS3 · Chiona · Fiamenga · SS316 · Foligno · SS77 · SS3 · Topino · ④ Bevagna · Teverone · SS316 · Montepennino · ⑤ Montefalco · Cerrete · San Fortunato · Trevi ⑥ · S. Luca · Cannaiola · Ruicciano · Madonna d. Stella · Tempio del Clitunno · Pissignano · Spina · ⑦ Fonti del Clitunno · Campello s. Clitunno · San Giacomo · SS3 · Spoleto

La Porta Venere, Spello

La espectacular situación de Trevi

Montefalco visto desde el Vale de Spoleto

0   8 kilómetros

Spoleto

Spoleto

271 B2

Información

Piazza della
Libertà 7

0743 220 311

SPOLETO ES UNA DE LAS CIUDADES MÁS ENCANTADORAS del centro de Italia. Fundada por los umbros, posteriormente se convirtió en colonia romana y después, en la capital de un gran ducado lombardo. Hoy se la conoce por el Festival de los Dos Mundos, uno de los eventos anuales de arte y música más prestigiosos de Europa, y por su bella catedral, su paisaje y su riqueza en iglesias románicas.

El campanario de la hermosa catedral de Spoleto fue construido con piedra del antiguo anfiteatro romano.

Empiece un recorrido por la Spoleto medieval en la **Piazza della Libertà,** donde encontrará mapas de la ciudad en la oficina de turismo: ofrece una amplia información. Al otro lado de la plaza se encuentra el **Teatro Romano,** del siglo I, teatro que se visita conjuntamente con el modesto **Museo Archeologico** de Spoleto (*Via Sant'Agata; Tel 0743 223 277*). Salga de la plaza en dirección a la Piazza della Fontana y acérquese a la iglesia de **Sant'Ansano,** cuya cripta contiene restos de un templo romano y unos frescos bizantinos muy bien conservados. Pasada la iglesia encontramos el **Arco di Druso** (23 d.C.), arco romano que da a la **Piazza del Mercato,** donde estaba el Foro Romano.

Deténgase en las tiendas de comestibles distribuidas por la plaza. La gran terraza de la esquina oeste es uno de los mejores lugares para tomar algo. Luego, siga el callejón que sale a la derecha de la fuente hasta la **Casa Romana** (Via di Visiale; Tel 0743 224 656), a la izquierda, parte de una residencia del siglo I. Continúe subiendo por la callejuela adoquinada hasta pasar el **Palazzo Comunale,** y llegará a la Piazza Campitello. Desde aquí, un tranquilo paseo rodea la majestuosa **Rocca** (*Piazza Campitello 1; Tel 0743 46434; cerrada tardes lun.-vier. nov.-marzo*), la magnífica fortaleza medieval de Spoleto, que podrá visitar en una fantástica visita guiada. El paseo ofrece una magnífica panorámica del paisaje umbro y de la construcción más espectacular de Spoleto, el gigantesco **Ponte delle Torri.** Esta obra maestra de la ingeniería medieval (mide 80 m de altura) fue construida en el siglo XIV, seguramente sobre un acueducto romano anterior, utilizado para llevar agua desde las laderas

del Monteluco, la montaña boscosa que hay detrás de Spoleto. Paseando por los senderos que se internan en el bosque, al otro lado del puente, se llega a **San Pietro**, iglesia conocida por los relieves románicos del siglo XII que decoran su fachada.

Otra alternativa es dejar San Pietro para más tarde y regresar a la Piazza Campitello, donde la Via Saffi desciende hasta la plaza en forma de abanico que se abre frente a la idílica **catedral** (1198) de Spoleto. El ábside del templo posee una de las principales series de frescos de Umbría, las *Escenas de la vida de la Virgen* (1467), del reconocido pintor florentino Fra Filippino Lippi (1406-1469). La iglesia contiene lienzos del Pinturicchio, una carta de san Francisco y un bello mosaico del siglo XII.

Vuelva a la Via Saffi, donde a la derecha se abre una puerta seguida de unas escaleras que dan al patio donde se alza la iglesia de **Sant'Eufemia**, iglesia románica de sencilla belleza en la que destaca el *matroneum*, una galería superior antiguamente utilizada para separar a las mujeres del resto de la congregación. El acceso a la iglesia está incluido en la entrada al adyacente **Museo Diocesano** (*Via Aurelio Saffi 13; Tel 0743 223101; cerrado mar.*), el principal museo de la urbe, situado a la izquierda de la iglesia. Entre las obras allí expuestas se incluyen numerosas pinturas medievales de gran interés procedentes de iglesias de Spoleto y de sus alrededores, así como obras toscanas y sienesas, la mejor de las cuales es la *Madonna y el Niño con santos* (1485) de Filippino Lippi. Igualmente fascinantes resultan los espléndidos artesonados, así como las esculturas, que incluyen un busto del papa Urbano VIII de Gianlorenzo Bernini.

Los bombardeos de la segunda guerra mundial y la expansión urbanística son la causa de que la parte baja de la ciudad sea principalmente moderna. Sin embargo, en ella se encuentran tres iglesias románicas que merece la pena visitar. La más fácil de ver es **San Gregorio**, en la Piazza Garibaldi, y a poca distancia, al este, se alza **San Ponziano**, con un interior monótono compensado por una magistral fachada y una interesante cripta. Muy cerca, en el principal cementerio de la ciudad, se halla **San Salvatore**, una de las iglesias más antiguas de Italia. El diseño del interior, del siglo V, se basa en las antiguas basílicas romanas. ■

La iglesia de San Pietro aparece entre los arcos del Ponte delle Torri, un gigantesco acueducto medieval.

Gubbio

Gubbio

🗺 271 B3

Información

✉ Piazza Odersi 6

☎ 075 922 0693 o
   075 922 0790

MONTES Y BOSQUES RODEAN EL PERFIL MEDIEVAL DE torres, murallas almenadas y tejados anaranjados de Gubbio. Esta población, más agreste que los pueblos del oeste, durante mucho tiempo estuvo apartada de los principales centros de Umbría; fue el límite de la expansión etrusca en esta región. Hoy es conocida por su cerámica y su fiesta tradicional del mes de mayo.

Cada mes de mayo, Gubbio celebra la Corsa dei Ceri o Carrera de las Velas y el pueblo se viste a la usanza medieval.

La mayor parte de las carreteras que llegan a Gubbio nos dejan en la Piazza Quaranta Martiri, junto al casco antiguo, donde merece la pena visitar la iglesia de **San Francesco,** para ver una serie de frescos (1410) del pintor local Ottaviano Nelli (a la izquierda del

ábside mayor). Frente a la iglesia, fíjese en la **Loggia del Tiratoio,** del siglo XIV, que se usaba para secar lana a la sombra en la *loggia.* A su derecha, la Via della Repubblica sube hacia el barrio medieval y termina en unos escalones que dan a la céntrica **Piazza Grande.**

Esta amplia plaza es el marco del **Palazzo dei Consoli,** obra del arquitecto local Gattapone, responsable asimismo del imponente Ponte delle Torri (ver pág. 278) de Spoleto. El palacio alberga el **Museo Civico,** con una sección de pintura (*Piazza Grande; Tel 075 927 4298*) célebre por las Tablas Eugubine, una serie única de bronces de los siglos II y I a.C.

Al norte de la plaza están el **Duomo,** interesante por su elegante bóveda decorada con arcos, y el **Palazzo Ducale** (*Via Federico da Montefeltro; Tel 075 927 5872; cerrado miér.*), erigido por Federico da Montefeltro, de Urbino, que en el siglo XV gobernó brevemente Gubbio. Al oeste de la plaza, siga la Via dei Consoli y observe sus muchas **Porte della Morte** o Puertas de la Muerte, denominadas así porque se dice que se tapiaban cuando un ataúd salía de una casa. En el extremo sur de la ciudad, tome el funicular del Monte Ingino. Una vez arriba podrá disfrutar de unas maravillosas vistas sobre la ciudad y sobre la **Basilica di Sant'Ubaldo,** donde está enterrado el santo patrón de Gubbio. ∎

Norcia y la Valnerina

NORCIA ES UNA REMOTA Y AGRADABLE LOCALIDAD DE montaña, famosa por ser el lugar donde nació san Benito, el fundador del monaquismo occidental, y por producir los mejores jamones, salamis y embutidos de Italia. La Valnerina es el valle del principal afluente del río, una zona montañosa salpicada de pequeños pueblos fortificados, que posee la mejor abadía de Umbría.

Norcia
www.norcia.net
🗺 271 C2
Información
✉ Casa del Parco,
   Via Solferino 22
☎ 0743 817 090

Norcia debe su apariencia sólida e imperturbable a sus casas bajas de paredes reforzadas y a sus formidables murallas, construcciones para resistir los terremotos que sacuden la región: el último de magnitud considerable se registró en 1979. La ciudad, de origen prehistórico, controlaba uno de los pasos más bajos y, por tanto, más importantes de los Apeninos, la cadena montañosa que divide la península itálica. Más tarde fue sucesivamente puesto romano, ciudad-estado secundaria y dominio papal. En la actualidad es un lugar tranquilo y próspero que atrae cada vez más visitantes gracias a su **Parco Nazionale dei Monti Sibillini**, parque creado con el propósito de proteger los magníficos montes Sibillini.

Norcia es un excelente punto de partida para explorar el parque, la Valnerina y el paisaje rural de la Val Castoriana, al norte. Además de ser un centro gastronómico, lleno de tiendas de comestibles, también constituye una interesante ciudad histórica. La céntrica **Piazza San Benedetto** es una delicia, como lo son sus mejores edificios: el singular Palazzo Comunale del siglo XV; la iglesia de San Benedetto del siglo XIV, según se dice erigida sobre el lugar donde en el siglo V nació san Benito; y la Castellina (1554), un enorme edificio papal fortificado que alberga un pequeño museo y una galería de arte municipales, el **Museo Civico Diocesano**

(*Piazza San Benedetto; Tel 0743 824 911; cerrado lun., horario reducido en invierno*).

PIANO GRANDE
El Piano Grande –literalmente «llanura grande» –es una gran llanura elevada situada en los mon-

Norcia tiene
tal reputación
como centro
gastronómico,
que en toda Italia,
a las chacinerías
se las llama
«norcinería».

El pueblo de Castelluccio corona una colina sobre el Piano Grande, una de las altiplanicies más elevadas y agrestes de Europa.

tes Sibillini, a unos 40 minutos de Norcia en coche. Es una extraña extensión de tierra dominada por el pueblo de Castelluccio, azotado por los vientos. En primavera y en verano, esta llanura se cubre de flores silvestres, como peonias, orquídeas, fritillarias y tulipanes. Este terreno, de origen glaciar, en tiempos remotos fue un lago que, al no disponer de salida natural, se fue desecando hasta convertirse en el actual páramo.

Situado a una altura de 1.452 m, **Castelluccio** es uno de los pueblos más altos de Italia habitados durante todo el año. Es una reserva de pastores y aficionados al parapente: las laderas de fuerte pendiente hacen de esta zona una de las mejores para practicar este deporte. Aquí se pueden efectuar excursiones, largas y cortas, incluyendo la fácil ascensión al Monte Vettore (2.476 m), el punto culminante de los montes Sibillini, en Las Marcas. Encontrará mapas en las tiendas de Norcia o en el Hotel Sibilla de Castelluccio.

Para explorar la Valnerina se precisa coche, ya que sus mejores rincones se encuentran yendo por

carretera desde Norcia hacia Preci, siguiendo la Val Castoriana y haciendo un rodeo en Piedivalle para ver la gran abadía benedictina de Sant'Eutizio. Desde Preci, siga la carretera SS209, que bordea el río en dirección suroeste. Se pueden tomar varios desvíos, que en todos los casos nos introducen en un paisaje prácticamente virgen. Un circuito excelente sería dejar la carretera principal en Borgo Cerreto en dirección a Monteleone di Spoleto, para volver a la Valnerina poco después de Poggiodomo, pasando por Gaveli y Caso.

El valle cuenta con numerosos pueblos fortificados, erigidos por ser una importante ruta comercial procedente de las montañas: los mejores son **Scheggino** y **Vallo di Nera.** No obstante, el conjunto más pintoresco del valle es **San Pietro in Valle** (*señalizado desde Colleponte; Tel 0744 71 401*), una abadía del siglo VIII fundada por los duques lombardos de Spoleto. Posee una notable serie de frescos del siglo XII, algunos restos romanos y uno de los escasos altares lombardos, fechado en 739. ■

Todi

TODI, EN OTRA ÉPOCA UNA POBLACIÓN AGRÍCOLA AISLADA
y tranquila, fue descubierta hace tiempo por exiliados que llegaban
a ella; aunque el influjo de los forasteros no ha mermado el encanto
de esta pequeña ciudad que lo tiene todo: una situación privilegiada,
una historia que se remonta a los etruscos, un importante legado
cultural y artístico, unas calles de postal y excelentes vistas.

Empiece el día en un café de la
Piazza del Popolo, la plaza medieval más perfecta de Italia. La
joya de este lugar es el **Duomo,** en
su flanco norte, comenzado en el
siglo XII sobre un templo de Apolo
(la plaza estaba ocupada por el
Foro Romano). En la cripta se ven
los restos de este edificio anterior,
mientras que en el recinto de la
iglesia, el principal atractivo es un
precioso coro con decoración de
marquetería (1521-1530). Tres
grandes palacios del siglo XIII se alzan en la plaza, uno de los cuales,
el **Palazzo Comunale**, aloja el
Museo della Città (*Tel 075 894
4148; cerrado lun.*), un espacio moderno donde se exponen piezas arqueológicas y una magistral pintura de Lo Spagna que representa
la *Coronación de María* (1511).

Algunas de las calles más encantadoras de Todi están al norte
y el oeste del Duomo. Las tres líneas distintas de muralla señalan
los límites etruscos, romanos y
medievales de la ciudad. Desde la
plaza, diríjase hacia el sur y llegará
a la grandiosa iglesia románico-
gótica de **San Fortunato.** En su
interior se halla una obra maestra:
un fresco (1432), en la cuarta capilla de la nave sur, del pintor
etrusco Masolino da Panicale.

A la derecha de la iglesia, encontrará los jardines públicos de
Todi, pasando bajo el castillo medieval. Atraviese el jardín y salga
por un camino que lleva a **Santa
Maria della Consolazione**
(1508-1607), considerada una de
las mejores iglesias renacentistas
de toda Italia. ∎

Las iglesias de
San Fortunato
(derecha) y Santa
Maria della
Consolazione
(izquierda)
dominan el
pueblo de Todi,
situado sobre
una ladera.

Todi
🅐 271 B2
Información
✉ Piazza Umberto I 6
☎ 075 894 2686 o
075 894 5416

Orvieto

ORVIETO ESTÁ EN EL LUGAR MÁS ESPECTACULAR DE Umbría: una elevada planicie de roca volcánica fracturada, rodeada de precipicios. Los etruscos hicieron de ella una de sus ciudades más importantes, pero su verdadera reputación se forjó en 1263, el año del milagro religioso que vio la fundación de su famosa catedral, el excepcional y principal atractivo de Orvieto.

El *Juicio Final* de Luca Signorelli, en la catedral de Orvieto, tuvo una enorme influencia en la obra de Miguel Ángel.

Orvieto

🅰 271 A2

Información

✉ Piazza del Duomo 24

☎ 0763 341 772 o
0763 341 911

Intente llegar a Orvieto en el **funicular** que sale de la estación de tren de Orvieto Scalo, la ciudad moderna emplazada en la llanura. Éste le dejará en el **Piazzale Cahen,** donde puede visitar los restos de la fortaleza medieval, los jardines públicos, construidos sobre un antiguo templo etrusco, y el extraordinario **Pozzo di San Patrizio** (*Viale Sangallo; Tel 0763 343 768*), encargado por el papa Clemente VIII en 1527 para abastecer la ciudad de agua en caso de asedio. Dos escaleras de 248 peldaños conducen a las húmedas y oscuras entrañas de la estructura. Desde aquí, un agradable paseo de diez minutos por el Corso Cavour, desde Piazzale Cahen, lo dejará en el corazón del casco antiguo de Orvieto.

Una visita a Umbría nunca será completa si no incluye el **Duomo** de Orvieto, descrito por el papa León XIII como «el lirio dorado de las catedrales italianas». Inspirado en el Milagro de Bolsena (1263), según el cual en el pueblo cercano de Bolsena durante la misa goteó sangre de una hostia consagrada, el edificio románico-gótico se caracteriza por poseer la **fachada** con decoración más elaborada de todos los monumentos de Italia. Los cuatro bajorrelieves sieneses que flanquean las puertas son una obra maestra de la escultura italiana del siglo XIV.

La aparente sobriedad del interior contrasta con la profusa decoración de frescos de las dos capillas laterales. En el lado izquierdo (norte) se abre la Cappella del Corporale, que luce un elaborado cofre (1358) en el que se guarda el *corporale* (vestidura de altar) que se manchó con sangre durante el milagro de Bolsena. Sus paredes están cubiertas de frescos (1357-1364) del pintor local Ugolino di Prete Ilario, que recuerdan episodios del milagro (pared derecha) y otros milagros del Sacramento (pared izquierda). La Cappella di San Brizio o Cappella Nuova (*Piazza del Duomo 26; Tel 0763 342 477; cerrada dom.*), enfrente, presenta una secuencia de frescos (1499-1504) del *Juicio Final* del artista toscano Luca Signorelli, una de las grandes composiciones pictóricas de Italia.

Enfrente de la catedral están los **Musei Claudio Faina e Civico**

En las obras de la fachada de la catedral de Orvieto intervinieron un total de 33 arquitectos, 152 escultores, 68 pintores y 90 mosaiquistas.

LA ORVIETO SUBTERRÁNEA

Diversas empresas ofrecen fascinantes recorridos por los laberintos de túneles, galerías y cuevas existentes en la roca volcánica del subsuelo de Orvieto. Muchos de los túneles se remontan a la época etrusca, y en tiempos modernos se abrieron otros para elaborar el conocido vino dulce que se vende en muchas tiendas de la ciudad. En la oficina de turismo le informarán sobre las visitas. ■

(*Palazzo Faina, Piazza del Duomo 29; Tel 0763 341 511, www.museofaina.it; cerrado lun.*), cuyos materiales incluyen una amplia variedad de piezas etruscas y arqueológicas. Reserve tiempo para visitar la **Necropoli Etrusca-Crocefisso del Tufo** (*Tel 0763 343 611*), una curiosa serie de cámaras funerarias de piedra situadas a 1,5 km de distancia de la ciudad por la carretera SS71, que enlaza Orvieto y Scalo.

Se pueden contemplar otros interesantes hallazgos arqueológicos en el **Museo Archeologico**, emplazado detrás de la catedral (*Palazzo Papale, Piazza del Duomo; Tel 0763 341 511*).

Merece la pena ver la pequeña iglesia de **San Lorenzo** en la Via Ippolito Scalza, otra más grande, **Sant'Andrea,** en la céntrica Piazza della Repubblica, y **San Giovenale,** oculta en los límites occidentales de la ciudad. Esta última, en particular, no debe pasarse por alto, ya que contiene frescos medievales. ■

Otras visitas interesantes en Umbría

AMELIA

Amelia se encuentra inmersa en un paisaje rural del sur de Umbría, envuelta en una de las más sólidas murallas de Italia. Parte de estas defensas son del siglo V a.C. En sus defensas se abren cuatro puertas, la más importante de las cuales es la Porta Romana. Desde ella, las calles medievales ascienden hacia la Piazza Marconi, donde se alza un *duomo* muy transformado y una característica torre de 12 lados del siglo XI. Los principales monumentos son las cisternas romanas, bajo la Piazza Matteotti, y el **Museo Archeologico** (*Piazza A. Vera 10; Tel 0744 978 120: cerrado lun. y mar.-jue. oct.-marzo*), que conserva la estatua de bronce de Germánico, padre de Calígula. Otros placeres de Amelia –como los de los pequeños pueblos de los alrededores– son sus vistas, su paz y tranquilidad y el encanto de las apacibles calles medievales.

🅼 271 B1 **Información** ✉ Via Orvieto 1 ☎ 0744 981 453

CITTÀ DI CASTELLO

Los turistas a menudo pasan de largo de Città di Castello, en parte debido a su situación: un poco aislada al norte de la región. No obstante, es una agradable y antigua localidad provincial que debe el trazado reticulado de sus calles a sus fundadores romanos. Su principal atractivo es la **Pinacoteca Comunale** (*Palazzo Vitelli, Via della Cannoniera 22; Tel 075 852 0656; cerrada lun.*), que exhibe la única pintura exclusivamente de Rafael que se encuentra en la Umbría. También son destacables el **Duomo** y su pequeño museo, atestado de pinturas, piezas de plata y otros objetos (*Piazza Gabriotti 3; Tel 075 855 4705; cerrado lun. excepto agosto*).

🅼 271 A4 **Información** ✉ Piazza Matteotti ☎ 075 855 4922

DERUTA

Deruta es una modesta población elevada de aspecto agradable pero corriente, que se encuentra entre Todi y Perugia. No suscitaría la atención, si no fuera por su famosa cerámica. Desde época romana, en este lugar se trabajaba la arcilla, pero fue el descubrimiento en el siglo XV de unos nuevos esmaltes, de colores amarillo y azul intenso, lo que situó a Deruta definitivamente en los mapas. Esta artesanía tiene continuidad en el presente, como lo demuestran sus numerosos talleres y puestos de venta de cerámicas de una gran variedad de formas, tamaños y diseños. En el casco antiguo hay un museo dedicado a la especialidad que le ha dado fama, el **Museo Regionale della Ceramica** (*Largo San Francesco; Tel 075 971 1000; cerrado mar. oct.-marzo.*)

🅼 271 B2–B3 **Información** ✉ Piazza dei Consoli 4 (sólo en verano) ☎ 0759 971 1559

LAGO TRASIMENO

El cuarto lago más extenso de Italia está situado al pie de las umbrías colinas del oeste de Perugia. Históricamente es conocido por la batalla del año 217 a.C. en la que los romanos fueron derrotados por Aníbal. Se puede visitar el lugar de la batalla cerca de Tuoro sul Trasimeno, uno de los diversos pueblos que bordean el lago. De ellos, **Castiglione del Lago** es el más agradable, con un encantador casco antiguo, algunas playas, restaurantes frente al lago que sirven pescado y recorridos en barco por las islas lacustres. Aquí y en otros centros como Passignano sul Trasimeno también cabe practicar diversos deportes acuáticos, en especial el *windsurf*.

🅼 271 A3 **Información** ✉ Piazza Mazzini, Castiglione del Lago ☎ 075 965 2484

NARNI

La mayoría de las ciudades y los pueblos de Umbría poseen algún atractivo, aunque en esta región es más fácil enumerar los lugares que se deben evitar. Entre ellos están Terni, una fría ciudad industrial; Cascia, un centro de peregrinación que sufrió un terremoto, y Foligno, ciudad moderna de la llanura. Vista desde lejos, Narni, situada en un punto elevado, parece uno de los lugares que hay que evitar. No obstante, su evocadora fortaleza, su antigua catedral y sus rincones medievales hacen que merezca la pena pasar una hora o dos paseando por sus calles.

🅼 271 B1 **Información** ✉ Palazzo del Podestà, Piazza del Popolo 18 ☎ 0744 715362 ∎

El sur de Italia posee volcanes activos, los sublimes paisajes de Capri y Amalfi, montañas frecuentadas por osos y lobos, las ruinas antiguas más famosas del país –Pompeya– y ciudades históricas como Nápoles y Lecce.

El Sur

Alfombra de flores en Ravello

El Sur

LA ITALIA MERIDIONAL ES UN PAÍS DISTINTO, un territorio separado del resto de Italia por su historia, su geografía y su economía. Es más pobre, menos civilizada, más atrasada y más anclada en la tradición que su vecina del norte. Las expectativas turísticas parecen poco atrayentes. Los pueblos y ciudades son menos interesantes culturalmente –con algunas notables excepciones– y la calidad y cantidad de los hoteles es inferior. Las carreteras son sinuosas, los trenes van despacio y la burocracia es parsimoniosa. Los puntos de interés están distanciados.

Sin embargo, el Sur tiene también un enorme interés, especialmente si uno disfruta con lo desconocido. En parte porque sus paisajes son espacios vacíos e ilimitados y en parte porque a menudo gozará en exclusiva de sus solitarios pueblos y ciudades anclados en el pasado. Además, el Sur, el llamado Mezzogiorno o tierra del mediodía, es lo que más se parece al fenómeno tópico de «la Italia real» o, por lo menos, la Italia que imaginan muchos extranjeros.

En las zonas más atrasadas, tanto rurales como urbanas, las imágenes tópicas de Italia todavía predominan –las mujeres del campo vestidas de negro o calles llenas de ropa tendida–, como también persisten las clásicas pasiones por la comida, la familia, la religión, el fútbol y el amor. La pobreza, el crimen y otras lacras sociales se dan aquí en mayor medida, expecialmente en las ciudades, pero también están más arraigados los ideales del Viejo Mundo: el honor y la hospitalidad.

El peculiar carácter de la región se ha moldeado de diversas maneras: geográficamente siempre ha estado aislada, lejos de los mercados y de las posibilidades de industrialización; climáticamente está abrasada por un sol casi africano que dificulta la iniciativa agrícola; geológicamente sus suelos son pobres y sus montañas carecen de materias primas; socialmente su paisaje –aunque parece magnífico para los forasteros– languidece a causa de la emigración; históricamente ha sido conquistada en infinidad de ocasiones: por fenicios, cartagineses, griegos, romanos, árabes, normandos, suabos, angevinos y por los Borbones. Y durante siglos ha soportado un estancamiento social, económico y agrícola que ha perdurado hasta la actualidad.

Ello no significa que el Sur esté completamente arruinado. Podrá encontrar aquí algunas de las zonas más prestigiosas de Italia –Capri y Pompeya– y ver ciudades y paisajes tan inolvidables, si no más que los del norte.

Básicamente, esta zona comprende cinco regiones: los Abruzos, Campania, Calabria, Basilicata y Apulia, aunque no hay acuerdo acerca de dónde empieza el Sur.

Sea cual sea el límite, cuando llegue a Nápoles, la capital de la región, no le cabrá duda de que ha cruzado algún tipo de umbral. Esta ciudad caótica, ruidosa y exaltada es una de las más italianas, y reúne todo lo bueno y lo malo del Sur. Mucha gente se sumerge en este caos y admira sus muchos monumentos cuando se dirige a los dos grandes yacimientos arqueológicos situados al Sur: Pompeya y Herculano, asentamientos romanos conservados por una erupción del Vesubio. Un poco más al sur se extiende la famosa Costa Amalfitana y se hallan las idílicas islas de Capri e Ischia.

MARCHE
pág. 183

A14

Guilianova

Teramo

PARCO NAZ. D. GRAN SASSO E. MONTI D. LAGA

Gran Sasso

Pesca

A24 L'Aquila

Chieti

ABRUZZO

S5 PARCO NAZ. D. MAIELLA

A25 Sulmona

Avezzano

Scanno

Pescasseroli

PARCO NAZ. D'ABRUZZO

Villetta Barrea

Barrea

LAZIO

Iserni

Venafro

Bojan

A1

Tele

Mondragone

Cas

Aversa

V

I. di Ponza

NAPOLI (NÁPOLES)

Ercolano

Po

Isola d'Ischia

Isola di Capri

Cost Amalf

Los Abruzos son una tierra más aislada y tranquila, de una riqueza excepcional en paisajes de montaña. Al sur se halla Apulia, el tacón de la «bota» de Italia, una región larga y estrecha cuyas llanuras y colinas tienen su contrapunto en la costa y el paisaje del Gargano, la espuela de la «bota».

La lejana Lecce, toda ella un monumento al barroco, es el mejor de los destinos urbanos, pero también hay una serie de pueblos con iglesias románicas. Aquí el elemento más insólito son los *trulli*, extrañas viviendas exclusivas de esta región. Pocos de los turistas que ven la zona por primera vez visitan Basilicata, en el puente de la «bota», o Calabria, en la punta, cuyo interior montañoso está intacto, en tanto que algunos puntos de su costa son ideales para descansar de camino a Sicilia. ∎

Nápoles

A NÁPOLES (NAPOLI) NUNCA LE HAN FALTADO LAS alabanzas. Asentada en una magnífica bahía y dominada por el perfil volcánico del Vesubio, la ciudad ha sido loada por poetas y pintores desde los tiempos clásicos como uno de los lugares más espléndidos de la tierra. A pesar de la decadencia que vivió la ciudad en la década de 1990, presionada por el crimen, la contamición y el tráfico caótico, una serie de mejoras le han cambiado la fachada y están consiguiendo que esta vibrante ciudad italiana se vuelva más agradable.

Nápoles
www.inaples.it
🅰 288 B4
Información
✉ Stazione Centrale
(estación de tren)
☎ 081 206 666

✉ Piazza Gesù Nuovo 7
☎ 081 552 2358

✉ Piazza dei Martiri 58
☎ 081 405 311

Museo Archeologico Nazionale
✉ Piazza Museo Nazionale 19
☎ 081 292 823
🕐 Cerrado mar.

Nápoles es tan italiana que constituye en sí misma un cliché: es la ciudad de la pizza, la ópera, los mercados bulliciosos, el fútbol, la religión, Sofía Loren (nacida cerca de la ciudad), la familia, el crimen organizado, la delincuencia y las típicas calles llenas de ropa tendida que aparecen en infinidad de películas. Pocos lugares le acercarán tanto a la realidad de la vibrante vida cotidiana del Sur y poca gente es tan exuberante, aguda, fatalista y extremadamente individualista como los napolitanos.

La animación de las calles y los ciudadanos de Nápoles contrasta con su inmenso patrimonio artístico y arqueológico, producto de su prolongada historia (la ciudad tiene por lo menos 3.000 años de antigüedad) y de una larga serie de gobernantes e invasores griegos, romanos, normandos, alemanes, franceses, catalanes, españoles y Borbones.

Para empezar, tome un taxi hasta el Museo Archeologico Nazionale, uno de los más destacados de Europa y el único lugar de la ciudad que realmente es preciso visitar. Luego, diríjase hacia el sur por la parte más típica del casco antiguo, **Spaccanapoli** (significa «parte de Nápoles»), los alrededores de la Via Tribunali y la Via Benedetto Croce. Después, continúe hacia el sur hasta que llegue cerca del puerto y de la fachada marítima. Si dispone de tiempo, visite otros dos lugares interesantes: la Certosa di San Marino y el Palazzo Reale di Capodimonte.

El **Museo Archeologico Nazionale** y su colección de piezas griegas y romanas, muchas de ellas procedentes de Pompeya y Herculano, son impresionantes. La planta baja está dedicada principalmente a la escultura, y la mayoría de las piezas más notables se encuentran en las 15 primeras salas de las 40 o más de esta planta. Entre ellas cabe destacar las estatuas de Atenea, Harmodio y Aristogitón, Afrodita y el tan loado Doríforo o lanzador de jabalina. Aún son más asombrosos el *Hércules Farnese*, la mejor estatua del museo, y el *Toro de Farnese*, la escultura más grande de la época antigua que se ha conservado. Gran parte del *mezzanine* está dedicada a los **mosaicos** de Pompeya y en su lado derecho se exhiben piezas relacionadas con hechos históricos de Nápoles.

En la primera planta encontramos otros tesoros, como la colección de vasijas del ala oeste y la Sale della Villa dei Papiri, dedicada al papiro, estatuas y otras piezas localizadas en la Villa dei Papiri, en Herculano. También son evocadoras la **Sala degli Affreschi,** con pinturas murales extraídas de Pompeya, Herculano y otros yacimientos, y la **Sala del Tempio di Iside,** una estancia en la que se ha recreado parte del Templo de Isis de Pompeya y se exhiben piezas procedentes del templo original.

Al salir, vaya hacia el este por las calles que van del museo al **Duomo** (*Via del Duomo*), célebre por las reliquias de san Genaro, un mártir del siglo IV y patrón y protector de Nápoles. La capilla del santo *(cerrada sáb. tardes)* contiene un frasco de sangre que se exhibe a los feligreses tres veces al año: el hecho de que la sangre no se licue durante la ceremonia es un mal presagio para la ciudad. También merece la pena ver la suntuosa tumba renacentista del santo (1494-1506) y los restos de la antigua basílica de Santa Restituta, en la nave derecha.

La iglesia de **Santa Maria Donnaregina,** al norte del Duomo (*Vico Donnaregina*), contiene la *tumba de María de Hungría* (1326), de Tino da Camaino, y unos interesantes frescos de principios del siglo XIV del pintor romano Pietro Cavallini. A poca distancia hacia el norte, **San Giovanni a Carbonara** (*Via Carbonara 5*) es conocido por la *tumba del rey Ladislao de Nápoles* (1414) de Andrea da Firenze.

Al oeste del Duomo está la iglesia gótica de **San Lorenzo**

San Lorenzo Maggiore

✉ Via dei Tribunali 316

☎ 081 290 850

🕑 Excavaciones romanas debajo de la iglesia cerradas dom. tardes

Monte delle Misericordia

✉ Via dei Tribunali

Maggiore, una de las mejores de Nápoles, distinguida por la *Tumba de Catalina de Austria* (1323) de Tino da Camaino, a la derecha del altar mayor. En la misma calle, la iglesia del **Monte della Misericordia** acoge la majestuosa *Siete obras de misericordia* (1607) de Caravaggio. Al sur se yergue **San Gregorio Armeno** (*Via San Gregorio Armeno 1*), una de las más opulentas de las incontables iglesias barrocas de Nápoles.

Más al oeste encontramos **San Domenico Maggiore** (*Piazza San Domenico 8a*), interesante por su maravillosa escultura funeraria, y al otro lado de la plaza, **Sant'Angelo** alberga la *tumba del cardenal Bracciano* (1428), de Michelozzo. Junto a la plaza se halla la **Cappella San Severo** (*Via de Sanctis 19, cerrada mar. y dom. tardes*), también conocida por sus esculturas, en particular por el magistral *Cristo velado* (1753), sobre el altar, de Giuseppe Sammartino. La rica colección de iglesias de este barrio continúa con **San Pietro a Maiella** (*Via San Pietro*

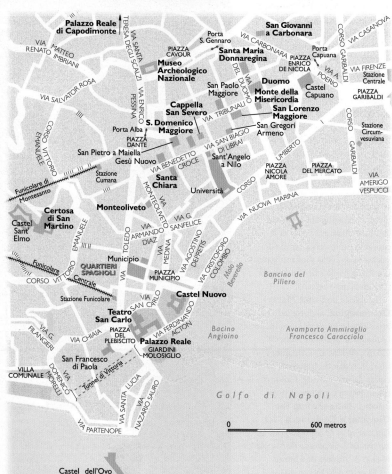

a Maiella) y su impresionante ciclo de pinturas del siglo XVII de Mattia Preti. La última gran iglesia de esta zona, **Santa Chiara**, en la Via Benedetto Croce, posee tres tumbas reales del siglo XIV de Tino da Camaino y otros escultores florentinos.

Diríjase hacia el sur por la Calata Trinità Maggiore, que sale de cerca de Santa Chiara, y no deje de ver la iglesia de **Monteoliveto** (*Piazza Monteoliveto*), comenzada en 1411, con otras muestras de tumbas y esculturas florentinas. A continuación, visite el concurrido **Quartiere Spagnoli**, al oeste de la Via Toledo, lleno de las típicas imágenes callejeras napolitanas, y continúe hasta la línea de mar y la **Piazza del Plebiscito**. Esta última está presidida por San Francesco di Paola, iglesia neoclásica creada a imitación del Pantheon de Roma, y por el **Palazzo Reale** (*Piazza del Plebiscito 1; Tel 081 794 4021; cerrado miér.*), un palacio español del siglo XVII visitado por sus lujosas estancias reales. En el flanco norte del palacio se levanta el **Teatro San Carlo** (1737), una de las principales óperas de Italia. Desde aquí, la Via San Carlo conduce al **Castel Nuovo** (*Piazza Municipio; Tel 081 795 5877; cerrado dom.*), construido por Carlos de Anjou en 1282. Sus imponentes murallas, que tienen el contrapunto en la delicadeza de un precioso arco de acceso (1454-1467), ocultan algunos salones de dimensiones considerables y un modesto museo municipal. Al norte del centro se encuentra el **Museo e Parco di Capodimonte** (*Via Miano 1; Tel 081 744 1307; cerrado lun.*), el principal monumento histórico de la ciudad después del museo arqueológico, pero para llegar a él hay que tomar un taxi, ya que está al norte del centro. Empezado por

Fresco de Pompeya, ahora en el Museo Archeologico Nazionale de Nápoles.

los Borbones en 1738 como pabellón de caza, su interior está dividido entre un museo de pintura, una serie de antiguas estancias reales y un piso superior en el que se expone arte contemporáneo. De todo ello, el museo de pintura es de una calidad equiparable a la de los mejores museos de Roma, Florencia y Venecia. Contiene obras de Ticiano, Rafael, Miguel Ángel, Botticelli, Masolino y Giovanni Bellini.

El colosal monasterio cartujo (Certosa) de San Martino y el cercano castillo del siglo XIV, el **Castel Sant'Elmo**, dominan Nápoles desde un enclave elevado al oeste del centro de la ciudad. Ambos merecen una visita, pero la Certosa cuenta además con el aliciente de que acoge las 90 salas del **Museo Nazionale di San Martino** (*Largo di San Martino 5; Tel 081 578 1769; cerrado lun.*), una variada colección, famosa por sus cientos de figurillas y *presepi* (pesebres) napolitanos. El elemento más espléndido de la Certosa es la iglesia conventual, una de las construcciones barrocas más bellas de la ciudad. ∎

LA NÁPOLES SUBTERRÁNEA

Una de las excursiones más extrañas, pero más inolvidables, del sur de Italia consiste en explorar los antiguos túneles, sótanos y colectores abiertos en el subsuelo de Nápoles, el Napoli Sotterranea (*Piazza San Gaetano 68; Tel 081 449 821; visitas guiadas a diario*). Algunos de los túneles son de la época griega, pero se han utilizado a lo largo de la historia para muchos usos. ∎

El Vesubio

El Vesubio está dormido, no extinguido. Se sabe que habrá otra gran erupción.

Vesubio
288 B4

ITALIA TIENE VOLCANES MÁS ALTOS Y ACTIVOS QUE EL napolitano –sobre todo el Monte Etna, en Sicilia–, pero ninguno tan tristemente célebre como el Vesubio (Vesuvius), cuya catastrófica erupción del año 79 d.C. sepultó y conservó las ciudades romanas de Pompeya y Herculano. En la actualidad, el volcán está dormido aunque se espera otra erupción. Podrá contemplarlo como marco de fondo de la bahía de Nápoles o desde muy cerca, al borde del cráter.

ASCENSO AL VESUBIO

La ruta más fácil hacia la cima de 1.277 m sale de Herculano. Se puede ir en coche o tomar un taxi hasta Colle Margherita, punto de partida de los guías oficiales (se paga una pequeña cantidad) que acompañan en la ascensión a pie a la cima (lleve calzado apropiado). Las vistas del inmenso cráter y la bahía de Nápoles son inolvidables. ■

La gente que vivía en la bahía de Nápoles en el siglo I a.C. sabía que algo pasaba con el Vesubio. En 63 d.C., 16 años antes de la erupción, un terremoto había asolado la región, clara advertencia de las fuerzas subterráneas.

En los días previos al cataclismo se dejaron sentir nuevos avisos: el volcán empezó a humear y a rugir, un aviso del que la población hizo caso omiso: al fin y al cabo, no se recordaba ninguna erupción. No obstante, «Vesubio», o «Vesuvius», como le llamaban entonces, significa «el no extinguido». Finalmente, el 24 de agosto de 79 d.C. hizo justicia a su nombre. Aquella mañana, el tapón de basalto que

obturaba el cono estalló. Hubo una explosión de gas, piedra pómez y otros materiales, que salieron despedidos con gran fuerza, y una nube oscureció el cielo. Pasaron dos días hasta que se volvió a ver la luz. En unas horas, Pompeya quedó sepultada bajo el polvo y las cenizas.

Los 2.000 habitantes que no habían huido se asfixiaron con los gases, que estaban a gran temperatura. Hacia la tarde, las paredes internas del volcán se habían derrumbado, hecho que provocó una nueva ola destructiva: un torrente de lava volcánica que cubrió Herculano. La erupción más reciente fue en 1944. ■

Herculano

EN EL AÑO 79 D.C. HERCULANO (HERCULANEUM) QUEDÓ sepultada por la misma erupción que devastó Pompeya. Pero ésta era una activa ciudad comercial, mientras que Herculano era un barrio exclusivamente residencial. Al igual que Pompeya, permaneció enterrada hasta el siglo XVIII y, como su vecina, sólo se ha excavado una parte. Lo que la distingue de Pompeya es su superficie más reducida y manejable. Conviene reservar unas dos horas para ver el yacimiento.

Al pasar la entrada, una avenida cruza las ruinas de la **Palestra** o gimnasio. Cerca de allí está la **Casa dell'Atrio,** que todavía mantiene los pavimentos de mosaico y, a su izquierda, encontramos la **Casa a Gratticio** (Casa del enrejado de madera) y la **Casa del Tramezzo Carbonizzato** (Casa del Tabique Quemado). Pasada la última, en el cruce principal de la ciudad se alzaba la tintorería (en el nº 10), célebre por la plancha de madera que aún se conserva.

Al otro lado de la calle se hallan las ruinas de las **Terme** o baños. La planta de la **Casa Sannitica,** enfrente, es un ejemplo de las casas sencillas que construían los samnitas, tribu itálica absorbida por los romanos. La puerta contigua era la tienda de un tejedor y dos puertas más allá está la encantadora **Casa del Mosaico di Nettuno e Anfitrite,** notable por la tienda y el mosaico azul-verdoso de la vivienda, en la parte posterior. Otras estructuras destacables son la **Casa del Bel Cortile** (Casa del Bello Patio), el **Pistrinum,** una panadería con su horno y su molino harinero, y la **Casa dei Cervi** (Casa de los Ciervos), la más lujosa de las viviendas de Herculano. ∎

La ciudad de Herculano tenía unos 8.000 habitantes, más o menos la tercera parte de la población de la cercana Pompeya.

Herculano

🗺 288 B4

✉ Corso Resina, Herculano

☎ 081 739 0963

💲 $$

¿POR QUÉ VISITARLA?

La gama de distintos edificios y su estado de conservación convierten Herculano en el mejor de los dos yacimientos, en caso de que por falta de tiempo deba elegir sólo uno. ∎

Pompeya

DE NO HABER SIDO POR UNO DE LOS CATACLISMOS MÁS
famosos de la historia, Pompeya (*Pompei* en italiano) hubiera sino
una más de las colonias romanas menores. Pero fue conservada para
la posteridad por la erupción del Vesubio en 79 d.C., cuando sus edificios y muchos de sus habitantes quedaron sepultados bajo una
montaña de materiales volcánicos. Permaneció enterrada hasta el siglo XVIII, cuando el estudio de textos antiguos reveló su existencia.

Pompeya
- 288 B4

Información
- ✉ Piazza Esedra,
  Pompei Scavi
- ☎ 081 861 0913

Ruinas de Pompeya
- ✉ Piazza Esedra
- ☎ 081 850 7255
- $ $$

Ningún otro lugar de Italia evoca
de forma tan vívida la realidad del
mundo romano como Pompeya.

La entrada principal para el público es la antigua **Porta Marina**,
en el flanco marítimo (oeste) de la
ciudad. Explorar este inmenso yacimiento –Pompeya tenía unos
25.000 habitantes– requiere cierta
preparación. Sólo se ha excavado la
mitad de su extensión y, aun así, se

necesita todo un día para verlo.
Empiece la visita temprano y prepárese para las aglomeraciones.
Vale la pena visitar también el
Museo Archeologico Nazionale de
Nápoles (ver págs. 290-291),
donde se encuentran muchos de
los objetos descubiertos en el yacimiento a lo largo de los años. Al
principio, diríjase a los puntos más
interesantes, no se quede atrapado

en las calles secundarias, donde las pequeñas casas pronto le parecerán todas iguales.

Cuando cruce la entrada, se encontrará ante el antiguo **foro** de la ciudad, bordeado por algunos de los edificios municipales más notables: el Tempio di Apollo, el Tempio di Giove y la basílica, el edificio más grande de Pompeya. Hacia el norte se encuentran las casas más famosas: la **Casa del Fauno** y la **Casa dei Vettii**. Esta última pertenecía a dos ricos mercaderes, y sus frisos pintados son unos de los mejores de su clase. Entre las escenas representadas hay un fresco de un famoso Príapo rampante, una de las muchas representaciones fálicas del yacimiento (seguramente eran una superstición, una forma de evitar el mal de ojo).

Otra de las casas que están bien conservadas, la **Casa degli Amorini Dorati**, se encuentra al este, mientras que al oeste merece la pena ver la **Casa del Poeta Tragica**, famosa por sus espléndidos mosaicos y grafitos «*Cave canem*» («Cuidado con el perro»). Saliendo por la Porta Ercolano, a cierta distancia al oeste, un sendero bordeado de tumbas y cipreses conduce a dos villas, la **Villa di Diomede** y la **Villa dei Misteri**. De vuelta al foro, vaya hacia el este por la Via dell'Abbondanza, una calle comercial, y llegará a la otra parte del yacimiento. A cierta distancia a la derecha (por la Via dei Teatri) están el **Teatro Grande**, teatro al aire libre de 5.000 localidades, y un recinto menor de 800 asientos, el Teatro Piccolo u **Odeon**, como se llamaba a los teatros pequeños cubiertos.

Dos manzanas más al norte, en la esquina con el Vico del Lupinare, se alzan las ruinas de las **Terme Stabiane**, el principal complejo termal de la ciudad.

Al final del Vico del Lupinare, animada zona de prostíbulos, hay otro de los rincones preferidos por los visitantes: un pequeño burdel, con los compartimentos para las camas y frescos que ilustran los diversos servicios que se ofrecían.

Avanzando por la Via dell'Abbondanza, al girar a la derecha nos encontramos ante la **Casa del Melandro,** otra destacada casa patricia decorada con mosaicos y pinturas murales. Hay otras dos casas interesantes, ambas con bellos jardines, girando a la derecha, hacia el final de la calle: la Casa di Loreius Tiburtinus y la Villa di Giulia Felice. Cerrando el yacimiento por su lado este se alza el **Anfiteatro,** uno de los anfiteatros romanos más antiguos (80 d.C.) y mejor conservados. ∎

Este fresco romano de la Villa dei Misteri muestra la iniciación de una niña en los ritos del culto dionisíaco.

ENTRADAS
Existe una entrada combinada válida para acceder a Pompeya, Herculano (ver pág. 295) y otros tres yacimientos arqueológicos menores de la zona. ∎

Costa Amalfitana

LA COSTA AMALFITANA O COSTA DE AMALFI ES EL TRAMO
costero más bello de Italia, un enclave de temperaturas suaves, altos acantilados, idílicos pueblos frente al mar, carreteras talladas en
la roca que serpentean sobre la costa, jardines exuberantes, panorámicas sobre aguas de color turquesa y montañas boscosas. Esta
costa se extiende sobre la península de Sorrento, un elevado promontorio que cierra por el sur la bahía de Nápoles.

La zona mejor situada para llegar
a la costa es **Salerno**, activo
puerto conocido sobre todo como
uno de los puntos de desembarco
de los aliados en la invasión de
1943. Desde la Autostrada A3 hay
que tomar la SS163 en **Vietri sul
Mare**, pueblo famoso por su cerámica que ofrece una extensa vista
sobre la costa. Desde aquí, la carretera serpentea pasando por incontables miradores –el de **Capo
d'Orso** es el mejor– y bordea los
pueblos de Maiori (con una pequeña playa de arena) y Minori
(ruinas de una villa romana del siglo I d.C.), antes de que el desvío
cercano a **Atrani** (dos atractivas
iglesias) nos conduzca a Ravello,
en el interior.

   Ravello es una localidad romántica y preciosa. Situada sobre
un promontorio con bancales, es
una población de frondosos jardines, apacibles callejuelas, rincones
soleados y una posición elevada
(350 m), con vistas de la costa. En
su interior se levantan una catedral del siglo XI y la **Villa Rufolo**
(*Piazza Vescovado, Tel 089 857
657*), una de las dos villas por las
que la ciudad es famosa. Erigida
en el siglo XIII, Villa Rufolo ha te-
nido como huéspedes a Papas,
emperadores y a Richard Wagner.
La belleza de la panorámica es
comparable a la de la cercana
Villa Cimbrone (*Tel 089 857
096; cerrada nov.-marzo*).

   De regreso a la costa desde Ravello, la carretera que recorre la
cornisa marina nos lleva a **Amalfi**,
en su día una de las cuatro poderosas repúblicas marítimas de
Italia, junto con Venecia, Pisa y
Génova. Hoy día la belleza de la
ciudad, su espléndida situación
y su agradable clima la convierten
en un centro turístico famoso, de
modo que prepárese para pagar
precios elevados y soportar considerables aglomeraciones.

   Lo mejor del lugar es el
Duomo di Sant'Andrea, que
presenta una magnífica fachada
del siglo XII ornamentada con
complejos motivos decorativos.
Fundada en el siglo IX, la iglesia ha
sufrido varias alteraciones que han
respetado la belleza de las puertas
bizantinas de bronce del siglo XI.
Al lado de la iglesia está el
Choistro del Paradiso (1268) o
Claustro del Paraíso, cuyo som-

**Izquierda:
el Duomo di
Sant'Andrea
de Amalfi.**

**Costa
Amalfitana**
⚠ 288 B4

**Ravello
Información**
✉ Piazza del Duomo
10
☎ 089 857 096

**Amalfi
Información**
✉ Corso delle
Repubbliche
Marinare 27-29
☎ 089 871 107
o 089 872 619

brío románico se aviva con los elementos árabes de las columnas.

Para escapar del bullicio de la ciudad, no hay más que andar hasta lo alto de las montañas. En la oficina de turismo (*Corso Roma; Tel 089 871 107*) le informarán detalladamente, o bien siga el conocido paseo del **Valle dei Mulini**, un barranco jalonado por molinos de agua (*mulini*) en ruinas, en los que antiguamente se fabricaba papel, industria por la que Amalfi ha sido y aún es famosa. En el pequeño **Museo della Carta** (*Palazzo Pagliara, Via della Cartiere 22; Tel 089 871 107; cerrado nov.-marzo*) se muestran materiales relacionados con la industria del papel.

Al oeste de Amalfi, la carretera que serpentea sobre el acantilado, cada vez más espectacular, pasa por la **Grotta dello Smeraldo**,

cueva marina con luminosas aguas de color esmeralda a la que se puede llegar en barca, en ascensor o por unas escaleras talladas en la roca. Al otro lado, la carretera cruza el **Vallone di Fuore**, uno de los cañones más espectaculares de la costa (vale la pena recorrerlo a pie), antes de llegar a Praiano y **Positano**, otros dos pueblos elegantes de espléndida situación. A partir de aquí, la carretera recorre el extremo de la península hasta alcanzar **Sorrento**, un destino frecuente de las excursiones organizadas, aunque no por ello menos atractivo. Otras carreteras que conducen a Sorrento y a la costa norte de la península –en particular la SS366 desde Vettica Minore, cerca de Amalfi– permiten contemplar agradables vistas de las montañas Lattari. ■

Desde la Villa **Rufolo, en Ravello, se divisa una magnífica vista sobre un amplio sector de la legendaria Costa Amalfitana.**

**Positano
Información**
✉ Via del Saracino 4
☎ 089 875 067

Barcas ancladas
en una de las
muchas calas de
Capri. Esta costa,
de una gran
belleza, es uno
de los mayores
atractivos
de la isla.

Capri
🅼 288 B4
Información
✉ Piazza Umberto I
☎ 081 837 0686

Anacapri
Información
✉ Piazza Vittoria
☎ 081 837 1524

Capri e Ischia

EN ITALIA, LO SUBLIME SUELE CONVIVIR CON LO corriente. Pero en ningún otro lugar esta yuxtaposición es tan marcada como en la costa napolitana, donde la periferia de Nápoles da paso a las paradisíacas islas de Capri e Ischia. Capri, un mundo consagrado al lujo, ha sido un lugar de reposo para emperadores, artistas, escritores y miembros de la jet set internacional. Ischia es una isla menos selecta y más frecuentada por los operadores turísticos, aunque sus vistas, su frondosa vegetación, los pintorescos pueblos y la magnífica costa son casi tan irresistibles como los de Capri.

Los encantos de **Capri** ya eran conocidos en tiempos remotos. El emperador Augusto llamó a la isla Capri Apragopolis, la Ciudad del Dulce Reposo, un epíteto muy acertado para un lugar de descanso que se ha convertido en sinónimo del sibaritismo decadente. Actualmente, multitud de personas llegan cada día a la isla –sólo mide 3 por 4 km– para disfrutar de su suave clima, su recortada costa, sus pueblos a orillas del mar y los jardines del ondulado interior, de una exuberancia casi tropical. Hay líneas regulares de barcos y aerodeslizadores que enlazan Nápoles y Sorrento con el muelle de **Marina Grande**, el puerto principal de la isla y punto de partida de recorridos en barco alrededor de la isla. Estos viajes permiten contemplar la gran profusión de acantilados, bahías, cuevas y pináculos de roca que componen la costa. Tenga cuidado con los viajes privados a la sobrevalorada **Gruta Azul** (Grotta Azzurra), porque el precio puede ser excesivo.

rretera entre los acantilados. Es un lugar más tranquilo que Capri, donde vivió Axel Munthe (1857-1949), el físico sueco autor del best seller *La historia de San Michele* (1929). No deje de visitar la **Villa San Michele** (*frente a la Piazza delle Vittoria; Tel 081 837 1401*), en la cual se basa el libro, y en particular la terraza ajardinada, desde la que se divisa una preciosa panorá-

A la derecha: la Via Camerelle de Capri iluminada. Los dos principales pueblos de la isla están llenos de tiendas y restaurantes sofisticados.

Ischia
www.ischiaonline.it
o www.ischia.it
288 B4
Información
Via Iasolino
081 507 4231

Desde Marina Grande, un funicular sube a **Capri**, el pueblo más grande de la isla, ordenado en torno a la elegante Piazza Umberto I. Las calles están repletas de cafés, tiendas de recuerdos y sofisticadas boutiques, aunque también poseen rincones tranquilos en la Via Madre Serafina, al sur del Belvedere Cannone, o en la Via Camerelle, al este del Belvedere Tragara. Ambas ofrecen magníficas vistas. Más al este se halla la **Villa Jovis** o Villa de Júpiter, los restos del refugio del emperador Tiberio. Al sur del pueblo, la animada Via Krupp nos conduce a **Marina Picola**, uno de los mejores y más concurridos lugares donde bañarse y tomar el sol.

Al oeste de Capri se encuentra el segundo pueblo de la isla, **Anacapri**, al que se accede por una ca-

mica. Para contemplar unas vistas más espectaculares, tome el telesilla de la Piazza della Vittoria hasta la cima del **Monte Solaro** (1 hora a pie, 12 minutos en el telesilla), de 589 m, el punto culminante de la isla de Capri.

Ischia no es tan bonita como Capri, pero muchos turistas llegan atraídos por sus **fuentes termales.** Un legado de los orígenes volcánicos de Ischia, el Monte Epomeo, el punto más alto de la isla, de 788 m, es un volcán extinguido. Las mejores fuentes burbujean en las instalaciones balnearias de la costa norte como Forio, Lacco Ameno y Casamicciola. Los pueblos del oeste y el sur de la isla son más tranquilos. Los barcos atracan en el pueblo de Ischia, que se divide en Ischia Porto e Ischia Ponte, separadas por pinares. ■

El Tempio di Nettuno, del siglo V a.C., en Paestum, es uno de los templos dóricos mejor conservados del mundo.

Paestum

«INDECIBLEMENTE GRANDIOSO», ESCRIBIÓ EL POETA Shelley de Paestum, el conjunto arqueológico más sugerente y romántico del sur de Italia. El elemento central lo constituyen tres templos dóricos en un estado de conservación casi perfecto, considerados los más hermosos del mundo griego, mejores incluso que los de la misma Grecia. Ahora bien, gran parte del encanto de Paestum se debe a sus prados floridos y a la belleza de su entorno rural.

Paestum

🅰 289 C4

Información turística

✉ Zona Archeologica, Via Magna Grecia 165

☎ 0828 811 016

Museo Nazionale

✉ Zona Archeologica

☎ 0828 811 016

Paestum, antes Poseidonia, la ciudad de Neptuno o de Poseidón, fue una colonia fundada por los griegos en el siglo VI a.C. Absorbida por los romanos en 273 a.C., adoptó su nombre actual, para quedar prácticamente abandonada tras el azote de la malaria y de una incursión sarracena en 877 d.C. A partir de entonces permaneció semioculta en medio de la vegeta-

ción durante cientos de años, hasta que en el siglo XVIII fue descubierta al construir una carretera. Las excavaciones sacaron a la luz sus tres magníficos templos y otras ruinas.

El templo de mayores dimensiones y mejor conservado es el **Tempio di Nettuno** o Templo de Neptuno (siglo V a.C.). El entablamento y los frontones se han

del yacimiento se alza el **Tempio di Cerere** (Templo de Ceres), en realidad consagrado a la diosa Atenea, que probablemente fue erigido en algún momento entre sus dos vecinos.

Los demás restos griegos y romanos de Paestum son menos espectaculares, pero merece la pena visitarlos para sumergirse en su ambiente. Para formarse una imagen global conviene recorrer el trazado de las murallas de las colonias, de unos 3 km.

No deje de visitar el **Museo Nazionale**, centro situado al este de los templos, donde se exponen los hallazgos procedentes de este yacimiento (la entrada a los templos también da acceso al museo). Las piezas más valiosas son los murales de la tumba del Nadador (480 a.C.), tal vez las únicas muestras de este género y período conservadas. Las pinturas –cinco en total– originalmente formaban parte de un ataúd: cuatro de ellas muestran escenas de un banquete funerario. El quinto panel, que probablemente era la tapa del ataúd, es la más famosa de estas imágenes, y representa un buceador desnudo –de ahí el nombre de la tumba– que se zambulle en un mar azul: podría ser una alegoría poco frecuente del paso de la vida a la muerte. ∎

mantenido casi intactos, pero el techo ha desaparecido. Casi a su lado está el **Tempio di Hera**, el más antiguo de los tres, también conocido como la Basílica porque los arqueólogos del siglo XVIII lo identificaron así erróneamente. Más aislado, en el extremo norte

Pintura mural de la tumba del Nadador, en el Museo Nazionale de Paestum. El fresco tiene más de 2.000 años de antigüedad.

Parco Nazionale d'Abruzzo

EL PARCO NAZIONALE D'ABRUZZO ES EL PARQUE NACIONAL
más importante de Italia, una reserva de montaña protegida donde
viven algunos de los osos pardos que quedan en Europa, muchos de
los últimos lobos y más de 150 variedades de flora autóctona poco
común. Es un lugar excepcional para recorrerlo a pie o en coche,
con senderos señalizados, mapas y una gran variedad de recorridos.
Más allá de sus límites se encuentra la atractiva ciudad de Sulmona,
buen punto de partida para las excursiones.

**Parco Nazionale
d'Abruzzo**
www.abruzzoturismo.it
⛺ 288 B4
Información
✉ Via Consultore,
Pescasseroli
☎ 0863 911 3242

El parque de los Abruzos fue una
reserva de caza real y, al igual que
muchos otros parques italianos,
alcanzó su estatus de espacio protegido en 1917.

Los 401 km² de naturaleza tienen su centro en el valle del
Sangro, una marcada partición

que casi divide el parque y que alberga sus principales pueblos:
Barrea, Villetta Barrea, Alfedena,
Opi y Pescasseroli. Encontrará
mapas e información sobre las
excursiones en el pueblo más
grande, **Pescasseroli**, donde se
hallan el principal museo del par-

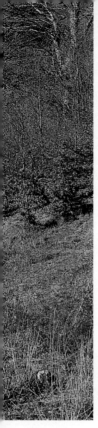

Derecha: la supervivencia del lobo apenino –una subespecie– es cada vez más precaria.

Pescasseroli
◭ 288 B5
Información turística
✉ Via Piave 2
☎ 0863 910 097

Sulmona
◭ 288 B5
Información
✉ Corso Ovidio 208
☎ 0864 53 276

que y el centro de información. Si solamente dispone de tiempo para hacer una excursión, tome el sendero 1, una ruta de 5 horas que sale de Civitella Alfedena y se adentra en el Valle delle Rose, donde se pueden ver algunos de los 500 o más antílopes apeninos que hay en el parque. Entre los recorridos más cortos alrededor de Pescasseroli están el sendero C3, al Valico di Monte Tranquillo (dos o tres horas) y el sendero B2 al Monte Valle Carrara. Otras rutas recomendables son la del valle Canala (al norte de Pescasseroli), la de Camosciara (al suroeste de Villetta Barrea) y la de la Val di Fondillo (al este de Opi).

La primavera es la mejor estación para disfrutar de la flora del parque: hay más de 1.200 especies de flores y árboles, y 267 clases de hongos. Dos terceras partes de la superficie están cubiertas de bosque, de modo que el otoño es espectacular por el colorido de los árboles. Los amantes de las aves tendrán la posibilidad de observar más de 300 especies, entre ellas las últimas parejas de águilas doradas. Las 40 o más especies de mamíferos que habitan en el parque son más difíciles de ver, salvo el antílope; las más excepcionales son el oso y el lobo.

Los osos abundaron en esta zona hasta el siglo XVI, pero casi ya se habían extinguido hacia 1915, cuando todavía se pagaba por ejemplar cazado. En la actualidad se cree que hay unos 80 o 100 osos en el parque, y tanto su número como su territorio muestran un lento crecimiento. Aunque desciende del oso alpino (una especie también en declive), el oso de los Abruzos ha desarrollado las suficientes características propias para ser calificado de subespecie: es el *Ursus actos marsicanus*. El número de lobos en es-

tado salvaje asciende a 30, pero pesa sobre ellos la amenaza de los perros salvajes, con los que compiten por la comida y con los que se cruzan. En el **Centro Lupo** (*Tel 0864 890 141; cerrado lun.*), cerca de Civitella Alfedena, se guardan algunos lobos apeninos para estudiarlos y preservar la subespecie.

Una vez haya visto el parque es aconsejable dedicar un tiempo a los pueblos y paisajes de montaña que hay en su entorno. **Scanno,**

al este del parque, es un lugar pintoresco –muchas de las mujeres del pueblo todavía visten la indumentaria tradicional–, como también es **Sulmona,** precioso pueblo de montaña al pie del Maiella. El entorno aquí es magnífico para caminar y hacer excursiones en coche tomando Sulmona como punto de partida.

Lo mismo se puede decir del macizo del **Gran Sasso**, al norte, en el que destaca el Corno Grande, de 2.914 m, el pico más alto de la península italiana. La Autostrada A25/24 enlaza Sulmona con L'Aquila, el mejor lugar para adentrarse en el Gran Sasso. Desde L'Aquila, diríjase al Campo Imperatore, una solitaria altiplanicie, y siga la carretera SS80 que discurre hacia el norte por el magnífico Valle di Vomano. ∎

Il Gargano

Manfredonia

🏔 289 C5

Información

✉ Piazza del Popolo 10

☎ 0884 581 998

Vieste

🏔 289 D5

Información

✉ Piazza Kennedy

☎ 0884 708 806

IL GARGANO ES LA ESPUELA DE LA «BOTA» DE ITALIA, UNA península elevada que se proyecta hacia el Adriático desde Apulia. Es uno de los conjuntos paisajísticos de mayor belleza y diversidad del Sur: el interior está cubierto por la Foresta Umbra, enclave protegido de antiguos bosques autóctonos, mientras que la costa es una combinación de acantilados, calas, playas, pueblos de pescadores y pequeños centros turísticos. Frente a la costa norte surgen las Isole Tremiti, un archipiélago poco frecuentado.

El Gargano continúa siendo un libro cerrado para los extranjeros. No lo es para los italianos, que ya han descubierto sus encantos y, sobre todo, sus playas. Por ello, muchos de los centros turísticos de la costa están repletos en verano. Tenga en cuenta también que algunas playas son propiedad de los hoteles y los campings, de modo que no siempre se puede entrar si uno no está alojado en ellos. Si viene en temporada baja, o recorre a pie o en coche la Foresta Umbra, apenas encontrará un alma.

Para llegar, lo mejor es venir desde el sur por **Monte Sant'Angelo** o Monte de San Miguel, pueblo de montaña (su punto más elevado está a 803 m) famoso porque

el arcángel san Miguel se apareció tres veces en él entre los años 490 y 493 d.C. La cuarta aparición, en el siglo VIII, dio lugar a la creación de un monasterio, una fundación cuya importancia fue confirmada por las cruzadas, cuando los soldados iban a rezar antes de embarcarse hacia Tierra Santa. En la actualidad, la cueva donde se produjeron las apariciones es un importante lugar de peregrinaje, pese a que la cueva original ha quedado integrada en el **Santuario di San Michele,** iglesia que se remonta al siglo XIII, en la que destacan unas puertas de bronce con decoración bizantina (1076).

Desde el Monte Sant'Angelo puede elegir entre dos itinerarios. Uno de ellos se dirige al norte por la **Foresta Umbra,** por la carretera SS528. Este recorrido permite contemplar de cerca los tejos, tilos, pinos, robles, castaños, hayas y otros árboles que conforman este magnífico vestigio de un antiguo bosque, uno de los parques nacionales más recientes. Casi en el centro del bosque, cerca del cruce de Vico, se halla el Corpo Forestale, un centro de información acerca de las actividades al aire libre.

La segunda ruta sigue la carretera del bosque y su continuación (la SS89) hacia el norte, hasta que se llega a **Peschici,** uno de los pueblos más pequeños y más bonitos. Al oeste hay otro pueblo turístico, **Rodi Garganico,** así como algunas playas y las lagunas del Lago di Varano y el Lago di Lesina, ambos puntos excelentes de observación de aves.

Tome la carretera de la costa del promontorio en dirección este y llegará a Vieste, el pueblo más grande de la zona. Desde aquí, la carretera se eleva, pasa por paisajes rocosos cubiertos de bosque permite contemplar unas maravillosas vistas de la costa.

Derecha: aunque en esta zona el turismo va en aumento, actividades tradicionales como la pesca todavía tienen un gran peso.

Siguiendo hacia el este, finalizará este recorrido circular de unos 153 km iniciado en Monte Sant'Angelo, después de haber visto lo mejor que esta región ofrece al visitante. Sin embargo, el viaje no estará completo sin una excursión a las **Isole Tremiti,** a

las que se llega con la línea regular de transbordadores y aerodeslizadores (abril-oct.) desde Manfredonia, Vieste y Peschici. Partiendo de Manfredonia, el viaje permite apreciar los acantilados de la costa. Pero si prefiere un acceso más rápido, el puerto más cercano, a 12 km, es Rodi Garganico (ver antes).

Las principales islas del archipiélago son **San Nicola** y **San Domino,** ambas de gran renombre por su belleza natural y sus aguas translúcidas. Son lugares excelente para nadar, bucear y practicar otros deportes acuáticos, mientras que las personas menos activas pueden hacer rutas panorámicas en barco, pasear por la isla o bien visitar la abadía benedictina del siglo IX de Santa Maria al Mare, en San Nicola. ■

Una ruta por la Apulia románica

Esta ruta empieza en Bari, un puerto activo y moderno con un interesante casco antiguo, e incluye diversas poblaciones célebres por sus iglesias románicas, uno de los tesoros de Apulia, así como la fortificación de Castel del Monte, del emperador Federico II.

Empiece la ruta en la ciudad de **Bari** ①, cuyo puerto moderno y sus desagradables suburbios circundan la **Città Vecchia** (Ciudad Antigua), agradable laberinto de calles y callejones en el que se encuentran los principales monumentos de la ciudad. Entre ellos sobresalen la **Cattedrale di San Sabino**, de finales del siglo XII, y la **Basilica di San Nicola**, de 1087, ambas ejemplos magistrales de la arquitectura románica que ha dado renombre a Apulia. Esta arquitectura floreció en la región por diversas razones. En primer lugar, el fuerte gobierno de los normandos, suabos y angevinos durante varios siglos proporcionó la riqueza y estabilidad necesarias para levantar edificios, de prolongada construcción. En segundo lugar, la región era una amalgama de la cultura, lo cual propició que se combinaran elementos arquitectónicos de estilo románico, normando, bizantino, lombardo y árabe. Además se traían artesanos del norte de Italia. En tercer lugar, Apulia estaba en un punto de confluencia de religiones: por su lado pasaban varias rutas de peregrinación y cerca de ella había puertos desde donde los peregrinos y cruzados zarpaban hacia Tierra Santa.

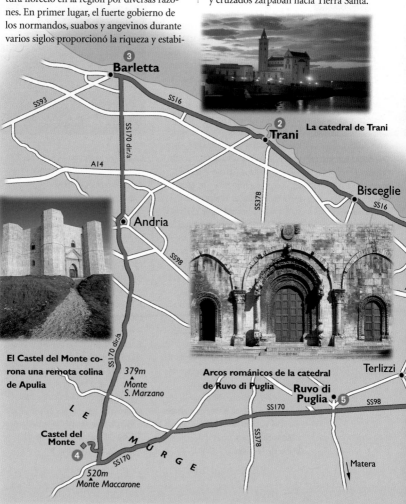

La catedral de Trani

③ **Barletta**

Trani ②

SS93

SS16

SS170 dir/a

A14

Bisceglie
SS16

SS378

● **Andria**

SS98

El Castel del Monte corona una remota colina de Apulia

379m
Monte
S. Marzano

Arcos románicos de la catedral de Ruvo di Puglia

Terlizzi

Ruvo di Puglia ⑤
SS170   SS98

SS170 dir/a

L E

Castel del Monte ④

SS170

M U R G E

SS378

Matera

520m
Monte Maccarone

Después de explorar el casco antiguo de Bari, tome la carretera costera SS16 hacia el oeste hasta **Trani** ❷, puerto con edificios encalados que posee una importante catedral románica erigida al borde del mar, con notables puertas de bronce del siglo XII. La catedral está dedicada a san Nicolás el Peregrino, un oscuro santo local de quien se dice que llegó a Trani a lomos de un delfín.

Descubra el pueblo y después siga la SS16 hasta **Barletta** ❸, ciudad relativamente mediocre animada también por su catedral románica, la **Chiesa del Santo Sepolcro** (*confluencia Corso Garibaldi y Corso Vittorio Emanuele*), y por el **Coloso** (*Corso Vittorio Emanuele*), la mayor escultura romana de bronce que se conoce. En Barletta, gire hacia el sur por la SS170 pasando por la población de **Andria** y siga la señalización hacia Castel del Monte.

Castel del Monte ❹ (*Località Andria; Tel 0883 569 997; cerrado lun.*) es una de las construcciones más misteriosas del sur. Es una fortificación visible a kilómetros de distancia, situada a 540 m sobre la llanura de Apulia y de las colinas de roca caliza –una región conocida como Le Murge–, cuya función y forma característica han sido un interrogante para historiadores y otros especialistas.

Construida entre 1229 y 1240, fue obra de Federico II, emperador del Sacro Imperio Romano. El edificio entero refleja su obsesión por la armonía matemática y, en particular, por el número ocho: el recinto es de planta octogonal, tiene un patio octogonal

y ocho torres octogonales, cada una de dos pisos, con ocho habitaciones por planta. Para algunos, el ocho es un símbolo de la corona o de la unión de Dios y la humanidad, mientras que para otros, las proporciones reflejan una configuración astrológica. Otras teorías sugieren que fue un pabellón de caza o lugar de reposo para peregrinos que buscaban el Santo Grial. Lo cierto es que es la única fortaleza octogonal entre los cerca de 200 castillos cuadriláteros encargados por Federico.

Una vez que haya visitado el castillo, gire a la izquierda por la SS170 en el cruce cercano a su posición y siga la señalización hacia **Ruvo di Puglia** ❺, cuya catedral reúne lo mejor del estilo románico apulio. En tiempos de los griegos y a principios de la era romana, la ciudad era famosa por su distintiva cerámica roja y negra, que podrá conocer en el **Museo Archeologico Nazionale latta** (*Piazza Giovanni Bovio 35; Tel 080 361 2848; cerrado lun.-jue. tardes*). Desde Ruvo sale una buena carretera (SS98) hacia el este que va a **Bitonto** ❻, ciudad rodeada de campos de olivos con una catedral románica similar a las de Trani y Bari. Desde aquí salen carreteras que pasando por Modugno nos devuelven a Bari. ■

🗺 Ver también el mapa de la zona, pág. 289 D4
▶ Bari
↔ 125 km
🕐 1 o 2 días
▶ Bari

PUNTOS DE INTERÉS
- Catedral de Trani
- Castel del Monte

Molfetta

Giovinazzo

SS16

Santo Spirito
Palese

Aeroporto Int.
Bari Palese

INICIO

Sovereto

Città
Vecchia

Bitonto ❻

SS98

BARI

0   8 kilómetros

Modugno

A14

Alberobello

Los *trulli*

Los *trulli* de Apulia son unas curiosas viviendas de origen misterioso. Se trata de casas redondas de una sola planta y antigüedad desconocida, de las cuales se ignora el porqué de su singular aspecto cónico y de sus tejados puntiagudos. No existen en ningún otro lugar de Europa y se encuentran diseminados por el bello paisaje rural del sur de Bari, especialmente en los pueblos de Alberobello y Martina Franca y sus alrededores.

Casi todo lo relacionado con los *trulli* es misterioso. En ellos, lo único evidente es la forma como están construidos y su considerable funcionalidad: son frescos en verano, cálidos en invierno, y baratos y fáciles de levantar. Pero esto plantea el porqué de su ausencia en otras zonas mediterráneas de idénticas condiciones. Los más sencillos consisten en paredes y techos de piedra colocada sin cemento. La mayoría están encalados y muchos aparecen coronados por una extraña señal, a menudo una cruz o un símbolo extraño, cuyo significado supersticioso o mágico se desconoce. Los techos también suelen estar pintados con jeroglíficos enigmáticos.

Las teorías más antiguas sobre su existencia tienen sus raíces en el ingenio campesino. Durante el siglo XV, Fernando I de Aragón prohibió a sus súbditos apulios construir casas permanentes a fin de disponer de una mano de obra servil, susceptible de ser trasladada allí donde fuera necesaria. En respuesta, los apulios construyeron casas de piedra sin cemento, que se podían desmontar fácilmente si se trasladaban o se enteraban de la inminente visita de un inspector. Otra teoría afirma que estas casas eran una sofisticada forma de evitar los impuestos: los catalanoaragoneses habían establecido un impuesto que gravaba todas las casas, salvo las que no estaban terminadas, una exención a la cual los apulios tenían derecho quitando transitoriamente los tejados.

Estas teorías son originales, pero en realidad los orígenes de los *trulli* son aún más exóticos. El *trulli* más antiguo probablemente se remonta al siglo XIII, aunque la mayoría no tienen más de 200 o 300 años. Algunas hipótesis actuales los relacionan con estructuras similares existentes en Micenas, Grecia, lo que los haría derivar de una civilización de unos 5.000 años de antigüedad. Esta conexión es verosímil, ya que los puertos de Apulia son los más cercanos al continente griego. Además, gran parte de la región perteneció al dominio de la Magna Grecia, el territorio del sur de Italia y Sicilia colonizado por los griegos entre los siglos VIII y III a.C.

Desafortunadamente, esta teoría no explica por qué el ámbito geográfico de los *trulli* es tan limitado. Otra hipótesis apunta a que estarían basados en las casas «de pan de azúcar» de Siria y otras zonas de Oriente Medio, y que una o dos fueron construidas como tumbas o casas por monjes procedentes del Este. Luego, los lugareños las habrían imitado. Otra idea similar sugiere que los soldados que desembarcaron, de regreso de las cruzadas, introdujeron en la región este estilo constructivo.

Si desea ver los *trulli*, diríjase a Alberobello, donde hay unos 1.500 ejemplares. Alberobello significa «árbol bello» y deriva del latín *Silva Arboris Belli*, por los bosques de robles que antes cubrían su territorio. Pero tenga en cuenta, sin embargo, que es un lugar muy visitado y que, así como algunos *trulli* han sido habilitados como sugerentes hoteles y restaurantes, otros se han convertido en tiendas de recuerdos baratos.

Podrá ver otros *trulli* en un marco más rural siguiendo la carretera que enlaza con Martina Franca y la que sigue el Valle d'Itria desde Martina Franca hasta Locorotondo. A pesar de sus desagradables suburbios, vale la pena detenerse en Martina Franca por los edificios barrocos de la Via Cavour: el Palazzo Ducale (1668) y la iglesia de San Martino (1747-1775). Desde las murallas de esta localidad y, sobre todo, desde el Viale de Gasparini se divisa una espléndida panorámica del paisaje poblado de *trulli*. ■

Los tradicionales *trulli* de Apulia tal vez proceden de Grecia o Siria, pero los especialistas todavía ignoran su origen preciso.

Lecce

LECCE ES CONOCIDA COMO LA «FLORENCIA BARROCA», un apodo acuñado como testimonio de un florecimiento arquitectónico excepcional en el Sur italiano. Griegos, romanos, normandos, árabes y suabos dejaron su huella aquí, pero el legado más duradero fue el de los Habsburgo españoles, cuyos gobernantes, animados por el fervor de la Contrarreforma y financiados por mercaderes locales, llevaron a cabo una transformación arquitectónica de la ciudad durante el siglo XVII.

En Lecce, la remodelación barroca se aplicó no sólo a sus principales edificios, sino también a los múltiples elementos decorativos de estas construcciones: balcones, porches, pedestales, patios y ventanas están recubiertos de guirnaldas de frutas, estatuas rechonchas, gárgolas y rebuscadas florituras de piedra. Casi todas las superficies de cierta antigüedad están adornadas con la piedra caliza local de grano fino, ligera y dorada –la *pietra dorata*–, fácil de tallar pero resistente, cualidades que la hacen ideal para la escultura.

El centro barroco de la ciudad es la **Piazza del Duomo**, dominada por la catedral, que fue reconstruida por Giuseppe Zimbalo, el arquitecto en jefe que entre 1659 y 1670 dirigió la remodelación de la ciudad. A su lado se le-

vantan el **Palazzo Vescovile** (palacio del Obispado, 1632) y el espléndido **Seminario,** erigido entre los años 1694 y 1709 por el alumno más destacado de Zimbalo, Giuseppe Cino. Diríjase hacia el este desde la plaza, por la Via Vittorio Emanuele II y por la Via Giuseppe Libertini, y llegará a la **Chiesa del Rosario**, o San Giovanni Battista (1691-1728), la última de las obras de Zimbalo.

Vuelva sobre sus pasos y acérquese a la **Piazza Sant'Oronzo**, la plaza principal de Lecce, que lleva el nombre de su primer obispo, san Oroncio, martirizado por los romanos en el siglo I. En el flanco sur se hallan los restos parcialmente excavados de un anfiteatro romano, junto a un antiguo Ayuntamiento de la ciudad, el **Sedile**, o Palazzo Seggio (1592). Cerca de éste se alza la **Colonna di Sant'Oronzo,** uno de los dos pilares que indicaban el fin de la Via Appia, importante vía romana, en la cercana ciudad de Brindisi. Otra iglesia barroca, **Santa Maria delle Grazie,** preside la esquina sureste de la plaza. Más allá, se levanta el inconfundible perfil del **Castello** de la ciudad, fortificación del siglo XVI construida por el emperador Carlos V (*cerrado al público*).

Salga de la plaza en dirección norte por la Via Umberto I para visitar **Santa Croce**, la apoteosis del vívido estilo barroco de Lecce. Comenzada en 1549, la iglesia es obra de varios arquitectos, entre

Izquierda: la piedra caliza de Lecce es idónea para tallar esculturas complejas y detalladas.

Lecce
 289 E4
Información
 Via Vittorio Emanuele II 24
0832 248 092

ellos el ubicuo Zimbalo, que diseñó el frontón de la fachada y el rosetón. A su lado está el **Palazzo del Governo** (1659-1695), antigua residencia del gobernador de la ciudad, también de Zimbalo (*cerrado al público*). Andando cinco minutos hacia el norte por la Via Manfredi, encontramos la iglesia de **Sant'Angelo** (1633), construcción barroca de otro miembro del clan de los Zimbalo, Francesco Giuseppe.

Regrese a la Piazza Sant'Oronzo y explore las calles que se abren al sur, yendo directamente a la iglesia de **Santa Chiara** y al **Teatro Romano** del siglo I d.C., contiguo a ella. Prosiga hacia el sur hasta el límite de la antigua Lecce y llegará al principal museo de la ciudad, el **Museo Provinciale Sigismondo**

Castromediano (*Viale Gallipoli 28; Tel 0832 307 415; cerrado sáb.*). Este centro posee una colección muy amplia, pero es conocido por su cerámica, vasos griegos, romanos y apulios, monedas, bronces y terracotas, por los relieves encontrados en el anfiteatro de la Piazza Sant'Oronzo y por su sección de relicarios, iconos bizantinos, pinturas y piezas de orfebrería, platería y marfil.

El último gran monumento de la ciudad, **Santi Nicola e Cataldo** (1180), está al nordeste del casco antiguo, en la Via del Cimitero. Es uno de los mejores monumentos normandos de la región, en el que los elementos bizantinos, árabes y góticos de la iglesia románica original se complementan con una fachada barroca tardía de Giuseppe Cino. ■

Se tardó más de 130 años en construir la ostentosa fachada de la iglesia barroca de la Santa Croce, en Lecce.

Otras visitas interesantes en el Sur

CASERTA
El entorno industrial de Caserta no es nada llamativo, pero en la ciudad hay un edificio destacado, el **Palazzo Reale** (*Viale Douhet; Tel 0823 321 400; cerrado lun.*), el palacio real más grande de Italia: tiene unas 1.790 ventanas, 94 escaleras y más de 1.000 salas pintadas y estucadas. Comenzado en 1752 por el pródigo rey Borbón Carlos III, se terminó 20 años más tarde. Los **jardines** (*cerrados lun.*) son enormes. Un autobús tiene paradas en los puntos de mayor interés.

🅰 288 B4 **Información** ✉ Corso Trieste 39 ☎ 0823 321 137

MARATEA
Maratea es una localidad turística costera muy bien conservada, situada al sur de Cilento, zona de paisaje virgen declarada parque natural. Es agradable para descansar y un buen punto de partida para explorar el parque. También está bien situada para ir al Parco Nazionale del Pollino.

🅰 289 C3 **Información** ✉ Piazza del Gesù 32 ☎ 0973 876 908

MATERA
Matera es muy conocida por sus antiguas viviendas únicas en el mundo –los *sassi*–, habitáculos excavados en la roca por los torrentes, o *gravini*, situados en la parte baja de la ciudad y en sus alrededores. Se puede ver el laberinto de cuevas habitadas desde tiempos prehistóricos desde una Strada Panoramica (carretera panorámica) construida para poder contemplarlos. Pero, para sacar el mayor partido de la ciudad, explore a pie ese panal de habitáculos. Busque los 120 o más *chiese rupestri* o **iglesias rupestres** excavadas por monjes entre los siglos VIII y XIII, y visite el **Museo Nazionale Ridola** (*Via Ridola 24; Tel 0835 311 239*), una colección de piezas arqueológicas descubiertas en el municipio.

🅰 289 D4 **Información** ✉ Via de Viti de' Marco 9 ☎ 0835 331 983

PARCO NAZIONALE DEL POLLINO
El Monte Pollino (2.248 m) y el parque nacional homónimo que lo protege forman el montañoso empeine de la «bota» de la península italiana.

Esta región virgen y majestuosa, que nos muestra las formas de vida tradicionales de las tierras rurales del Sur, hasta hace poco era desconocida entre los visitantes. No se desanime porque no haya mucho que ver, salvo el paisaje, y pocos lugares donde alojarse (Terranova di Pollino es el mejor punto de partida). Los excursionistas encontrarán rutas estupendas, mientras que en coche también se puede disfrutar de sus paisajes.

Desviándose un poco al este de la región podrá conocer **Sibari**, la antigua colonia griega de Sybaris, tierra de los refinados sibaritas. Solamente se ha excavado una parte de este inmenso yacimiento, que es 20 veces más grande que Pompeya. Tanto las ruinas como el museo se pueden visitar todos los días.

🅰 289 D3 **Información** ✉ Via Freccia Tricolore 6, Rotonda ☎ 0973 669 311

LA SILLA
Principal sistema montañoso de Calabria, la Silla, es famoso por sus bosques, de los que se extrajo la madera para muchos de los techos de las iglesias de Roma. Un sector de la región es parque nacional (Parco Nazionale della Calabria), pese a que gran parte del paisaje agreste es más monótono que el de los parques de los Abruzzo y del Pollino. Algunos de los parajes más llamativos se pueden contemplar desde la carretera SS110 y en los alrededores de **Camigliatello** y **San Giovanni in Fiore**.

🅰 289 D2 **Información** ✉ Via Roma, Camigliatello ☎ 0984 579 757

TROPEA
El trayecto desde Roma o Nápoles hasta Sicilia es muy largo. Tropea, en la costa de Calabria, es un buen lugar donde hacer una parada. Es un centro costero que, a diferencia de otros de este litoral, ha evitado el crecimiento moderno que ha estropeado otras zonas de la Riviera de Calabria. Por lo general, las playas, hoteles, restaurantes y el paisaje del entorno son excelentes.

🅰 289 D2 **Información** ✉ Piazza Ercole ☎ 0963 61 475 ∎

Sicilia y Cerdeña son mundos aparte, dos islas fascinantes y de gran interés cuya cultura, arte, lengua e historia, de notable riqueza, están entrelazadas con las de la Italia continental pero se distinguen de ellas claramente.

Sicilia y Cerdeña

El Monte Etna, Sicilia

Sicilia

SICILIA ES UN MUNDO APARTE, UNA ISLA SEPARADA del resto de Italia no sólo por el mar, sino también por siglos de historia y cultura propias. No obstante, es un área vital del país –el escritor alemán Goethe observó que «haber visto Italia sin llegar a Sicilia es no conocer Italia en absoluto, ya que Sicilia es la clave de todo» (1789). Podría haber dicho lo mismo de Cerdeña (ver págs. 334-340), para algunos visitantes algo menos atractiva, pero tan distinta del resto de Italia, a su manera, como Sicilia.

Durante un tiempo, Sicilia fue el centro del mundo conocido por los europeos. Es la isla más extensa del Mediterráneo (Cerdeña es la segunda), se encuentra entre las civilizaciones de África y Europa, y constituye un objetivo interesante para comerciantes e invasores. En un principio, esta isla estuvo poblada por los sículos y los sicanos, antiguas tribus de las que deriva su nombre. Entre los siglos VIII y III a.C., los gobernantes de Sicilia fueron griegos; en los siglos IX y X d.C. la isla estuvo bajo control árabe; y en el siglo XI pasó a manos de los normandos. Entre unos y otros, Sicilia atrajo a romanos, cartagineses, vándalos, españoles, bizantinos, franceses e, incluso, a los británicos.

Los invasores de Sicilia la dotaron de un legado extraordinariamente rico, ya que esta sucesión de culturas modeló cada una de las facetas de la vida en la isla, desde el arte y la arquitectura hasta el lenguaje y la gastronomía. Los griegos le dieron sus teatros de Siracusa y Taormina, y los grandes templos de Agrigento, Selinunte y Segesta. Los romanos crearon los magníficos mosaicos de la Piazza Armerina y los árabes aportaron una gran diversidad de elementos a la arquitectura local, así como también a la ecléctica cocina de la isla.

En los siglos posteriores, los normandos introdujeron la majestuosa arquitectura románica, cuyos máximos exponentes son las sublimes catedrales de Cefalù y Monreale. De los españoles proceden las decoraciones barrocas, estilo incorporado a muchas iglesias y palacios de Sicilia.

Todos estos valores artísticos, culturales y culinarios confluyen en Palermo, la capital siciliana, ciudad vibrante, decadente, fasci-

nante y en ocasiones agitada, que ejemplifica la observación que D. H. Lawrence hizo de Sicilia: «Donde Europa termina definitivamente... más allá empiezan África y Asia» (1921). Palermo es una introducción al pasado de Sicilia y a su presente, a veces sórdido, que se manifiesta en sus precarias viviendas, sus fábricas abandonadas y sus casas y carreteras inacabadas.

La costa de Sicilia, anteriormente una de las más bellas de Europa, acusa un alto nivel de contaminación, salvo en lugares espléndidos como Cefalù, Taormina y otras islas,

San Vincenzo
I. Stromboli
I. Basiluzzo
I. Panarea
Isole Eolie
(Lipari)
I. Filicudi
I. Salina
I. Alicudi
Canneto
Lipari
I. Lipari
Porto Levante
I. Vulcano
Villafranca
Torre
Tirrena
Faro
C. di Milazzo
Milazzo
Capo Gallo
C. Calavà
A20
Messina
Mte. Pellegrino
Capo d'Orlando
Brolo
Barcellona
PALERMO
Pozzo di Gotto
Bagheria
Sant'Agata di Militello
Patti
Fùrnari
1287m
Naso
Golfo di
A20
Pzo. di Vernà
A18
reale
Cefalù
Caronia
Tortorici
Novara
Roccalumera
Misilmeri
Termini Imerese
Termini Imerese A20
Santo Stefano
di Sicilia
SS118
di Camastra
Monti Nebrodi
Taormina
Villafrati
Collesano
Castelbuono
Mistretta
o Caronie
SS289
1847m
SS120
1613m
Madonie
1979m
Mte. Soro
Randazzo
Fiumefreddo di Sicilia
Rca. Busambra
Pzo. Carbonara
3323m
Caltavuturo
Cesarò
Linguaglossa
Corleone
Petralia
Gangi
Bronte
Etna
Giarre
Prizzi
Alia
SS120
Nicosia
Troina
Rifugio
iusa
SICILIA
L di
Sapienza
afani
Lercara
SS121
Friddi
Agira
Simeto
Santa Caterina
Leonforte
Adrano
Sicani
Villarmosa
A19
Nicolosi
Acireale
Mussomeli
A19
Paternò
A18
Ribera
Castelmi
Caltanissetta
Enna
Misterbianco
Aci Castello
Catania
Raffadali
San Cataldo
Valguarnera
Piana di
Golfo di Catania
Aragona
SS640
Caropepe
ntallegro
Canicattì
Pietraperzia
Piazza Armerina
Catania
SS114
Agrigento
Favara
Barrafranca
SS191
Villa Romana
Sommatino
del Casale
Lentini
C. Santa Croce
Naro
Riesi
Mazzarino
Augusta
Ravanusa
Caltagirone
Francofonte
Golfo di Augusta
Valle dei
Grammichele
Templi
Palma di
SS115
Niscemi
Vizzini
986m
Floridia
Montechiaro
Siracusa
Licata
Gela
Giarratana
Palazzolo
A18
Acréide
Capo Murro
Golfo
Comiso
Noto
di Porco
di Gela
Vittoria
Ragusa
Noto
Avola
Modica
Golfo
Marina di Ragusa
Scicli
Ispica
Rosolini
di Noto
Pozzallo
Pachino
Capo
Pássero

C D E F

como las Eolias (Eolie), célebres por las
erupciones volcánicas del Stromboli.

En el interior, el paisaje no está tan degra-
dado: se extiende desde las infinitas altiplanicies escarpadas y los dorados campos de cereales de tierra adentro hasta las montañas
de Modonie y Nebrodi, que se levantan ante
la costa norte, con sus laderas cubiertas por
grandes masas boscosas.

Por último, está el monte Etna, el volcán
activo más grande de Europa, una montaña
encendida pero cubierta de nieve, de una
majestuosidad amenazadora. ■

Roma

Mapa de situación

Palermo

PALERMO, UNA CIUDAD GRANDE, MALTRATADA Y BULLICIOSA,
no es apta para todos los gustos, ya que el tráfico, la pobreza y su
decadente sentido de la grandeza barroca requieren una notable
dosis de valor. Al mismo tiempo, es una de las urbes más vibrantes
de Italia. Fue fundada por los fenicios en el siglo VIII a.C. y aún se
nota la huella de los posteriores gobernantes árabes, normandos y
españoles. En las estrechas callejuelas se alzan monumentos junto
a bazares árabes y sórdidas tascas, en un acusado contraste entre el
pasado y el presente.

Palermo

🗺 317 C3

Información

✉ Piazza Castelnuovo
34–35

☎ 091 583 847 o
091 605 8111

Los monumentos del centro de
Palermo se encuentran dispersos,
de modo que procúrese un mapa
y prepárese para recorrer el centro
de la ciudad: el Corso Vittorio
Emanuele, la Via Maqueda y la Via
Roma. Lo mejor es empezar por
el extremo del Corso Vittorio
Emanuele, y avanzar hacia el este
para encontrar el grupo de monumentos, que está al final de la calle
cuando llega al mar y confluye con
la Via Maqueda.

El **Palazzo dei Normanni**
o Palazzo Reale *(cerrado dom.,
mar.-jue. y todas las tardes)* se alza
en el lugar antiguamente ocupado
por una fortaleza árabe del siglo
IX, un edificio ampliado por los
normandos y transformado en
un complejo palacial de una de
las cortes de mayor importancia
de Europa.

Las visitas guiadas nos conducen a la **Sala di Re Ruggero** o
Sala de Roger II, del siglo XII, estancia adornada con mosaicos de
escenas de caza. También es obra
de Roger, un rey normando, la
suntuosa **Cappella Palatina**
(1132-1140), uno de los edificios
más destacados de Palermo (*Tel
091 705 4317; cerrada tardes sáb. y
dom.*). Es una ostentosa capilla
privada que muestra el complejo
estilo arquitectónico que floreció
bajo los normandos. Unas columnas romanas sostienen su interior

**Pág. siguiente:
en las precarias
pero a menudo
animadas
viviendas
del centro de
Palermo, la vida
se vive en la calle.**

románico, coronado por un techo
de madera árabe y adornado con
mosaicos bizantinos. Estos mosaicos –junto con otros similares
de Rávena y Estambul– se consideran los más bellos de Europa.
No olvide pasear por los jardines
del palacio rodeados de palmeras,
la **Villa Bonanno.**

Palermo llegó a tener más de
200 mezquitas en su etapa de dominio árabe (831-1072). Posteriormente, muchas fueron sustituidas por edificios cristianos,
como el de **San Giovanni degli
Eremiti** (*Via dei Benedettini; Tel
091 651 5019; cerrada dom. tardes*), una iglesia secularizada
construida entre 1132 y 1148,
al sur del Palazzo dei Normanni.
Sus cinco grandes cúpulas de color ocre son un testimonio de su
predecesora islámica. Otros elementos tan bellos como la iglesia
son el claustro y un jardín perfu-
mado por palmeras, limoneros
y plantas subtropicales.

Avanzando hacia el este por el
Corso Vittorio Emanuele llegará a
la estupenda catedral de Palermo
de piedra dorada (comenzada en
1184), otro monumento al pasado
normando de la ciudad. Su interior sufrió una profunda remodelación en el siglo XVIII, pero el exterior ha conservado su magnífica
mezcla exótica de estilos arquitectónicos antiguos. La puerta princi-

El interior de la Cappella Palatina del Palazzo dei Normanni, levantada como capilla privada para el rey normando Roger II.

pal es de estilo gótico flamígero catalán del siglo XV. En el interior, los únicos elementos antiguos de interés son las tumbas reales de Enrique IV, Roger II y el gran emperador Hohenstaufen Federico II y su esposa, Constanza de Aragón (situadas en dos capillas de la nave sur).

El corazón de Palermo se encuentra en la confluencia del Corso Vittorino con la Via Maqueda, conocida como los Quattro Canti o Cuatro Esquinas. Inmediatamente al sur se abre la **Piazza Pretoria**, bordeada por elegantes edificios medievales y renacentistas dispuestos alrededor de una fuente del siglo XVI conocida como la «Fuente de la Vergüenza» por sus lascivas figuras desnudas. Y más al sur, en la Piazza Bellini, se yergue la iglesia de **La Martorana** (*Tel 091 616 1692; cerrada dom. tardes*), también conocida como Santa Maria dell'Ammiraglio porque fue fundada en 1143 por el almirante (*ammiraglio*) de Roger II, Georgios Antiochenos, un cristiano ortodoxo griego. Las modificaciones barrocas posteriores respetaron los mosaicos del siglo XII que adornan la cúpula, realizados por artesanos griegos.

Junto a La Martorana se alza la iglesia normanda del siglo XII de **San Cataldo** (*cerrada todas las tardes*), con elementos marcadamente árabes. Su interior posee una recargada decoración barroca, al igual que **San Giuseppe dei Teatini** (1612), en los Quattro Canti, cuyo sencillo exterior oculta un interior decorado con un esplendor excepcional.

Antes de proseguir hacia el este por el Corso, gire en dirección al norte por la Via Roma y deténgase en el mercado de la Piazza San Domenico. Este pintoresco barrio es conocido como la **Vucciria,** nombre que se aplica a los lugares ajetreados. Esta activa *casbah* de aspecto árabe ofrece desde pez espada hasta *guasteddi*, panecillos rellenos de bazo de ternera, queso y una salsa picante.

También en esta zona, deténgase en **San Domenico** (*Piazza San Domenico; Tel 091 329 588; cerrado lun.-vier. tardes*), en el cercano **Oratorio del Rosario** (*Via Bambinai 2*) y en el **Oratorio di**

Catacombe dei Cappuccini

Mucho después de que otros recuerdos de su viaje por Italia se hayan borrado, es posible que se acuerde de su visita al Convento dei Cappuccini (*Via G. Mosca-Via Pindemonte; Tel 091 212 117*). No debe perderse este lugar, el más insólito y macabro de Palermo. Se encuentra al oeste del centro de la ciudad –todos los taxistas lo conocen– y el viaje merece la pena, si puede resistir la vista de los cuerpos en descomposición. Los capuchinos tenían la tradición de conservar los cuerpos utilizando cal y arsénico, y poniéndolos a secar al sol. Los resultados de su trabajo se pueden ver en los oscuros corredores subterráneos del convento. Los cuerpos están colgados o tendidos, en una gran variedad de posiciones espantosas. Están agrupados por rango y profesión: sacerdotes, monjes, plebeyos y aristócratas; también hay niños. Todos visten las ropas que llevaban cuando murieron, lo que produce un efecto unas veces morboso y otras cómico; de los enmohecidos guantes salen huesos y pedazos de carne amarillenta, y junto a los decrépitos sombreros de copa aparecen mechones de cabello. ■

Uno de los 8.000 cuerpos de las Catacombe dei Cappuccini de Palermo. El primer encarcelamiento se llevó a cabo en el siglo XV y el último en 1881.

Santa Zita (*Via Valverde 3*). Las tres iglesias son ejemplos paradigmáticos de la decoración barroca en Sicilia.

Más al norte, justo frente a la Via Roma, está el museo arqueológico más importante de Sicilia, el extenso **Museo Archeologico Regionale** (*Via Bara all'Olivella 24; Tel 091 611 6805; cerrado tardes dom. y lun.*), almacén de obras de arte y objetos como los bronces griegos y las metopas de los frisos de los templos griegos que se encuentran en Selinunte.

Regrese a los Quattro Canti y siga hacia el este hasta llegar a los edificios situados entre el Corso y la Via Alloro. Entre ellos destaca la **Galleria Regionale di Sicilia** (*Via Alloro 4; Tel 091 616 4317 o 091 623 0011; cerrada tardes sáb., dom. y lun.*), una importante colección de pintura y escultura que incluye el excelente lienzo de la *Anunciación* (1473) de Antonello da Messina y un exquisito busto de Leonor de Aragón (1471) ejecutado por el artista Francesco Laurana.

Inmediatamente al norte, en la Piazza Marina, se halla el Palazzo Chiaramonte (1307), un palacio gótico célebre por sus magnolios.

Si le gustan los jardines, diríjase hacia el sur para visitar la **Villa Giulia,** fundada en el año 1778, y el contiguo **Orto Botanico** (Jardín Botánico), del siglo XVI (*Via Lincoln 2b; Tel 091 623 8241; cerrado dom. tardes y sáb. todo el día*). Otra posibilidad es ir hasta la esquina sur de la Piazza Marina para ver el **Palazzo Mirto** (*Tel 091 616 4751; cerrado dom. tardes*) y sus numerosas estancias con bonita decoración de la época.

Cerca de allí se levanta el **Oratorio di San Lorenzo** (*Via Immacolatella 5*), otra joya barroca.

Si desea ver algo menos usual, acérquese al extremo este del Corso, al **Museo delle Marionette** (*Piazzetta Niscemi 5; Tel 091 328 060; cerrado sáb. y dom.*). El museo contiene una notable colección de marionetas procedentes tanto de toda Sicilia, donde durante mucho tiempo fueron un espectáculo y una forma satírica tradicional, como de diversos lugares del mundo. ■

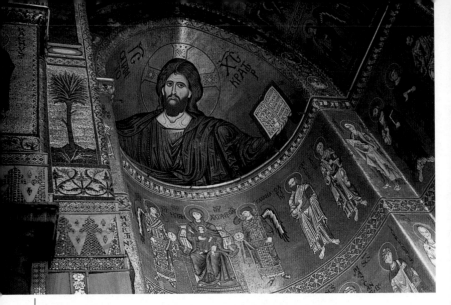

Monreale

MONREALE POSEE UNA DE LAS CATEDRALES MÁS
extraordinarias de Europa, un monumento a las tradiciones del arte
y la arquitectura árabe, normanda y bizantina. Pero tiene el inconveniente de estar atrapada en una ciudad casi rodeada por los ma-
sificados suburbios de Palermo. A pesar de ello, vaya a verla, ya que
la iglesia y sus mosaicos son el mayor tesoro artístico de Sicilia.

Monreale

🗺 317 C3

✉ Piazza Vittorio
Emanuele, Monreale

☎ Iglesia: 091 640
2424. Claustro: 091
640 4403

🕐 Iglesia: abierta todos
los días. Claustro:
cerrado dom. tardes
y todas las tardes
en invierno

💲 Iglesia: entrada
gratuita. Claustro: $

La catedral fue fundada en 1172
por el rey normando Guillermo II,
y para su diseño y decoración se
recurrió a modelos franceses, islá-
micos y bizantinos. Un portal esculpido enmarca las **puertas de
bronce** (1186), adornadas con 42
escenas bíblicas: fíjese en los emblemas recurrentes del león y el
grifo, símbolos de la familia real
normanda. Compare estas escenas
románicas con la puerta de bronce
(1179) de influencia bizantina del
lado izquierdo (norte).

El interior del edificio parece
un inmenso cofre de joyas, con pa-
nes de oro reluciente, pinturas y
mármoles de vivo colorido. La
nave y el techo están sostenidos
por columnas recuperadas de edificios clásicos anteriores. Un pavimento de mosaico precede a los

majestuosos **mosaicos** situados
en el cuerpo principal de la iglesia
–5.950 m² decorados en total–,
conjunto ejecutado por artesanos
griegos, bizantinos y sicilianos, terminado hacia 1182. Las tumbas de
los reyes Guillermo I y Guillermo
II se hallan en una capilla situada a
la derecha del ábside.

El interior de Monreale es una
obra maestra, pero tiene un aliciente añadido: el célebre **claustro** normando. En él, unas 228
columnas geminadas decoradas
con relieves y mármoles incrusta-
dos sostienen los arcos de estilo
árabe que rodean el patio. Detrás
de la iglesia hay una terraza y unos
jardines, desde los que se puede
contemplar la Conca d'Oro, el
Cuenco de Oro, que ciñe a sus pies
la ciudad de Palermo. ∎

Cefalù

CEFALÙ HA EVITADO LA PROLIFERACIÓN DE EDIFICIOS modernos que tanto han deteriorado la costa de Sicilia. Esta encantadora ciudad se extiende al pie de un inmenso acantilado con aspecto de fortaleza. Posee varias playas, una de las plazas más perfectas de Sicilia y una majestuosa catedral normanda decorada con una de las representaciones de Cristo más sublimes del arte occidental.

La gran **Piazza del Duomo** de Cefalù es un lugar ideal para tomar algo tranquilamente. En sus esquinas hay palmeras levemente inclinadas, dominadas por la fachada de piedra de color ámbar de la **catedral** (1131-1240). Según la leyenda, el edificio fue erigido cumpliendo un voto por Roger II, el rey normando de Sicilia del siglo XII, que sobrevivió a un naufragio y prometió una iglesia a la Virgen en agradecimiento por haber salido con vida. En un principio, se quería que el templo fuese el edificio religioso más importante de Sicilia y fue diseñado como panteón para los sucesores de Roger. Pero al final ninguno de estos proyectos se hizo realidad.

El interior de la iglesia es tan austero como su exterior: casi no se ha transformado a lo largo de más de 800 años. Fíjese en el techo de madera y en los capiteles de influencia árabe, un ejemplo perfecto del estilo románico normando-siciliano. El célebre **mosaico del ábside,** que representa a un *Pantocrátor* –Cristo en el acto de bendecir– está fechado en 1148, y es el ejemplar siciliano más antiguo de una imagen muy frecuente en toda la isla. A escasa distancia de la catedral está el **Museo Mandralisca** (*Via Mandralisca 13; Tel 0921 421 547*), una colección de monedas, alfarería, vasos, piezas griegas y romanas, y una pintura excepcional, el *Retrato de hombre* (1472), obra del artista siciliano renacentista más eminente, Antonello da Messina (1430-1479). ∎

La catedral normanda de Cefalù, con sus torres gemelas, domina la playa.

Cefalù
www.cefaluonline.com
▲ 317 D3
Información
✉ Corso Ruggero 77
☎ 0921 421 050
　o 0921 421 458

Islas Eolias

SICILIA TIENE TODO UN CONJUNTO DE ENCANTADORAS islas frente a sus costas: Ustica, Pantelleria y los archipiélagos de Egadi y Pelagie. Sin embargo, las más conocidas y espectaculares son las Islas Eolias (Isole Eolie), según la mitología, habitadas por Eolo, el dios de los vientos. La corona de siete islas son los restos de volcanes, tanto extinguidos como activos. La gente las visita para observar la actividad volcánica, la luz etérea, y disfrutar del clima suave, la belleza pura y sus aguas de color aguamarina.

Desde Nápoles, Palermo y Mesina salen transbordadores hacia las islas, pero la vía más directa es desde Milazzo, puerto situado a 26 km en la costa norte de Sicilia. También hay numerosos barcos que enlazan las islas entre sí. Son lugares perfectos para caminar y bucear, y tienen las playas de arena negra volcánica. Además, producen excelentes vinos, especialmente dulces. Sin embargo, las tres islas más grandes –Stromboli, Vulcano y Lipari– están muy concurridas y es preciso reservar hotel con antelación. Otras islas, sobre todo Salina, son más tranquilas.

Stromboli es la isla más visitada, porque es allí donde la actividad volcánica es más regular: en lo alto del cono se producen espectaculares erupciones unas cuatro veces por hora. Esto la con-

vierte en la más masificada de las Islas Eolias, aunque también puede visitarla en un solo día desde Lípari, Salina u otras ciudades. Los barcos atracan cerca de San Vincenzo, una aldea que, junto con sus vecinas Piscità y San Bartolo forma un conjunto que recibe el nombre de **Stromboli Paese**. Aquí se encuentran la mayoría de los hoteles y otras instalaciones, y también está en esta zona la playa de arena negra más extensa de la isla (al norte de Piscità).

El cráter veteado por el sulfuro es la máxima atracción. Se puede llegar andando (hay un servicio de guías), pero el ascenso hasta la cima es largo (924 m). Calcule unas siete horas entre ida y vuelta, y lleve mucha agua. También puede contemplar las erupciones desde un barco. El espectáculo es aún más impresionante por la noche, acampando cerca de la cumbre o tomando un barco al anochecer desde San Vincenzo.

Vulcano es la isla más cercana a Milazzo y a la costa de Sicilia. No obstante, tiene un gran inconveniente: su última gran erupción tuvo lugar en 1980. La isla toma su nombre del mito según el cual era aquí donde Vulcano, el dios del fuego, tenía la fragua. Ahora bien, la actividad doméstica de este dios ha disminuido, pero aún no ha cesado, ya que continúa habiendo

Izquierda: descansando en los baños naturales de barro de Vulcano. El barro sulfuroso caliente alivia los problemas cutáneos.

Isole Eolie
△ 317 E4
Información
✉ Corso Vittorio Emanuele 202, Lipari
☎ 090 988 0095

pozos humeantes, charcos de barro burbujeantes y géiseres.

Los barcos atracan en **Porto Levante,** situado bajo el llamado **Gran Cráter** (de hecho, Vulcano son cuatro volcanes distintos), cuyas cimas ofrecen sensacionales vistas sobre el entorno del cráter y el resto de la isla. (Calcule tres horas para ir y volver a pie.) Otros recorridos atraviesan parajes de una belleza sombría pero impresionante: uno de ellos sube a otro de los cráteres, el **Vulcanello,**. También se pueden tomar los barcos que en verano circunvalan la isla. Estos viajes salen de **Porto Ponente** (a 15 minutos a pie desde Porto Levante), un lugar conocido por su concurrida playa de arena negra y por los baños terapéuticos de barro sulfuroso. En **Porto Levante**, las emisiones de vapor volcánico hacen que el agua de la playa esté caliente.

De las Islas Eolias, **Lipari** es la más grande y de paisaje más variado. La ausencia de actividad volcánica se compensa con magníficos paisajes. Los barcos hacen escala en **Ciudad de Lipari,** asentada entre dos bahías, Marina Lunga, con playa, y Marina Corta, desde donde salen barcos que recorren la costa. La ciudad cuenta con un agradable casco antiguo amurallado y un pequeño museo arqueológico en el **Castello** (*Tel 090 988 0174*). En Lipari se pueden alquilar coches, bicicletas y *scooters* para recorrer la isla. Lo más interesante es el pueblo de **Canneto,** la **Spiaggia Bianco** (la mejor playa de la isla), la punta de **Puntazze** y el incomparable mirador de **Quattrochi.** ∎

Erupciones de lava desde la cima del volcán Stromboli.

Taormina

🗺 317 E3

Información

✉ Palazzo Corvaja,
Piazza Santa
Caterina

☎ 0942 23 243

«He visto muchos
viajeros de distintos
tipos en Taormina,
viajeros ociosos, fal-
sos viajeros, viajeros
orgullosos, vanido-
sos y de mal genio,
pero en cuanto su-
ben al teatro griego
frente al Etna, toda
su excentricidad de-
saparece y se con-
vierten en simples
viajeros despreocu-
pados.»
–Walter Starke,
The Waveless Plain,
1938 ∎

Taormina

TAORMINA OCUPA UN EMPLAZAMIENTO LEGENDARIO,
con una magnífica situación que domina una amplia extensión del
mar Jónico, a un lado, y el majestuoso perfil del monte Etna, al otro.
Además de disfrutar de algunos de los paisajes más encantadores de
Sicilia, la ciudad posee playas, sofisticadas tiendas de moda, grandes
hoteles, monumentos antiguos y restaurantes de primera categoría.
Por ello, Taormina es el centro más selecto y visitado de Sicilia.

La ciudad goza de un clima suave,
lo que significa que sus incomparables vistas están rodeadas de palmeras, buganvillas, naranjos y con
profusión de exuberantes plantas
subtropicales. Las flores cubren las
ventanas y los balcones de sus casas medievales, la mayoría situadas
en empinadas calles y *piazzas* soleadas. Los turistas que desean contemplar o ser contemplados se
dirigen a los cafés y bares de la
amplia plaza central, la **Piazza IX
Aprile**, o a los también atractivos
establecimientos del Corso Umberto I, la principal calle de la población de Taormina.

Éste es un lugar que conviene
visitar en temporada baja, ya que
sus encantos en verano atraen a
multitud de turistas, a los que se
suman las personas que asisten a
los numerosos festivales de arte y
música de la ciudad. Muchos de
ellos se celebran en el principal
monumento de Taormina, el
Teatro Greco (*Tel 0942 23 220;
cerrado al atardecer*), con una situación privilegiada.

No hay muchos más monu-
mentos que ver, y están separados
entre sí; además, éste no es un lugar que se visite básicamente por
el arte y la arquitectura. Explore
el **Giardino Pubblico** (Jardín
Público) de la Via Croce o recorra
a pie o en coche los 3 km hasta el
Castello, en el Monte Tauro, de
390 m. Construido donde se alzaba
antiguamente la acrópolis griega,
esta fortaleza medieval ofrece unas
impresionantes panorámicas. ∎

Etna

EL ETNA ES EL VOLCÁN MÁS ALTO DE EUROPA. LOS MARINEROS creían que su cima incandescente y coronada de nieve era el punto más alto del mundo. Para los árabes era la «Montaña de Montañas», mientras que los griegos la conocían como *aipho* (que significa «yo ardo»). Si no puede ascender hasta la cima, recorra en coche o en tren sus fértiles laderas.

El Etna es joven, en términos geológicos. Formado hace unos 60.000 años, surgió a partir de erupciones submarinas en lo que ahora es la Llanura de Catania. A diferencia de muchos volcanes, tiende a fracturarse en vez de estallar, y produce fisuras laterales, en lugar de cráter: hasta ahora se han formado unas 350 fisuras. Se han registrado como unas 90 erupciones importantes y cerca de 135 movimientos menores. La más catastrófica fue la de 1669, cuando las explosiones duraron 122 días. Sus materiales llegaron a más de 104 km de distancia y una lengua de lava de más de un kilómetro de anchura engulló Catania, a 40 km de distancia.

Para experimentar el Etna hay que subir a la cima, a 3.323 m, y explorar sus laderas. Para lo segundo, tome el ferrocarril privado Circumetnea, que sale de Catania y contornea todo el volcán, o haga un recorrido en coche: el trayecto desde el pueblo de Linguaglossa es soberbio. Además de contemplar las vistas, atravesará campos de frutales y bosques alimentados por los fértiles suelos del volcán.

En cuanto a la cima, la actividad volcánica (en 2001 se produjo una gran erupción) va alterando las vías de acceso. Desde Catania, Taormina y Nicolosi se organizan excursiones guiadas, y en otros lugares se pueden tomar minibuses o vehículos todoterreno. También puede acercarse en coche al Rifugio Sapienza, un refugio de montaña, subir en teleférico hasta una cota elevada y llegar andando (cuente un día entero). ∎

Los aficionados toman fotografías de la lava que fluye como un torrente en una de las erupciones del Etna.

Parco dell'Etna
www.parcoetna.ct.it
🗺 317 E3
Información
✉ Via Etnea 107r, Nicolosi
☎ 095 821 111
🕐 Abierto sólo miér.

Catania
🗺 317 E2
Información
✉ Via Cimarosa 10, Catania
☎ 095 730 6255

Nicolosi
🗺 317 E2
Información
✉ Piazza Vittorio Emanuele, Nicolosi
☎ 095 914 488

Siracusa

SIRACUSA FUE FUNDADA POR LOS GRIEGOS EN 733 A.C.
Entre los siglos V y III a.C. se convirtió en la ciudad más poderosa de
Europa. Durante años, sus únicos rivales fueron los griegos, seguidos de cerca por etruscos y cartagineses, a los cuales derrotó antes
de sucumbir ante Roma en 214 a.C. Actualmente, la parte antigua,
Ortigia y el Parco Archeologico son paradas obligadas en todo itinerario por Sicilia. Sólo decepciona la ciudad moderna, levantada
sobre las ruinas de los bombardeos de la segunda guerra mundial.

**El puerto de
Ortigia fue el
centro vital de
la antigua ciudad
de Siracusa
durante más
de 21 siglos.**

Emprenda su periplo por Siracusa o bien en Ortigia, encajada
en una pequeña isla unida a tierra firme y a la ciudad moderna
por una carretera elevada, o bien,
en el Parco Archeologico, espacio

abierto que se extiende por la antigua ciudad griega, Neapolis, que
domina el mar y los suburbios
modernos.

La entrada al **Parco Archeologico** se encuentra en un pequeño recinto de acceso (*Largo
Paradiso; Tel 0931 66 206*), entre
puestos de venta de recuerdos.
Justo al entrar, a la izquierda, están
los restos más importantes del yacimiento, el **Ara di Ierone II**,
creado como altar de sacrificios en
el siglo III a.C.: en un solo día se
llegaron a matar hasta 450 toros.
Actualmente, estas ruinas se utilizan como escenario. Está mejor
conservado el **Teatro Greco,** un
anfiteatro del siglo V a.C. excavado
en una ladera, en la roca viva. Con
capacidad para 15.000 personas, se
trata de uno de los teatros más
grandes del mundo griego.

Cerca del teatro está la **Lato-
mia del Paradiso,** antigua can-
tera donde se confinaron 7.000
prisioneros atenienses en 413 a.C.
hasta que perecieron. A poca distancia hay una cueva conocida
como el **Orecchio di Dionisio**
(Oreja de Dionisio), bautizada así
por el pintor Caravaggio en 1608.
(La leyenda dice que las propiedades acústicas de la cueva permi-
tían a uno de los primeros gobernantes de Siracusa oír hablar a los
prisioneros y a los conspiradores.)
Otra cueva cercana, la **Grotta
dei Cordari,** fue utilizada por
los fabricantes de cuerda griegos,

ya que la humedad evitaba que el cáñamo se rompiera mientras se elaboraban las cuerdas.

En 287 a.C., Siracusa vio nacer a Arquímedes, el eminente matemático y físico conocido por haber descubierto –en su bañera– que todo cuerpo sumergido en un fluido experimenta un empuje vertical y hacia arriba igual al peso de fluido desalojado. En 214 a.C. ayudó a defender Siracusa del asedio romano, intentando proyectar los rayos del sol, mediante un sistema de lentes y espejos, sobre la flota enemiga para incendiarla. Fue asesinado por un legionario romano.

Antes de dirigirse a Ortigia (desde las ruinas salen autobuses y taxis) merece la pena visitar el **Museo Archeologico Regionale** (*Viale Teocrito 66; Tel 0931 464 022; cerrado dom. tardes y lun. todo el día*). Este museo, en el que se exponen piezas de la zona arqueológica, está en los jardines de la Villa Landolina, al este del Parco Archeologico. Al oeste de la villa se halla la entrada a las **Catacombe di San Giovanni** (*Viale San Giovanni*), del siglo IV, las más antiguas de Sicilia y las segundas más grandes del mundo después de las de Roma. En la actualidad están cerradas al público.

Ortigia fue el corazón de la antigua Siracusa durante unos 2.700 años. Su situación en la isla fácilmente defendible y sus fuentes de agua dulce la convertían en una fortaleza natural. Fue aquí donde se resistió al asedio de los romanos durante 13 años, en el siglo III a.C. Hoy en día, buena parte de la isla posee un agradable aire medieval y barroco, en general debido a la vasta reconstrucción que siguió al terremoto de 1693. El Ponte Nuovo enlaza la costa con la Piazza Panicali, donde se hallan los restos del **Tempio di Apollo**

(565 a.C.), el templo dórico más antiguo de Sicilia.

El edificio más célebre de la ciudad es el **Duomo**, cuya fachada barroca oculta el Tempio di Atena, templo del siglo V a.C. hábilmente incorporado a un edificio cristiano posterior. Vale la pena ver también la **Fonte Aretusa**, la valiosa fuente original de Ortigia; el **Passeggio Adorno**, un pintoresco paseo; y el **Museo Regionale** (*Palazzo Bellomo, Via Capodieci 14; Tel 0931 69 511; cerrado dom. tardes*), museo de pintura (incluye obras de Caravaggio y Antonello da Messina) y otros objetos. ■

Siracusa

🅰 317 E1

Información

✉ Via San Sebastiano 45 (zona arqueológica)

☎ 0931 67 710

✉ Via Maestranza 33, Ortigia

☎ 0931 65 201

Venta de la pesca de la mañana en Siracusa. Las aguas de Sicilia son ricas en pescado y marisco.

Piazza Armerina

PIAZZA ARMERINA ES UN PUEBLO PERDIDO EN LAS TIERRAS del centro de Sicilia; sería un lugar de poco interés si no fuera por la Villa Romana del Casale, una villa romana aislada, a unos 5 km al suroeste. Allí se conservan algunos de los mosaicos romanos intactos de mahyores dimensiones de Europa, un tesoro de valor incalculable que en el siglo XII fue enterrado por un deslizamiento de tierras, quedando así protegido hasta que las excavaciones en gran escala (1929 y 1960) los sacaron a la luz.

Con este atuendo, las atletas de los mosaicos del siglo III de **Piazza Armerina** demuestran que no hay nada nuevo bajo el sol.

Piazza Armerina

🗺 317 D2

Información

✉ Via Cavour 15, Piazza Armerina

☎ 0935 680 201

Villa Romana del Casale

✉ Paratorre

☎ 0935 680 036

💲 $

No se sabe con certeza a quién perteneció la Villa Casale, pero a juzgar por su opulencia y sus enormes dimensiones –contiene más de 50 habitaciones–, su dueño debió de ser una figura de considerable relieve. Las teorías más verosímiles indican que era una residencia de caza y una casa de campo construida para el emperador Maximiano Herculio, que reinó como coemperador junto con Diocleciano entre 286 y 305 d.C. Su función como pabellón de caza parece confirmarse por las escenas cinegéticas representadas en muchos mosaicos y por su situación en medio del campo.

Mientras que las estructuras superiores de la villa han desapa-recido, el estado de conservación de los mosaicos es casi perfecto. Su estilo es parecido al de mosaicos similares encontrados en villas romanas del norte de África, lo cual indica que sus creadores pudieron haber sido cartagineses, idea ratificada por la pieza central de la villa: una escena de caza en África de unos 59 m de longitud. En la narrativa de esta escena intervienen vívidas representaciones de animales exóticos, como tigres, avestruces y elefantes transportados a Roma para utilizarlos en los circos y combates de gladiadores.

La escena que atrae más la atención en la que muestra diez mujeres atletas en un atuendo parecido al bikini. ■

Agrigento

LA AGRIGENTO MODERNA PROPORCIONA UN FEO TELÓN de fondo para las ruinas arqueológicas sicilianas más importantes: el Valle dei Templi, o Valle de los Templos, emplazamiento de la antigua ciudad griega de Acragas. La «más encantadora de las ciudades mortales», según Píndaro se hallaba entre las colonias griegas más pujantes de Sicilia. Hoy en día, gran parte de su antigua grandeza se puede apreciar en las ruinas del valle y en sus nueve templos.

La ciudad fue fundada en 582 a.C. por colonos procedentes de Gela, una cercana ciudad creada por pobladores de la isla griega de Rodas. Pese a que los terremotos derribaron gran parte de la ciudad, los daños más graves fueron provocados por los saqueos cristianos, que respetaron solamente el **Tempio di Concordia** (430 a.C.), más adelante, en el siglo VI, convertido en una iglesia.

Este magnífico templo dórico es el mejor de Sicilia y del mundo griego, después del templo de Thesion, en Atenas. A poca distancia, en la llamada Via Sacra, se alzan otros templos casi tan impresionantes como el anterior. Entre ellos están el **Tempio di Giunone** (Juno) de 470 a.C. y el

Tempio di Ercole (Heracles) del siglo V a.C. En el extremo occidental del yacimiento, cruzando la Via dei Templi, se alzan las ruinas del inacabado **Tempio di Giove** (Júpiter). Si lo hubiesen terminado –las obras se interrumpieron por un ataque cartaginés en 406 a.C.– habría sido el templo más grande del mundo griego y romano.

Al norte, al final de la Via dei Templi está el **Quartiere Ellenistico-Romano,** las ruinas de parte de una ciudad grecorromana posterior, así como el **Museo Archeologico Regionale** (*Viale Panoramica; Tel 0922 497 235; cerrado dom. tardes y lun. todo el día*), con una amplia colección de objetos. ■

Un grupo de turistas descansa en el **Valle de los Templos,** que alberga algunos de los mejores ejemplos de arquitectura griega clásica.

Agrigento
www.agrigento-sicilia.it

🅰 317 C2

Información

✉ Via Cesare Battisti 15

☎ 0922 20 454

Nota: dedique una mañana a explorar las ruinas y procure llegar temprano para evitar las aglomeraciones

La mafia

Todo el mundo ha oído hablar de la mafia. Esta palabra se utilizó por primera vez en Italia hacia 1860. En 1866 la empleó el cónsul británico de Sicilia al informar a sus superiores de que «las *juntas* elegidas por las *maffie*» se repartían los sueldos de los trabajadores, tenían trato con los marginados y ponían a los malhechores bajo su protección. Tanto la palabra como la organización de la que hablaba el cónsul tienen orígenes remotos: las raíces lingüísticas probablemente parten del término árabe *mu'afàh*, que significa protección, destreza, belleza, habilidad y seguridad.

Las raíces de la organización no son tan claras. Muchos especialistas creen que sus semillas fueron sembradas ya en el siglo XII, cuando se fundaron sociedades secretas para hacer frente a la imposición del poder por parte del Sacro Imperio Romano. Otros apuntan a los Borbones, que reclutaron a bandidos para mantener el orden en el remoto interior de la isla, sistema que pronto permitió a estos malhechores empezar a cobrar sobornos a cambio de cerrar los ojos a las actividades de sus antiguos compinches. Otros creen que se debe a la aparición de los llamados *gabellotti*, intermediarios que actuaban como recaudadores de arrendamientos o mediadores entre campesinos y propietarios, y que pronto se enriquecieron a fuerza de amenazar a los primeros y hacer de agentes para los segundos. Unidos por un objetivo común, los *gabellotti* se convirtieron en un grupo aparte, regido por su propio código de honor, comportamiento y una estructura organizada.

Todas estas teorías tienen un elemento en común: el distanciamiento que durante siglos ha existido entre los sicilianos y los agentes de la autoridad, un abismo acrecentado por la larga serie de gobernantes extranjeros que explotaron a Sicilia. Esta ruptura se podía percibir con especial intensidad en los campesinos sin tierras que eran obligados a trabajar en los *latifondi* de la isla, inmensas fincas feudales cuyos propietarios eran señores que residían en Nápoles o en Palermo.

Este sistema, que se remontaba a la época romana, perduró hasta la segunda guerra mundial. Allí donde la justicia y la autoridad convencionales no existían o eran despreciadas, sólo era cuestión de tiempo que algún tipo de mediadores llenara ese vacío: los llamados *amici* (amigos) o *uomini d'onore* (hombres de honor).

Lo que mucha gente no sabe es que Italia estuvo a punto de terminar con esta situación. En la época de Mussolini, el célebre jefe de policía Cesare Mori utilizó medidas brutales y completamente ilegales para combatir la mafia, y de no haber sido por la segunda guerra mundial, podría haberla exterminado por completo. Irónicamente, fue la intervención de los estadounidenses lo que hizo fracasar su intento. Al preparar la invasión de Sicilia en 1943, los Aliados sólo disponían de una fuente de información y apoyo logístico, la mafia, con la que establecieron vínculos mediante los contactos de gángsters italoamericanos, entre ellos, Lucky Luciano (la sentencia de Luciano fue revisada a la luz de su colaboración).

Una vez los Aliados hubieron invadido la isla, contribuyeron a aumentar el poder de la mafia al reclutar a altos cargos para el nuevo Gobierno Militar Aliado: de las 66 ciudades sicilianas, 62 fueron confiadas a hombres relacionados con la mafia. El poder de la organización se afianzó con el *boom* de la posguerra, cuando se hicieron enormes fortunas en la construcción. Entonces, el dinero era blanqueado en negocios legales o bien, desviado al narcotráfico, con lo que el carácter de los negocios de la mafia se transformó radicalmente. A pesar de algunos éxitos judiciales, su desmantelamiento todavía parece muy lejano, sobre todo porque sus tentáculos ahora están profundamente imbricados en la economía legal de gran parte de Italia: no se debe a la casualidad que los italianos den a la Mafia el nombre de la *piovra*, el pulpo. ∎

El séquito en el funeral del guardaespaldas del juez anti-mafia Paolo Borsellino.

Cerdeña

Cerdeña no posee ninguno de los grandes valores paisajísticos o culturales de Sicilia. Su principal atractivo es su línea costera: la Costa Smeralda y otros centros menos conocidos son un destino ideal para quienes buscan playas de arenas doradas y aguas de color esmeralda; son lugares excelentes para bucear, navegar y practicar otros deportes náuticos. Los invasores dejaron aquí su huella, como en Sicilia, pero con resultados menos espectaculares, sobre todo porque la isla de Cerdeña es mucho más inhóspita. Penetre en el interior, preferiblemente en las montañas de Gennargentu, y descubrirá tradiciones y formas de vida que se han mantenido intactas.

Mujeres sardas vestidas con los trajes tradicionales. La isla es uno de los pocos lugares de Italia donde estas imágenes son frecuentes, aunque las viejas costumbres están desapareciendo.

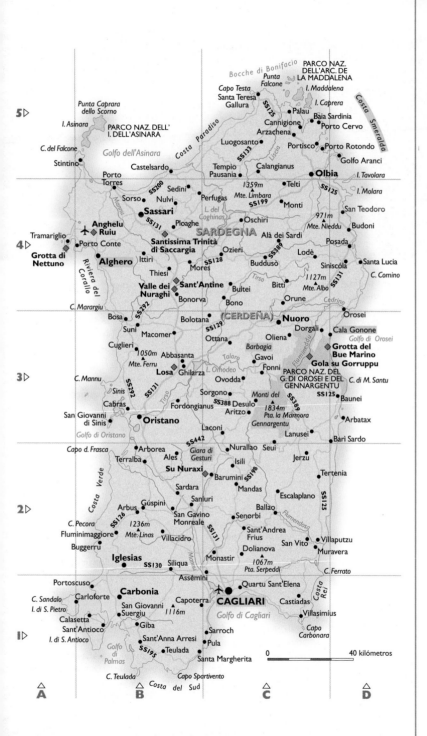

Bocche di Bonifacio

PARCO NAZ.
DELL'ARC. DE
LA MADDALENA

Punta
Falcone
Capo Testa
Santa Teresa
Gallura

I. Maddalena

I. Caprera

Costa Smeralda

Punta Caprara
dello Scorno

Palau
Cannigione
Arzachena

Baia Sardinia
Porto Cervo

I. Asinara

PARCO NAZ. DELL'
I. DELL'ASINARA

Costa Paradiso

SS125

Portisco

Porto Rotondo

C. del Falcone

Golfo dell'Asinara

Luogosanto

SS133

Golfo Aranci

Stintino

Castelsardo

Porto
Torres

Tempio
Pausania

Calangianus

Olbia

I. Tavolara

Sedini

SS200

Sassari

Nulvi

Sorso

Perfugas

1359m
Mte. Limbara

Telti

SS125

I. Molara

Oschiri

SS199

Monti

San Teodoro

Ploaghe

Anghelu
Ruiu

SS131

L. del
Coghinas

SARDEGNA

Alà dei Sardi

971m
Mte. Nieddu

Budoni

Tramariglio

Porto Conte

Santissima Trinità
di Saccargia

Ozieri

Lodè

Posada

Grotta di
Nettuno

Alghero

Ittiri

Mores

Buddusò

Siniscóla

Santa Lucia

Thiesi

SS128

Bultei

Bitti

1127m
Mte. Albo

C. Comino

Riviera del Corallo

Valle dei
Nuraghi

Sant'Antine

Bonorva

Bono

Tirso

Orune

Cedrino

C. Marargiu

Bosa

SS292

Bolotana

(CERDEÑA)

Nuoro

Orosei

Suni

SS129

Dorgali

Cala Gonone

Macomer

Ottana

Oliena

Golfo di Orosei

Cuglieri

Abbasanta

Barbagia

Gavoi

Grotta del
Bue Marino

1050m
Mte. Ferru

Taloro

Fonni

Gola su Gorruppu

C. Mannu

Losa

Ghilarza

Ovodda

Omodeo

PARCO NAZ. DEL
G. DI OROSEI E DEL
GENNARGENTU

C. di M. Santu

SS125

SS292

SS131

Sinis

Tirso

Sorgono

SS388

Monti del

SS389

Baunei

Cabras

Fordongianus

Desulo

1834m

San Giovanni
di Sinis

Oristano

Aritzo

Pta. la Marmora
Gennargentu

Arbatax

Golfo di Oristano

Laconi

Lanusei

Bari Sardo

SS442

Capo d. Frasca

Arborea

Giara di
Gesturi

Nurallao

Seui

Terralba

Ales

Isili

Jerzu

Su Nuraxi

Barumini

SS198

Costa Verde

Sardara

Mandas

Tertenia

Gúspini

Sanluri

Escalaplano

SS125

Arbus

San Gavino
Monreale

Ballao

Flumendosa

C. Pecora

SS126

1236m
Mte. Linas

Senorbi

Fluminimaggiore

Villacidro

SS131

Sant'Andrea
Frius

San Vito

Villaputzu

Buggerru

Dolianova

Muravera

Iglesias

SS130

Siliqua

Monastir

1067m
Pta. Serpeddi

C. Ferrato

Portoscuso

Assémini

Quartu Sant'Elena

C. Sandalo

Carloforte

Carbonia

Capoterra

CAGLIARI

Castiadas

Costa Rei

I. di S. Pietro

San Giovanni
Suergiu

1116m

Golfo di Cagliari

Villasimíus

Calasetta

Giba

Sant'Antioco

Capo
Carbonara

I. di S. Antioco

Sant'Anna Arresi

Sarroch

Golfo
di
Palmas

SS195

Teulada

Pula

Santa Margherita

0   40 kilómetros

C. Teulada

Capo Spartivento

Costa del Sud

5

4

3

2

1

A   B   C   D

Porto Cervo, surgido de la iniciativa del Aga Khan, sigue reuniendo a la flor y nata de Europa.

La Costa Smeralda

PREGUNTE A UN ITALIANO EN QUÉ LUGAR DE LA COSTA DE Italia preferiría pasar unas vacaciones y probablemente le contestará que en Cerdeña y, más concretamente, en la Costa Smeralda o Costa Esmeralda. El paso repentino de la pobreza a la riqueza en esta franja costera comenzó cuando el Aga Khan construyó un lujoso centro turístico –Porto Cervo– en la década de 1960. Actualmente es uno de los lugares de veraneo más selectos de Europa.

Costa Smeralda
335 D5

Si dispone de tiempo, encontrará multitud de playas, aguas de color turquesa y rincones vírgenes a lo largo de toda la costa. Pero, si no tiene mucho tiempo, vaya directamente a la Costa Smeralda y a cualquiera de sus centros turísticos: **Porto Rotondo**, **Portisco**, **Baia Sardinia** y el precursor de todos ellos, **Porto Cervo**. Todos son elegantes y selectos, con grandes hoteles y urbanizaciones independientes. Pasará unos días relajados, pero no conocerá el ambiente propio de Cerdeña.

Otros centros vecinos menos transformados son Santa Teresa Gallura, Palau, Cannigione y las playas de Punta Falcone, Capo Testa y La Marmorata.

Algunos de los lugares más atrayentes del norte de la isla se pueden visitar en coche en una mañana. Desde la SS199, al este de Olbia, o desde Castelsardo, en la costa norte, se puede recorrer una serie de iglesias románicas pisanas. Tome carreteras hacia el sur y el oeste, hacia Ozieri y Sassari, y cruzará una decena de estas iglesias, incluyendo **Santissima Trinità di Saccargia**, el edificio religioso más bello de Cerdeña. Este itinerario permite conocer el **Valle dei Nuraghi** (por la SS131), repleto de los misteriosos *nuraghi* –viviendas prehistóricas– que han dado fama a la isla (ver recuadro pág. 338) y le conduce a Alghero, una de las ciudades más atractivas del norte de Cerdeña. ■

Alghero

Por lo general, las ciudades sardas son lugares de escaso interés, ya que sus centros medievales han sido borrados por las construcciones modernas y anodinos suburbios. Pero este no es el caso de Alghero, un puerto junto al agradable centro medieval amurallado. Es una ciudad muy visitada por el turismo, que no ha abandonado la tradicional actividad pesquera.

Alghero debe su cultura y su aspecto mayormente a los españoles y en concreto a los catalanes, que gobernaron la ciudad durante unos 400 años, desde 1354. La presencia catalana penetró tanto que adquirió el sobrenombre de «Barcelonetta», pequeña Barcelona. La influencia catalana ha perdurado hasta nuestros días, tanto en la lengua –*plaça* e *iglesia* significan plaza e iglesia –como en la arquitectura religiosa y doméstica.

Alghero

△ 335 B4

Información

✉ Piazza Portaterra 9

☎ 079 979 054

En las callejuelas empedradas de la parte antigua, los puntos de mayor interés son la **Cattedrale**, en la Piazza del Duomo (*al lado de Via Roma*), y la iglesia de **San Francesco**, en la Via Carlo Alberto. La primera es un edificio gótico catalán y la segunda, una construcción de fines del siglo XIV, del mismo estilo con elementos renacentistas y adosada a un exquisito claustro.

Las mejores playas de la ciudad se encuentran al norte, donde también está la **Grotta di Nettuno**, un conjunto de cuevas (*Tel 079 979 054; visitas guiadas todos los días excepto tardes oct.-marzo*) a las que se llega por mar o por una carretera que ofrece amplias vistas. Si se llega en coche, hay que bajar los 654 peldaños de la **Escala del Cabriol** (en catalán, «Escalera de la Cabra»). ■

Cala Gonone

Cala Gonone

△ 335 C3–D3

Información

✉ Viale Bue Marino la

☎ 0784 93 696

Cala Gonone es un pequeño centro turístico de la costa este. Se encuentra en medio de los parajes más espectaculares de la costa, accesibles en barca desde este centro o visibles desde lo alto, pasando por la carretera (SS125) que enlaza dos ciudades cercanas: Arbatax y Dorgali.

Procure establecerse en Cala Gonone, pueblo de pescadores que abandonó gradualmente su antigua identidad –pero no su encanto–, sustituyéndola por los hoteles, restaurantes y otras instalaciones turísticas de hoy en día. Si los alojamientos están completos, **Dorgali**, a sólo 10 km, es una buena alternativa. Si se dirige a Cala Gonone desde Arbatax y el

sur, podrá divisar una espléndida vista de **Gola su Gorruppu,** uno de los cañones más impresionantes de la isla. En Cala Gonone podrá disfrutar de las mejores vistas desde un barco. Los viajes de más éxito son los que llegan hasta las cuevas que hay al sur del pueblo, en **Cala di Luna** y **Cala Sisine**. Las montañas de 900 m que constituyen el telón de fondo de este tramo costero, dan lugar a impresionantes acantilados.

También puede llegar en barco a playas aisladas de la costa o a la **Grotta del Bue Marino,** fascinante cueva repleta de estalactitas y estalagmitas (*Tel 0784 93 737; visitas guiadas todos los días marzo/abril-oct.*). ■

Monti del Gennargentu

EL INTERIOR DE CERDEÑA ES UNO DE LOS ENCLAVES
rurales más tradicionales de Europa occidental, un territorio elevado donde las ovejas suelen ser los únicos seres vivientes y donde
las costumbres se conservan en pueblos remotos. Ningún lugar
tiene la belleza austera de las montañas del Gennargentu.

Los Gennargentu alcanzan una altitud de 1.834 m en una sucesión
de cumbres redondeadas, en su
mayor parte yermas. Su nombre
significa «Puerta de Plata», una
alusión a la nieve que las cubre en
invierno. El sector central está protegido por el **Parco Nazionale
del Gennargentu** (*Información
turística, Piazza Italia 19, Nuoro;
Tel 0784 30 083*), parque natural
innecesario, ya que la naturaleza
aquí es tan agreste que ni siquiera
los romanos llegaron hasta su interior. La única manera práctica de
ver la región es en coche, siguiendo
carreteras, como la SS125 de
Arbatax a Dorgali (ver pág. 337),
o las rutas panorámicas que van de
Aritzo, el mayor centro turístico, a
Arcu Guddetorgiu, a **Seui**
o a **Fonni,** el pueblo más alto
de la isla, a 1.000 m de altitud. ■

Uno de los anti-
guos *nuraghi* que
se encuentran por
toda Cerdeña.
Algunas de estas
misteriosas
estructuras pue-
den tener más
de 3.000 años de
antigüedad.

**Monti del
Gennargentu**
🅜 335 C3

Los *nuraghi*

La leyenda dice que los sardos
son descendientes de Sardus, el
célebre hijo de Hércules. En realidad, pueden proceder de cualquier
lugar del Mediterráneo. Lo único
que se sabe con certeza es que
existió una población indígena antes
de la llegada de los fenicios y cartagineses en el primer milenio a.C. Se
han hallado indicios de su presencia
por toda la isla: desde tumbas en la
roca –*Domus de Janas* (moradas de
los duendes)– del período entre
2000 y 1800 a.C., hasta los 7.000 o
más misteriosos *nuraghi* erigidos
por las tribus que habitaron

Cerdeña desde alrededor de 1500
hasta 500 a.C.

Los *nuraghi* seguramente eran
casas o ciudadelas fortificadas. No
existen dos iguales, pero la mayoría
son cónicos, con una bóveda circular en el interior y comunicados
mediante pasadizos con terrazas y
plantas superiores. Están por toda la
isla, pero los tres más famosos se
encuentran en Su Nuraxi, cerca de
Barumini; Losa, cerca de Abbasanta,
y Sant'Antine, entre Macomer y
Sassari. Anghelu, a 10 km al norte
de Alghero, posee la mejor concentración de tumbas antiguas. ■

Cagliari

SOBRE EL PAPEL, LA CAPITAL DE CERDEÑA PARECE UN lugar con escasos alicientes: tiene un gran puerto, mucha industria y edificios modernos. Pero es un lugar sorprendentemente atractivo, dotado de un agradable casco antiguo, dos monumentos importantes y buenos accesos a las playas y a lagunas llenas de flamencos.

Visite en primer lugar el principal museo de Cerdeña, el **Museo Nazionale Archeologico** (*Piazza Arsenale; Tel 070 684 000; cerrado lun.*), situado en el flanco norte del barrio antiguo, una zona rodeada por una línea defensiva del siglo XIII levantada por los pisanos. Las piezas de mayor interés de la extensa colección del museo son una serie de estatuillas de bronce, las obras de arte más destacadas de la cultura nurágica prehistórica de la isla. En el mismo recinto está la **Pinacoteca,** o museo de arte (*Tel 070 684 000; cerrado lun.*), dedicada a pintura sarda.

Aún en el casco antiguo, diríjase al **Bastione San Remy,** una de las diversas terrazas con vistas a la ciudad, y a la catedral de **Santa Maria,** cuyo portal principal está decorado con relieves del siglo XII en un principio destinados a la catedral de Pisa, en el continente. No deje de bajar a la cripta, de suntuosa decoración excavada en la roca viva. Un poco más lejos, intente encontrar los restos del anfiteatro romano (*Viale Fra Ignazio*) y las iglesias de **Sant'Agostino** (*cerca de Largo Carlo Felice*), **San Saturno** (*Piazza San Cosimo*) y **Nostra Signora di Bonara** (*Viale Armando Diaz*). San Saturno, del siglo V, es una de las iglesias cristianas antiguas más importantes de la isla. ■

El habitual mercado del domingo de Cagliari se reúne encima del Bastione San Remy.

Cagliari
www.regione.sardegna.it
🅰 335 C1
Información
✉ Piazza Matteotti 9
☎ 070 664 923
o 070 669 255

Otras visitas interesantes en Sicilia y Cerdeña

BARBAGIA

La Barbagia es una de las regiones más agrestes de Cerdeña. Se encuentra casi en el centro de la isla, entre Nuoro y otra zona remota, los Monti del Gennargentu, al sur. Hay en ella pueblecitos como Mamoida, Arizo y Fonni, que, en palabras del poeta sardo Sebastiano Satta (1867-1914), están «tan distantes uno de otro como lo están las estrellas». Aquí aún se puede ver a gente de edad vestida con los trajes regionales. La cría de ovejas es casi la única fuente de ingresos, aunque en el pasado eran frecuentes el bandolerismo y los secuestros. Se pueden hacer excursiones a pie por las montañas, pero se necesita coche para ver lo mejor de la región. ⛰ 335 C3 **Información** ☎ Piazza Italia, Nuoro ☎ 0784 30 083

ERICE

Algunas de las ciudades medianas de Sicilia, en particular Enna y Erice, merecen una visita. Erice resulta llamativa por su posición, colgada a 750 m sobre el puerto de Trapani, y por el aire medieval de sus callejuelas, calles y plazas (poco frecuente en Sicilia). Los edificios más destacables son la catedral, del siglo XVI, y el **Castello di Venere**, castillo normando del siglo XII que ocupa el emplazamiento de Eryx, fortificación y antiguo templo que se remonta a los griegos y fenicios. ⛰ 316 B3 **Información turística** ✉ Viale Conte Pepoli 11 ☎ 0923 869 388

GIARA DI GESTURI

Una *giara* es un afloramiento de basalto, una formación geológica que se encuentra por toda Cerdeña. La mejor es la Giara di Gesturi, una elevada altiplanicie de unos 600 m de altitud y 13 km de anchura. Su cima está cubierta por una exuberante vegetación y bosques de alcornoques, y es el último refugio del poni sardo. La altiplanicie es un buen lugar para andar, muy conocido por sus aves y su flora de primavera: el mejor acceso sale del pueblo de Gesturi. En esta región debería visitar también **Las Plassas**, característica colina de forma cónica, visible desde kilómetros a la redonda y coronada por las ruinas de un castillo del siglo XII. Y aún más importante, no deje de acercarse a **Su Nuraxi**, del siglo XV a.C., el más importante de los *nuraghi* o viviendas prehistóricas de la isla. Se encuentra a 1 km al oeste de Barumini, pueblo situado a unos 50 km al norte de Cagliari. ⛰ 335 B2–C2 **Información** ✉ Piazza Matteotti 9, Cagliari ☎ 070 664 923 o 070 669 255

SEGESTA

Sicilia posee muchos templos griegos espléndidos, pero ninguno en un entorno como el de Segesta, levantado con piedra rojiza. El templo dórico (426-416 a.C.) se alza aislado en el corazón de un magnífico paisaje. Según un mito, la colonia original, en gran parte todavía no excavada, fue fundada por compañeros troyanos de Eneas. En realidad, este asentamiento puede remontarse a las culturas prehelénicas del siglo XII a.C. Sin duda, las obras del templo fueron abandonadas tras la incursión de los cartagineses en 409 a.C. Una corta carretera (2 km) conduce hasta la cima del **Monte Barbaro**, desde cuyas laderas se divisa una espléndida panorámica y en las que hay un exquisito teatro griego (siglo III a.C.) en el que se hacen representaciones en verano. ⛰ 316 B3 **Información turística** ✉ Situada a 40 km al este de Trapani, señalizada al sur de la salida de Calatafimi en la Autostrada A29 🕐 Cerrado 1 hora antes del atardecer-9 mañana.

SELINUNTE

Aunque era una de las colonias griegas más poderosas de Sicilia, entró en declive tras los ataques cartagineses de 409 y de 250 a.C. Sus vestigios la sitúan después de Agrigento en términos arqueológicos, aunque sólo se mantienen en pie parte de sus ocho grandiosos templos, que se están excavando. Lo mejor de sus tesoros ha sido trasladado al Museo Archeologico Regionale de Palermo (ver pág. 321), pero se pueden ver algunas piezas en un modesto museo del yacimiento. Al igual que Segesta, se encuentra en un estupendo entorno. ⛰ 316 B2 **Ruinas y museo de Selinunte** ☎ 0924 46 277 🕐 Cerrado desde el atardecer–9 mañana. ∎

Información práctica

Señalización urbana, Capri

INFORMACIÓN PARA EL VIAJE

PLANEAR EL VIAJE

CUÁNDO IR

Decidir cuándo visitar Italia depende de las actividades que piense desarrollar durante sus vacaciones. La primavera y el otoño (abril-junio y finales de septiembre-octubre) son ideales para realizar visitas de tipo cultural; el verano (julio-agosto) agosto) es una época extremadamente bulliciosa, pero la mejor para disfrutar de la playa; y el invierno (enero-marzo) es la estación del esquí. La mayoría de las grandes ciudades –salvo Venecia– son más tranquilas en invierno, con menos colas y precios más bajos. La Semana Santa, sin embargo, es una festividad muy concurrida.

Consultar las páginas 387-389 para más detalles si desea organizar su viaje en torno a alguno de los muchos festivales y acontecimientos artísticos, religiosos o culturales que se celebran en Italia durante todo el año.

También puede obtener información para organizar su viaje en las oficinas de turismo de Italia que hay fuera del país. Algunas ciudades y organizaciones cuentan asimismo con páginas web muy útiles:
www.visiteurope.com/italy
www.itwg.com
www.initaly.com
www.wel.it
www.traveleurope.it
www.tour-web.com
www.doge.it
www.romeguide.it
www.benicultural.it

CLIMA

Como regla general, Italia presenta inviernos templados y veranos calurosos, pero su posición geográfica y sus características topográficas producen una amplia variedad de condiciones climáticas. La temperatura es generalmente más cálida y el ambiente más seco en el sur del país. Los inviernos en los Apeninos, los Alpes y las tierras altas del sur pueden ser muy duros, con nieve y temperaturas bajo cero. El invierno en el norte y centro de Italia es más corto pero, en otro sentido, aproximadamente comparable al clima más frío de la Europa septentrional. La primavera tiende a ser corta y el otoño más largo, pero los veranos son calurosos en todo el país, aunque más en el sur.

Las temperaturas diurnas en invierno oscilan entre los -10 °C y los +14 °C y, en verano, entre los 18 °C y los 33 °C, si bien suelen superar ambos extremos.

QUÉ LLEVAR

En Italia debería poder comprar todo lo necesario. Las farmacias ofrecen una amplia gama de medicamentos y artículos de tocador, junto con asesoramiento experto, pero deberá traer cualquier fármaco recetado por su médico, pues, en Italia, muchos medicamentos tienen un nombre diferente. Las farmacias están indicadas con una cruz verde en el exterior del establecimiento. Si usa gafas o lentillas conviene llevar un par de repuesto. En verano son aconsejables las cremas solares protectoras y los productos contra los mosquitos.

El vestuario dependerá de su lugar de destino, de cuándo viaje y de las actividades que piense realizar: sólo necesitará vestirse de etiqueta para acudir a los mejores restaurantes y casinos de la ciudad. Sin embargo, no vista de un modo demasiado informal, ya que los italianos generalmente son muy elegantes. Cuide su manera de vestir cuando salga a comer y hágalo de un modo apropiado en las iglesias conviene que las mujeres cubran sus hombros y no lleven pantalones cortos. Recuerde, asimismo, que los códigos de vestir son más conservadores en el sur y en la mayoría de las zonas rurales. Lleve un suéter, incluso en verano, ya que las noches pueden ser frescas. Vaya preparado para un poco de lluvia y temperaturas frescas, excepto en pleno verano. Los equipos para acampar, esquiar, realizar excursiones u otros deportes pueden comprarse o alquilarse con facilidad.

En Italia, los enchufes tienen dos (a veces tres) patas redondas. Si lleva consigo equipo eléctrico necesitará un adaptador para utilizarlos.

Por último, no olvide lo fundamental: DNI, carné de conducir, cheques de viaje y la documentación del seguro.

SEGURO DE VIAJE

Asegúrese de que dispone de una adecuada cobertura médica y de viaje para tratamientos y gastos, que incluya repatriación y pérdida de equipaje y dinero. Conserve todos los recibos de sus gastos. Informe a la policía de pérdidas o robos y consiga una denuncia firmada de la comisaría de policía para incluirla en su reclamación a la compañía de seguros.

LECTURAS COMPLEMENTARIAS

Durante más de 2.000 años, Italia ha producido una enorme cantidad de poesía, textos de ficción y de no ficción de autores nativos y extranjeros. A continuación, detallamos una lista muy selectiva de libros que tal vez desee leer o incluir en su equipaje antes de iniciar las vacaciones.

Entre las mejores novelas italianas o ambientadas en Italia relativamente modernas destacan *El gatopardo*, de Giuseppe di Lampedusa; *Una habitación con vistas*, de E. M. Forster; *Cristo se detuvo en Éboli*, de Carlo Levi; *El nombre de la rosa*, de Umberto

Eco; *Los papeles de Aspern*, de
Henry James; y las obras de
Primo Levi e Italo Calvino. Entre
las evocadoras narraciones de
viajes y los relatos de no ficción
se incluyen *El viaje italiano*, de
Johann W. Goethe; *Horas italia-
nas*, de Henry James; *Los inocen-
tes en el extranjero*, de Mark
Twain; *Nápoles'44*, de Norman
Lewis; *Venecia*, de James Morris;
Amor y guerra en los Apeninos,
de Eric Newby; *Romanos*, de
Michael Sheridan.

CÓMO LLEGAR A ITALIA

LÍNEAS AÉREAS

Todas las principales compañías
aéreas vuelan a Italia y muchas
organizan paquetes de viaje y
vuelos económicos. Alitalia, la
principal línea aérea italiana, tiene
oficinas en la mayoría de las principales ciudades del mundo. Roma
es el centro más adecuado y posee una red de vuelos interiores
más amplia y fácilmente accesible.

Números útiles
En Italia:
Aeropuertos de Milán,
Tel 02 7485 2200 o 02 74 851,
www.sea-aeroportimilano.it
Aeropuertos de Roma,
Tel 06 65 951, www.adr.it
Alitalia, Tel 06 65 643
(información) o 06 65 641
(reservas), www.alitalia.it
Alitalia, Tel 02 24 991

CÓMO DESPLAZARSE

VIAJAR EN ITALIA

AVIÓN
Alrededor de 40 ciudades italianas están conectadas mediante
vuelos internos: Roma y Milán son
los principales centros. El servicio
interior de Alitalia, además de
compañías más pequeñas como
Meridiana realizan los vuelos
interiores en Italia.
Alitalia, Tel 06 65 641 o 06 65
643, www.alitalia.it

Meridiana, Tel 0789 52600 o 199
111333 en Italia, o 0039 0789
52682 desde el extranjero,
www.meridiana.it

TRANSBORDADOR
Los transbordadores para vehículos y pasajeros operan entre
Reggio di Calabria y Messina en
Sicilia. También van de Nápoles
a Capri e Ischia, de Nápoles
a Palermo (Sicilia), de Génova,
Livorno y Civitavecchia a varios
puertos en Cerdeña, de Piom-
bino a los puertos de la isla de
Elba, de la Toscana a los puertos
de las islas del archipiélago
toscano como Capraia, y desde
los puertos de Sicilia a un gran
número de islas frente a la costa
siciliana. Para más detalles, póngase en contacto con los centros
turísticos que hallará en los
puertos más importantes.

BUS
Los trenes son más veloces y baratos que los autobuses inter-
urbanos (*pullman* o *corriere*), pero en zonas más aisladas, esos
autobuses (normalmente azules)
pueden ser el único medio de
transporte público. Diferentes
compañías ofrecen este servicio.
Habitualmente salen de la plaza
principal del pueblo, de la estación de ferrocarril o de una estación de autobuses. Los billetes
deben comprarse antes de subir
al autobús, en la estación o bien
en el bar o el quiosco más cercanos. Pida más detalles en los
centros de información turística
locales.

TREN
El tren es una excelente manera
de viajar por Italia. Las tarifas de
la red ferroviaria estatal (Trenitalia,
www.trenitalia.it, aunque a menudo se le sigue llamando con su
antiguo nombre, Ferrovie dello
Stato o FS) son económicas y el
servicio y la comodidad están
mejorando, en especial en los
nuevos trenes de alta velocidad
que atraviesan el país.

Los billetes (*biglietti*) –de primera
(*prima*) o segunda (*seconda*)
clase– pueden comprarse en las

estaciones y en algunas agencias
de viajes. Si decide tomar un tren
interurbano de alta velocidad
(IC) o un Pendolino o Eurostar
deberá abonar un suplemento
(*supplemento*) e incluso reservar
asiento con anterioridad, hasta
pocos minutos antes de la
partida del tren.

Se pueden hacer reservas de
coche-cama (*cucetta*), disponibles
en primera clase (literas simples
o dobles) o en segunda (compartimentos de seis literas). Las
estaciones más grandes pueden
tener taquillas separadas para
dichos servicios, de modo que
asegúrese de que se encuentra
en la cola correcta: busque la
palabra *prenotazioni* (reservas).

Trenitalia ofrece el Trenitalia
Pass, que permite viajar ilimita-
damente entre 4 y 10 días en un
período de dos meses. Hay que
pagar un suplemento en los trenes Pendolino y Eurostar. (En
www.raileurope.com encontrará
más información.) Este abono se
puede adquirir en las principales
estaciones italianas.

Antes de emprender el viaje debe validar el billete en las máquinas de los andenes o de las taquillas (pequeñas cajas amarillas o
doradas). Si viaja con un billete
no validado deberá pagar una
elevada multa. Si piensa viajar
mucho en tren, es aconsejable
comprar el *Pozzoriato*, un horario
bianual barato que se puede adquirir en las librerías y los quioscos de las estaciones.

COCHE
El centro de las ciudades italianas
puede estar congestionado, pero
el resto del país dispone de una
excelente red de carreteras
claramente numeradas y
señalizadas, desde la autovía
común –conocida como *nazionale*
(N) o *strada statale*
(S o SS)– hasta la autopista rápida
de cuatro o seis carriles, conocida
como *autostrada*, donde debe
pagarse peaje. A veces, la tarifa es
fija, pero habitualmente se toma
una tarjeta de una máquina

automática al acceder a la autopista, para luego pagar el recorrido en una cabina (*alt stazione*) antes de salir de ella. Las *viacards*, tarjetas prepago, disponibles en las estaciones de servicio de las *autostrade* (áreas de descanso con servicio de comedor y gasolina las 24 horas), agilizan el pago en los peajes, en especial en épocas de tráfico intenso. Las carreteras sin asfaltar, conocidas como *strade bianche* (carreteras blancas), son muy comunes en las zonas rurales y a menudo se encuentran en los mapas. Son lentas pero aceptables.

Los mapas se pueden adquirir fácilmente en librerías y otros puntos de venta. Los mejores son los que edita el *Touring Club de Italia* (TCI), a una escala de 1:200.000.

Alquiler de coches

En Italia es muy sencillo alquilar un coche. Las compañías internacionales disponen de oficinas en algunas estaciones de ferrocarril, en la mayoría de los aeropuertos y en todas las ciudades importantes. Se pueden conseguir tarifas más económicas a través de compañías locales: busque «*Autonoleggio*» en las Páginas Amarillas (*Pagine Gialle*). Para alquilar un coche, deberá tener más de 21 años y el carné de conducir en regla.

Información de tráfico

Averías: Si sufre una avería encienda las luces de emergencia y coloque un triángulo de advertencia detrás del coche. Llame al teléfono de emergencias (Tel 116) del Automobile Club d'Italia (www.aci.it)), e informe de su posición, marca del coche y matrícula. Remolcarán su coche hasta el garaje del ACI más próximo. A menudo las empresas de alquiler de coches tienen sus propios acuerdos con talleres para los casos de avería o accidente.

Períodos complicados:
Las carreteras italianas están especialmente transitadas los viernes y domingos por la tarde, e inmediatamente antes de

festividades importantes como el 15 de agosto, así como el primer y último fin de semana de agosto, cuando muchos italianos inician y acaban sus vacaciones de verano. El tráfico en las ciudades se intensifica a primera hora de la mañana, al atardecer y antes de comer.

Gasolina: En Italia, las estaciones de servicio en las *autostrade* están abiertas las 24 horas y generalmente aceptan tarjetas de crédito. Otras estaciones de servicio suelen cerrar entre las 13.00 y las 16.00, después de las 19.00 y los domingos, y muchas sólo aceptan dinero en metálico. Asegúrese de que los medidores de los surtidores marcan cero antes de que el empleado comience a llenar el depósito de su coche. Encontrará también surtidores automáticos que aceptan el pago en efectivo cuando las estaciones de servicio están cerradas.

Aparcamiento: Estacionar el coche suele ser difícil en las ciudades y en los principales pueblos italianos, pues la mayoría de las calles y de los aparcamientos (*parcheggi*) están llenos de coches locales. Muchos centros históricos, principalmente los de Florencia y Siena, disponen de «zonas azules» (*zone blu*) o áreas similares que están completamente prohibidas al tráfico. En momentos puntuales del día en los que el tráfico es muy intenso, se pueden imponer restricciones. En algunas ciudades se está introduciendo gradualmente el aparcamiento medido (*parcometro*). Trate de estacionar su coche en aparcamientos vigilados y nunca deje objetos de valor o equipaje en el interior del vehículo. Los coches aparcados en una zona de «prohibido aparcar» (*zona rimozione*), pueden ser retirados por la grúa o recibir una multa.

Normas de tráfico: La mayoría de las reglamentaciones en Italia son similares a las de otros países de la Unión Europea. El uso del cinturón de seguridad es obligatorio y el carné de conducir, el seguro y la documentación

pertinente deben llevarse en todo momento. El triángulo rojo de advertencia en caso de avería o accidente también es obligatorio. Las penas por conducir bajo los efectos del alcohol son muy severas, con fuertes multas y la posibilidad de pasar seis meses en prisión.

Límites de velocidad: El límite en áreas urbanas es de 50 km/h y de 110 km/h fuera de ellas, a menos que indique 90 km/h. Los límites en autopista son de 130 km/h o de 150km/h en ciertos tramos convenientemente señalizados, y de 110 km/h para los vehículos de menos de 1.100 cc.

TRANSPORTE EN PUEBLOS Y CIUDADES

La mayoría de los centros históricos de pueblos y ciudades son bastante pequeños y se pueden recorrer a pie. En algunos pueblos, como Lucca y Ferrara, podrá alquilar bicicletas. En otros lugares dispondrá de motocicletas, pero deberá tener cuidado en las ciudades con tráfico intenso, como Roma.

EN TAXI

Es difícil conseguir un taxi en la calle, pues la mayoría se encuentran en las paradas de las principales plazas o delante de las estaciones de ferrocarril. Le cobrarán un suplemento por el equipaje que se coloca en el maletero, las carreras realizadas a primera o última hora del día, los trayectos en domingos y festivos o las carreras al aeropuerto o fuera de los límites de la ciudad. Es recomendable acordar previamente con el conductor una tarifa fija para los viajes de largo recorrido. Si lo pide por teléfono (se paga un suplemento), el operador le dará el número del taxi y llamará cuando éste llegue a la parada solicitada.

EN AUTOBÚS

Los tranvías y autobuses son anaranjados. Podrá comprar los billetes por adelantado en bares autorizados: busque los logotipos de las compañías de autobuses, carteles de estanco con una letra «T» blanca sobre fondo azul o en algunas ciudades, como Roma, en las máquinas expendedoras que hay en las calles. Deberá validar el billete en una pequeña máquina dentro del autobús, al que se accede por las puertas traseras (se baja por las centrales). Una parada de autobús es una *fermata*. El billete, válido para un solo viaje, en lugares como Roma o Florencia permite un número limitado de viajes dentro de un período establecido (1 hora 15 minutos). También se pueden adquirir bonos diarios que permiten un número ilimitado de viajes. Los revisores suben a los autobuses en cualquier parada y multan a los viajeros que no han validado el billete.

EN METRO

Roma y Milán tienen red de metro (la *metropolitana* o *metro*). Aunque no llegue a todas partes, el metro resulta muy útil para atravesar las ciudades rápidamente. Compre los billetes en los mismos puntos de venta que los de autobús (ver más arriba) o en las máquinas y taquillas de las estaciones. En Roma, un billete permite realizar un viaje en metro en un límite de tiempo. En Milán, tienen validez para un número ilimitado de viajes dentro de los 75 minutos posteriores a su adquisición. Los bonos diarios integrados permiten viajes ilimitados en los servicios de autobús, tranvía y metro, en ambas ciudades.

CONSEJOS PRÁCTICOS

COMUNICACIONES

OFICINAS DE CORREOS

Puede comprar sellos (*francobolli*) en una oficina de correos (*ufficio postale*) o en la mayoría de los estancos (*tabacchi*), indicados con

una letra «T» blanca sobre un fondo azul. Las oficinas de correos (www.poste.it) generalmente permanecen abiertas desde las 8.00, 8.30 o 9.00 hasta las 14.00 de lunes a viernes, y de 8.00 u 8.30 hasta el mediodía, los sábados. En las grandes ciudades permanecen abiertas desde las 8.00, 8.30 o 9.00, hasta las 19.00 o 20.00, de lunes a sábado. Se garantiza que los efectos postales al resto de Europa llegarán al día siguiente de haber sido enviados. Su precio medio es de 0, 30 € más el franqueo común.

Buzones: En el exterior de las oficinas de correos o en las paredes de los pueblos y ciudades encontrará buzones rojos (azules en el Vaticano). Llevan la leyenda *«Poste»* y tienen dos aberturas: una rotulada *«Per la cittá»* (ciudad), la otra *«Per tutte le altre destinazioni»* (otros destinos). Los buzones para envíos urgentes suelen estar separados.

Recibir el correo: En Italia puede recibir el correo en la oficina postal (*poste restante* o *fermo posta*). El correo debe llevar su nombre, el nombre del pueblo o la ciudad y estar dirigido a la *«Ufficio Postale Centrale, Fermo Posta»*. Para recogerlo, diríjase a la oficina principal de correos y presente el DNI. Deberá pagar una pequeña tasa.

TELÉFONOS

Telecom Italia (IT) es la compañía telefónica de Italia. Las cabinas públicas se encuentran en calles, bares y restaurantes, y en las oficinas de IT en las principales ciudades del país. Busque los signos rojos o amarillos que exhiben un auricular telefónico, o un auricular y el disco de marcar. La mayoría acepta monedas y tarjetas (*schede telefoniche*) que pueden comprarse en los estancos y quioscos. Las tarjetas tienen una pequeña esquina perforada que debe quitarse antes de usarlas. Para efectuar una llamada, levante el auricular, inserte la moneda o tarjeta y

marque el número. Todas las llamadas pueden hacerse de forma directa, sin operadora (marcar 10) o con conexiones a larga distancia. Los números telefónicos pueden tener entre cuatro y once dígitos. Marque el 12 para información, 170 para la operadora internacional (15 para Europa) y 172-1011 para llamadas a cobro revertido. Las tarifas telefónicas son más económicas los domingos y entre las 22.00 y las 8.00 los días hábiles. Los hoteles siempre añaden un sustancial recargo a las llamadas efectuadas desde las habitaciones.

Para llamar a un número de Italia, marque el número completo, incluyendo el prefijo correspondiente al pueblo o ciudad (por ejemplo, 06 en Roma, 055 en Florencia y 041 en Venecia). El prefijo también debe utilizarse cuando llame desde dentro de la ciudad. Por lo tanto, en Florencia debe añadir 055 cuando llame a otro número de la ciudad. Para llamar a Italia desde el extranjero, marque el prefijo internacional, luego el código de Italia (39), seguido del código de área (incluyendo el 0 inicial) y el número.

COSTUMBRES LOCALES

Los italianos pueden tener la reputación de ser apasionados y temperamentales, pero también son amables y considerados en las situaciones públicas y sociales. Cuando conozca a alguien, entre o salga de tiendas, bares, hoteles y restaurantes, emplee un simple *Buon giorno* (buen día) o *Buona sera* (buenas tardes/noches), no emplee el informal *Ciao* (hola o adiós) con los extraños. «Por favor» es *Per favore*, «gracias», *Grazie* y *Prego* significa «de nada». Antes de comenzar a comer puede decir *Buon appetito* (que aproveche), cuya respuesta es *Grazie, altrettanto* (gracias, igualmente). Antes de beber, el brindis es *Salute* (salud) o *Cin cin* (chinchín). Diga

Permesso cuando desee pasar junto a una persona y *Mi scusi* si quiere disculparse o parar a alguien para que le ayude. A una mujer se la llama *Signora*, a una joven, *Signorina* y a un hombre, *Signor*. Puede encontrar más vocabulario al final de la Información práctica, ver página 389.

Besarse en ambas mejillas es una forma de saludo habitual entre hombres y mujeres que se conocen bien. Vista de modo apropiado en las iglesias, respete a quienes están rezando y no visite las iglesias cuando se está celebrando el oficio religioso. Los italianos visten de forma conservadora en la mayoría de las ocasiones y una vestimenta inusual no pasará inadvertida. Para encontrar consejos acerca de las propinas, ver página 347.

FESTIVOS

Las tiendas, bancos, oficinas y escuelas cierran durante los siguientes festivos nacionales:
1 de enero (Año Nuevo)
6 de enero (Epifanía)
Domingo de Ramos
Lunes de Pascua
25 de abril (Día de la Liberación)
1 de mayo (Día del Trabajo)
2 de junio (Día de la República)
15 de agosto (Ferragosto o Día de la Asunción de la Virgen)
1 de noviembre (Día de Todos los Santos)
8 de diciembre (Día de la Inmaculada Concepción)
25 de diciembre (Navidad)
26 de diciembre (San Esteban)
Algunas ciudades tienen festividades especiales en las que los negocios cierran: Roma (29 de junio, San Pedro), Florencia y Génova (24 de junio, San Juan), y Venecia (21 de noviembre, Fiesta de la Salud).

MEDIOS DE COMUNICACIÓN

PUBLICACIONES ÚTILES

La mayoría de los periódicos italianos se venden en quioscos callejeros (*edicola*). En los de las ciudades más importantes y centros turísticos encontrará periódicos de otros países. Los aeropuertos y estaciones de ferrocarril disponen a menudo de la mayor selección de publicaciones extranjeras.

Italia cuenta con un importante mercado de periódicos. Entre los nacionales, el *Corriere della Sera* es uno de los más autorizados, mientras que el más popular, *La Repubblica*, también cuenta con un gran número de lectores. Los más vendidos, sin embargo, son las publicaciones deportivas como el *Corriere dello Sport*. Muchos periódicos tienen fuertes vínculos regionales o locales *La Stampa* en Turín, *Il Messagero* en Roma y *La Nazionale* en Florencia. Los periódicos locales y regionales suelen leerse más que los periódicos nacionales y son una buena fuente de información sobre acontecimientos locales, horarios de los museos, etcétera.

Las *Páginas Amarillas* incluyen listas de servicios en Roma, Milán, Bolonia, Génova, Nápoles, Catania, Florencia y Palermo. Los ejemplares son gratuitos para los residentes extranjeros y personas que viajan a Italia. Pregunte en embajadas, consulados y centros de información turística. Los turistas pueden comprar ejemplares en las librerías internacionales en todas las ciudades que aparecen en la guía o consultarlos en los hoteles.

TELEVISIÓN

La televisión italiana cuenta con tres canales estatales principales (RAI 1, 2 y 3), tres privados (Rete Quattro, Canale 5 e Italia Uno) y una gran cantidad de canales locales, por cable y otros. En la mayor parte del país puede disponer de 15 o más. La mayoría de los espectáculos y películas extranjeros son doblados al italiano, nunca están subtitulados, pero los hoteles modernos disponen de conexión con la CNN, Sky, BBC World y otras cadenas extranjeras a través del cable y el satélite. El principal boletín de noticias de la RAI se emite a las 20.00.

RADIO

Los programas de radio en Italia no tienen una gran calidad, aunque el número de diales, especialmente las emisoras de música en FM, es enorme.

DINERO

La mayoría de los principales bancos, aeropuertos y estaciones de ferrocarril disponen de cajeros automáticos (*Bancomat* en italiano), con instrucciones en varios idiomas que aceptan tarjetas de crédito internacionales (*carta di credito*). Antes de iniciar el viaje, pida a la entidad que le ha emitido su tarjeta de crédito un PIN (número secreto) de cuatro dígitos para poder retirar dinero de los cajeros automáticos. Las divisas y los cheques de viaje –que es mejor comprar antes de iniciar el viaje– pueden cambiarse en la mayoría de los bancos y oficinas de cambio (*cambio*), pero las colas acostumbran ser largas y los procedimientos muy lentos. En las zonas rurales, ciudades pequeñas y gran parte del sur del país, los cajeros automáticos son muy escasos o inexistentes.

Las tarjetas de crédito se aceptan en hoteles y restaurantes en la mayoría de los pueblos y de las ciudades más importantes. Busque los adhesivos de Visa, Mastercard o American Express (la tarjeta de Diners es menos conocida), o el cartel en italiano Carta Sí (literalmente, «sí a las tarjetas»). Muchos establecimientos, sin embargo, siguen prefiriendo cobrar en metálico, y las tiendas, hoteles y establecimientos más pequeños, en especial en las zonas rurales, pueden no aceptar las tarjetas de crédito. Siempre debe comprobarlo antes de pedir una comida o reservar una habitación.

American Express

www.americanexpress.com
o www.americanexpress.it
Roma Piazza di Spagna 38,
Tel 06 67 641
Florencia Via Dante Alighieri
22r, Tel 055 50 981
Venecia Salizzada San Moisè,
San Marco 1471,
Tel 041 520 0844

HORARIOS

En Italia, los horarios de atención
al público representan un problema. Hay muy pocas reglas fijas
y los horarios de apertura de
museos e iglesias, principalmente,
pueden cambiar con poca o
ninguna notificación. Tiendas,
bancos y otras instituciones están
en las grandes ciudades están
adoptando cada vez más los
horarios del norte de Europa
(no cierran durante la hora de
comer ni por la tarde). Busque
los carteles que dicen *orario
continuato*. Considere las siguientes indicaciones horarias
simplemente como una guía
general:

Bancos: 8.30-13.30. De lunes
a viernes. Las principales
entidades bancarias también
pueden abrir durante una hora
por la tarde y el sábado por la
mañana. Los horarios se están
volviendo más extensos
y flexibles.

Iglesias: 8.00 o 9.00-12.00 y
15.00 o 16.00-18.00 a 20.00
todos los días, excluidos los
oficios religiosos. Muchas iglesias
cierran el sábado por la tarde.

Estaciones de servicio:
24 horas seguidas en las *autostrade* (autopistas).
Horario comercial en el resto
(ver más adelante).

Museos: Los museos nacionales
dirigidos por el Estado cierran
habitualmente el domingo por
la tarde y el lunes todo el día.
La mayoría cierra a la hora de la
comida (13.00-15.00 o 16.00),
aunque los principales museos

permanecen abiertos de 9.00
a 19.00, de lunes a sábado.

Oficinas de correos: de 8.00 o
9.00 a 14.00, de lunes a sábado.

Restaurantes: Muchos restaurantes cierran el domingo
por la tarde y el lunes u otro
día de la semana, todo el día
(*la chisura settimanale*). También
cierran en enero y en períodos
de vacaciones, en julio o agosto.

Tiendas: Generalmente, abren
de 8.30 o 9.00-13.00 y 15.30 o
16.00 a 20.00, de lunes a sábado.
Muchas tiendas cierran el lunes
por la mañana y otro mediodía
durante la semana. Los grandes
almacenes y las tiendas de las
grandes ciudades pueden
permanecer abiertos al público
siete días a la semana desde las
9.00 hasta las 20.00 o incluso
más tarde (22.00), pero el
domingo y horas avanzadas
siguen siendo poco habituales.

PROPINAS

En los restaurantes donde no
se incluye un recargo por el
servicio (servizio), deje un
10-15 % del importe de su
consumición. Incluso donde
el recargo esté incluido, puede
dejar un 5-10 % para el camarero. En los bares deje algunos
céntimos de € por las bebidas
consumidas en la barra y 30-60
céntimos si le ha servido un
camarero en una mesa. En los
bares de los hoteles muéstrese
un poco más generoso.

El servicio está incluido en las
tarifas de los hoteles, pero deje
una propina de unos 60 céntimos a las mucamas y a los
porteros (1,10 € por llamar un
taxi), 1-3 € céntimos al botones
por llevarle el equipaje y 3-7 €
al conserje (*portiere*) si le ha
ayudado. Duplique estas cifras
en los hoteles más caros.

Una propina de 30 céntimos
será suficiente para los empleados de los lavabos y el

guardarropa. Los porteros en los
aeropuertos y las estaciones de
ferrocarril suelen trabajar según
una tarifa fija, pero puede darles
una propina de hasta 2 €.
Los taxistas esperan recibir
alrededor del 10 % de la carrera.
Los barberos, merecen alrededor de 2 €, un ayudante de
peluquero 2-4 € dependiendo
del nivel del establecimiento. Por
último, dé una propina de 1-2 €
a los guardianes de las iglesias
o edificios religiosos.

LAVABOS

Pocos edificios públicos disponen de lavabos. Generalmente
debe utilizar las instalaciones en
bares, estaciones de ferrocarril
y estaciones de servicio donde
las condiciones no siempre son
excelentes. Pregunte por *Il
bagno*, tome algunas servilletas
de papel y no confunda *Signori*
(Hombres) con *Signore* (Mujeres). Deje una propina
de 15 o 30 céntimos.

VIAJAR CON DISCAPACITADOS

En Italia, en los museos, galerías
de arte y edificios públicos
se están realizando grandes
reformas para facilitar el acceso
a los usuarios de sillas de ruedas,
pero aún queda mucho camino
por recorrer. Pocos autobuses
y trenes y ningún taxi disponen
de estas facilidades. Muchas
ciudades históricas presentan
problemas especiales, sobre
todo Venecia, que cuenta con
una gran cantidad de puentes
con escalera. Solamente los
hoteles de alta categoría
disponen de habitaciones
adaptadas para discapacitados,
pero tanto en hoteles como en
restaurantes harán todo lo
posible por prestarle ayuda si
les avisa con antelación.
Consulte en el consulado
o embajada italianos más
próximos los detalles de los
procedimientos especiales
para entrar con un perro
lazarillo en Italia.

URGENCIAS

EMBAJADAS EN ITALIA

Embajadas y consulados de España
Roma: Largo Fontanella di Borghese 19, Tel 06.684.04.01 y 06.687.22.55
Florencia: Via Lamberti 2, Tel 260 86 06
Génova: Via Brigata Liguria 3, Tel 56 26 69-58 71 77
Milán: Via Fatebenefratelli 26, Tel 632 88 31
Nápoles: Palazzo Leonetti, Via dei Mille 40, Tel 41 11 57 y 41 41 15
Venecia: Sestieri San Pablo 2646, Tel 523 32 54

TELÉFONOS DE URGENCIA

Policía, Tel 112
Servicios de urgencia, Tel 113
Bomberos, Tel 115
Averías en el coche, Tel 116
Ambulancia, Tel 118

Para obtener asistencia legal en una emergencia, póngase en contacto con su embajada o consulado y solicite una lista de abogados que hablen español.

QUÉ HACER EN UN ACCIDENTE DE TRÁFICO

Ponga las luces de emergencia y coloque los triángulos de advertencia a 50 m delante y detrás del coche. Llame a la policía (Tel 112 o 113) desde un teléfono público (ver página 345): las *autostrade* disponen de teléfonos de emergencia a intervalos regulares. En el lugar del accidente no acepte ninguna responsabilidad o realice declaraciones incriminatorias ante la policía o los curiosos. Pida a los testigos que no abandonen el lugar, haga una declaración ante la policía e intercambie el seguro del vehículo y otros detalles relevantes con el otro conductor o conductores. Si fuese necesario, llame en cuanto pueda a la agencia de alquiler de coches para informarles del accidente.

OBJETOS PERDIDOS

Si pierde un objeto, primero debe acudir a la Oficina de Información Turística y solicitar ayuda. En las ciudades, las compañías de autobuses, tranvías, trenes y metro tienen habitualmente oficinas especiales que se encargan de los objetos perdidos, pero puede resultar complicado dar con ellas y sólo abren unas pocas horas al día. Pida sus direcciones en la Oficina de Información Turística y pruebe en las estaciones de autobuses y trenes. En el hotel también podrán prestarle ayuda.

Para informar de una pérdida más valiosa o de un robo, acuda a la comisaría de policía o Questura más cercana. En Roma, la Questura principal se encuentra en Via San Vitale 15 (Tel 06 46861). Le pedirán que rellene y firme un formulario (una denuncia) informando de los hechos. Conserve su copia para cualquier reclamo que deba hacer a la compañía de seguros.

Informe a la policía de la pérdida o el robo de un DNI o carné de identidad y notifíquelo a su embajada.

SALUD

Compruebe que su seguro de viaje incluye una cobertura médica suficiente. Para pequeñas necesidades acuda a una farmacia, indicada con una cruz verde en el exterior. El personal está cualificado y podrá aconsejarle sobre su dolencia y ayudarle cómo encontrar un médico si fuese necesario. También puede consultar las *Páginas Amarillas* o preguntar en su hotel o en las oficinas de información turística si necesita un médico o un dentista. Asegúrese de llevar una cantidad suficiente de cualquier medicamento recetado por su médico y recuerde que las marcas son diferentes en Italia, y podrían producirse confusiones en la farmacia. Si necesita una nueva receta, el personal de la farmacia le indicará dónde puede encontrar un médico.

En caso de sufrir complicaciones de salud más graves debe acudir inmediatamente a un hospital (*un ospedale*). Los tratamientos de urgencia se dispensan en los *Pronto Soccorso*.

La mayoría de los trastornos leves de salud en Italia suelen estar relacionados con el exceso de sol y las picaduras de insectos. La hiedra venenosa no es un problema importante y la mordedura de las serpientes venenosas o víboras (*vipere*) sólo es mortal si usted sufre una reacción alérgica.

El agua del grifo es potable en todo el país. Sin embargo, no debe beber si hay un cartel que diga *acqua non potabile*, y nunca debe beber de los arroyos en las montañas o en otros lugares.

Hospitales
Roma: Rome American Hospital, Via Emilio Longini 69, Tel 06 22 551, www.rah.it
Florencia: Santa Maria Nuova, Piazza Santa Maria Nuova 1, Tel 055 27 581
Venecia: Ospedale Civile, Campo S.S. Giovanni e Paolo, Tel 041 529 4111 o 041 529 4516
Génova: Instituto Giannina Gaslini, Via V. Maggio, 39, Tel 010 563 6324

HOTELES Y RESTAURANTES

HOTELES

Italia posee una amplia variedad de alojamientos para satisfacer todos los gustos y bolsillos. Puede elegir entre elegantes hoteles en antiguos palacios y castillos, establecimientos de ambiente íntimo y regentados por una familia, o el creciente y popular agroturismo en casas rurales. La siguiente es una selección recomendada de los lugares más confortables e interesantes para su estancia en Italia.

Sistema de clasificación

Los hoteles pueden tener desde una estrella, el alojamiento más barato y sencillo, hasta cinco estrellas (lujo). Los criterios de clasificación son complejos, pero en un establecimiento de tres estrellas o superior, todas las habitaciones deben disponer de baño privado, teléfono y televisión. La mayoría de los hoteles de dos estrellas también disponen de baños privados. Debe tener en cuenta que, incluso en los hoteles más elegantes, los baños pueden tener solamente una ducha (*una doccia*) y carecer de bañera (*una vasca*). Pida siempre que le muestren una selección de las habitaciones (pueden enseñarle primero la peor de ellas). A menudo, las habitaciones son pequeñas, incluso en los hoteles más lujosos.

Los hoteles recomendados tienen restaurantee, a menos que se indique lo contrario. Un símbolo indica su categoría. (Observe que el término *pensione*, referido a habitaciones privadas o a los hoteles más sencillos, aún aparece, si bien no se utiliza como designación oficial.)

Ubicación

Los hoteles que proporcionan el mejor alojamiento, en el centro de un pueblo o una ciudad, han sido elegidos para esta selección. El ruido puede ser un problema en las áreas urbanas, pero a menudo se ofrece una opción tranquila en las afueras de la ciudad. En la medida de lo posible, también se han seleccionado los hoteles por su entorno, encanto y referencias históricas. En las zonas rurales, el énfasis se ha puesto en villas de

época y propiedades históricas restauradas, que cuentan con piscinas y parques o jardines. La posibilidad de elección y la calidad son más limitadas en las zonas rurales remotas y en la mayor parte del sur de Italia.

Reservas

Es aconsejable reservar en los hoteles, especialmente en las principales ciudades y en temporada alta (junio-agosto). Recuerde que en Roma, Florencia y Venecia, temporada alta significa a menudo Navidad, Año Nuevo y Semana Santa hasta octubre.

Haga su reserva por teléfono y confírmela por fax. También es una buena idea confirmar otra vez las reservas un par de días antes de la llegada. En los hoteles están obligados a registrar a todos los huéspedes, de modo que para hacerlo le pedirán el DNI, y se lo devolverán pocas horas después o bien el día en que abandone el hotel. El horario para dejar el hotel es aproximadamente entre las 10.00 y el mediodía.

Precios

Todos los precios de los hoteles, aunque pueden variar según la habitación, están fijados oficialmente y las tarifas deben estar expuestas en la recepción del hotel y las habitaciones. Todos los impuestos y servicios están incluidos en el precio. Los hoteles suelen cobrar tarifas adicionales por el aire acondicionado y el servicio de garaje, mientras que la lavandería, las bebidas del minibar y las llamadas telefónicas tienen cuantiosos recargos. El precio de los hoteles seleccionados son los de

habitaciones con cama de matrimonio (*una matrimoniale*) o dos camas (*una camera doppia*) y sólo sirven como referencia. Suelen aplicarse las variaciones estacionales, especialmente en los establecimientos de la costa, donde las tarifas en temporada alta (verano) son más elevadas. En las épocas más concurridas, también pueden aplicar una política de dos o tres días de estancia mínima y la media pensión o pensión completa. La media pensión (*mezza pensione*) incluye desayuno y comida; la pensión completa (*pensione completa*) incluye las tres comidas. La tarifa de dichos servicios siempre se cobra por persona. Los precios incluyen normalmente el desayuno (*colazione*). En general, una *colazione* significa café, un panecillo y mermelada.

Tarjetas de crédito

Muchos hoteles importantes aceptan las principales tarjetas de crédito. Los más pequeños tal vez sólo acepten algunas de ellas, como se hace constar en la entrada. Las abreviaturas utilizadas son AE (American Express), DC (Diners Club), MC (Mastercard) y V (Visa). Busque los símbolos individuales de las tarjetas en el exterior de los establecimientos o el signo italiano Carta Sì. Como regla general, las más aceptadas son V y MC.

Grupos de hoteles

Números de contacto en Italia: Abitare la Storia (hoteles históricos), Tel 0577 632 256, www.abitarelastoria.it Atahotels, Tel 02 895 261, www.atahotels.it Family Hotels, Tel 055 462 0080 Jolly, Tel 800 17 703 (llamada gratuita) Starhotels, Tel 06 398 739, www.starhotels.com

RESTAURANTES

La cocina italiana es una de las mejores del mundo y los placeres de la comida y el vino italianos forman una parte de la visita a ese país, tanto como los museos y las galerías de arte. En cada ciudad o pueblo pueden encontrarse restaurantees de diferente tipo y calidad, desde la humilde pizzería hasta los grandes clásicos.

La cocina italiana tiene muchos denominadores comunes –como un enfoque sencillo e ingredientes frescos–, pero también es muy regional. Nuestra selección incluye restaurantees que reflejan la mejor cocina regional, pero no tema experimentar, sobre todo en los pueblos pequeños y en las zonas rurales. Si tiene alguna duda, observe dónde suele comer la gente del lugar.

Clases de restaurantees

Las categorías de los restaurantees en Italia están cada vez menos definidas. Antes, una *osteria* era una simple posada, una *trattoria* era básicamente un lugar donde comían los vecinos y un *ristorante* era un establecimiento más importante con pretensiones culinarias. Hoy, los mejores lugares para comer pueden ser *osterie*, cada vez más renovadas por sus jóvenes propietarios como restaurantees informales con una cocina innovadora.

Las antiguas *trattorie* con luces brillantes y manteles a cuadros también pertenecen al pasado en su mayoría, mientras que *ristorante* es un término que hoy se aplica a prácticamente cualquier lugar donde se pueda comer. Una pizzería permanece como la única constante: un lugar sencillo, habitualmente moderno que a menudo sirve pastas, segundos platos y postres, además de pizzas.

Horarios de comida

El desayuno (*colazione*) consiste habitualmente en un *cappuccino* y un panecillo o una pasta dulce (*una brioche*) tomado de pie en un bar entre las 7.00 y las 9.00. La comida (*pranzo*) comienza alrededor de las 12.30 y termina aproximadamente a las 14.00 (las comidas prolongadas y la siesta son, cada vez más, cosa del

pasado). La cena comienza aproximadamente a las 20.00 y por encargo se aceptan hasta las 22.00, aunque en el sur de Italia los horarios pueden alargarse y acortarse en las zonas rurales o las ciudades más pequeñas. Frecuentemente, las pizzerías abren sólo por la noche, especialmente las que tienen hornos de leña (*forno a legno*), ya que les lleva tiempo encenderlos. La mayoría de los restaurantees cierran un día a la semana (*la chiusura settimanale*) y muchos de ellos se toman vacaciones (*ferie*) en julio o agosto.

Comidas

Las comidas italianas comienzan tradicionalmente con entrantes (*antipasto*: literalmente «antes de la comida»), un primer plato (*il primo*) de sopa, pasta o arroz, y un segundo plato (*il secondo*) de carne o pescado. Las verduras (*contorni*) o las ensaladas (*insalate*) se suele servir por separado, con o después del segundo plato. Los postres (*dolci*) pueden incluir o estar seguidos de fruta (*frutta*) y queso (*formaggio*). A menudo, los italianos acaban la comida con un café *espresso*, nunca un capuchino y coñac, *grappa* (una especie de orujo) o un *amaro* (un digestivo de sabor amargo).

No es necesario pedir todos los platos: un primero y una ensalada es aceptable, salvo en los grandes restaurantes. Muchos italianos se dirigen después a una heladería (*gelateria*) en lugar de tomar postre en el restaurante. El pan y el agua mineral no están incluidos en el precio.

Menús

El menú en italiano es *il menu o la lista*. En muchos restaurantes de las zonas turísticas se puede pedir menú. El *menu turistico* incluye habitualmente dos platos, un postre sencillo y media botella de vino por persona y agua. La cantidad y la calidad de la comida son muy sencillas. En restaurantes de mayor categoría suelen ofrecer un *menu gastronomico*, de mejor calidad, donde

se paga un precio fijo para degustar una selección de los platos especiales del restaurante.

Bares, cafés y snacks

Los bares y cafés son lugares perfectos para desayunar, en los que sirven bocadillos rellenos (*panini*) o simples (*tramezzini*) todo el día. Algunos de ellos sirven un menú ligero a la hora de comer. También son comunes los pequeños locales donde venden porciones de pizza (*pizza al taglio*).

Siempre es más barato comer de pie en un bar. Debe especificar qué es lo que quiere tomar y pagar en caja (*la cassa*), luego llevar el tique (*lo scontrino*) a la barra y repetir el pedido; una pequeña moneda sobre la barra ayuda a conseguir un servicio rápido.

Cuando el bar dispone de camarero y mesas en el exterior del establecimiento, pagará un suplemento por estar sentado y le servirá el camarero. Sólo en los pequeños bares rurales se puede pagar en la barra y luego sentarse a una mesa.

Las vinerías (*enoteche*) son cada vez más populares. Todas sirven vino en copas o botellas, a menudo en un ambiente informal, y la mayoría tienen también comida y queso.

Una *birreria*, o cervecería, es un local similar pero que atrae a los jóvenes.

Al marcharse del bar debe conservar el comprobante de su consumición. Si una vez fuera del bar es detenido por policías de paisano y no tiene el tique en su poder, deberá pagar nuevamente lo que haya consumido, además de una multa.

Pagar

La cuenta (*il conto*) debe presentarse en forma de recibo. Un precio garabateado en un trozo de papel es ilegal y usted está en su derecho de reclamar una *ricevuta* detallada. Antes, las cuentas incluían el precio del cubierto (*pane e coperto*), una práctica que las autoridades están tratando de prohibir.

CLAVE 🏨 Hotel 🍴 Restaurante ℹ️ Habitaciones ✚ Nº de plazas �/🚢 Transporte 🅿️ Aparcamiento ⊕ Cerrado

Muchos restaurantees intentan eludir la ley cobrando por el pan, lo quiera o no el cliente. En los restaurantes más sencillos y pequeños, y los de las zonas rurales, es menos probable que acepten las tarjetas de crédito, incluso en aquellos lugares que exhiben el signo de la tarjeta en el exterior.

Propinas y vestimenta
Deje una propina de entre un 10 % y un 15 % donde el servicio haya sido bueno y donde el precio por el servicio (*servizio*) no está incluido. Como regla, los italianos se visten bien pero de manera informal para comer fuera, en especial en los buenos restaurantes.

Fumar
Desde 2003 está prohibido fumar en todos los locales públicos (restaurantes, bares, cafeterías, etc.).

Notas importantes
Los hoteles y restaurantes incluidos en esta lista han sido agrupados, en primer lugar, según la región y, luego, alfabéticamente y por categoría de precios. Se recomienda a las personas discapacitadas que comprueben en el establecimiento las características de sus instalaciones.
A = almuerzo   C = cena

ROMA

GRAND HOTEL DE LA MINERVE
$$$$$ ✪✪✪✪
PIAZZA DELLA MINERVA 69
TEL 06 6994 1888
FAX 06 679 4165
www.hotel-invest.com
Resulta difícil imaginar un hotel más céntrico que el Minerve, que ocupa un palazzo del siglo XVII muy bien restaurado, casi directamente detrás del Pantheon. Su ubicación, comodidad y la elegante recepción no resisten la menor crítica. Habitaciones para no fumadores.
131 + 4 suites Bus: 119 a Piazza della Rotonda

o 70, 81, 87 a Corso del Rinascimento
Principales tarjetas

HASSLER
$$$$$ ✪✪✪✪✪
PIAZZA TRINITÀ DEI MONTI 6
TEL 06 699 340
FAX 06 678 9991
www.hotelhasslerroma.com
Las habitaciones en este hotel situado encima de la Escalinata Española son majestuosas y tienen vistas a Roma o a los jardines de la Villa Médici. El restaurante de la terraza es famoso, aunque más por sus magníficas vistas que por la calidad de su comida.
85 + 15 suites Metro: Spagna
Principales tarjetas

HOTEL DE RUSSIE
$$$$$ ✪✪✪✪
VIA DEL BABUINO 9
TEL 06 328 881
FAX 06 3288 8888
www.roccofortehotels.com
El Russie, abierto en 2000, es el primer hotel de Roma que se apuntó a la nueva moda de los hoteles modernos y de diseño tan habituales en Nueva York y Londres. Las habitaciones son sobrias y están decoradas en estilo clásico. Bien ubicado para ir de compras por los alrededores de la Piazza di Spagna.
103 + 27 suites Bus: 119 a Via del Babuino
Principales tarjetas

D'INGHILTERRA
$$$$-$$$$$ ✪✪✪✪
VIA BOCCA DI LEONE 14
TEL 06 69 981
FAX 06 6992 2243
www.hoteldinghilterraroma.it
La primera opción si busca un hotel que conserve el encanto antiguo y la tradición del siglo XIX. Entre sus antiguos huéspedes se encuentran el compositor Franz Liszt y Ernest Hemingway. Su céntrica ubicación está cerca de la Escalinata Española y de las principales calles comerciales de la ciudad.
88 + 10 suites
Metro: Spagna

Principales tarjetas

SCALINATA DI SPAGNA
$$$$ ✪✪✪
PIAZZA TRINITÀ DEI MONTI 17
TEL 06 679 3006
FAX 06 679 0598
www.hotelscalinata.com
Este hotel romántico, apacible y acogedor puede aumentar su tarifa gracias a su maravilloso encanto y su magnífica ubicación sobre la Escalinata Española. Las habitaciones son de estilo antiguo y sus muebles son centenarios. Tiene una encantadora terraza pero le falta restaurante.
16 Metro: Spagna
Principales tarjetas

COLUMBUS
$$$$ ✪✪✪✪
VIA DELLA CONCILIAZIONE 33
TEL 06 686 5435
FAX 06 686 4874
www.hotelcolumbus.net
Situado idealmente en las proximidades de San Pedro, este hotel se encuentra en un monasterio del siglo XV y aún conserva un ambiente tranquilo y ligeramente anticuado. El restaurante Veranda del hotel es excelente.
92 Bus: 64
Principales tarjetas

GRAND HOTEL DEI CESARI
$$$ ✪✪✪
VIA DI PIETRA 89/A
TEL 06 674 9701
FAX 06 6749 7030
En este lugar ha existido un hotel desde 1787; actualmente está regentado por una familia y situado en una calle lateral pero céntrica, entre el Corso y el Pantheon.
47 Bus: 56, 60, 62, y otros a Via del Corso
Principales tarjetas

LOCARNO
$$$ ✪✪✪
VIA DELLA PENNA 22
TEL 06 361 0841
FAX 06 321 5249
www.hotellocarno.com

HOTELES Y RESTAURANTES

En una calle bastante tranquila a un tiro de piedra de la Piazza del Popolo. Decoración modernista en muchas de las habitaciones y espacios comunes.
(i) 83 **[bus]** Bus: 119 a Via di Ripetta **P** **[2]** **[card]**
[card] Principales tarjetas

🏨 PORTOGHESI
$$$ ☺☺☺
VIA DEI PORTOGHESI 1
TEL 06 686 4231
FAX 06 687 6976
www.hotelportoghesiroma.com
Un hotel tranquilo en un palacio del siglo XVII, al norte de Piazza Navona y cerca de la galería del Palazzo Altemps. Las habitaciones son sencillas pero agradables y el hotel cuenta con el aliciente de una terraza de verano para desayunar.
(i) 27 **[bus]** Bus: 70, 81, 87 **[2]**
[card] **[card]** Principales tarjetas

🏨 TEATRO DI POMPEO
$$-$$$ ☺☺☺
LARGO DEL PALLARO 8
TEL 06 6830 0170
FAX 06 6880 5531
www.hotelteatrodipompeo.it
Un hotel céntrico e íntimo cerca de Campo dei Fiori, con encantadoras habitaciones con vigas de madera y vestigios del pasado romano. Partes del antiguo teatro de Pompeyo, supuestamente el lugar donde fue asesinado Julio César, se han incorporado al edificio.
(i) 13 **[bus]** Bus: 64 y otros por Corso Vittorio Emanuele II
[2] **[card]** **[card]** Principales tarjetas

🏨 NAVONA
$$ ☺
VIA DEI SEDIARI 8, FRENTE AL CORSO DEL RINASCIMENTO
TEL 06 686 4203
FAX 06 6880 3802
www.hotelnavona.com
Una estrella entre los hoteles baratos de Roma gracias a su magnífica ubicación en la Piazza Navona y a la bienvenida a cargo de sus propietarios, una familia austro-italiana. La calidad de sus habitaciones, muchas reformadas, es buena para un hotel de esta clase.

(i) 21 **[bus]** Bus: 70, 81, 87, 116 a Corso del Rinascimento
[card] En algunas habitaciones
[card] No se aceptan tarjetas de crédito

🏨 CAMPO DE' FIORI
$-$$ ☺☺
VIA DEL BISCIONE 6
TEL 06 6880 6865
FAX 06 687 6003
El hotel tiene habitaciones de distinto tamaño y calidad (algunas son diminutas y su mobiliario es escaso), pero su ubicación es excelente: cerca del Campo de'Fiori y la Piazza Navona. Los vestigios de frescos y ladrillo visto en los espacios comunes crean un ambiente hogareño y romántico. No tiene ascensor ni restaurante.
(i) 27 **[bus]** Bus: 64 y todos los demás autobuses por Corso Vittorio Emanuele II
[card] Principales tarjetas

🍴 IL CONVIVIO
$$$$-$$$$$
VICOLO DEI SOLDATI 31
TEL 06 686 9432
La sublime y en ocasiones creativa cocina romana que elaboran en este diminuto restaurante al norte de la Piazza Navona ha merecido una estrella Michelin. La carta de vinos es una de las mejores de Roma. La reserva es indispensable.
[plazas] 30 **[bus]** Bus: 70, 81, 87 a Corso del Rinascimento
[cerrado] Cerrado dom. y lun. A
[card] **[card]** Principales tarjetas

🍴 LA ROSETTA
$$$$-$$$$$
VIA DELLA ROSETTA 8
TEL 06 6830 8841
www.larosetta.com
Un pequeño restaurante de larga reputación en una pequeña calle situada inmediatamente al norte del Pantheon. Entre sus clientes habituales se encuentran los políticos del cercano edificio del Parlamento. Sólo sirven platos de pescados y mariscos.

PRECIOS

HOTELES
La indicación del precio de una habitación doble sin desayuno se representa con el signo $.

$$$$$	Más de 300 €
$$$$	200-300 €
$$$	130-200 €
$$	100-130 €
$	Menos de 100 €

RESTAURANTES
La indicación del precio de una cena de tres platos sin bebidas se representa con el signo $.

$$$$$	Más de 80 €
$$$$	50-80 €
$$$	35-50 €
$$	20-35 €
$	Menos de 20 €

[plazas] 50 **[bus]** Bus: 119 a Piazza della Rotonda **[cerrado]** Cerrado sáb. A, dom. y 20 días en agos.
[card] **[card]** Principales tarjetas

🍴 ALBERTO CIARLA
$$$$
PIAZZA SAN COSIMATO 40
TEL 06 581 8668
www.albertociarla.com
Este clásico establecimiento del panorama gastronómico del Trastevere es el mejor lugar para comer pescado y mariscos en Roma.
[plazas] 70 **[bus]** Tranvía: 8. Bus: 44, 780 a Viale di Trastevere **[cerrado]** Cerrado A, dom. y 2 semanas en enero y agos.
[card] **[card]** Principales tarjetas

🍴 CHECCHINO DAL 1887
$$$-$$$$
VIA MONTE TESTACCIO 30
TEL 06 574 6318
www.checchino-dal-1887.com
Checchino es muy bueno, pero la cocina de este restaurante situado en la zona de los antiguos corrales de ganado en el centro histórico de la ciudad es muy especial. Los platos se basan en despojos y otros exquisitos ingredientes romanos, como

cervello (sesos), *trippa* (callos) y *pajata* (intestinos).

105-125 Bus: 23, 75, 280, 716. Metro: Piramide ☐ Cerrado dom. C, lun., agos. y junio-sept Principales tarjetas

PARIS
$$$-$$$$
PIAZZA SAN CALLISTO 7/A
TEL 06 581 5378

Un restaurante elegante y subestimado a las afueras de la Piazza Santa Maria en el Trastevere. Buenos platos de pasta y pescado, y comedor exterior en verano.

70-100 Bus: 44, 75 a Piazza S. Sonnino. Tranvía: 8 Cerrado dom. C, lun., y agos. Principales tarjetas

PIPERNO
$$$-$$$$
VIA MONTE DEI CENCI 9
TEL 06 6880 6629

Roma posee una larga y arraigada tradición de cultura y cocina judías, y este restaurante rústico y antiguo, situado en el que fuera el Ghetto, es el mejor lugar para degustar especialidades como *carciofi alla giudia* (alcachofas fritas) y *fiori di zucca ripieni* (flores de calabacín fritas y rellenas con mozzarella).

100 Bus: 23, 63 Cerrado dom. C, lun., y agos. Principales tarjetas

VECCHIA ROMA
$$$-$$$$
PIAZZA CAMPITELLI 18
TEL 06 686 4604

Es uno de los restaurantes más bonitos de la ciudad, situado en una plaza en el corazón del antiguo Ghetto. Asegúrese de reservar mesa en el exterior. La comida no es tan buena como bonito es el entorno. Las ensaladas son excelentes, las pastas son innovadoras (los *stringhelli* con *basilico* y *pecorino* combinan albahaca, queso y un tipo de tallarines), mientras que los

platos principales constan de pescado y marisco.

100-120 Bus: 64 & other buses to Piazza Venezia Cerrado miér. AE, DC

SORA LELLA
$$$
VIA DI PONTE QUATTRO CAPI 16, ISOLA TIBERINA
TEL 06 686 1601

Los acogedores comedores y sus paredes artesonadas y filas de botellas aún ponen de manifiesto los orígenes de simple *trattoria* de este restaurante emplazado en la isla del Tíber Tanto los precios como la sofisticación de la excelente comida romana han aumentado desde la muerte de su legendaria dueña, la venerable Sora Lella.

45 Bus: 23, 44, 63, 95, 280 y otros a Piazza Bocca della Verità Cerrado dom. y agos. Principales tarjetas

ORSO 80
$$-$$$
VIA DELL'ORSO 33
TEL 06 686 4904

Invariablemente lleno de turistas, aunque ello no afecta al establecimiento, este gran restaurante próximo a la Piazza Navona es un lugar de confianza para degustar platos de carne y pescado a un precio razonable en un sitio agradable.

170 Bus: 70, 81, 87 a Corso del Rinascimento Cerrado lun. y agos. Principales tarjetas

AL 34
$$
VIA MARIO DE' FIORI 34
TEL 06 679 5091

Un lugar acogedor y romántico situado en una tranquila calle próxima a la Via dei Condotti. El menú es extenso y variado, pero la cocina romana que ofrecen en ocasiones se resiente como consecuencia de la gran popularidad del restaurante.

60 Bus: 116, 119. Metro: Spagna Cerrado lun. y agos. Principales tarjetas

NERONE
$$
VIA DELLE TERME DI TITO 96
TEL 06 481 7952

Esta *trattoria* antigua y de ambiente cordial es conocida por sus aperitivos fríos y su consistente cocina romana y de la región de los Abruzzos. En verano, es especialmente agradable porque instalan mesas en el exterior.

30-50 Metro: Colosseo Cerrado dom. y agos. Principales tarjetas

GRAPPOLA D'ORO
$-$$
VIA PALESTRA 4
TEL 06 494 1441

La comida que sirven en esta *trattoria* atemporal cercana al Campo de'Fiori es romana clásica, con una excelente *saltimbocca alla Romana* (filetes de ternera con jamón y salvia, y un poco de vino blanco). En la actualidad lo frecuentan menos romanos y más turistas que en otros tiempos, pero por suerte su ambiente tranquilo e informal permanece inalterable.

140 Bus: 64 y todos los demás autobuses a Corso Vittorio Emanuele II Cerrado dom. y agos. Principales tarjetas

ANTICO CAFFÈ DELLA PACE
$
VIA DELLA PACE 3, FRENTE A LA PIAZZA NAVONA
TEL 06 686 1216

Por la noche, este bonito café cubierto de enredaderas es uno de los lugares de moda de Roma, pero durante el día es más tranquilo. Su encantador interior con espejos y añejas maderas es el escenario perfecto para un café o una copa antes de cenar.

Bus: 70, 81, 87 to Corso del Rinascimento

Ascensor Aire acondicionado Piscina cubierta/ descubierta Gimnasio Tarjetas **CLAVE**

🍴 CAFFÈ GRECO
$
VIA DEI CONDOTTI 86
TEL 06 679 1700
La cafetería más antigua y entrañable de Roma fue fundada en 1767, y por ella han pasado personalidades eminentes como Goethe, Casanova y Lord Byron.
🚇 Metro: Spagna. Bus: 119 a Piazza di Spagna 🕐 Cerrado dom.

🍴 CAVOUR 313
$
VIA CAVOUR 313
TEL 06 678 5496
Perfecto para un bocadillo o un vaso de vino después de haber visitado el Foro.
🚌 Bus: 11, 27, 81, 85, 87 🕐 Cerrado dom.

🍴 ENOTECA CORSI
$
VIA DEL GESÙ 88
TEL 06 679 0821
La comida consiste en las principales especialidades de la cocina romana pero sin sofisticaciones: puede comer un menú completo o simplemente tomar un vaso de vino y un bocadillo.
🚌 Bus: 64 🕐 Cerrado dom., C y agos.

🍴 GELATERIA DELLA PALMA
$
VIA DELLA MADDALENA 20
TEL 06 6880 6752
Un local grande, luminoso y moderno situado al norte del Pantheon que vende más de cien clases de helados, tartas, chocolates y otros productos llenos de calorías.
🚌 Bus: 119 a Piazza della Rotonda 🕐 Cerrado miér.

🍴 GIOLITTI
$
VIA UFFICI DEL VICARIO 40
TEL 06 699 1243
www.giolitti.it
Se trata de uno de los salones de café y heladería más conocidos y famoso por su pésimo servicio, aunque ahora tiene la competencia de la cercana Gelateria della Palma (ver antes).
🚌 Bus: 119 a Piazza della Rotonda

🍴 IL PICCOLO
$
VIA DEL GOVERNO VECCHIO 74-75
TEL 06 6880 1746
Esta pequeña y acogedora enoteca o vinería que se encuentra a pocos pasos de la Piazza Navona es perfecta para degustar una copa de vino junto a la luz de una vela.
🚌 Bus: 46, 62, 64 a Corso Vittorio Emanuele II

🍴 IVO
$
VIA DI SAN FRANCESCO A RIPA 158
TEL 06 581 7082
Es una de las pizzerías más grandes y populares de las que hay diseminadas por todo el Trastevere. Es posible que tenga que hacer cola, pero el servicio es rápido y el ambiente bullicioso.
🪑 200 🚌 Bus: 44, 75 a Viale di Trastevere. Tranvía: 8 🕐 Cerrado mar. y 3 semanas en agos. 💳 Principales tarjetas

🍴 LA TAZZA D'ORO
$
VIA DEGLI ORFANI 84, FRENTE A LA PIAZZA DELLA ROTONDA
TEL 06 678 9792
Acomódese en la barra (no hay asientos) de la «Taza de Oro» y disfrute del que es el mejor café de Roma.
🚌 Bus: 119 a Piazza della Rotonda 🕐 Cerrado dom.

🍴 LEONCINO
$
VIA DEL LEONCINO 28
TEL 06 687 6306
En una época, todos los pequeños restaurantes de Roma debieron de ser iguales a esta pizzería céntrica y próxima a la Via del Corso. Diminuta y estrecha, sus mesas de mármol y su interior sin adornos apenas han cambiado en casi 40 años. Es muy popular entre los romanos, de modo que prepárese para hacer cola, aunque la espera merece la pena.
🪑 30 🚌 Bus: 81, 119 a Via del Corso 🕐 Cerrado miér. 🚫 No se aceptan tarjetas de crédito

🍴 ROSATI
$
PIAZZA DEL POPOLO 4/5A
TEL 06 322 5859
El histórico rival de Rosati ubicado al otro lado de la plaza, Canova, tiene sin duda alguna la terraza más soleada, pero Rosati posee el mejor interior (una delicia modernista del año 1922) y los cócteles, pasteles y tortas más tentadores.
🚌 Bus: 119 a Piazza del Popolo

🍴 TRASTÈ
$
VIA DELLA LUNGARETTA 76
TEL 06 589 4430
Se trata de una moderna cafetería en el Trastevere cuyo ambiente apacible la convierte en un agradable lugar para pasar el rato sabor. También se pueden tomar bocadillos y comidas ligeras por lo que es perfecto para reponer fuerzas si se encuentra por el barrio.
🚌 Bus: 44, 75 a Piazza S. Sonnino. Tranvía: 8 🕐 Cerrado A todos los días y agos.

🍴 TRE SCALINI
$
PIAZZA NAVONA 30
TEL 06 6880 1996
Tre Scalini sería uno más de los bares de la Piazza Navona si no fuese por su magnífico *tartufo*, probablemente el mejor helado de granizado de chocolate del mundo (y no es ninguna exageración), así que ya sabe, por una vez sucumba a la tentación.
🚌 Bus: 70, 81, 87, 116 a Corso del Rinascimento 🕐 Cerrado miér.

NOROESTE DE ITALIA

CINQUE TERRE

🏨 PORTO ROCCO
$$$ ✪✪✪✪
VIA CORONE 1, MONTEROSSO
TEL 0187 817 502
FAX 0187 817 692
Enclavado en una ladera, desde la mayor parte de las estancias se disfruta de hermosas vistas del mar y sel pueblo. Cuenta con una romántica terraza llena de flores, un agradable bar y un buen restaurante. En las habitaciones hay cuadros, gruesas alfombras y muebles antiguos.
🛏 44 🕐 Cerrado nov.-feb.
🛗 🆒 🚫 Principales tarjetas

🏨 CA' D'ANDREAN
$$ ✪✪✪
VIA LO SCALO 101, MANAROLA
TEL 0187 920 040
FAX 0187 920 452
www.cadandrean.it
Se trata de un antiguo molino, bodega y casa particular que abrió sus puertas como hotel en el año 1988. Las habitaciones son sencillas pero están inmaculadamente limpias.
🛏 10 🕐 Cerrado nov.
🚫 Principales tarjetas

🏨 STELLA MARIS
$$ ✪✪
VIA MARCONI 4, LEVANTO
TEL 0187 808 258
FAX 0187 807 351
www.hotelstellamaris.it
Levanto no es una de las Cinque Terre, pero se encuentra muy cerca y es una buena base para explorar los pueblos de los alrededores. El Stella Maris, bien situado, ocupa un hermoso palacio del siglo XIX. La mitad de las habitaciones están decoradas en estilo moderno y el resto tiene frescos originales y muebles antiguos.
🛏 16 🕐 Cerrado Nov.
🚫 Principales tarjetas

🍴 MORESCO
$$$
VIA JACOPO DA LEVANTO 24, LEVANTO
TEL 0187 807 253
Innovadora cocina de la Liguria con platos como la *zuppa rustica di funghi e fiori di zucca* (sopa rústica con setas y flores de calabacín), y excelentes especialidades de pescados y mariscos. La excelente comida de este pequeño pero exquisito restaurante se complementa con su magnífico y profesional servicio. El encantador comedor está decorado con bonitos frescos y obras en trampantojo.
🍽 60 🅿 🍴 Cerrado nov., feb. y mar. excepto jul.-agos.
🚫 Principales tarjetas

🍴 MANANAN
$$
VIA FIESCHI 117, CORNIGLIA
TEL 0187 821 166
Se trata de una *trattoria* antigua y acogedora instalada en las bodegas del Palazzo Fieschi, un bonito edificio del siglo XIV. Los platos de pescado y mariscos dominan el menú, pero también se pueden degustar sabrosas especialidades de pasta.
🍽 25 🕐 Cerrado mar. excepto en verano y A jun.-sept. 🚫 No se aceptan tarjetas de crédito

🍴 ARISTIDE
$-$$
VIA LO SCALO 138, MANAROLA
TEL 0187 920 000
En este local sin pretensiones sirven cocina sencilla de la Liguria a base de pescados y mariscos. Vaya a lo seguro con *zuppa di pesce* (sopa de pescado) y otros platos tradicionales como *pesce del giorno alla griglia* (pescado del día asado), aunque la calidad general de la comida le evitará sorpresas desagradables.
🍽 60 🕐 Cerrado lun.
🚫 No se aceptan tarjetas de crédito

GÉNOVA

🏨 BRISTOL PALACE
$$$-$$$$ ✪✪✪✪
VIA XX SETTEMBRE 35
TEL 010 592 541
FAX 010 561 756
www.hotelbristolpalace.com
Se trata del más conocido de los grandes hoteles de Génova, aunque en la actualidad su majestuosidad y elegancia están un poco descuidadas en algunos lugares.
🛏 133 🅿 🛗 🆒
🚫 Principales tarjetas

🏨 CITY
$$$ ✪✪✪✪
VIA SAN SEBASTIANO 6
TEL 010 5545
FAX 010 586 301
www.bestwestern.it
Un hotel céntrico y confortable perteneciente a la cadena Best Western que ofrece todos los servicios que cabe esperar de un establecimiento de su categoría.
🛏 63 🅿 🛗 🆒
🚫 Principales tarjetas

🏨 METROPOLI
$$$ ✪✪✪
PIAZZA FONTANA MOROSE
TEL 010 246 8888
FAX 010 246 8686
www.bestwestern.it
Se trata de otro elegante hotel de la cadena Best Western (ver antes el hotel City), ubicado en una romántica plaza en el centro histórico de Génova. Las habitaciones del primer piso son muy acogedoras.
🛏 48 🅿 🛗 🆒
🚫 Principales tarjetas

🍴 GRAN GOTTO
$$$$
VIALE BRIGATE BISAGNO 69r
TEL 010 583 644
Este venerable restaurante ha pertenecido a la misma familia desde el año 1937 y sirve comida clásica de la Liguria con un toque creativo. Prevalecen las especialidades

---

de pescado, pero las carnes y la pasta también se encuentran entre los platos recomendables. Está considerado el mejor restaurante de Génova. 🛏 60 🕒 Cerrado sáb. A dom. y 2 semanas en agos. 🅿 🔲 Principales tarjetas

🍴 LA BITTA NELLA PERGOLA
$$$$
VIA CASAREGIS 52
TEL 010 588 543
Un refinado ganador de la estrella Michelin, en el que, a semejanza del Gran Gotto (ver antes), las especialidades de pescado y mariscos prevalecen en la carta. Su oferta combina las cocinas marineras de dos grandes tradiciones culinarias italianas: la ligur y la napolitana. 🛏 40-60 🕒 Cerrado dom. C, lun. y 3 semanas en agos. 🅿 🔲 Principales tarjetas

🍴 SAINT CYR
$$$
PIAZZA MARSALA 4
TEL 010 886 897
Restaurante moderno, elegante y céntrico. El menú, a menudo extravagante, cambia todos los días, e incluye los principales platos regionales elaborados con carne y pescado. La *zuppa di cipolle* (sopa de cebolla), los *trenette al pesto* (pasta parecida a los tallarines con salsa de albahaca, queso, piñones y aceite de oliva) y el arroz (*riso*) con yemas de espárragos (*punti di asparagi*) son realmente memorables. 🛏 40 🕒 Cerrado sáb. A, dom. y 10 días en agos. 🅿 🔲 Principales tarjetas

🍴 ANTICA OSTERIA DELLA FOCE
$
VIA RUSPOLI 72r
TEL 010 553 3155
Osteria rústica de la vieja escuela regentada por una familia, con un puñado de mesas alrededor de un

horno de leña encendido. Suculentas especialidades genovesas muy condimentadas. 🛏 35 🕒 Cerrado sáb. A, dom., agos., y 1 semana en Navidad y Semana Santa 🔲 Principales tarjetas

PARQUE NACIONAL DEL GRAN PARADISO

🏨 BELLEVUE
🍴 $$$$ ◆◆◆◆
VIA GRAN PARADISO 22, COGNE
TEL 0165 74 825
FAX 0165 749 192
www.hotelbellevue.it
Es sin duda alguna el mejor de los numerosos hoteles que hay en este popular centro turístico. Las áreas comunes están decoradas con antigüedades rústicas. El elegante hotel-restaurante, Le Petit Restaurant, es el mejor del pueblo. 🏠 37 🅿 🕒 Cerrado miér. y oct.-dic. 🔲 🅿 🈯 🔲 Principales tarjetas

🏨 PETIT DAHU
$$ ◆◆
FRAZIONE VALNONTEY 27, VALNONTEY
TEL 0165 74 146
FAX 0165 74 146
Se trata de un hotel diminuto con habitaciones pequeñas y sencillas, compuesto por dos casas de madera tradicionales construidas en el año 1729. Situado en el pequeño valle de Valnontey, a 1,5 km de la localidad de Cogne, es perfecto para realizar excursiones a pie por la zona. 🏠 8 🅿 🕒 Cerrado mayo y oct.-nov. 🔲 AE, V

🍴 LOU RESSIGNON
$$
VIA MINES DE COGNE 23, COGNE
TEL 0165 74 034
Recibimiento cálido, ambiente hogareño, aspecto rústico –techos de madera y un antiguo hogar de leña– y auténtica cocina del valle

de Aosta, con muchos platos que prácticamente han desaparecido de los menús locales, como la *soupetta alla cogneintze* (una sopa elaborada con arroz, queso fontina local, hierbas aromáticas y picatostes). 🛏 60 🕒 Cerrado lun. C, mar. excepto verano y Navidad, y 2 semanas en sept., oct. y nov. 🔲 Principales tarjetas

PORTOFINO

PARA OCASIONES ESPECIALES

🏨 SPLENDIDO
Es uno de los hoteles más elegantes, famosos y caros de Italia. Originalmente un monasterio medieval, abrió sus puertas como hotel en 1901. Magníficamente situado en un terreno de 1,5 hectáreas de jardines semitropicales, las habitaciones tienen un estilo particular, pero todas son excepcionales. Dispone de sauna, pistas de tenis e innumerables comodidades.
$$$$$ ◆◆◆◆
VIALE BARATTA 16
TEL 0185 267 801
TEL 0185 267 806
www.hotelsplendido.com
🏠 69 🅿 🕒 Cerrado enero-med. de marzo 🔲 🅿 🈯 🔲 Principales tarjetas

🏨 EDEN
$$$ ◆◆◆
VICO DRITTO 18
TEL 0185 269 091
FAX 0185 269 047
www.hoteledenportofino.com
Casa tradicional de la Liguria construida en 1929 cerca de la plaza del pueblo. Instalado en un pequeño jardín lleno de palmeras, en verano es posible comer a la sombra en el restaurante Da Ferruccio. Es raro encontrar en la zona hoteles con estas tarifas tan interesantes. 🏠 8 🅿 🔲 🔲 Principales tarjetas

PICCOLO
$$$ ✪✪✪✪
VIA DUCA DEGLI ABRUZZI 31
TEL 0185 269 015
FAX 0185 269 621
www.dominapiccolo.it
Hotel íntimo y confortable
ubicado entre jardines y
parques. La mayoría de las
habitaciones tienen balcones
con vistas al mar
🅸 23 🅿 🕘 Cerrado nov.-dic.
🔁 🆂 🆂 Principales tarjetas

DA PUNY
$$$
PIAZZA MARTIRI
DELL' OLIVETTA 5
TEL 0185 269 037
Una verdadera institución
en Portofino, este antiguo
restaurante está en la elegante
plaza que mira al puerto.
Cuenta con dos cómodos
salones y mesas en una
terraza arbolada. En el menú
predominan los platos
de pescado y marisco.
🍽 40-70 🕘 Cerrado jue.
y med. de dic.-med. de feb.
🆂 Principales tarjetas

LA GRITTA
$$
CALATA MARCONI 20
TEL 0185 269 126
Uno de los bares más antiguos
de Portofino. En una ocasión,
Rex Harrison preparó unos
cócteles aquí en compañía
del duque de Windsor, aunque
son sólo dos entre los muchos
ilustres clientes del pasado.
🕘 Cerrado jue.

TURÍN

TURÍN PALACE
$$$$ ✪✪✪✪
VIA R SACCHI 8
TEL 011 562 5511
FAX 011 561 2187
www.thi.it
Hotel elegante, próximo a la
estación de ferrocarril, cons-
truido en 1872. Las habita-
ciones, tranquilas y espaciosas,
son de apariencia moderna o
bien están decoradas de una
manera más tradicional, con
muebles de estilo Luis XV.

🅸 121 🔁 🆂 🆂 Principales
tarjetas

VICTORIA
$$$ ✪✪✪
VIA NINO COSTA 4
TEL 011 561 1909
FAX 011 561 1806
www.hotelvictoria-torino.com
Hotel elegante caracterizado
por su amable servicio y la
cuidada atención a los detalles.
Alas modernas y antiguas, con
buenas habitaciones en
diferentes estilos.
🅸 85 🔁 🆂 🆂 Principales
tarjetas

AMADEUS E TEATRO
$$ ✪✪✪
VIA PRINCIPE AMADEO 41 BIS
TEL 011 817 4951
FAX 011 817 4953
Se trata de la primera opción
entre los hoteles de clase
media. Se halla situado cerca
del Mole Antonelliana y resulta
muy adecuado para visitar
el centro de la ciudad.
🅸 26 🅿 🔁 🆂
🆂 Principales tarjetas

L'ALBERO DI VINO
$$$$
PIAZZA DELLA CONSOLATA 9C
TEL 011 521 7578
El «Árbol de Vino» ofrece
más de 500 tipos de vino
diferentes, en su mayoría
originarios del Piamonte, para
acompañar las suculentas y
sustanciosas especialidades
del menú. No obstante,
también existe la posibilidad
de degustar platos más ligeros
y menús a mediodía para
estómagos más delicados.
Asimismo, en verano es
posible comer fuera, en
la terraza que instalan
en la plaza.
🍽 30 🕘 Cerrado dom.
🆂 Principales tarjetas

DEL CAMBIO
$$$$
PIAZZA CARIGNANO 2
TEL 011 543 760
Se trata de un restaurante
histórico fundado en el año
1757, que exhibe un magnífico

interior suntuosamente
decorado con candelabros,
historiadas lámparas y
enormes espejos. La cocina
es buena y de inspiración
piamontesa. La carta de vinos
del restaurante es realmente
magnífica.
🍽 60-150 🕘 Cerrado dom.,
agos. y 1 semana en enero
🆂 🆂 Principales tarjetas

SPADA REALE
$$
VIA PRINCIPE AMADEO 53
TEL 011 817 1363
Casi tan antiguo como el Tre
Galline (ver más adelante),
este restaurante regentado
por una familia es uno de los
establecimientos de la ciudad
preferidos por los artistas y
periodistas turineses y tiene
un ambiente bullicioso e
informal. Los ingredientes
cuidadosamente escogidos
añaden un toque toscano
a las especialidades de la carta,
inscritas en la tradición
piamontesa.
🍽 120 🕘 Cerrado dom.
y parte de agos. 🆂
🆂 Principales tarjetas

TRE GALLINE
$$
VIA BELLEZIA 37
TEL 011 436 6553
Durante tres siglos ha habido
en este lugar una posada de
este nombre. Sus actuales
propietarios continúan la
arraigada tradición de la clásica
cocina piamontesa que
siempre se ha servido en este
local en este tranquilo
emplazamiento en el centro
de la ciudad, al norte de la
Piazza Reale.
🍽 70 🅿 🕘 Cerrado lun. A,
dom. y 3 semanas en agos.
🆂 🆂 Principales tarjetas

VALLE DE AOSTA

ROYAL E GOLF
$$$$
VIA ROMA 87, COURMAYEUR
TEL 0165 831 611
FAX 0165 842 093
www.ventaglio.com

HOTELES Y RESTAURANTES

Es uno de los mejores hoteles de Courmayeur Su restaurante, con estrella Michelin, presume de una elaborada cocina con influencias regionales y francesas. Es imprescindible. reservar.
🛏 20-30 🅿 🕒 Cerrado A y lun. excepto agos. y Navidad
🔲 🔳 📺 🔲 Principales tarjetas

🏨 HOLIDAY INN AOSTA
$$$ ✪✪✪✪
CORSO BATTAGLIONE
AOSTA 30, AOSTA
TEL 0165 236 356
FAX 0165 236 837
En la parte oeste del pueblo, con la comodidad y los detalles modernos asociados a un hotel de una cadena. Vistas de la montaña desde algunas de las habitaciones.
🛏 50 🅿 🔲 🔲
🔲 Principales tarjetas

🏨 PALACE BRON
$$$ ✪✪✪✪
VIA PLAN GORRET 14, COURMAYEUR
TEL 0165 846 742
FAX 0165 844 015
www.palacebron.it
Este hotel se halla muy bien situado en un bosque de pinos a aproximadamente 1,5 km del centro del pueblo (hay servicio gratuito de autobuses). Habitaciones modernas y confortables y atractivas áreas comunes con magníficas vistas al Mont Blanc.
🛏 27 🅿 🕒 Cerrado mayo-junio y oct.-nov. 🔲 🔲
🔲 Principales tarjetas

🍴 VECCHIO RISTORO
$$$
VIA TOURNEUVE 4, AOSTA
TEL 0165 33 238
Un laberíntico restaurante instalado en un antiguo molino junto a las murallas del pueblo. Su cocina añade un toque personal a los platos regionales como los *ravioli di asparagi* con salsa al *parmigiano* (raviolis rellenos de espárragos servidos con salsa de queso parmesano).

🛏 34 🕒 Cerrado dom., lun. A y 3 semanas en jun.
🔲 Principales tarjetas

LOMBARDÍA Y LOS LAGOS

BÉRGAMO

🏨 EXCELSIOR SAN MARCO
$$$ ✪✪✪✪
PIAZZA DELLA REPUBBLICA 6
TEL 035 366 111
FAX 035 223 201
www.hotelsanmarco.com
La actual Bérgamo cuenta con numerosos hoteles modernos y sin ningún encanto especial, pero éste es el más confortable. Los puntos a favor son su terraza en la azotea y la proximidad a la parte histórica de la ciudad.
🛏 155 🅿 🔲 🔲
🔲 Principales tarjetas

🏨 SAN VIGILIO
$$-$$$ ✪✪✪
VIA SAN VIGILIO 15
TEL 035 253 179
FAX 035 402 081
www.sanviglio.it
El mejor de sólo un puñado de hoteles en la histórica Città Alta de Bérgamo. Se encuentra a medio camino entre la antigua fortaleza y el castillo medieval. El hotel-restaurante, I Musicanti, tiene una terraza con vistas sobre la ciudad.
🛏 7 🅿 🔲 🔲 Principales tarjetas

🍴 COLLEONI DELL'ANGELO
$$$$
PIAZZA VECCHIA 7
TEL 035 232 596
Su ubicación –en la plaza más bella de la Città Alta– y la cocina regional lombarda de su restaurante son excelentes.
🛏 100 🕒 Cerrado lun. y 2 semanas en agos. 🔲
🔲 Principales tarjetas

🍴 DA VITTORIO
$$$-$$$$
VIALE PAPA GIOVANNI XXIII 21
TEL 035 213 266

La maravillosa cocina, con pescado, marisco, setas y trufas, le ha merecido a este venerable restaurante dos estrellas Michelin. En primavera, pruebe el atún asado, de exquisita factura, y en otoño, un filete de rape con patatas y *porcini* (setas).
🛏 120 🅿 🕒 Cerrado lun. y agos. 🔲 🔲 Principales tarjetas

LAGO DI COMO

PARA OCASIONES ESPECIALES

🏨 VILLA D'ESTE
🍴
Villa d'Este, ubicada a orillas del lago, fue construida en 1568 y se convirtió en hotel en el año 1873. Actualmente, no es sólo uno de los hoteles más importantes y lujosos de Italia, sino que posee también uno de los mejores jardines del país. Las zonas comunes son realmente magníficas –llenas de frescos, estatuas, grandes candelabros y deliciosas antigüedades–, mientras que las espaciosas yv suntuosas habitaciones están decoradas en el majestuoso estilo del siglo XIX.
$$$$$ ✪✪✪✪✪
VIA REGINA 40, CERNOBBIO
TEL 031 3481
FAX 031 348 844
www.villadeste.it
🛏 150 + 9 suites 🅿 🔲
🔲 🔳 📺 🔲 Principales tarjetas

🏨 TERMINUS
🍴 **$$$-$$$$ ✪✪✪✪**
LUNGO LARIO TRIESTE 14, COMO
TEL 031 329 111
FAX 031 302 550
www.hotelterminus-como.it
Hotel del siglo XIX regentado por una familia y emplazado en el centro del pueblo y cerca del lago. Dispone de una agradable terraza para los días soleados con vistas del lago para comer, y buenas habitaciones con telas con

PARA OCASIONES ESPECIALES

GRAND HOTEL VILLA SERBELLONI

La primera opción para una estancia en el pueblo más bello del lago de Como. Las habitaciones son todas magníficas, pero varían en cuanto a su tamaño y lujo; las mejores tienen vistas al lago.

$$$$–$$$$$ ○○○○○
VIA ROMA 1, BELLAGIO
TEL 031 951 216
FAX 031 951 529
www.villaserbelloni.it
72 habitaciones + 11 suites P Cerrado nov.-marzo
Principales tarjetas

motivos florales y elegante mobiliario.
36 + 2 suites P
Restaurante cerrado mar.
Principales tarjetas

DU LAC

$$–$$$ ○○○
PIAZZA MAZZINI 32, BELLAGIO
TEL 031 950 320
FAX 031 951 624
www.bellagiohoteldulac.com
Encantador hotel anglo-italiano situado en el centro del pueblo, próximo a la zona de llegada del transbordador Terraza en la azotea y cuartos con vistas al lago.
48 P
Principales tarjetas

TERRAZZO PERLASCO

$$$-$$$$
PIAZZA DE GASPERI 8
TEL 031 303 936
Restaurante moderno y refinado situado al este del centro del pueblo, cuya mayor atracción es la terraza con una vista panorámica del lago.
90 Cerrado lun. y 2-3 semanas agos.
Principales tarjetas

BARCHETTA

$$$ ○○○○
SALITA MELIA 13, BELLAGIO
TEL 031 951 389

Disfrute de la comida en la encantadora terraza o en el salón delante del fuego, en medio de numerosos objetos de arte y antigüedades. Platos de pescado y carne, incluyendo un excelente *maialino arrosto del Monte Primi* (cochinillo asado)
30-80 Cerrado mar. med. de sept.-med. de jun., 3 semanas oct.-nov., y lun.-vier. dic.-marzo AE, MC, V

LAGO MAGGIORE

GRAND HOTEL DES ÎLES BOROMÉES

$$$$$ ○○○○○
CORSO UMBERTO 1 67, STRESA
TEL 0323 938 938
FAX 0323 32 405
www.borromees.it
Un clásico hotel instalado en una villa a orillas del lago entre jardines y parques. Abierto como hotel en 1863, ha sido desde entonces un paradigma de lujo y elegancia. Obsérvese que las 27 habitaciones que forman parte de la residencia (anexo) del hotel son más económicas y están decoradas en un estilo más contemporáneo.
129 + 11 suites P
Principales tarjetas

VERBANO

$$$ ○○○
VIA UGO ARA 12, ISOLA DEI PESCATORI
TEL 0323 30 408
FAX 0323 33 129
www.hotelverbano.it
Es uno de los pocos lugares en los que se puede uno alojar en las islas Borromeo. El restaurante es bueno, con terraza exterior en verano.
12 P Hotel cerrado enero-feb.; restaurante cerrado miér. oct.-med. de abril Principales tarjetas

LA PIEMONTESE

$$$
VIA MAZZINI 25, STRESA
TEL 0323 30 235
Agradable restaurante dirigido por una familia,

situado en el centro del pueblo y donde en los meses de verano se puede comer fuera en una pérgola cubierta por una enredadera. Contundentes platos locales, con el énfasis puesto en el pescado.
60 P Cerrado lun.
Principales tarjetas

LAGO D' ORTA

VILLA CRESPI

$$$$–$$$$$ ○○○○
VIA G. FAVA 8-10 (2 KM DE ORTA SAN GIULIO)
TEL 0322 911 902
FAX 0322 911 919
www.lagodortahotels.com
Un lugar magnífico para comer y alojarse. El restaurante exhibe una estrella Michelin y las habitaciones en el pueblo del siglo XIX rodeado de un parque, presume de una decoración morisca, camas con dosel, baños de mármol, y valiosos muebles antiguos.
6 + 8 suites P Hotel cerrado en enero; restaurante cerrado mar. y A miér.
Principales tarjetas

SAN ROCCO

$$$ ○○○○
VIA GIPPINI 11, ORTA SAN GIULIO
TEL 0322 911 977
FAX 0322 911 964
www.hotelsanrocco.it
Monasterio del siglo XVII convertido en hotel con una vista panorámica del lago. Las habitaciones son confortables y modernas; la mitad de ellas tienen vista al lago.
74 P
Principales tarjetas

MANTUA

SAN LORENZO

$$$ ○○○○
PIAZZA CONCORDIA 14
TEL 0376 220 500
FAX 0376 327 194
www.hotelsanlorenzo.it
En el corazón del centro histórico de la ciudad y, en su mayor parte, decorado con muebles y antigüedades de

HOTELES Y RESTAURANTES

época. La terraza ofrece buenas vistas de la ciudad. Se sirve desayuno, pero no tiene restaurante.

(1) 64 **P** 🚫 🛒
🚫 Principales tarjetas

🏨 BROLETTO
$$ ○○○
VIA ACCADEMIA 1
TEL 0376 223 678
FAX 0376 221 297
En el centro de Mantova hay pocos hoteles buenos. Este establecimiento, correcto pero nada excepcional, se encuentra cerca del Palazzo Ducale. Algunas de sus habitaciones son ruidosas. No tiene restaurante.

(1) 16 🛒 🚫 Principales tarjetas

🍴 AQUILA NIGRA
$$$$
VICOLO BONACOLSI 4
TEL 0376 327 180
El mejor restaurante de Mantua, con una estrella Michelin, ubicación céntrica, paredes con frescos, techos con bóvedas y especialidades de Mantua como los *tortelli di zucca* (pasta rellena con calabaza dulce) y *filetto di manzo* (filete de buey).

(1) 75 **P** 🕐 Cerrado lun., dom. C abril-mayo y sept.-oct., todos los días del año, y 2 semanas en agos.
🛒 🚫 Principales tarjetas

MILÁN

🏨 FOUR SEASONS
🍴 **$$$$$ ○○○○○**
VIA GESÙ 8
TEL 02 77 088
FAX 02 7708 5000
www.fourseasons.com
El hotel más elegante de Milán es un monasterio del siglo XIV situado en una de las principales calles comerciales de la ciudad. Su restaurante La Veranda cuenta con una excelente calificación y es caro.

(1) 82 + 16 suites **P**
🚇 Metro: Montenapoleone
🛒 🚫 🚫 Principales tarjetas

🏨 UNA HOTEL CUSANI
$$$$-$$$$$ ○○○○
VIA CUSANI 13
TEL 02 85 601
FAX 02 869 3601
www.unahotels.it
Buena ubicación céntrica frente al Castello Sforzesco, al noroeste del Duomo. Servicio amable y habitaciones espaciosas amuebladas con sobriedad y estilo.

(1) 92 🚇 Metro: Cairoli **P**
🛒 🚫 Principales tarjetas

🏨 SPADARI AL DUOMO
$$$-$$$$$ ○○○○
VIA SPADARI 11
TEL 02 7200 2371
FAX 02 861 184
www.spadarihotel.com
Una magnífica ubicación en una calle lateral próxima a la Piazza del Duomo. La decoración es elegante y sofisticada, y el hotel es conocido sobre todo por su colección de arte contemporáneo.

(1) 40 🚇 Metro: Duomo **P**
🕐 Cerrado parte de agos.
🛒 🚫 Principales tarjetas

🏨 BAVIERA
$$$ ○○○
VIA PANFILO CASTALDI 7
TEL 02 659 0551
FAX 02 2900 3281
www.hotelbaviera.com
Éste no es uno de los hoteles más modernos de Milán, ni tampoco uno de los más caros. Cuenta con habitaciones de diferentes tamaños y precios. El hotel está cerca de la Stazione Centrale (la principal estación de trenes).

(1) 50 🚇 Metro: Repubblica **P** 🛒 Principales tarjetas

🍴 SADLER
$$$$$
VIA ETTORE TROILO 14,
AT VIA CONCHETTA
TEL 02 5810 4451
Su magnífica cocina a base de especialidades de carne y pescado ha merecido una estrella Michelin, además de las alabanzas de los críticos gastronómicos de Italia. Sin embargo, deberá tomar un

taxi para llegar hasta allí, ya que el restaurante se encuentra al sur del centro de la ciudad.

(1) 40 🕐 Cerrado A, dom., 1-15 de ene. y agos. 🛒
🚫 Principales tarjetas

PARA OCASIONES ESPECIALES

🍴 AIMO E NADIA
Es el mejor restaurante de Milán, aunque algunos afirman que es el mejor de Lombardía. Famoso por su uso fanático de los mejores ingredientes disponibles y la inventiva interpretación que hacen de los platos milaneses y de otras zonas del norte de Italia. Los menús cambian de forma regular y pueden incluir desde platos simples como *crostini* (tostadas) con el mejor aceite de oliva virgen y los tomates más dulces, hasta las *melanzane farcite d'aragosta* (berenjenas rellenas de langosta). El almuerzo es más económico.

$$$-$$$$$
VIA MONTECUCCOLI 6
TEL 02 416 886
(1) 40 🚇 Metro: Primaticco
🕐 Cerrado sáb. A, dom. y agos. 🛒 🚫 Principales tarjetas

🍴 PECK
$$-$$$$$
VIA VICTOR HUGO 4
TEL 02 860 408
Este soberbio restaurante contemporáneo situado en las inmediaciones del Palazzo dell'Ambrosiana ofrece excelentes menús de degustación de precio fijo, que permiten probar los platos de la cocina local, fundamentalmente una variedad de *risotti classici* (arroces caldosos clásicos) y el *scalopino alla Milanese* (un tierno filete de carne de ternera rebozado).

(1) 50 🚇 Metro: Duomo
🕐 Cerrado sáb. A, dom., y 3 semanas jul. o agos. 🛒 🚫 Principales tarjetas

🍴 OLIVIA
$$$
VIA GABRIELE D'ANNUNZIO 7-9
TEL 02 8940 6052
Restaurante acreditado en el distrito de los canales Navigli con un interior moderno pero acogedor situado a varios niveles. La cocina puede resultar arriesgada, como sucede en platos como los *ravioli di faraona* (raviolis rellenos de gallina de Guinea).
🍴 55 🚇 Metro: Sant' Agostino 🕐 Cerrado sáb. A, dom., y agos. ❄️ 💳 Principales tarjetas

🍴 TRATTORIA MILANESE
$$$
VIA SANTA MARTA 11
TEL 02 8645 1991
Bulliciosa y céntrica *trattoria* tradicional con dos salones que ha pertenecido a la misma familia durante 60 años. Popular entre los milaneses, desde hombres de negocios hasta jóvenes enamorados. Ubicada justo al oeste de la Biblioteca Ambrosiana.
🍴 80 🕐 Cerrado mar. y agos. 💳 Principales tarjetas

🍴 CHARLESTON
$-$$
PIAZZA DEL LIBERTY 8
TEL 02 798 631
Grande, bulliciosa y a menudo ruidosa, como debe ser una pizzería, y cerca del centro, justo al oeste del Duomo. También se pueden tomar *antipasti* (entrantes) y platos que no incluyen pizza, como pastas simples.
🍴 180 🚇 Metro: Duomo 🅿️ 🕐 Cerrado lun. y agos. ❄️ 💳 Principales tarjetas

VENECIA

🏨 CIPRIANI
🍴 $$$$$ ✦✦✦✦
FONDAMENTA SAN GIOVANNI, ISOLA DELLA GIUDECCA 10
TEL 041 520 7744
FAX 041 520 3930
www.hotelcipriani.it

El Cipriani es diferente porque está ubicado en la isla de la Giudecca y no en el Gran Canal. Esto hace que sea silencioso; los huéspedes también pueden disfrutar de un jardín con piscina y pistas de tenis.
ℹ️ 59 + 12 suites 🚤 Zitelle 52 o lanchas privadas del hotel desde San Marco ⬆️ ❄️ 🏊 💳 Principales tarjetas

🏨 DANIELI
🍴 $$$$$ ✦✦✦✦✦
RIVA DEGLI SCHIAVONI-CALLE DELLE RASSE, CASTELLO 4196
TEL 041 522 6480
FAX 041 520 0208
www.danieli.hotelinvenice.com
Para disfrutar plenamente del esplendor de este hotel, asegúrese de reservar una habitación en el hotel original, instalado en un *palazzo* del siglo XIII, delante de San Marco, no en el anexo de 1948.
ℹ️ 221 + 9 suites 🚤 San Zaccaria 1, 4, 52, 82 ⬆️ ❄️ 💳 Principales tarjetas

🏨 GRITTI PALACE
🍴 $$$$$ ✦✦✦✦✦
CAMPO SANTA MARIA DEL GIGLIO, SAN MARCO 2467
TEL 041 794 611
FAX 041 520 0942
www.hotelgrittivenice.com
Una ubicación más tranquila que el Danieli (ver antes) en un edificio histórico: el palacio del siglo XV de un antiguo dux. Niveles similares de confort y elegancia.
ℹ️ 87 + 6 suites 🚤 Santa Maria del Giglio 1 ⬆️ ❄️ 💳 Principales tarjetas

🏨 LUNA HOTEL
🍴 BAGLIONI
$$$$–$$$$$ ✦✦✦✦
CALLE LARGA DELL'ASCENSIONE, SAN MARCO 1243
TEL 041 528 9840
FAX 041 528 7160
www.baglionihotels.com
El hotel más antiguo de Venecia y en un tiempo el cuartel general veneciano de los Caballeros Templarios. Los espacios comunes poseen

bellos toques antiguos, como los frescos del salón Marco Polo, mientras que las habitaciones –algunas de las cuales dan al Gran Canal– son elegantes y están bien diseñadas. El restaurante Canova es uno de los mejores de la ciudad.
ℹ️ 111 + 7 suites 🚤 San Marco 1, 3, 4, 82 ⬆️ ❄️ 💳 Principales tarjetas

🏨 ACCADEMIA VILLA MARAVEGE
$$$ ✦✦✦
FONDAMENTA BOLLANI, DORSODURO 1058–1060
TEL 041 521 0188
FAX 041 523 9152
www.pensioneaccademia.it
Hotel conocido y popular gracias a su ubicación, jardín y emplazamiento –en un *palazzo* del siglo XVII que otrora albergó la embajada rusa–, y al estilo majestuoso y la decoración antigua de sus habitaciones y espacios comunes. Imprescindible reservar.
ℹ️ 27 🚤 Accademia 1, 3, 4, 82 ❄️ 💳 Principales tarjetas

🏨 ALA
$$$ ✦✦✦
CAMPO SANTA MARIA DEL GIGLIO, SAN MARCO 2494
TEL 041 520 8333
FAX 041 520 6390
www.hotelala.com
El Ala se encuentra a pocos pasos de San Marco, comparte la misma plaza que el famoso hotel Gritti Palace (ver antes). Las habitaciones son generalmente pequeñas y decoradas en estilo contemporáneo o bien espaciosas y amuebladas en un estilo más antiguo. No tiene restaurante.
ℹ️ 85 🚤 Santa Maria del Giglio 1 ⬆️ ❄️ 💳 Principales tarjetas

🏨 AMERICAN
$$$ ✦✦✦
FONDAMENTA BRAGADIN-SAN VIO, DORSODURO 628
TEL 041 520 4733
FAX 041 520 4048
www.hotelamerican.com

Un hotel perfecto de precio medio ubicado en una bella y tranquila zona de canales a pocos minutos andando de las galerías Accademia y Guggenheim. No tiene restaurante.
30 Accademia 1, 82 Principales tarjetas

FLORA
$$$ ✪✪✪
CALLE DEI BERGAMESCHI, SAN MARCO 2283A
TEL 041 520 5844
FAX 041 522 8217
www.hotelflora.it
Un pequeño jardín interior –una verdadera rareza en Venecia– aporta a este hotel gran parte de su encanto. Las habitaciones son un poco pequeñas, pero la ubicación, junto a la Calle Larga XXII Marzo al oeste de San Marco, es perfecta.
44 Santa Maria del Giglio 1 Principales tarjetas

GIORGIONE
$$$ ✪✪✪✪
CAMPO SS. APOSTOLI, CANNAREGIO 4587
TEL 041 522 5810
FAX 041 523 9092
www.hotelgiorgione.com
Este hotel tiene un pequeño patio-jardín y una ubicación tranquila, además de una serie de facilidades y habitaciones bien presentadas que superan los niveles de otros hoteles de cuatro estrellas.
71 Ca' d'Oro 1 Principales tarjetas

GRAN CAFFÈ RISTORANTE QUADRI
$$$$$
PIAZZA SAN MARCO 120-124
TEL 041 528 9299
La cocina clásica veneciana es buena en este establecimiento, pero no puede competir con el Harry's. Su magnífica ubicación con vistas sobre la plaza de San Marco no se olvida fácilmente. Es imprescindible reservar.
74 San Marco 1, 3, 4, 82 Cerrado mar. A, lun., y A jul.-agos. Principales tarjetas

HARRY'S BAR
$$$$$
CALLE VALLARESSO, SAN MARCO 1323
TEL 041 528 5777
Es el restaurante (y bar) más famoso de Venecia y uno de los dos restaurantes de la ciudad que exhibe una estrella Michelin. El bullicioso bar de la planta baja sirve los mejores martinis de la ciudad y el popular cóctel –el Bellini (champán y zumo de melocotón fresco)– fue inventado aquí. Es imprescindible reservar.
80-100 San Marco 1, 3, 4, 82 Principales tarjetas

ANTICO MARTINI
$$$$-$$$$$
CAMPO SAN FANTIN, SAN MARCO 1983
TEL 041 522 4121
La refinada cocina veneciana queda casi oscurecida por la decoración. El restaurante, a la sombra del teatro La Fenice, tiene casi tres siglos y ha estado en manos de la misma familia desde 1920. Su carta de vinos de 350 marcas es impresionante.
40-85 Santa Maria del Giglio 1, 52, 82 Cerrado miér. A y mar. Principales tarjetas

AL COVO
$$$-$$$$
CAMPIELLO DELLA PESCARIA, CASTELLO 3968
TEL 041 522 3812
Diane, nacida en Texas, y su esposo italiano han creado un maravilloso restaurante de dos salones en el que elaboran exquisitos y a menudo innovadores platos de la cocina clásica veneciana, como el *fritto misto* (combinado de pescado y mariscos asados).
50 Arsenale 1, 52 o San Zaccaria 1, 52, 82 Cerrado miér., jue. y 2 semanas en enero y agos. Principales tarjetas

ANTICO MONTIN
$$$-$$$$
FONDAMENTA DI BORGO, DORSODURO 1147
TEL 041 522 7151
FAX 041 520 0203
www.locandamontin.com
Artistas, escritores y los ricos y famosos frecuentaron el Montin durante décadas. Tras un periodo de declive en el que principalmente vivió de su reputación pasada, por fortuna en los últimos años los estándares en la cocina han recuperado sus antiguos niveles. El jardín trasero es uno de los lugares más encantadores que hay en Venecia para comer en el exterior, pero los comedores principales también son muy acogedores. Empapados de historia, exhiben una atmósfera anticuada y paredes cubiertas de pinturas.
125 Zattare o Ca' Rezzonico 1, 52, 82 Cerrado mar. y miér., julio-agos. y nov.-feb. Principales tarjetas

CORTE SCONTA
$$$-$$$$
CALLE DEL PRESTIN, CASTELLO 3886
TEL 041 522 7024
Cada vez resulta más difícil conseguir una mesa en este sencillo restaurante de estilo *trattoria*, uno de los locales preferidos por los lugareños y los turistas bien informados. La atmósfera es bulliciosa, por momentos casi caótica, y no hay un verdadero menú: los camareros traen una selección de entrantes y una limitada oferta de platos principales y de pasta. La calidad es buena pero quizás no refleja el precio y la reputación del local.
50-70 Arsenale 1 Cerrado dom., lun., 4 semanas enero-feb., y 4 semanas a partir del 3er dom. de jul. Principales tarjetas

FIASCHETTERIA TOSCANA
$$$-$$$$
SALIZZADA SAN GIOVANNI CRISOSTOMO, CANNAREGIO 5719
TEL 041 528 5281
Este restaurante agradable y elegante próximo al Rialto ha sido una apuesta segura por los buenos platos de pescado venecianos –a pesar de su nombre toscano– desde 1956. Las mesas están muy juntas y la atmósfera puede ser bulliciosa. La carta de vinos es ecléctica y en verano se puede comer en el exterior.
🚪 80-110 🚉 Rialto 1, 3, 82 ⊕ Cerrado A lun., mar. y 3-4 semanas jul. y agos. ❄ 🗠 Principales tarjetas

FLORIAN
$$$
PIAZZA SAN MARCO, SAN MARCO 56-59
TEL 041 520 5641
www.caffeflorian.com
Es el café más antiguo (fundado en 1720), opulento y caro de Venecia. Merece al menos una visita para disfrutar de su magnífico interior del siglo XVIII.
🚉 San Marco 1, 3, 4, 82 ⊕ Cerrado miér. en invierno

TRATTORIA ALLA MADONNA
$$$
CALLE DELLA MADONNA, SAN POLO 594
TEL 041 522 3824
Una *trattoria* de la vieja escuela: grande, bulliciosa y sin afectación. La cocina a base de pescado no es excepcional, pero como experiencia gastronómica es más auténtica que los locales caros y llenos de turistas que bordean el Rialto.
🚪 220 🚉 Rialto 1, 3, 82 ⊕ Cerrado miér. y parte de enero y agos. ❄ 🗠 Principales tarjetas

VINI DA GIGIO
$$$
FONDAMENTA SAN FELICE, CANNAREGIO 3628/A
TEL 041 528 5140

Un pequeño restaurante en un canal secundario para disfrutar de un almuerzo tranquilo o una cena romántica. Cocina veneciana simple, pero de elegante presentación, servicio amable, y dos comedores con barra, techos con vigas y bellos armarios de madera. Pruebe el *carpaccio di spada* (finas rodajas de pez espada).
🚪 40 🚉 Ca' d'Oro 1 ⊕ Cerrado lun. y parte de enero y agos. ❄ 🗠 Principales tarjetas

DONA ONESTA
$$
PONTE DE LA DONA ONESTA, DORSODURO 3922
TEL 041 710 586
La «Mujer Honesta» hace honor a su nombre y esta sencilla *trattoria* cobra precios justos por sus platos de cocina veneciana básica, en un restaurante emplazado cerca de San Rocco y el Frari.
🚪 70 🚉 San Tomà 1, 82 🗠 Principales tarjetas

HARRY'S DOLCI
$$
FONDAMENTA SAN BIAGIO 773, ISOLA DELLA GIUDECCA
TEL 041 522 4844
www.cipriani.com
Cruce el canal hasta la isla de Giudecca para disfrutar de té, café y pasteles (comidas también) en un anexo tranquilo y agradable del Harry's Bar (ver antes).
🚉 Sant'Eufemia 52, 82 ⊕ Cerrado lun. y mar.

ACIUGHETA
$-$$
CAMPO SS. FILIPPO E GIACOMO, CASTELLO 4357
TEL 041 522 4292
Es una antigua pizzería-*trattoria* ubicada justo al oeste de San Marco y uno de los lugares con precios más razonables por una comida en este bullicioso barrio.
🚪 70 en el interior + 70 en el exterior 🚉 San Zaccaria 1, 4, 52, 82 ⊕ Cerrado miér. en invierno 🗠 MC, V

ANTICA DOLO
$
RUGA VECCHIA SAN GIOVANNI, SAN POLO 778
TEL 041 522 6546
No es tan antigua como la cercana Do Mori (ver más adelante), pero es un local casi igualmente auténtico de vinos y refrigerios (*cicheti* en dialecto veneciano).
🚉 Rialto 1, 3, 82 ⊕ Cerrado dom.

DO MORI
$
CALLE DO MORI, OFF RUGA VECCHIA SAN GIOVANNI, SAN POLO 429
TEL 041 522 5401
Venecianos y mercaderes han acudido a este oscuro y estrecho *bacaro*, o vinatería, desde el año 1462. No tiene mesas ni sillas, pero sabrosos refrigerios y más de 350 vinos diferentes.
🚉 Rialto 1, 3, 81 ⊕ Cerrado dom. y miér C

IL CAFFÈ
$
CAMPO SANTO MARGHERITA, DORSODURO 2963
TEL 041 528 7998
Un diminuto café con mesas en el exterior, en una plaza encantadora y bulliciosa a pocos minutos andando de la iglesia Frari.
🚉 Ca' Rezzonico 1 ⊕ Cerrado dom.

PAOLIN
$
CAMPO SANTO STEFANO, SAN MARCO 3464
TEL 041 522 0710
El mejor bar en una de las plazas más hermosas de la ciudad, con excelentes helados y muchas mesas en la calle.
🚉 Accademia 1, 3, 4, 82 ⊕ Cerrado vier.

VINO VINO
$
CALA DEL CAFFETTIER, PONTE DELLE VESTE, SAN MARCO 2207D
TEL 041 523 7027

Dos salones con mesas de mármol, a pocos pasos del Teatro La Fenice. Más de 250 vinos en copa o botella, además de refrigerios y comidas ligeras. Abierto hasta las 23.00 o medianoche.
🚋 Santa Maria del Giglio 1
🕐 Cerrado mar.

NORDESTE DE ITALIA

DOLOMITAS

🏨 PARKHOTEL LAURIN
🍴 $$$$ ✪✪✪✪
VIA LAURIN 4, BOLZANO (BOZEN)
TEL 0471 311 000
FAX 0471 311 148
www.laurin.it
Este hotel es una joya modernista situado en la parte este de la ciudad antigua. El restaurante es bueno, pero más caro que el Amadè, de calidad superior (ver más adelante).
🛏 96 🅿 🔄 🍴 ♨
🖎 Principales tarjetas

🏨 LUNA-MONDSCHIEN
🍴 $$$ ✪✪✪✪
VIA PIAVE 15, BOLZANO (BOZEN)
TEL 0471 975 642
FAX 0471 975 577
www.hotel-luna.it
Este céntrico hotel, pero tranquilo, y rodeado por un jardín data de 1798; los cuartos con artesonado tienen vistas al jardín.
🛏 85 🅿 🔄 🍴
🖎 Principales tarjetas

🏨 GOLF
🍴 $$-$$$$ ✪✪✪✪
VIA CIMA TOSA 3, CAMPO CARLO MAGNO (3 KM DE MADONNA DI CAMPIGLIO)
TEL 0465 441 003
FAX 0465 440 294
En las Dolomitas hay numerosos hoteles en los complejos turísticos de verano e invierno. Este hotel destaca por su campo de golf de nueve hoyos.
🛏 115 🅿 🔄 🍴
🖎 Principales tarjetas

🏨 SCHLOSS KORB
$$$ ✪✪✪✪
MISSIANO, STRADA CASTEL D'APPIANO 5, BOLZANO (BOZEN)
TEL 0471 636 000
FAX 0471 636 033
Si quiere alejarse de Bolzano, conduzca 5 km hacia el oeste de la ciudad hasta llegar a este evocador castillo del siglo XIII que se alza en las colinas.
🛏 56 🅿 🕐 Cerrado nov.-Semana Santa 🔄 🍴 ♨
🖎 No se aceptan tarjetas de crédito

🏨 HERMITAGE BIOHOTEL
🍴 $$ ✪✪
VIA CASTELLETTO INFERIORE 69, MADONNA DI CAMPIGLIO
TEL 0465 441 558
FAX 0465 441 618
www.chalethermitage.com
Ubicado entre jardines y bosques, con espectaculares vistas de las montañas, a unos 1,5 km del centro de Madonna. Este hotel-restaurante es uno de los mejores de la ciudad.
🛏 24 🕐 Cerrado oct.-med. de dic. y Semana Santa-finales de jun. 🖎 Principales tarjetas

🍴 EL FILÒ
$-$$
PIAZZA SCUOLE 5, MOLVENO
TEL 0461 586 151
Es una casa medieval en el centro del pueblo donde se puede picar algo o tomar una comida completa.
🍽 55 🕐 Cerrado A lun.-miér. 🍴 🖎 Principales tarjetas

LAGO DI GARDA

🏨 PALACE HOTEL VILLA
🍴 CORTINE
$$$$$ ✪✪✪✪
VIA GROTTE 6, SIRMIONE
TEL 030 990 5890
FAX 030 916 390
www.palacehotelvillacortine.it
Hotel en una villa sublime casi excesivamente lujosa del año 1905 que se alza en un parque lejos del centro de la ciudad y con espléndidas vistas al lago.

🛏 49 + 2 suites 🅿
🕐 Cerrado nov.-Semana Santa 🔄 🍴 ♨
🖎 Principales tarjetas

🏨 HOTEL DU LAC ET DU PARC
$$$-$$$$$
VIALE ROVERETO 44, RIVA DEL GARDA
TEL 0464 551 500
FAX 0464 555 200
www.hoteldulac-riva.it
En Riva hay numerosos hoteles de rango medio, pero por estilo y actividades recreativas (sauna, pistas de tenis entre otras), este elegante hotel de estilo español no tiene rival.
🛏 170 + 4 suites 🅿 🔄 🍴 ♨ ♨ 🖎 Principales tarjetas

🏨 LAURIN
$$$$ ✪✪✪✪
VIALE LANDI 9, SALÒ
TEL 0365 22 022
FAX 0365 22 382
Este hotel, ubicado en una de las villas modernistas más elegantes de Italia, se alza junto al lago y está rodeado de parques y jardines.
🛏 36 + 2 suites 🅿 🔄 🍴 ♨ 🖎 Principales tarjetas

LA MAISON DU RELAX
$$$-$$$$ ♦♦♦♦
VIA ZANARDELLI 126,
GARDONE RIVIERA
TEL 0365 290 485
FAX 0365 20 777
www.villaparadiso.com
En su época, el cercano Grand
Hotel de 180 habitaciones
era más famoso, pero hoy
esta villa mucho más íntima, a
orillas del lago, es el hotel más
elegante de Gardone.
🛏 13 🛗 ❄ 🏧 Principales
tarjetas

VILLA DEL SOGNO
$$$-$$$$ ♦♦♦♦
VIA ZANARDELLI 701,
GARDONE RIVIERA (BRESCIA)
TEL 0365 290 181
FAX 0365 290 230
www.villadelsogno.it
Esta notable «Villa del Sueño»,
de la década de 1920 y una
imitación del estilo renacen-
tista, mira al lago y a la cam-
piña circundante. Es el mejor
hotel de la zona.
🛏 31 🅿 ❄ Cerrado med.
de oct.-marzo 🛗 ❄ 🏊
🏧 Principales tarjetas

LA RUCOLA
$$$$
VIA STRENTELLE 3, SIRMIONE
TEL 030 916 326
Moderna cocina italiana con
especialidades de temporada
que incluyen platos de carne,
pescado y mariscos.
🍴 45 ❄ Cerrado jue. y enero
❄ 🏧 Principales tarjetas

VILLA FIORDALISO
$$$$
CORSO ZANARDELLI 132,
GARDONE RIVIERA
TEL 0365 20 158
FAX 0365 290 011
www.villafiordaliso.it
Un templo a la refinada cocina
lombarda y del Véneto que ha
merecido la concesión de una
estrella Michelin. Esta villa del
siglo XIX —en una época hogar
de la amante de Mussolini—
está rodeada de parques.
Tiene seis habitaciones.
🍴 60 ❄ Cerrado enero y
feb. Restaurante cerrado

lun., mar. A ❄ 🏧 Principales
tarjetas

VECCHIA RIVA
$$$
VIA BASTIONE 3, RIVA
DEL GARDA
TEL 0464 555 061
Un restaurante íntimo cuya
cocina se basa, sobre todo,
en pescado del lago.
🍴 60 ❄ Cerrado A y miér.
en invierno ❄ 🏧 Principales
tarjetas

OSTERIA DELL'OROLOGIO
$-$$$
VIA BUTTURINI 26, SALÒ
TEL 0365 290 158
Un hallazgo entre los restau-
rantes caros de los lugares
turísticos. Sencillo e informal,
ofrece buenos quesos, vinos,
refrigerios y platos calientes.
🍴 70 ❄ Cerrado miér. y
jun. 🏧 Principales tarjetas

PADUA

MAJESTIC TOSCANELLI
$$$ ♦♦♦♦
VIA DELL'ARCO 2
TEL 049 663 244
FAX 049 876 0025
www.toscanelli.com
Ubicado en un palacio del siglo XVI, en una tranquila plaza
al sur de la céntrica Piazza delle Erbe. Los cuartos están decorados en estilo decimonónico.
🛏 32 🛗 ❄ 🏧 Principales
tarjetas

AL FAGIANO
$-$$ ♦♦
VIA LOCATELLI 45
TEL 049 875 3396
FAX 049 875 0073
Hotel sencillo y barato,
con un trato agradable y una
ubicación céntrica, próxima a
la basílica di Sant'Antonio.
🛏 29 ❄ 🏧 Principales
tarjetas

ANTICO BROLO
$$$-$$$$
CORSO MILANO 22
TEL 049 664 555

Restaurante elegante con un
servicio de primera y buena
comida. Los platos incluyen *ra-
violi ai fiori di zucca* (raviolis re-
llenos de flores de calabacín).
🍴 90 ❄ Cerrado dom. A,
lun., y 3 semanas agos. ❄
🏧 Principales tarjetas

L'ANFORA
$-$$
VIA DEI SONCIN 13
TEL 049 656 629
En este agradable y pequeño
restaurante próximo a la Piazza delle Erbe, en la ciudad vieja, se puede comer carne y
pescado. Pruebe el pescado
del día asado, la *zuppa di vongole e cozze* (sopa de almejas
y mejillones) o los *tagliatelle
ai porcini* (pasta con setas). ❄
🍴 30 ❄ Cerrado dom. ❄
🏧 No se aceptan tarjetas de
crédito

VERONA

GABBIA D'ORO
$$$$$ ♦♦♦♦
CORSO PORTA BORSARI 4/A
TEL 045 800 3060
FAX 045 590 293
www.hotelgabbiadoro.it
Este magnífico y discreto hotel se encuentra cerca de la
Piazza delle Erbe en el centro
de la ciudad. Todas sus habitaciones son diferentes y están bellamente decoradas con
techos con vigas, frescos en
las paredes, camas con dosel
y muchos otros detalles de
época. No tiene restaurante.
🛏 27 🛗 ❄ 🏧 Principales
tarjetas

VICTORIA
$$$$ ♦♦♦♦
VIA ADUA 8
TEL 045 590 566
FAX 045 590 155
www.hotelvictoria.it
Este hotel céntrico tiene habitaciones tranquilas y agradables, algunas de las cuales
conservan aún vestigios de
frescos de mosaicos de los
edificios románicos y medievales que había en ese solar.
No tiene restaurante.

[i] 67 + 4 suites [P] 🔁 🅢
🅢 Principales tarjetas

🏨 COLOMBA D'ORO
$$$-$$$$ ✪✪✪✪
VIA C. CATTANEO 10
TEL 045 595 300
FAX 045 594 974
www.colombahotel.com
Un luminoso y seductor hotel,
regentado por una familia,
ubicado en un *palazzo* del siglo
XIV magníficamente restaurado
situado en las inmediaciones
de la Piazza Brà.
[i] 49 🔁 🅢 🅢 Principales
tarjetas

🏨 TORCOLO
$$ ✪✪
VICOLO LISTONE 3
TEL 045 800 7512
FAX 045 800 4058
www.hoteltorcolo.it
Un hotel acogedor y con
precios razonables ubicado
junto a una tranquila plaza
cerca de la Piazza Brà.
No tiene restaurante.
[i] 19 🔁 🅢 🅢 AE, MC, V

🍴 IL DESCO
$$$$$
VIA DIETRO SAN
SEBASTIANO 7
TEL 045 595 358
Considerado entre los mejores
restaurantes del norte de Italia,
la guía Michelin le concedió
dos estrellas. Pruebe los entrantes, como los pequeños
medallones de codorniz o los
exquisitos flanes de tomate
y mejillones, y como platos
principales, no deje de
degustar especialidades como
las pechugas de pato con miel
y un delicioso puré de
calabacines y berenjenas.
🍴 50 🔁 Cerrado dom., 1ª
semana de enero, Semana
Santa, 2 semanas en jun.,
y parte de agos. 🅢
🅢 Principales tarjetas

🍴 LA GREPPIA
$$-$$$
VICOLO SAMARITANA 3
TEL 045 800 4577
Restaurante espacioso con
techos abovedados situado en

el centro histórico de la ciudad. Cocina local y regional.
🍴 80-150 🔁 Cerrado lun.
y parte de agos. 🅢
🅢 Principales tarjetas

🍴 TRATTORIA
AL CALMIERE
$$-$$$
PIAZZA SAN ZENO 10
TEL 045 803 0765
Una *trattoria* histórica que
ha conseguido sobrevivir en
Verona, en una bella plaza
delante de San Zeno. Ofrece
buenas especialidades de la
cocina veronesa.
🍴 120 + 60 en el exterior
🔁 Cerrado jue. y dom. C
en verano, miér. C y jue. en
invierno, y 3 semanas en julio
🅢 🅢 Principales tarjetas

🍴 LA STUETA
$$
VIA REDENTORE 4/B
TEL 045 803 2462
Pequeño restaurante muy
popular, con buena cocina local
y precios razonables. Pruebe
los contundentes platos de
polenta, los ñoquis y la
deliciosa *zuppa di patate*
(sopa de patatas).
🍴 45 🔁 Cerrado lun., mar.
A, y agos. 🅢 Principales
tarjetas

VICENZA

🏨 DUE MORI
$$ ✪✪
CONTRÀ DO RODE 24
TEL 0444 321 886
FAX 0444 326 127
www.hotelduemori.com
Vicenza tiene numerosos
y modernos hoteles en sus
alrededores, pero muy pocos
en el corazón histórico de la
ciudad. Éste está cerca de la
Piazza del Signori.
[i] 46 🅢 AE, MC, V

🍴 ANTICA CASA DELLA
MALVASIA
$$
CONTRÀ DELLE MORETTE 5
TEL 0444 543 704
Situado en el centro de la
ciudad, su ambiente transmite

la atmósfera de un gran
comedor medieval. La comida
es estrictamente regional e
incluye *puledro* (carne de
caballo), una importante
especialidad local. Entre la
amplia variedad de alternativas
destacan las ensaladas.
Excelentes bebidas, incluidos
177 tés diferentes,
75 infusiones de hierbas,
70 whiskis de malta
y 150 *grappe* distintas.
🍴 140-180 🔁 Cerrado dom.
C y lun. 🅢 🅢 Principales
tarjetas

EMILIA ROMAÑA
Y LAS MARCAS

ASCOLI PICENO

🏨 GIOLI
$$ ✪✪✪✪
VIALE DE' GASPERI 14
TEL 0736 255 550
FAX 0736 255 550
Un hotel moderno y funcional
a escasos metros de la catedral,
perfecto para visitar la ciudad.
[i] 56 🔁 🅢 Principales
tarjetas

🍴 RISTORANTE
DEL CORSO
$$-$$$
CORSO MAZZINI 277–79
TEL 0736 256 760
Restaurante ubicado en el
centro histórico dedicado al
pescado y los mariscos.
La *minestrina di pesce* (sopa de
pescado), cuando se puede
conseguir, es sencillamente
deliciosa.
🍴 40 🔁 Cerrado dom. C,
lun., y sept. 🅢 🅢 V

🍴 TORNASACCO
$$-$$$
PIAZZA DEL POPOLO 36
TEL 0736 254 151
En la plaza principal de Ascoli,
es el lugar perfecto para probar
las especialidades locales como
las *olive ascolane* (aceitunas
grandes y jugosas rellenas con
carne picada y fritas).
🍴 56 🔁 Cerrado vier.
y 2 semanas en julio 🅢
🅢 Principales tarjetas

BOLONIA

🏨 GRAND HOTEL BAGLIONI
$$$$-$$$$$ ✪✪✪✪✪
VIA DELL'INDIPENDENZA 8
TEL 051 225 445
FAX 051 234 840
www.baglionihotels.com
Es el hotel más lujoso de la ciudad y tanto sus habitaciones como sus zonas comunes son extremadamente elegantes.
🛏 121 + 4 suites 🅿 ⬆ 🅰
🅺 Principales tarjetas

🏨 CORONA D'ORO 1890
$$$-$$$$ ✪✪✪✪
VIA OBERDAN 12
TEL 051 236 456
FAX 051 262 679
La decoración modernista de las áreas comunes y los toques medievales, como los techos de madera pintada en las habitaciones, lo convierten en un lugar memorable para alojarse. No tiene restaurante.
🛏 35 🅿 ⬆ 🅰
🅺 Principales tarjetas

🏨 OROLOGIO
$$-$$$ ✪✪✪
VIA IV NOVEMBRE 10
TEL 051 231 253
FAX 051 260 552
http://orologio.hotel-bologna.net
Perfecto para visitar la ciudad, el hotel se encuentra junto a la Piazza Grande, en una zona sólo para peatones del centro histórico de la ciudad.
🛏 31 🅿 ⬆ 🅰
🅺 Principales tarjetas

🏨 ROMA
$$-$$$ ✪✪✪
VIA MASSIMO D'AZEGLIO 9
TEL 051 231 330
FAX 051 239 909
Una atmósfera tranquila, un servicio profesional y su céntrica ubicación son la marca registrada del Roma.
🛏 85 ⬆ 🅰 🅺 Principales tarjetas

🍴 BATTIBECCO
$$$-$$$$$
VIA BATTIBECCO 4
TEL 051 223 298

Restaurante elegante en el centro de la ciudad con muchos platos de pescado y mariscos, pero con abundantes pastas, arroces (incluido con setas y azafrán) y platos de carne como el *maialino* (cochinillo asado).
🍴 60 🅿 🕐 Cerrado dom.
🅰 🅺 Principales tarjetas

🍴 LUCIANO
$$$
VIA N. SAURO 19
TEL 051 231 249
El almuerzo en este restaurante céntrico es una experiencia rápida y bulliciosa. La cena es más relajada, con la posibilidad de saborear platos deliciosos, como los *tagliolini al tartufo* (tallarines delgadoss con trufas) y el plato clásico de Luciano, *bracioli all'antica Bologna* (cerdo relleno de jamón).
🍴 45-60 🕐 Cerrado miér. y 4 semanas julio-agos. 🅰
🅺 Principales tarjetas

🍴 DA CESARI
$$-$$$
VIA DEI CARBONESI 8
TEL 051 237 710
www.da-cesari.com
Una de las *trattorie* clásicas de la ciudad con platos típicos de la cocina boloñesa, vino de cosecha propia y propuestas ocasionalmente audaces como el *capretto* (cabrito) y los *ravioli di coniglio* (raviolis de conejo).
🍴 65 🕐 Cerrado sáb. en verano, dom., y 3 semanas agos. 🅰 🅺 Principales tarjetas

🍴 LA FARFALLA
$-$$
VIA BERTIERA 12
TEL 051 225 656
Pruebe los platos clásicos de la cocina boloñesa como los *tortellini in brodo* (pasta en caldo de gallina) y los *zucchini ripieni* (calabacines rellenos) en esta *trattoria* de la zona universitaria de la ciudad.
🍴 30 🕐 Cerrado sáb. C, dom., y agos. 🅺 No se aceptan tarjetas de crédito

FERRARA

🏨 ANNUNZIATA
$$$ ✪✪✪✪
PIAZZA REPUBBLICA 5
TEL 0532 201 111
FAX 0532 203 233
www.annunziata.it
Hotel regentado por una familia y ubicado justo frente al Castello Estense. No tiene restaurante.
🛏 23 🅿 ⬆ 🅰
🅺 Principales tarjetas

🏨 CARLTON
$$-$$$ ✪✪✪
VIA GARIBALDI 93
TEL 0532 211 130
FAX 0532 205 766
www.hotelcarlton.net
Un hotel agradable y confortable regentado por una familia a pocos minutos de la Piazza della Reppublica.
🛏 58 🅿 ⬆ 🅰
🅺 Principales tarjetas

🍴 L'OCA GIULIVA
$$-$$$
VIA BOCCACANALE DI SANTO STEFANO 38
TEL 0532 207 628
Un diminuto establecimiento dirigido por sus jóvenes propietarios, que sirven innovadores platos a base de pescado y carne. Entre ellos, el pescado asado o un paté de faisán con uvas pasa.
🍴 15-30 🕐 Cerrado mar., A lun., y 2 semanas en verano 🅰 🅺 Principales tarjetas

🍴 QUEL FANTASTICO GIOVEDÌ
$$-$$$
VIA CASTELNUOVO 9
TEL 0532 760 570
«Aquel fantástico jueves» lleva el nombre de un cuento de John Steinbeck. Su comida es tan inusual como su nombre, con platos como el *sushi* de salmón acompañado de una mayonesa de hierbas, y los *tagliatelle* con azafrán y calamares.
🍴 38 🕐 Cerrado miér. y 4 semanas jul.-agos. 🅰
🅺 Principales tarjetas

PARMA

🏨 BUTTON
$$ ✪✪✪
VIA DELLA SALINA 7
TEL 0521 208 039
FAX 0521 238 783
Este hoteles es la mejor opción para visitar el centro histórico de la ciudad. No tiene restaurante.
🛏 40 🅿 🔁 🚫 Principales tarjetas

🍴 ANGIOL D'ORO
$$$$
VICOLO SCUTELLARI I
TEL 0521 282 632
Aquí la comida es buena, sin que se justifiquen sus elevados precios. En verano colocan mesas en una esquina de la bella Piazza del Duomo.
🍽 70 🕐 Cerrado dom. 🚫 Principales tarjetas

🍴 PARIZZI
$$$-$$$$
STRADA DELLA REPUBBLICA 71
TEL 0521 285 952
Cocina parmesana en este restaurante que exhibe una estrella Michelin.
🍽 60 🅿 🕐 Cerrado dom. A en verano y lun. 🚫 Principales tarjetas

🍴 LA BARRICATA
$-$$
BORGO MARODOLO 8/A
TEL 0521 281 307
Una pequeña *trattoria* situada cerca de la iglesia de la Annunziata, que combina la cocina local con la del sur de España.
🍽 35 🕐 Cerrado lun., mar. y agos 🚫 No se aceptan tarjetas de crédito

RÁVENA

🏨 BISANZIO
$$$ ✪✪✪✪
VIA SALARA 30
TEL 0544 217 111
FAX 0544 32 539
www.bisanziohotel.com
Hotel de la cadena Best Western situado en el centro de la ciudad, con lujosos espacios comunes, un bonito jardín interior y habitaciones

atractivas y tranquilas. No tiene restaurante.
🛏 38 🔁 🚫 Principales tarjetas

🍴 LA GARDELA
$$
VIA PONTE MARINO 3
TEL 0544 217 147
Platos sencillos de la cocina local en un lugar atractivo.
🍽 80-95 🕐 Cerrado jue. y parte de feb. y agos. 🚫 Principales tarjetas

URBINO

🏨 BONCONTE
$$-$$$ ✪✪✪✪
VIA DELLE MURA 28
TEL 0722 2463
FAX 0722 4782
www.viphotels.it
Algunas habitaciones pueden ser pequeñas, pero las comodidades y la ubicación, junto a las murallas, lo convierten en una base ideal para las visitas al centro histórico.
🛏 23 🅿 🔁 🚫 Principales tarjetas

🍴 VECCHIA URBINO
$$-$$$
VIA DEI VASARI 3-5
TEL 0722 4447
www.vecchiaurbino.it
Este restaurante céntrico y acogedor alcanza su plenitud en otoño e invierno cuando el menú se ve enriquecido con las trufas y setas de estación.
🍽 50-120 🕐 Cerrado mar., en invierno 🚫 Principales tarjetas

🍴 FRANCO
$-$$
VIA DEL POGGIO 1-PIAZZA RINASCIMENTO
TEL 0722 2492
El homónimo Franco es oriundo de Roma, de modo que los platos romanos constan en el menú acompañada de sabrosos platos locales como el conejo relleno de hierbas. En un encantador emplazamiento junto al Palazzo Ducale.
🍽 110 🕐 Cerrado dom. 🚫 Principales tarjetas

🏨 HELVETIA & BRISTOL
$$$$$ ✪✪✪✪✪
VIA DEI PESCIONI 2
TEL 055 287 814
FAX 055 288 353
www.royaldemeure.com
Lujoso y exclusivo, este magnífico hotel está en actividad desde el siglo XVIII. Las instalaciones y los baños son obras de arte, pero las habitaciones (algunas de ellas relativamente pequeñas) están decoradas en un estilo más sobrio, con antigüedades y bonitos muebles de época .
🛏 34 + 15 suites 🅿 🔁 🚫 Principales tarjetas

🏨 EXCELSIOR
$$$$$ ✪✪✪✪✪
PIAZZA OGNISSANTI 3
TEL 055 264 201
FAX 055 210 278
www.starwood.com/westin
El segundo gran hotel florentino sólo tiene la desventaja de su ubicación en una de las plazas menos atractivas de la ciudad. Por otra parte, las habitaciones están llenas de piezas antiguas, mientras que las zonas comunes —mármoles, columnas y techos ornamentados— son suntuosas.
🛏 146 + 7 suites 🅿 🔁 🚫 Principales tarjetas

🏨 BRUNELLESCHI
$$$$-$$$$$ ✪✪✪✪
PIAZZA SANTA ELISABETTA 3
TEL 055 27 370
FAX 055 219 653
www.hotelbrunelleschi.it
Diseñado por el famoso arquitecto italiano Italo Gamberini, este céntrico hotel ha sido convertido en el establecimiento actual a partir de una capilla bizantina y una torre del siglo V. Las habitaciones, decoradas con buen gusto, son luminosas y confortables,.
🛏 88 + 8 suites 🅿 🔁 🚫 Principales tarjetas

🏨 TORRE DI BELLOSGUARDO
$$$-$$$$$ 0000
VIA ROTI MICHELOZZI 2
TEL 055 229 8145
FAX 055 229 008
www.torrebellosguardo.com
Esta villa renacentista se encuentra entre jardines con bellas vistas, a sólo cinco minutos en coche al sur del Oltrarno. Los frescos y las grandes chimeneas de piedra de las áreas comunes crean un ambiente maravilloso, mientras que las espaciosas habitaciones están decoradas en un estilo antiguo. Se sirven desayunos y comidas ligeras, pero no tiene restaurante.
🛏 10 + 6 suites 🅿️ ⬆️
🅰️ Sólo en 3 habitaciones
🏊 🗃 Principales tarjetas

🏨 J & J
$$$$ 0000
VIA DI MEZZO 20
TEL 055 26 312
FAX 055 240 282
www.jandjhotel.com
Este antiguo convento del siglo XV esconde en su interior un pequeño y romántico hotel . Vestigios de frescos y techos abovedados distinguen las áreas comunes, mientras que las habitaciones combinan accesorios modernos y piezas antiguas. El hotel se encuentra en el tranquilo barrio de Sant' Ambrogio, pero a poca distancia de las principales zonas de la ciudad. No tiene restaurante.
🛏 19 🅿️ ❄️ 🗃 Principales tarjetas

🏨 MONNA LISA
$$$$ 0000
BORGO PINTI 27
TEL 055 247 9751
FAX 055 247 9755
www.monnalisa.it
Una fachada sombría oculta un maravilloso palacio del siglo XIV completado con una gran escalinata y frescos en los techos. El tamaño de las habitaciones varía, pero conservan un ambiente aristocrático, con pinturas al óleo y valiosas antigüedades.

Algunas habitaciones dan a un tranquilo jardín, otras a un patio interior.
🛏 30 🅿️ ⬆️ ❄️
🗃 Principales tarjetas

🏨 LOGGIATO DEI SERVITI
$$$ 000
PIAZZA SS. ANNUNZIATA 3
TEL 055 289 592
FAX 055 289 595
www.loggiatodeiservitihotel.it
Este hotel ocupa el antiguo edificio de un convento en una plaza diseñada por el arquitecto renacentista Filippo Brunelleschi. Algunas habitaciones tienen techos abovedados y camas con dosel.
🛏 25 + 4 suites 🅿️ ⬆️ ❄️
🗃 Principales tarjetas

🏨 MORANDI ALLA CROCETTA
$$$ 000
VIA LAURA 50
TEL 055 234 4747
FAX 055 248 0954
www.hotelmorandi.it
Este hotel íntimo y tranquilo –parte de un antiguo monasterio– situado cerca de la Piazza S. S. Annunziata es una auténtica joya, gracias a su propietario y al considerable estilo con el que han sido decorados los espacios comunes y las habitaciones. Coloridas alfombras cubren los relucientes suelos de madera, y las paredes están cubiertas de viejas pinturas y antigüedades. No tiene restaurante. Se aconseja reservar con mucha antelación.
🛏 10 ❄️ 🗃 Principales tarjetas

🏨 CASCI
$$ 00
VIA CAVOUR 13
TEL 055 211 686
FAX 055 239 6461
www.hotelcasci.com
Este excelente hotel de dos estrellas es el mejor de su clase y disfruta de una ubicación perfecta, cerca de la catedral. Las habitaciones, de

tamaño modesto, son inmaculadas y modernas. Desayuno con bufé, pero no tiene restaurante.
🛏 25 ⬆️ ❄️ 🗃 Principales tarjetas

🏨 HOTEL BELLETTINI
$$ 00
VIA DEI CONTI 7
TEL 055 213 561
FAX 055 283 551
www.hotelbellettini.com
Más de un vestigio del siglo XIX invade este hotel agradable y céntrico, con el tipo de suelos y techos con vigas de madera que uno esperaría encontrar en una casa florentina de época. Las habitaciones tal vez sean un tanto pequeñas, pero son inmaculadas y el personal es muy amable.
🛏 28 🅿️ ⬆️ ❄️
🗃 Principales tarjetas

🍴 CIBREO
$$$-$$$$
VIA DE' MACCI 118
TEL 055 234 1100
El mejor lugar de la ciudad para disfrutar de las creativas interpretaciones de los platos toscanos tradicionales, como la *trippa in insalata* (ensalada fría de callos; mejor de lo que suena) y el célebre *fegato brasato* (hígado a la brasa). Asegúrese de dejar lugar para los exquisitos postres. Es imprescindible reservar mesa con varios días de antelación.
🍽 70 🅿️ 🕐 Cerrado dom.y lun. ❄️ 🗃 Principales tarjetas

🍴 OLIVIERO
$$$
VIA DELLE TERME 51R
TEL 055 287 643
www.ristorante-oliviero.it
Oliviero disfruta de una gran reputación –compartida con Cibreo (ver antes)– por su cocina regional con un toque personal. Los platos típicos incluyen *tagliatelle all'ortica* (pasta con salsa verde de ortigas) o paloma con puré de arvejas y patatas. El ambiente es cálido y acogedor.

80 ⏣ Cerrado dom.
y agos. 🔲 🔳 Principales
tarjetas

PARA OCASIONES ESPECIALES

🍴 ENOTECA PINCHIORRI

El mejor restaurante y el más caro de Florencia tiene dos estrellas Michelin y una de las mejores bodegas de Europa –más de 80.000 botellas–. Su ubicación (un palacio del Renacimiento con frescos en los techos) y su cocina internacional toscana son previsiblemente elegantes y sofisticados, aunque la formalidad y el carácter ceremonial pueden no avenirse a todos los gustos. Americana y corbata recomendadas a los hombres.

$$$$$
VIA GHIBELLINA 87
TEL 055 242 777
www.enotecapinchiorri.com
60 ⏣ Cerrado dom.,
lun. y miér., A y agos. 🔲
🔳 AE, MC, V

🍴 ANGIOLINO
$$-$$$
VIA SANTO SPIRITO 36R
TEL 055 239 8976
Una bonita *trattoria* de la vieja escuela, aunque la remodelación ha mermado su tradicional encanto. Coloridas guirnaldas de flores secas, pimientos, calabazas y tomates cuelgan del techo. Botellas de Chianti de mimbre y mesas con manteles de cuadros añaden otro toque típico. La cocina tiene un excelente sabor florentino, con aperitivos como los *crostini* (pequeñas tostadas con hígado o pasta de aceitunas) y sopas como la *ribollita* (verduras con lombarda) y la *pappa al pomodoro* (tomate y albahaca).

110 🔳 Principales
tarjetas

🍴 BALDOVINO
$$-$$$
VIA SAN GIUSEPPE 22R
TEL 055 241 773
www.baldovino.com

Este restaurante bullicioso, innovador y elegante, situado detrás de Santa Croce, ofrece pizzas preparadas al estilo napolitano, en hornos de leña, o una selección de pasta toscana y platos de carne.

130 ⏣ Cerrado lun. nov.-
feb. 🔳 Principales tarjetas

🍴 CAFFÈ ITALIANO
$$-$$$
VIA ISOLE DELLE STINCHE
11–13R
TEL 055 289 368
www.caffeitaliano.it
Este restaurante está dividido en tres áreas. Un restaurante formal, un bar para tomar refrigerios y comidas ligeras y una sencilla *trattoria* para comidas y cenas menos formales. En todos ellos se sirve excelente comida toscana.

50-120 ⏣ Cerrado lun.
🔳 MC, V

🍴 OSTERIA DE' BENCI
$$
VIA DE' BENCI 13r
TEL 055 234 4923
Un bullicioso comedor pintado con agradables colores pastel que le confieren un aire moderno. El personal es joven, dinámico e informal, y la cocina ofrece platos toscanos ligeros y bien preparados como la *zuppa di verdura* (sopa de verduras) y el *agnello scottaditto* (cordero asado).

50-80 ⏣ Cerrado dom. y
parte de agos. 🔳 Principales
tarjetas

🍴 PAOLI
$$
VIA DEI TAVOLINI 12R
TEL 055 216 215
Un lugar tentador para comer en el centro de la ciudad (al lado de la Via dei Calzaiuoli), aunque la tentación no reside tanto en la cocina, una previsible combinación de carnes asadas, pastas y sopas toscanas, como en el comedor, decorado con frescos.

80 ⏣ Cerrado mar. y
agos. 🔲 🔳 Principales
tarjetas

PRECIOS

HOTELES
La indicación del precio de una habitación doble sin desayuno se representa con el signo $.

$$$$$	Más de 300 €
$$$$	200-300 €
$$$	130-200 €
$$	100-130 €
$	Menos de 100 €

RESTAURANTES
La indicación del precio de una cena de tres platos sin bebidas se representa con el signo $.

$$$$$	Más de 80 €
$$$$	50-80 €
$$$	35-50 €
$$	20-35 €
$	Menos de 20 €

🍴 BELLE DONNE
$-$$
VIA DELLE BELLE
DONNE 16R/A
TEL 055 238 2609
Este diminuto establecimiento es un buen lugar para almorzar. Cascadas de frutas y flores frescas proporcionan un bello fondo a un puñado de mesas compartidas y cubiertas con manteles de papel. Las especialidades del día están apuntadas en una pizarra.

30 🅿 ⏣ Cerrado sáb.
dom. julio y agos. 🔲 🔳 No
se aceptan tarjetas de crédito

🍴 CAFFÈ RIVOIRE
$$
PIAZZA DELLA SIGNORIA 5R
TEL 055 211 302
Fundado en 1827 como un bar especializado en chocolate caliente. Hoy es el café más importante del centro de la ciudad y su ubicación en la Piazza della Signoria le asegura un lleno permanente. Los precios son elevados y el turismo masivo ha oscurecido de alguna manera su encanto.
⏣ Cerrado lun.
🔳 Principales tarjetas

CAFFÈ CIBREO
$
VIA DEL ANDREA DEL
VERROCCHIO 5R
TEL 055 234 5853
Este fascinante café se halla ubicado a cierta distancia de las calles más concurridas, al norte de Santa Croce, pero merece la pena el paseo hasta allí. El interior es bellamente anticuado y sus tartas, refrigerios y comidas ligeras proceden del Cibreo, justo al otro lado de la calle (ver antes).
Cerrado dom. y lun.

CAFFÈ GILLI
$
PIAZZA DELLA
REPUBBLICA 39R
TEL 055 213 896
Esta amplia y sobria plaza sólo se distingue por sus cuatro históricos cafés, de los que el Gilli es el mejor. Fundado en 1733, se trasladó a la esquina que ocupa actualmente en 1910, época de su magnífico interior estilo *belle époque*.
Cerrado mar.
Principales tarjetas

CAFFÈ ITALIANO
$
VIA DELLA CONDOTTA 12
TEL 055 289 020
Un secreto bien guardado, dada su ubicación a pocos pasos de la bulliciosa Via dei Calzaiuoli. En la planta superior hay un agradable salón con mesas para tomar café, pasteles y comidas ligeras, mientras que en la planta baja hay un elegante bar con un ambiente relajado y vagamente artístico.
Cerrado dom. y agos.

CANTINETTA DEI VERRAZZANO
$
VIA DEI TAVOLINI 18R
TEL 055 268 590
Un tentador refugio para comprar refrigerios, pasteles o porciones de pizza para llevar, o disfrutar de una comida más tranquila y una copa de vino en las mesas de la parte

trasera del local. Elija entre la exquisita variedad de comida que se exhibe en la enorme vitrina. Su propietario es un famoso vinatero, de modo que los vinos son tan buenos como la comida.
Cerrado dom. y agos.
Principales tarjetas

LE VOLPI E L'UVA
$
PIAZZA DEI ROSSI 1R
TEL 055 239 8132
Una discreta vinaatería junto a la Piazza di Santa Felicità y al sur del Ponte Vecchio. Ofrece una interesante y bien escogida selección de vinos que cambian regularmente y una excelente selección de quesos y refrigerios como acompañamiento.
Cerrado dom. y 1 semana en agos. AE, MC, V

TOSCANA

AREZZO

CASTELLO DI GARGONZA
$$-$$$ ○○○
CASTELLO DI GARGONZA, MONTE SAN SAVINO
TEL 0575 847 021
FAX 0575 847 054
www.gargonza.it
Un caserío medieval reconvertido, con castillo e iglesia, a 6 km al oeste de Monte San Savino. Las habitaciones deben ocuparse por un mínimo de tres noches: apartamentos y cabañas disponibles en el pueblo para alquilar por semanas.
46 P Cerrado nov. y parte de enero.
Principales tarjetas

BUCA DI SAN FRANCESCO
$$-$$$
VIA SAN FRANCESCO 1
TEL 0575 23 271
El céntrico Buca sirve sencillos platos toscanos como *ribollita* (sopa de verduras) y *agnello* (cordero asado) desde 1929.

El comedor, con su suelo antiguo y sus pinturas medievales, está muy bien situado para visitar la iglesia de San Francesco y el famoso circuito de frescos de Piero della Francesca.
60 Cerrado lun. C, mar. y jul. Principales tarjetas

CHIANTI

CASTELLO DI SPALTENNA
$$$-$$$$ ○○○○
PIEVE DI SPALTENNA, GAIOLE IN CHIANTI
TEL 0577 749 483
FAX 0577 749 269
www.spaltenna.it
El edificio y las habitaciones de este hotel, situado en un antiguo monasterio-castillo, conservan muchos detalles medievales. El excelente restaurante ocupa el antiguo refectorio.
29 P Cerrado enero-med. de marzo
Principales tarjetas

RELAIS FATTORIA VIGNALE
$$$-$$$$ ○○○○
VIA PIANIGIANI 9, RADDA IN CHIANTI
TEL 0577 738 300
FAX 0577 738 592
www.vignale.it
Su ubicación junto a la carretera convierte a este hotel en un lugar menos atractivo que otros hoteles de Chianti, pero los jardines y las habitaciones del edificio de la antigua granja, con su sencillo mobiliario rural y sus vigas de madera, compensan esta carencia.
34 P Cerrado enero-marzo, restaurante cerrado miér. Principales tarjetas

TENUTA DI RICAVO
$$$-$$$$ ○○○○
LOCALITÀ RICAVO 4, CASTELLINA IN CHIANTI
TEL 0577 740 221
FAX 0577 741 014
www.ricavo.com
Situado en una campiña bucólica a unos 3 km de Castellina, este caserío

medieval reconvertido en hotel es perfecto como punto de partida para paseos y lugar para descansar. El restaurante Pecora Nera sirve refinados platos de la cocina toscana. **①** 23 **P ④** Cerrado oct.-abril, restaurante cerrado mar. y dom. **⚏ ⑤** Principales tarjetas

🏨 BADIA A COLTIBUONO
$$$
BADIA A COLTIBUONO (5 KM NORDESTE DESDE GAIOLE) TEL 0577 749 424
Situado en el refectorio de un monasterio restaurado, fundado en el año 770, este exclusivo restaurante forma parte de la propiedad de una familia de vinateros de Chianti. **⚏** 65-110 **P ④** Cerrado dic.-feb. **⑤ ⑤** Principales tarjetas

CORTONA

🏨 IL FALCONIERE
🍴 $$$-$$$$ ◊◊◊◊
LOCALITÀ SAN MARTINO A BOCENA 370 TEL 0575 612 679 FAX 0575 612 927
www.ilfalconiere.com
Villa del siglo XVII restaurada y ubicada a unos 3 km fuera de las murallas de la ciudad, en la carretera SS71 que lleva a Arezzo. Todas las habitaciones están exquisitamente amuebladas y algunas de ellas conservan frescos originales. El restaurante (con terraza en verano) ofrece buenos platos de carne y pescado, y tiene una notable carta de vinos. **①** 19 **P ④** Hotel cerrado parte de nov., restaurante cerrado lun. entre nov.-marzo **⑤ ⚏ ⑤** Principales tarjetas

🏨 SAN MICHELE
$$-$$$ ◊◊◊◊
VIA GUELFA 15 TEL 0575 604 348 FAX 0575 630 147
www.hotelsanmichele.net
Confortable palacio del Renacimiento, reconvertido en

hotel y situado en el centro histórico del pueblo. El edificio conserva muchos de sus rasgos originales y la habitación de la antigua torre es una verdadera joya. **①** 35 **P ④** Cerrado med. de enero-feb. **⚏ ⑤** Principales tarjetas

🍴 LA LOCANDA NEL LOGGIATO
$$
PIAZZA PESCHERIA 3 TEL 0575 630 575
Un elegante restaurante con un sencillo interior abovedado de ladrillo, paredes blancas y una genuina cocina toscana. Su céntrica ubicación, cerca de la plaza principal, es otra de sus ventajas, como lo es la posibilidad de comer en la terraza exterior cuando hace buen tiempo. **⚏** 70 **④** Cerrado nov. y lun. sept.-junio **⑤** Principales tarjetas

🍴 TONINO
$-$$
PIAZZA GARIBALDI 1 TEL 0575 630 500
Grande, moderno y bullicioso. Los lugareños se reúnen aquí para degustar el famoso *antipastissimo* (15 aperitivos diferentes) y para contemplar las vistas del Val di Chiana. **⚏** 400 **⑤ ⑤** Principales tarjetas

LUCCA

🏨 LOCANDA L'ELISA
$$$$$ ◊◊◊◊◊
VIA NUOVA POR PISA 1957, MASSA PISANA TEL 0583 379 737 FAX 0583 379 019
www.locandalelisa.com
Hotel de lujo superlativo situado en una villa neoclásica, a 3 km al sur de Lucca, en la carretera a Pisa. Sólo tiene dos habitaciones y ocho suntuosas suites, además de jardines y una asombrosa colección de antigüedades y muebles. **①** 2 + 8 suites **P ⑤ ⚏ ⑤** Principales tarjetas

🏨 LA LUNA
$$ ◊◊◊
VIA FILLUNGO, CORTE COMPAGNI 12 TEL 0583 493 634 FAX 0583 490 021
www.hotellaluna.com
Hotel regentado por una familia y situado en un tranquilo patio, a pocos pasos de la calle principal de la antigua Lucca. No tiene restaurante. **①** 30 **P ④** Cerrado parte de enero **⑤** Principales tarjetas

🏨 PICCOLO HOTEL PUCCINI
$$ ◊◊◊
VIA DI POGGIO 9 TEL 0583 55 421 FAX 0583 53 487
www.hotelpuccini.com
Habitaciones luminosas y elegantes en un palacio renacentista situado en el corazón de la ciudad antigua. Es imprescindible solicitar aparcamiento privado por adelantado. No tiene restaurante. **①** 14 **P ⑤** Principales tarjetas

🍴 LA MORA
$$$
VIA SESTO DI PONTE A MORIANO 1748. PONTE A MORIANO TEL 0583 406 402
Una estrella Michelin subraya la calidad de la cocina del Mora, la mejor de la región. Para disfrutar de sus sublimes platos de Lucca deberá recorrer unos 8 km hacia el noroeste de Lucca, hasta Ponte a Moriano. **⚏** 40-60 **P ④** Cerrado miér. y parte de enero y jun. **⑤** Principales tarjetas

🍴 BUCA DI SANT'ANTONIO
$$
VIA DELLA CERVIA 3 TEL 0583 312 199
Creado en el año 1787, es el mejor restaurante del centro de Lucca. Cocina tradicional y, a la vez, innovadora. Pruebe el famoso *semifreddo*

CLAVE 🏨 Hotel 🍴 Restaurante ① Habitaciones ⚏ Nº de plazas �/🚆 Transporte **P** Aparcamiento ④ Cerrado

Buccellatto, el postre de la casa, una mezcla de crema helada y frutos silvestres.
🍴 90 🔶 Cerrado dom. C, lun. y parte de jul. 🅰
🅺 Principales tarjetas

MONTALCINO

🏨 DEI CAPITANI
$$ ♦♦♦
VIA LAPINI 6
TEL 0577 847 227
FAX 0577 847 227
www.deicapitani.it
Hotel moderno y confortable en una antigua casa con una vista panorámica desde la terraza, bar y piscina. No tiene restaurante.
ⓘ 29 🅿🔶🅰
🅺 Principales tarjetas

🍴 TAVERNA DEI BARBI
$$-$$$
FATTORIA DEI BARBI, LA CROCE, LOCALITÀ PODERNOVI
TEL 0571 841 111
www.fattoriadeibarbi.it
Anexo a un conocido viñedo de Brunello, a 5 km al sudeste de Montalcino, este restaurante sirve exquisitos platos locales regados con los caldos de la zona.
🍴 80 🅿 🔶 Cerrado enero, 2 semanas en jul., mar. C, y miér. excepto en agos.
🅺 Principales tarjetas

🍴 GAPPOLO BLU
$$
VIA SCALE DI MOGLIO 1
TEL 0577 847 150
En un callejón próximo a Via Mazzini, las paredes de piedra albergan dos pequeños comedores.
🍴 35 🔶 Cerrado vier. y med. de enero-med. de feb.
🅺 Principales tarjetas

MONTEPULCIANO

🏨 DUOMO
$$ ♦♦♦
VIA SAN DONATO 14
TEL 0578 757 473
FAX 0578 757 473
www.albergoduomo.it

Situado a pocos pasos de la catedral y la plaza principal del pueblo, es un hotel acogedor, regentado por una familia, con habitaciones sencillas y luminosas.
ⓘ 13 🔶 🅺 Principales tarjetas

🍴 LA CHIUSA
🏨 **$$$$**
VIA DELLA MADONNINA 88, MONTEFOLLONICO
TEL 0577 669 668
FAX 0577 669 593
Para degustar la mejor comida cerca de Montepuliano es necesario conducir unos 8 km hacia el noroeste, hasta el pueblo de Montefollonico. Aquí, este antiguo molino se ha convertido en un hotel-restaurante que exhibe una estrella Michelin, con sólo 12 habitaciones. Las comidas son caras pero de notable calidad. Un ligero toque creativo realza la cocina, compuesta básicamente de especialidades toscanas.
🍴 45 🅿 🔶 Cerrado mar. y med. enero.-med. marzo
🅺 Principales tarjetas

🍴 LA GROTTA
$$
LOCALITÀ SAN BIAGIO 16
TEL 0578 757 479
Montepulciano es un pueblo que tiene pocos restaurantes buenos. La Grotta es un buen lugar para comer, en gran parte gracias a su ubicación frente a la famosa iglesia de San Biagio. Con todo, procure ir en coche o taxi, porque la cuesta que va al pueblo es bastante empinada.
🍴 45 🅿 🔶 Cerrado miér. y enero-feb. 🅺 Principales tarjetas

PIENZA

🏨 IL CHIOSTRO DI PIENZA
$$$ ♦♦♦
CORSO ROSSELLINO 26
TEL 0578 748 400
FAX 0578 748 440
www.relaisilchiostrodipienza.com

Antiguo convento del siglo XV restaurado. Parte del exclusivo hotel Relais, toma su nombre del *chiostro* (claustro) del convento. Las habitaciones, simples pero elegantes, evocan la ambiente del antiguo edificio.
ⓘ 37 🅿🔶🅰
🅺 Principales tarjetas

🍴 FALCO
$-$$
PIAZZA DANTE ALIGHIERI 7
TEL 0578 748 551
Tanto lugareños como turistas frecuentan esta *trattoria* de decoración medieval. Pruebe el famoso queso pecorino local mezclado y envuelto en jamón.
🍴 80 🅿 🔶 Cerrado vier.
🅺 Principales tarjetas

PISA

🏨 ROYAL VICTORIA
$$-$$$ ♦♦♦
LUNGARNO PACINOTTI 12
TEL 050 940 111
FAX 050 940 180
www.royalvictoria.it
Una excepción en los hoteles de Pisa, predominantemente modernos y sin atractivo. Situado a orillas del Arno y a diez minutos andando de la Torre Inclinada, ha pertenecido a la misma familia durante cinco generaciones (desde 1839). El servicio es amable y eficiente, y las elegantes habitaciones recuerdan tiempos pasados.
ⓘ 48 🅿 🔶 🅺 Principales tarjetas

🍴 AL RISTORO DEI VECCHI MACELLI
$$$-$$$$
VIA VOLTURNO 49
TEL 050 20 424
El restaurante más famoso de Pisa se encuentra en la parte occidental de la ciudad. Entre los platos que cimentan su fama se incluyen los *spaghetti verdi con i frutti di mare* (espaguetis de espinacas con mariscos).
🍴 45 🔶 Cerrado dom. A, miér. y 2 semanas en agos.
🅰 🅺 Principales tarjetas

🍴 OSTERIA DEI CAVALIERI
$$
VIA SAN FREDIANO 16
TEL 050 580 858
Una *trattoria* acogedora, en la ciudad antigua. Los platos toscanos, de precios razonables, incluyen *cinghiale* (jabalí) y un surtido de pescado y carne.
🍽 60 🕐 Cerrado sáb. A, dom. y agos. 💳 🚫 Principales tarjetas

SAN GIMIGNANO

🏨 LA COLLEGIATA
🍴 $$$$$ ✿✿✿✿
LOCALITÀ STRADA 27
TEL 0577 943 201
FAX 0577 940 566
www.lacollegiata.it
Hotel de notable elegancia con un buen restaurante, instalado en un convento del siglo XVI, a 1,5 km de la ciudad.
🛏 20 🅿 🔄 💳 🏊
🚫 Principales tarjetas

🏨 LA CISTERNA
🍴 $$ ✿✿✿
PIAZZA DELLA CISTERNA 24
TEL 0577 940 328
FAX 0577 942 080
www.hotelcisterna.it
El hotel más antiguo del pueblo, en la plaza principal. Las habitaciones con vistas son más caras.
🛏 49 🅿 🕐 Cerrado enero-feb. 🔄 🚫 Principales tarjetas

🏨 LEON BIANCO
$$ ✿✿✿
PIAZZA DELLA CISTERNA 13
TEL 0577 941 294
FAX 0577 942 123
www.leonbianco.com
Este hotel comparte la perfecta ubicación de La Cisterna, pero es más pequeño e íntimo.
🛏 26 🕐 Cerrado med. enero-feb. 🅿 🔄 💳
🚫 Principales tarjetas

🍴 DORANDÒ
$$$-$$$$
VICOLO DELL'ORO 2
TEL 0577 941 862
www.ristorantedorando.it

Restaurante pequeño y acogedor, en un entorno medieval pero con una ambientación moderna. Recrea antiguas recetas de los períodos medieval, etrusco y de los Médicis.
🍽 50 🕐 Cerrado med. de enero-med. de marzo y lun., excepto enero-oct. 💳
🚫 Principales tarjetas

SIENA

🏨 ANTICA TORRE
$$-$$$ ✿✿✿
VIA FIERAVECCHIA 7
TEL 0577 222 255
FAX 0577 222 255
El hotel pequeño más atractivo de Siena sólo tiene ocho habitaciones situadas en una antigua torre medieval, a pocos minutos andando del centro. No tiene restaurante.
🛏 8 🚫 Principales tarjetas

🏨 DUOMO
$$-$$$ ✿✿✿
VIA STALLOREGGI 38
TEL 0577 289 088
FAX 0577 43 043
www.hotelduomo.it
Las habitaciones no son excepcionales, pero la ubicación del hotel es perfecta. No tiene restaurante.
🛏 28 🔄 💳 🚫 Principales tarjetas

🏨 GRAND HOTEL CONTINENTAL
🍴 $$$$ ✿✿✿✿✿
VIA BANCHI DI SOPRA 85
TEL 0577 56 011
FAX 0577 56 015
www.royaldemeure.com
Este lujoso y céntrico hotel instalado en un palacio restaurado abrió en 2003. Las habitaciones tienen mucho estilo y las zonas comunes cuentan con frescos y bonitos detalles.
🛏 51 🅿 🔄 💳
🚫 Principales tarjetas

🏨 PALAZZO RAVIZZA
$$-$$$ ✿✿✿
VIA PIAN DEI MANTELLINI 34
TEL 0577 280 462
FAX 0577 221 597
www.palazzoravizza.it

El hotel de categoría media más encantador de Siena ocupa un palacio del siglo XVIII situado en el límite del centro antiguo. Conserva antigüedades originales.
🛏 40 🅿 🔄 💳
🚫 Principales tarjetas

PARA OCASIONES ESPECIALES

🏨 CERTOSA DI MAGGIANO
Preferido por las parejas que celebran aniversarios y luna

Ningún restaurante sienés es más bonito que esta antigua farmacia medieval situada junto al Campo.
🍴 40-80 🕒 Cerrado dom. y parte de jun. y nov. 🆒 🆓 AE, DC

VOLTERRA

🏨 SAN LINO
$$ ✪✪✪✪
VIA SAN LINO 26
TEL 0588 85 250
FAX 0588 80 620
www.hotelsanlino.com
Aunque no tan cuidado como otros hoteles italianos de cuatro estrellas, este convento reconvertido es la mejor opción en el centro.
🛏 44 🅿 🔼 🆒 🏊
🆓 Principales tarjetas

🍴 SACCO FIORENTINO
$-$$
PIAZZA XX SETTEMBRE 18
TEL 0588 88 537
Restaurante que ofrece creaciones innovadoras junto con platos más tradicionales.
🍴 50 🕒 Cerrado miér. ,10 días jun. y med. de nov.-marzo 🆒 🆓 Principales tarjetas

UMBRÍA

ASSISI

🏨 FONTEBELLA
🍴 **$$$ ✪✪✪**
VIA FONTEBELLA 25
TEL 075 812 883
FAX 075 812 941
www.fontebella.com
Hotel íntimo con habitaciones atractivas y amuebladas con piezas antiguas (todas diferentes) y buenas vistas desde las plantas superiores. El restaurante Frantoio es excelente.
🛏 46 🅿 🔼 🆒
🆓 Principales tarjetas

🍴 MEDIO EVO
$$$
VIA ARCO DEI PRIORI 4B
TEL 075 813 068
Un bello comedor medieval abovedado es el marco para

una cocina exquisita y refinada que combina los estilos culinarios italiano y paneuropeo.
🍴 80-120 🕒 Cerrado dom. C, miér. y parte de enero. y jul. 🆒 🆓 Principales tarjetas

GUBBIO

🏨 BOSONE PALACE
$$-$$$ ✪✪✪
VIA XX SETTEMBRE 22
TEL 075 922 0688
FAX 075 922 0552
www.mencarelligroup.com
Palacio medieval reconvertido, en una ubicación céntrica. Combina instalaciones modernas con toques de época, como las antigüedades y los techos cubiertos de frescos.
🛏 30 🔼 🆓 Principales tarjetas

🍴 TAVERNA DEL LUPO
$$-$$$
VIA DELLA REPUBBLICA 47
TEL 075 927 4368
Bello comedor medieval y especialidades de Umbría bien presentadas. Incluye platos de trufas, caza y setas.
🍴 150 🕒 Cerrado lun. 🆒 🆓 Principales tarjetas

MONTEFALCO

🏨 VILLA PAMBUFFETTI
$$$ ✪✪✪✪
VIA DELLA VITTORIA 20
TEL 0742 378 823
FAX 0742 379 245
Villa rodeada de jardines reconvertida con excelente gusto y situada en el límite del pueblo. Excelente restaurante.
🛏 15 🅿 🔼 🆒 🏊
🆓 Principales tarjetas

🍴 COCCORONE
$$-$$$
LARGO TEMPESTIVI, JUNTO A VIA TEMPESTIVI
TEL 0742 379 535
Atractivo comedor medieval cuya chimenea abierta se utiliza para cocinar carnes y otras especialidades de la región de Umbría, Los *crespelle* (tortitas rellenas) y el tiramisú son notables.

🍴 40 🕒 Cerrado miér. nov.-marzo 🆓 Principales tarjetas

NORCIA

🏨 SALICONE
$$$ ✪✪✪
VIALE UMBRIA, STRADA COMMMUNALE, MONTEDORO
TEL 0743 828 076
FAX 0743 828 081
Hotel moderno y confortable fuera de las murallas de Norcia. Las habitaciones son espaciosas y todas disponen de bañeras con hidromasaje.
🛏 71 🅿 🔼 🆒 🏋
🆓 Principales tarjetas

🍴 GRANARO DEL MONTE
$$-$$$
VIA ALFIERI 7–12
TEL 0743 816 513
Restaurante grande y bullicioso en una bella construcción medieval (un antiguo granero papal), decorada con tapices, leña crepitando y armaduras. Cocina rural de Umbría, con muchas especialidades regionales y a base de trufa.
🍴 50-150 🕒 Cerrado mar. 🆒 🆓 Principales tarjetas

ORVIETO

🏨 LA BADIA
$$$ ✪✪✪✪
LOCALITÀ LA BADIA 8
TEL 0763 301 959
FAX 0763 305 396
www.labadiahotel.it
En un bello marco bucólico, a 3 km de Orvieto, este magnífico hotel forma parte de una abadía románica del siglo XII.
🛏 26 🅿 🕒 Cerrado enero-feb. 🆒 🏊 🆓 Principales tarjetas

🏨 MAITANI
$$$ ✪✪✪✪
VIA LORENZO MAITANI 5
TEL 0763 342 011
FAX 0763 342 012
www.hotelmaitani.com
Situado junto a la Piazza del Duomo, este hotel y sus

HOTELES Y RESTAURANTES

habitaciones combinan lo antiguo y lo moderno, pero puede ser un tanto austero en algunos aspectos.
🛏40 🅿 🕐 Cerrado parte de enero. 🔁 🆂
🆂 Principales tarjetas

🍴 GIGLI D'ORO
$$-$$$
PIAZZA DEL DUOMO 8
TEL 0763 341 903
El evocador comedor ocupa una casa del siglo XVI. La refinada cocina regional se complementa con la elegancia de los alrededores.
🪑50 🕐 Cerrado miér. 🆂
🆂 Principales tarjetas

🍴 ETRUSCA
$$
VIA MAITANI 10
TEL 0763 344 016
Una *trattoria* de encanto antiguo en un edificio del siglo XVI, con servicio amable, un ambiente agradable y acogedor, y platos tradicionales de Umbría, a precios razonables.
🪑90 🕐 Cerrado lun. y parte de enero y feb. 🆂
🆂 Principales tarjetas

PERUGIA

🏨 LOCANDA DELLA POSTA
$$$ 🟠🟠🟠🟠
CORSO VANNUCCI 97
TEL 075 572 8925
FAX 075 572 2413
Desde el siglo XVIII ha habido un hotel en esta céntrica calle. Habitaciones modernas, pero sin restaurante.
🛏40 🅿 🔁 🆂
🆂 Principales tarjetas

🍴 ALADINO
$$$
VIA DELLE PROME 11
TEL 075 572 0938
Un acogedor restaurante con una interesante carta de vinos. El menú combina platos sardos y de Umbría.
🪑55-65 🕐 Cerrado A, lun. y 2 semanas en agos. 🆂
🆂 Principales tarjetas

SPELLO

🏨 PALAZZO BOCCI
$$$ 🟠🟠🟠🟠
VIA CAVOUR 17
TEL 0742 301 021
FAX 075 301 464
Palacio del siglo XVII reconvertido, situado en la calle principal. El restaurante Il Molino *(Tel 075 651 305, cerrado mar.)*, al otro lado de la calle, es el mejor del pueblo.
🛏23 🔁 🆂 🆂 Principales tarjetas

🍴 CACCIATORE
$$ 🟠🟠
VIA GIULIA 24
TEL 0742 651 141
www.hoteldelteatro.it
Aquí la comida no es excepcional, pero la terraza exterior lo convierte en uno de los lugares más poéticos para cenar en verano en Umbría. El hotel cuenta con 17 habitaciones.
🪑100-150 🅿 🕐 Cerrado lun. y 3 semanas jul.
🆂 Principales tarjetas

SPOLETO

🏨 GATTAPONE
$$$ 🟠🟠🟠🟠
VIA DEL PONTE 6
TEL 0743 223 447
FAX 0743 223 448
www.hotelgattapone.it
Un maravilloso hotel en una espectacular ubicación. Íntimo y discreto con habitaciones decoradas individualmente. No tiene restaurante.
🛏15 🅿 🔁 🆂
🆂 Principales tarjetas

🍴 APOLLINARE
$$
VIA SANT'AGATA 14
TEL 0743 223 256
Acogedores comedores medievales con llamativos asientos azules y dorados. Platos innovadores y preparados con esmero: los aperitivos de *caramella sofflata* rellenos de trufas son sensacionales.
🪑55-95 🅿 🕐 Cerrado mar. 🆂 Principales tarjetas

PRECIOS

HOTELES
La indicación del precio de una habitación doble sin desayuno se representa con el signo $.
$$$$$ Más de 300 €
$$$$ 200-300 €
$$$ 130-200 €
$$ 100-130 €
$ Menos de 100 €

RESTAURANTES
La indicación del precio de una cena de tres platos sin bebidas se representa con el signo $.
$$$$$ Más de 80 €
$$$$ 50-80 €
$$$ 35-50 €
$$ 20-35 €
$ Menos de 20 €

TODI

🏨 FONTE CESIA
$$$ 🟠🟠🟠🟠
VIA LORENZO LEONI 3
TEL 075 894 3737
FAX 075 894 4677
www.fontecesia.it
Palacio del siglo XVII impecablemente restaurado en el centro del pueblo.
🛏35 🔁 🆂 🆂 Principales tarjetas

🍴 CAVOUR
$
CORSO CAVOUR 21-23
TEL 075 894 3730
Una sencilla pizzería-*trattoria*.
🪑180 🕐 Cerrado miér. excepto en verano
🆂 Principales tarjetas

EL SUR

CAPRI

🏨🍴 GRAND HOTEL QUISISANA
$$$$-$$$$$ 🟠🟠🟠🟠🟠
VIA CAMERELLE 2
TEL 081 837 0788
FAX 081 837 6080
www.quisi.com

El mejor de los hoteles de lujo que hay en Capri. El Quisi, el restaurante del hotel, es el mejor de la isla.

ⓘ 150 + 13 suites 🅿
🕁 Cerrado nov.-Semana Santa 🔁 🔲 🔲 🔲 🔲
🔲 Principales tarjetas

🏨 VILLA SARAH
$$-$$$ ✪✪✪
VIA TIBERIO 3/A
TEL 081 837 7817
FAX 081 837 7215
www.villasarah.it
Acogedor hotel con jardín regentado por una familia. No tiene restaurante.
ⓘ 19 🕁 Cerrado nov.-Semana Santa 🔲 Principales tarjetas

🍴 LA CAPANNINA
$$$-$$$$
VIA LE BOTTEGHE 12-14
TEL 081 837 0732
www.capannina-capri.com
Restaurante elegante pero discreto, cerca de la plaza principal. Predominan las creaciones modernas a base de pescado, con algunos platos de carne.
🔲 100-120 🕁 Cerrado med. de marzo-med. de nov. 🔲
🔲 Principales tarjetas

COSTA AMALFITANA

🏨 HOTEL PALUMBO
$$$$$ ✪✪✪✪✪
VIA SAN GIOVANNI DEL TORO 16, RAVELLO
TEL 089 857 244
FAX 089 858 133
La mayoría de los mejores hoteles de Ravello son algo especial. Pero este magnífico palacio del siglo XII es algo más. Intente alojarse en las habitaciones del hotel antiguo, no en el nuevo anexo (más barato).
ⓘ 13 + 2 suites 🅿 🔁 🔲
🔲 Principales tarjetas

🏨 IL SAN PIETRO DI POSITANO
$$$$$ ✪✪✪✪✪
VIA LAURITO 2, POSITANO
TEL 089 875 455
FAX 089 811 449
www.ilsanpietro.it

Positano tiene un exceso de gloriosos hoteles de cinco estrellas, con poco que elegir entre ellos. San Pietro, situado aproximadamente a 1,5 km del pueblo, es probablemente el mejor, gracias a su piscina, vistas, playa (a la que se llega en ascensor), pistas de tenis y elegantes habitaciones.
ⓘ 56 + 6 suites 🕁 Cerrado nov.-marzo 🅿 🔁 🔲 🔲
🔲 Principales tarjetas

🏨 SANTA CATERINA
🍴 $$$$$ ✪✪✪✪✪
VIA NAZIONALE 9, LOCALITÀ PASTENA, AMALFI
TEL 089 871 012
FAX 089 871 351
www.hotelsantacaterina.it
Esta suntuosa mansión situada en las colinas es el mejor hotel de la región y proporciona un excelente punto de partida para explorarla.
ⓘ 55 + 12 suites 🅿 🔁 🔲
🔲 🔲 Principales tarjetas

🏨 HOTEL POSEIDON
🍴 $$$$ ✪✪✪✪
VIA PASITEA 148, POSITANO
TEL 089 811 111
FAX 089 875 833
www.hotelposeidonpositano.it
Romántico hotel situado en un paraje privilegiado y con espectaculares vistas panorámicas dell mar y el pueblo. Habitaciones elegantes y una bonita terraza con bar y restaurante.
ⓘ 50 🅿 🔁 🔲 🔲 🔲
🔲 Principales tarjetas

🏨 VILLA CIMBRONE
$$$-$$$$
VIA SANTA CHIARA 26, RAVELLO
TEL 089 857 459
FAX 089 857 777
www.villacimbrone.it
Greta Garbo pasaba sus vacaciones en esta encantadora villa, situada entre jardines, antes de que se convirtiese en un hotel. Aunque es un hermoso lugar para alojarse, una empinada caminata por una empinada cuesta lo separa del resto de pueblo. No tiene restaurante.

ⓘ 19 🕁 Cerrado nov.-marzo 🔲 Principales tarjetas

🏨 MIRAMALFI
$$$ ✪✪✪✪
VIA S. QUASIMODO 3, AMALFI
TEL 089 871 588
FAX 089 871 287
www.miramalfi.it
Moderno hotel en las afueras de Amalfi, donde la mayoría de las habitaciones, sencillas pero decoradas con gusto, tienen balcones con vistas al mar.
ⓘ 48 🅿 🔁 🔲 🔲
🔲 Principales tarjetas

🏨 CARUSO BELVEDERE
🍴 $$-$$$ ✪✪✪✪
VIALE SAN GIOVANNI DEL TORO 2, RAVELLO
TEL 089 857 111
FAX 089 857 372
Dirigido por la familia Caruso desde 1893, este hotel antiguo, situado en el corazón de Ravello, se alza en un espléndido jardín con magníficas vistas.
ⓘ 24 🅿 🔁 🔲 Principales tarjetas

🍴 LA CARAVELLA
$$$-$$$$
VIA MATTEO CAMERA 12, AMALFI
TEL 089 871 029
www.ristorantelacaravella.it
Este restaurante ha pertenecido a la misma familia durante tres generaciones. Se han recreado con imaginación los platos tradicionales, y a veces inusuales, de pescado y mariscos como los *fettucine nere con sugo nero* (pasta negra con salsa de tinta de calamares).
🔲 40-50 🅿 🕁 Cerrado nov. y mar. excepto agos. 🔲
🔲 Principales tarjetas

🍴 DA GEMMA
$$$
VIA FRA GERARDO SASSO 9, AMALFI
TEL 089 871 345
Asegúrese de reservar mesa en la encantadora terraza de este antiguo restaurante regentado por una familia y que ha sido descrito como la

mejor *trattoria* de la costa amalfitana. Los pescados, mariscos y pastas son excelentes. Pruebe los *ziti alla genovese*, una pasta poco común con una salsa de carne y cebollas.

🍴 45 🕐 Cerrado miér. excepto en verano 💳 Principales tarjetas

🍴 CUMPÀ COSIMO
$$
VIA ROMA 44-46, RAVELLO
TEL 089 857 156
Un simple restaurante-pizzería en el centro del pueblo que ha pertenecido a la familia Bottone durante más de 70 años.

🍴 100 🕐 Cerrado lun. nov.-marzo 💳 Principales tarjetas

🍴 'O CAPURALE
$$
VIA REGINA GIOVANNA 12, POSITANO
TEL 089 875 374
Positano es un verdadero peligro para la billetera, de modo que esta *trattoria* popular y con precios moderados constituye una agradable sorpresa. La cocina es simple, con especialidades como los *bucatini alla capuralessa* (espaguetis gruesos con tomate, queso *mozzarella* y berenjena).

🍴 70 🕐 Cerrado nov.-Semana Santa 💳 Principales tarjetas

IL GARGANO

🏨 PIZZOMUNNO
🍴 VIESTE PALACE
$$$$$ ○○○○○
SPIAGGIA DI PIZZOMUNNO, VIESTE
TEL 0884 708 741
FAX 0884 707 325
Aunque en realidad se trata más bien de una posada lujosa que de un hotel, es el principal establecimiento de Il Gargano. Ofrece a sus clientes muchas instalaciones deportivas y una playa privada, pero no es aconsejable para quienes buscan un ambiente íntimo y relajado.

🍴 183 🕐 Cerrado nov.-marzo 🅿 🔄 📶 🏊 📺 💳 Principales tarjetas

🏨 SEGGIO
$$ ○○○
VIA VIESTE 7, VIESTE
TEL 0884 708 123
FAX 0884 708 727
Pequeño hotel con playa privada instalado en un palacio del siglo XVII, en un barrio peatonal de Vieste.

🛏 30 🅿 🕐 Cerrado nov.-marzo 🔄 📶 🏊 💳 Principales tarjetas

ISCHIA

🏨 REGINA ISABELLA
$$$$-$$$$$ ○○○○○
PIAZZA SANTA RESTITUTA, LACCO AMENO
TEL 081 994 322
FAX 081 90 190
www.reginaisabella.it
El hotel más lujoso de Ischia está situado al noroeste de la isla y tiene todas las comodidades que ofrece un establecimiento de esta categoría.

🛏 117 + 7 suites 🅿 🕐 Cerrado med. de enero-principios de abril 🔄 📶 🏊 📺 💳 Principales tarjetas

🍴 IL MELOGRANO
$$$
VIA GIOVANNI MAZZELLA 110, LOCALITÀ FORIO D'ISCHIA
TEL 081 998 450
Situado al sur del pequeño pueblo de Forio, en la costa occidental de la isla, este restaurante pequeño y moderno ofrece platos creativos como las *fiori di zucchono ripieni di ricotta e basilico* (flores de calabacín rellenos de albahaca y queso *ricotta*), y platos de carne como el *coniglio* (conejo).

🍴 45 🅿 🕐 Cerrado nov.-marzo 💳 Principales tarjetas

LECCE

🏨 PATRIA PALACE
$$$ ○○○○
PIAZZETTA GABRIELE

RICCARDI 13
TEL 0832 245 111
FAX 0832 245 002
Palacio del siglo XVIII bellamente restaurado, en el corazón del centro histórico de la ciudad.

🛏 67 🅿 🔄 🔄 💳 Principales tarjetas

🍴 PICTON
$$$-$$$$
VIA ILDOMENEO 14
TEL 0832 332 383
El mejor restaurante de Lecce ofrece un recorrido culinario por las principales especialidades de pescado y mariscos de la región de Puglia. Asimismo, cuentan con platos de carne en la carta y los postres son excelentes, al igual que la selección de vinos regionales y nacionales.

🍴 70 🕐 Cerrado dom. 🔄 💳 Principales tarjetas

NÁPOLES

🏨 GRANDE ALBERGO
🍴 VESUVIO
$$$$ ○○○○
VIA PARTENOPE 45
TEL 081 764 0044
FAX 081 764 4483
www.vesuvio.it
Construido en 1882, este elegante hotel ha recibido a huéspedes ilustres como Humphrey Bogart y Errol Flynn durante muchos años. El restaurante Caruso, instalado en la azotea, con sus impresionantes vistas, recibe su nombre del célebre tenor, otro de sus famosos huéspedes.

🛏 163 + 16 suites 🅿 🔄 🔄 💳 Principales tarjetas

🏨 GRAND HOTEL
🍴 PARKER'S
$$$-$$$$ ○○○○
CORSO VITTORIO EMANUELE 135
TEL 081 761 2474
FAX 081 663 527
www.grandhotelparkers.it
Su ubicación al oeste del centro de la ciudad, entre el bullicioso Barrio Español y la colina Vomero ofrece

maravillosas vistas a la bahía de Nápoles. El ambiente y el estilo del hotel son tradicionales. El restaurante Bellevue ostenta una categoría propia.
🛏️ 73 + 10 suites 🅿️ 🔼 🅰️
📺 🅰️ Principales tarjetas

🏨 REX
$$ ✪✪✪
VIA PALEPOLI 12
TEL 081 764 9389
FAX 081 764 9227
www.hotel-rex.it
Ubicado cerca de la zona portuaria, al sur de San Carlo. Las habitaciones son pequeñas y sencillas, pero sus precios razonables justifican que estén muy solicitadas. No tiene restaurante.
🛏️ 36 🅿️ 🅰️ Principales tarjetas

🍽️ LA SACRESTIA
$$$$
VIA ORAZIO 116
TEL 081 664 186
En este local no sólo ofrecen la mejor comida de Nápoles –no deje de probar el pesce *spada* (pez espada)–, sino que es también uno de los restaurantes que gozan de una mejor ubicación: en una villa en la cima de un laberinto de calles (tome un taxi) con una terraza que ofrece incomparables vistas sobre la bahía de Nápoles.
🍴 100 🕐 Cerrado lun. en invierno, dom. en verano y 2 semanas en agos. 🅰️
🅰️ Principales tarjetas

🍽️ LA BERSAGLIERA
$$$-$$$$
VIA SANTA LUCIA 10–11, BORGO MARINARI
TEL 081 764 6016
La mayoría de los visitantes ilustres que han visitado Nápoles desde 1923 han comido en este restaurante de la zona portuaria. Los precios son quizás más altos que los méritos de la comida, y en la temporada de vacaciones acostumbra a estar lleno, pero el ambiente bullicioso y el sabor histórico de la zona lo

convierten en un lugar interesante para ser visitado, al menos una vez.
🍴 200 🅿️ 🕐 Cerrado mar. y parte de enero. y agos. 🅰️
🅰️ Principales tarjetas

🍽️ LA CANTINA DI TRIUNFO
$$
RIVIERA DI CHIAIA 64
TEL 081 668 101
Antigua vinatería-*trattoria* con barras de mármol y viejas mesas de madera. Puede beber un vaso de vino acompañado de queso, salami y otros bocados, o bien elegir un plato del menú del día.
🍴 40 🕐 Cerrado A, dom., y agos. 🅰️ AE, V

🍽️ BRANDI
$-$$
SALITA SANT' ANNA DI PALAZZO 1-2, CERCA DE VIA CHIAIA
TEL 081 416 928
La pizzería más famosa de Nápoles y lugar donde nació la margarita (tomate, albahaca y queso *mozzarella*). A menudo está lleno en vacaciones, pero el ambiente, las pizzas y los platos de pasta son buenos.
🍴 100 🅰️ 🅰️ Principales tarjetas

🍽️ GRAN CAFFÈ GAMBRINUS
$
VIA CHIAIA 1-PIAZZA TRENTO E TRIESTE
TEL 081 417 582
Fundado en 1860, es el café más lujoso y famoso de la ciudad. Maravillosos cafés y exquisitos pasteles.
🍴 170 🅰️ Principales tarjetas

PAESTUM

🏨 ESPLANADE
🍽️ **$$ ✪✪✪**
VIA POSEIDONIA
TEL 0828 851 043
FAX 0828 851 600
www.hotelesplanade.com
La mayoría considera al Paestum como un lugar para pasar el día. Pero este hotel

perteneciente a la cadena Best Western situado junto a un bosque de pinos cerca del mar, con piscina y playa privada, es una excelente opción para alojarse una noche.
🛏️ 28 🅿️ 🅰️ 🏊 🏊
🅰️ Principales tarjetas

PARQUE NACIONAL DE LOS ABRUZOS

🏨 VILLINO MON REPOS
$$-$$$ ✪✪✪✪
VIA SANTA LUCIA 2, PESCASSEROLI
TEL 0863 912 858
FAX 0863 912 870
Villa centenaria instalada en un tranquilo parque.
🛏️ 17 🅿️ 🅰️ Principales tarjetas

🏨 PAGNANI
$$ ✪✪✪
VIALE CABINOVIA, PESCASSEROLI
TEL 0863 912 866
FAX 0863 912 818
www.hotelpagnani.it
Moderno hotel de montaña situado fuera del pueblo, con habitaciones luminosas y espaciosas, muchas de ellas con balcones llenos de flores.
🛏️ 36 🅿️ 🔼 🏊 📺 🅰️ V

🏨 ARMANDO'S
$$ ✪✪✪
VIA MONTENERO 15, SULMONA
TEL 0864 210 787
FAX 0864 210 783
Hotel sencillo y limpio a pocos minutos del centro del pueblo, en un entorno tranquilo.
🛏️ 21 🅿️ 🔼 🅰️ Principales tarjetas

POMPEYA

🏨 FORUM
$$ ✪✪✪
VIA ROMA 99
TEL 081 850 1170
FAX 081 850 6132
www.hotelforum.it
La mayoría de la gente realiza visitas de un día, pero si decide quedarse, éste es el mejor hotel próximo a las excavaciones.

① 19 🔲 🈂 🈲 **Principales tarjetas**

🍴 IL PRINCIPE
$$$$
PIAZZA BARTOLO LONGO 8
TEL 081 850 5566
Los precios en este estable-cimiento que cuenta con una estrella Michelin son elevados para platos que combinan la cocina regional moderna con otros que recuperan recetas de tiempos antiguos, como el *garum*, una salsa romana que se sirve con el pescado.
🔢 40-150 🈲 Cerrado dom. C y lun. excepto abril-jun. y sept.-oct. 🈂 🈲 Principales tarjetas

PUGLIA

🏨 PALACE
🍴 $$$ ✪✪✪✪
VIA LOMBARDI 13, BARI
TEL 080 521 6551
FAX 080 521 1499
www.palacehotelbari.it
El mejor y más prestigioso hotel de Bari está situado a poca distancia del barrio antiguo de la ciudad. El hotel-restaurante Murat también es de primera categoría.
① 178 + 19 suites 🅿 🈂 🈲 🈲 Principales tarjetas

🍴 LA PIGNATA
$$-$$$
CORSO VITTORIO EMANUELE 173, BARI
TEL 080 523 2481
Elegante restaurante que ofrece una combinación de cocina italiana y regional.
🔢 85 🅿 🈲 Cerrado lun. y agos. 🈂 🈲 Principales tarjetas

PAÍS DEL TRULLI

🍴 IL POETA CONTADINA
$$$-$$$$
VIA INDIPENDENZA 21, ALBEROBELLO
TEL 080 721 917
Elegante y céntrico restau-rante con una de las mejores bodegas de Italia y una exqui-sita cocina local, que incluye

un aperitivo (en temporada) de ensalada caliente con *cappesante* (vieiras) y setas silvestres.
🔢 70 🅿 🈲 Cerrado dom. C, lun., 2 semanas en enero y 10 días jun.-agos. 🈂 🈲 Principales tarjetas

PARA OCASIONES ESPECIALES

🏨 DEI TRULLI
Las habitaciones de este hotel inusualmente lujoso están dispuestas en torno a una atrac-tiva colección de *trulli*, las carac-terísticas viviendas antiguas por las que son famosos Alberobello y sus alrededores.
$$$$-$$$$$ ✪✪✪✪✪
VIA CADORE 32, ALBEROBELLO
TEL 080 432 3555
FAX 080 432 3560
www.hoteldeitrulli.it
① 19 🅿 🈂 🈲 🈲 Principales tarjetas

🍴 TRULLO D'ORO
$$-$$$
VIA FELICE CAVALLOTTI 27, ALBEROBELLO
TEL 080 432 1820
La cocina rústica local puede carecer del refinamiento que caracteriza los platos de Il Poeta Contadina (ver an-tes), pero su incomparable ubicación, en cinco *trulli* con vigas de madera y paredes encaladas, constituye un marco perfecto.
🔢 100-150 🈲 Cerrado lun. excepto en verano y enero. 🈂 🈲 Principales tarjetas

SICILIA Y CERDEÑA

SICILIA

AGRIGENTO

🏨 VILLA ATHENA
$$$ ✪✪✪✪
VIA DEI TEMPLI 33
TEL 0922 596 288
FAX 0922 402 180
www.hotelvillaathena.com

Es imprescindible reservar con tiempo para alojarse en esta apacible villa del siglo XVIII situada en el corazón de la zona arqueológica. Una pis-cina y bonitas habitaciones complementan su estupenda ubicación.
① 40 🅿 🈂 🈲 Principales tarjetas

🏨 COLLEVERDE PARK HOTEL
$$-$$$
VALLE DEI TEMPLI
TEL 0922 29 555
FAX 0922 29 012
www.colleverdehotel.it
Hotel moderno rodeado de jardines y situado al norte de los templos y la zona de excavaciones arqueológicas.
① 48 🅿 🈂 🈲 🈲 Principales tarjetas

CEFALÙ

🏨 KALURA
$$$ ✪✪✪
VIA VINCENZO CAVALLARO 13, LOCALITÀ CALDURA
TEL 0921 421 354
FAX 0921 422 501
www.kalura.it
Está situado aproximadamen-te a 1,5 km al este del pueblo, de modo que necesitará un coche o un taxi. Merece la pena por su playa privada, las sencillas habitaciones (algunas con vistas) y las instalaciones deportivas.
① 65 🅿 🈂 🈲 🈂 🈲 Principales tarjetas

🍴 LA BRACE
$$
VIA XXV NOVEMBRE 10
TEL 0921 423 570
Una pareja compuesta por un holandés y una indonesia ha dirigido este restaurante durante más de 20 años, en el que ofrecen platos de la coci-na tradicional que pueden competir con los de los *chefs* italianos. Pruebe los *spaghetti all'aglio peperoncino* (espa-guetis con ajo y guindillas) y los *cannoli* de postre. Ambos son típicos platos sicilianos.

CLAVE 🏨 Hotel 🍴 Restaurante ① Habitaciones 🔢 Nº de plazas �] /🚌 Transporte 🅿 Aparcamiento 🈲 Cerrado

🛏 45 🆂 🕐 Cerrado lun., mar. A y med. de dic.-med. de enero. 🆑 Principales tarjetas

ISLAS EOLIAS

🏨 GATTOPARDO PARK HOTEL
$$$-$$$$ ✪✪✪
VIALE DIANA, LIPARI
TEL 090 981 1035
FAX 090 988 0207
Elija entre las confortables habitaciones de estilo rústico en una villa del siglo XIX o los tranquilos bungalós que se encuentran en los jardines. El desayuno y la comida deben reservarse junto con el alojamiento.
🅞 47 🅿 🆂 🆑 Principales tarjetas

🏨 LA SCIARA
$$-$$$
VIA SOLDATO CINOTTA, STROMBOLI
TEL 090 986 004
FAX 090 986 284
www.lasciara.it
Residencia céntrica próxima al mar y rodeada por numerosas villas pequeñas.
🅞 62 🆂 🆑 🏊
🆑 Principales tarjetas

🍴 FILIPPINO
$$$-$$$$
PIAZZA MUNICIPIO 8-16, LIPARI
TEL 090 981 1002
Bonito restaurante con una estrella Michelin fundado en 1910, con encantadoras vistas desde la terraza y platos de pescado y mariscos de primera clase.
🛏 200 🅿 🕐 Cerrado med. de nov.-dic. y lun. excepto junio-sept. 🆂 🆑 Principales tarjetas

🍴 E PULERA
$$$
VIA DIANA, LIPARI
TEL 090 981 1158
Menos reputado que el Filippino (ver antes), pero su cocina básicamente a base de pescado es casi tan buena y más barata. Bonita ubicación en un jardín entre limoneros, mandarinos y pomelos.
🛏 100 🕐 Cerrado diariamente C y oct.-mayo 🆑 Principales tarjetas

PALERMO

🏨 GRANDE HOTEL ET DES PALMES
$$$ ✪✪✪✪
VIA ROMA 398
TEL 091 602 8111
FAX 091 331 545
El Grande tiene un aire del Palermo de la década de 1950 y vive de su pasado esplendoroso, pero sigue siendo la primera opción entre los grandes hoteles de la ciudad si busca personalidad y ambiente histórico.
🅞 187 🅿 🆂 🆑 Principales tarjetas

🍴 CAPRICCI DI SICILIA
$$-$$$
VIA ISTITUTO PIGNATELLI 6, PIAZZA STURZO
TEL 091 327 777
No hay mucho que ver, tanto dentro como fuera, pero el recibimiento es cálido. La cocina, sencilla y perfectamente lograda, incluye especialidades palermitanas como las *sarde ripiene* (sardinas rellenas), la *pasta con sarde* (pasta con sardinas), el *spada alle brace* (pez espada asado) y una *cassata* sublime (helado tradicional siciliano). En verano, mesas en el exterior.
🛏 80-120 🅿 🕐 Cerrado lun. y 15 días agos. 🆂 🆑 Principales tarjetas

🍴 SANT'ANDREA
$$
PIAZZA SANT'ANDREA 4
TEL 091 334 999
La mejor entre varias *trattorie* sin pretensiones, próxima al bullicioso mercado Vucciria. La comida nunca se aleja de sus raíces palermitanas, con muchos platos de pescado asado y mariscos.
🛏 55-65 🕐 Cerrado dom. y parte de enero 🆑 Principales tarjetas

SIRACUSA

🏨 GRAND
$$$-$$$$ ✪✪✪✪
VIALE MAZZINI 12
TEL 0931 464 600
FAX 0931 464 611
www.grandhotelsr.it
Un confortable hotel de estilo antiguo, fundado en el año 1898, en el límite occidental de Ortigia, el antiguo corazón de la ciudad. Su restaurante-terraza en la azotea ofrece excelentes vistas del mar y del puerto, por lo que es perfecto para cenar en las cálidas noches estivales.
🅞 39 🅿 🆂 🆂
🆑 Principales tarjetas

🏨 DOMUS MARIAE
🍴 $$ ✪✪✪
VIA VITTORIO VENETO 76
TEL 0931 24 854
FAX 0931 24 858
El Domus, segundo de los atractivos hoteles de la antigua Ortigia, está dirigido de manera amable y profesional por hermanas ursulinas.
🅞 12 🅿 🆂 🆑 AE, V

🍴 ARCHIMEDE
$$-$$$
VIA GEMMELLARO 8
TEL 0931 69 701
Los satisfechos comensales han acudido a este restaurante de Ortigia desde 1930 para disfrutar principalmente de sus platos de pescado y mariscos en sus tres comedores divididos por arcos del siglo XIV.
🛏 150 🕐 Cerrado dom. C 🆂 🆑 Principales tarjetas

🍴 MINOSSE
$$-$$$
VIA MIRABELLA 6
TEL 0931 66 366
Una gran *trattoria* situada en el corazón del laberinto de calles de Ortigia con excelentes pescados y mariscos. El *pesce del giorno* (pescado del día asado) es una buena elección.
🛏 140 🕐 Cerrado lun. C 🆂 🆑 AE, MC, V

HOTELES Y RESTAURANTES

TAORMINA

🏨 VILLA DUCALE
$$$-$$$$ ✪✪
VIA LEONARDO DA VINCI 60
TEL 0942 28 153
FAX 0942 28 710
www.villaducale.com
Excelentes vistas desde la terraza de este pequeño y romántico hotel, parte de una villa de finales del siglo XIX. No tiene restaurante.
ⓘ 12 🅿 ⑤ ⑧ Principales tarjetas

🏨 VILLA BELVEDERE
$$-$$$ ✪✪✪
VIA BAGNOLI CROCE 79
TEL 0942 23 791
FAX 0942 625 830
www.villabelvedere.it
Las vistas panorámicas distinguen a este confortable hotel, situado en medio de palmeras y olivos, hacia el este del centro del pueblo. No tiene restaurante.
ⓘ 47 🅿 ⊡ Cerrado dic. y med. enero-med. marzo ⊟
⑤ ⊠ ⑧ Principales tarjetas

🍴 MAFFEI'S
$$$-$$$$
VIA SAN DOMENICO DI GUZMAN 1
TEL 0942 24 055
Sin duda, este restaurante ofrece la mejor cocina de Taormina, con excelentes platos de pescado y mariscos. Elegante, pequeño y muy popular, de modo que es imprescindible la reserva.
⊞ 40 ⊡ Cerrado mar. excepto en verano
⑧ Principales tarjetas

🍴 LA GRIGLIA
$$$
CORSO UMBERTO 54
TEL 0942 23 980
En la terraza cubierta de este apacible restaurante podrá escapar de las multitudes que invaden la ciudad y disfrutar al fresco de sus especialidades sicilianas, correctamente elaboradas .
⊞ 120 ⊡ Cerrado mar. ⑤
⑧ Principales tarjetas

PARA OCASIONES ESPECIALES

🏨 SAN DOMENICO PALACE
Convento del siglo XV, céntrico y excelentemente reconvertido en hotel, con maravillosos jardines, espléndidas habitaciones decoradas con antigüedades y vistas del Etna y el mar.
$$$$$ ✪✪✪✪✪
PIAZZA SAN DOMENICO 5
TEL 0942 613 111
FAX 0942 625 506
www.thi.it
ⓘ 102 + 9 suites 🅿 ⊟
⑤ ⊠ ⑧ Principales tarjetas

CERDEÑA

ALGHERO

🏨 VILLA LAS TRONAS
$$$ ✪✪✪✪
LUNGOMARE VALENCIA 1
TEL 079 981 818
FAX 079 981 044
Encantadora villa situada en un promontorio sobre el mar. El pueblo está muy cerca, pero los jardines de estilo modernista del hotel y la playa transmiten una maravillosa sensación de paz e intimidad.
ⓘ 20 habitaciones + 5 suites
🅿 ⑤ ⊠ ⑨
⑧ Principales tarjetas

🍴 AL TUGURI
$$-$$$
VIA MAIORCA 113
TEL 079 976 772
www.altuguri.it
Diminuto y correcto establecimiento cuya cocina combina las tradiciones sarda y catalana. En la carta predominan los platos de pescado y mariscos. Pruebe la exquisita pasta casera con *cozze, piselli e gamberi* (mejillones, guisantes y gambas).
⊞ 35 ⊡ Cerrado med. de dic.-enero y dom. excepto en verano ⑤ ⑧ Principales tarjetas

CALA GONONE

🏨 COSTA DORADA
$$-$$$ ✪✪✪✪
LUNGOMARE PALMASERA 45
TEL 0784 93 333
FAX 0784 93 445
www.hotelcostadorada.it
Hotel sencillo y confortable en un emplazamiento costero.
ⓘ 30 ⊡ Cerrado nov.-Semana Santa ⑤
⑧ Principales tarjetas

CAGLIARI

🏨 REGINA MARGHERITA
$$$ ✪✪✪✪
VIALE REGINA MARGHERITA 44
TEL 070 670 342
FAX 070 668 325
El mejor de los hoteles que hay cerca del barrio antiguo de Cagliari. No tiene restaurante.
ⓘ 99 🅿 ⊟
⑧ Principales tarjetas

🍴 DAL CORSARO
$$$
VIALE REGINA MARGHERITA 28
TEL 070 664 318
Cocina sarda impecable y a menudo creativa en este restaurante regentado por una familia. Una verdadera institución local y uno de los mejores locales de la isla. Es imprescindible reservar.
⊞ 80 🅿 ⊡ Cerrado dom. y agos. ⑤ ⑧ Principales tarjetas

COSTA ESMERALDA

🏨 CALA DI VOLPE
$$$$$ ✪✪✪✪✪
CALA DI VOLPE, PORTO CERVO
TEL 0789 976 111
FAX 0789 976 617
www.starwood.com/luxury
El hotel más importante de la Costa Esmeralda es una elegante recreación de una villa sarda tradicional. Sus numerosas instalaciones incluyen pistas de tenis y acceso a un campo de golf de nueve hoyos.
ⓘ 112 + 11 suites 🅿 ⊟
⑤ ⑧ Principales tarjetas

DE COMPRAS EN ITALIA

Ir de compras es uno de los grandes placeres que incluye la visita a Italia. Desde el pueblo de montaña más pequeño hasta la calle comercial de la ciudad más importante, las tiendas italianas ofrecen una notable variedad de alimentos y bebidas, ropa maravillosa, inspirados diseños, bellas telas, joyas preciosas, exquisitos zapatos, prendas y accesorios de cuero, magníficas obras de arte, antigüedades, objetos artísticos y una miríada de artículos artesanales como cerámicas, utensilios de metal y papel jaspeado. Lamentablemente, la mayoría de los artículos son muy caros, ya que Italia no es un país de gangas. Aunque no por ello necesariamente tiene que gastar todo su dinero: puede disfrutar casi del mismo modo contemplando escaparates o simplemente recorriendo los numerosos mercadillos callejeros y ferias de antigüedades que se celebran en todo el país.

TIENDAS
La mayoría de las tiendas italianas son pequeños negocios familiares. Muchos barrios aún tienen su propio panadero *(panificio)*, frutero *(fruttivendolo)*, pastelerías *(pasticceria)*, carnicero *(macellaio)* y colmado *(alimentari)*. Los grandes almacenes y supermercados están ganando terreno de forma progresiva, especialmente en los pueblos y ciudades más grandes.

MERCADOS
Todos los pueblos y ciudades tienen al menos un mercadillo *(un mercato)*. En las ciudades, están abiertos todos los días, excepto el domingo, e inician su actividad comercial al amanecer y cierran a primera hora de la tarde. Los horarios son similares en los pueblos, pero, en general, los mercados provinciales sólo funcionan una vez por semana. Muchos pueblos importantes también tienen ferias de antigüedades.

ESPECIALIDADES
Muchos productos son originales de una zona del país y de una estación del año. Todas las regiones, y muchos pueblos, tienen sus propias especialidades de comida y vino. Algunas se encuentran en toda Italia –como el queso parmesano y el jamón de Parma– pero a menudo, como sucede con las trufas de las regiones de Umbría y Piamonte o el condimentado pastel *panforte* de Siena, estos productos están limitados a una zona pequeña.

Esto mismo se aplica a los objetos de artesanía, la cristalería y los encajes como especialidades de Venecia, por ejemplo, o el papel jaspeado y los finos trabajos en cuero característicos de Florencia.

QUÉ COMPRAR
Italia es un verdadero cuerno de la abundancia de regalos y obsequios exquisitos. Las especialidades gastronómicas son una compra obvia. Lencería fina, sedas, encajes, jabones, ropa blanca, zapatos, bolsos, billeteros, productos de papel jaspeado y joyas son artículos fáciles de transportar. Reserve espacio también para el vino, prendas de vestir y objetos de diseño, especialmente utensilios de cocina. Las tiendas más importantes se encargarán del envío de artículos de mayor tamaño, como piezas de cerámica, muebles y antigüedades.

HORARIOS
Las tiendas pequeñas abren de martes a sábado, desde las 8.00 hasta las 13.00 y desde las 15.30 hasta las 20.00. La mayoría cierra el lunes por la mañana y otro medio día durante la semana. Los horarios sufren cambios en verano: no abren tan temprano por la tarde debido al calor. En las ciudades, especialmente en las tiendas de ropa, librerías y grandes almacenes, se tiende al horario continuo, de 9.00 a 20.00 de lunes a sábado (y, ocasionalmente, el domingo).

FORMAS DE PAGO
Los supermercados y grandes almacenes aceptan tarjetas de crédito, al igual que las tiendas de ropa y las zapaterías importantes. El pago en metálico se utiliza en los colmados y otros establecimientos pequeños.

ROMA

Las principales calles comerciales de Roma se agrupan en torno a la Via dei Condotti, donde se encuentran los grandes diseñadores de ropa y zapatos. Las tiendas más baratas están en Via del Corso, Via Nazionale y Via del Tritone. Las tiendas de arte y antigüedades se encuentran en Via del Babuino, Via Margutta, Via Giulia, Via Monserrato y Via dei Coronara. Las mejores tiendas de comestibles están en Via Santa Croce y Via Cola di Rienzo.

CERÁMICAS
Ginori Piazza della Trinità dei Monti 18b, Tel 06 679 3836. Finas piezas de porcelana y cerámica.

GRANDES ALMACENES
La Rinascente Via del Corso 189, Tel 06 679 7691. Los más importantes y elegantes de Roma.

DISEÑO
Culti Via della Vetrina 16/a, Tel 06 683 2180. Ropa blanca, platos, copas y artículos para el hogar.
Spazio Sette Via dei Barbieri 7, Tel 06 6880 4261. Objetos para el hogar y la oficina.

COMIDA Y VINO
Ai Monasteri Piazza Cinque Lune 2, Tel 06 6880 2783. Mermeladas, conservas, miel, licores, chocolates, jabones y perfumes, elaborados en monasterios y conventos.
Buccone Via di Ripetta 19-20, Tel 06 361 2154. Una de las tiendas de vinos mejor provistas de Roma.
Castroni Via Cola di Rienzo 196, Tel 06 687 4383. La mejor tienda de alimentación de Roma.

Trimani Via Goito 20, Tel 06 446 9661. Una vinatería que abrió en 1821 y que le envía las botellas a casa.

JOYERÍA

Bulgari Via dei Condotti 10, Tel 06 679 3876. Los joyeros más importantes de Italia, pero los precios comienzan siendo elevados y acaban en la estratosfera.

LENCERÍA Y TELAS

Bassetti Corso Vittorio Emanuele II 73, Tel 06 689 2326. Una extensa selección de sedas y telas italianas.
Frette Via del Corso 381, Tel 06 678 6882; Via Nazionale 84, Tel 06 488 2641, www.frette.it. Una cadena nacional donde se pueden comprar magníficas sábanas, toallas y otra ropa blanca para el hogar.

MERCADOS

Campo dei Flori Céntrico y colorido mercado de alimentos, frutas y flores en Campo dei Fiori (lun.-sáb.). Ver pág. 63.

Porta Portese Gran mercadillo instalado en las calles próximas a Viale Trastevere, cerca de Porta Portese. Muy concurrido. Cuidado con los carteristas (dom. por la mañana).

ROPA DE HOMBRE

Davide Cenci Via Campo Marzio 1-7, Tel 06 699 0681. Una enorme tienda, fundada en 1926, que vende prendas de vestir de estilo clásico italiano e inglés.

ARTÍCULOS DE ESCRITORIO

Pineider Via dei Due Macelli 68, Tel 06 678 9013; Via della Fontanella Borghese 22, Tel 06 687 8369, www.pineider.it. Todo el mundo, desde Napoleón hasta Elizabeth Taylor, ha comprado plumas y papeles en Pineider.

CUADROS Y GRABADOS

Alberto di Castro Via del Babuino 71, Tel 06 361 3752. Cientos de viejas pinturas y grabados.

OBJETOS RELIGIOSOS

Gaudenzi Piazza della Minerva 69/a, Tel 06 679 0431. Una colección preciosa de objetos y recuerdos religiosos. Tiendas similares en la cercana Via dei Cestari.

ZAPATOS

Le 3 C Via della Croce 40, Tel 06 679 3813. Una pequeña pero popular tienda donde encontrará desde las alpargatas francesas de Pare Gabia hasta las chanclas de Parini. También cuenta con una amplia selección de complementos para el calzado.

TURÍN

Las calles de Turín están llenas de buenas tiendas, en especial la Via Roma y la Via Garibaldi. Las tiendas de antigüedades abundan en la Piazza San Carlo, Via Maria Vittoria y las calles que rodean la Via Pietro Micca. La ciudad es conocida sobre todo por sus vermús y chocolates.

COMIDA Y VINO

Paissa Piazza San Carlo 196, Tel 011 562 8364. Selección de comidas y bebidas, que incluye los vermús.
Peyrano Corso Moncalieri 47, Tel 011 660 2202. Chocolates de calidad superlativa.

MERCADOS

Balón Piazza della Repubblica. Mercadillo el sábado por la mañana y enorme mercado de antigüedades «Gran Balón» los segundos domingos de mes.

GÉNOVA

La Via Soziglia en Génova es un buen lugar para escoger artículos de artesanía ligur como encajes, cerámicas, mármol, oro o vajillas de plata. Los joyeros se agrupan en la Via dei Orefici y las tiendas de lujo se encuentran en la Via XX Settembre y Via Luccoli.

GRANDES ALMACENES

COIN Via XX Settembre 16a, Tel 010 570 5821

La Rinascente Via Ettore Vernazza 1, Tel 010 586 995

COMIDA Y VINO

Pietro Romanengo Via Soziglia 74r, Tel 010 247 4574. Fantásticos chocolates y dulces.
Sattanino Via Ponte 19r, Tel 010 580 972. Vende el clásico pan *focaccia* ligur, parecido a la pizza, con una impresionante variedad de rellenos.
Vinoteca Sola Piazza Colombo 13r, Tel 010 561 329. Cientos de vinos de Italia y de todo el mundo.

MILÁN

Milán es probablemente la ciudad comercial más importante de Italia, especialmente en ropa y zapatos. Armani, Prada, Versace, Ferré, Krizia, Moschino y Dolce & Gabbana son originarios de esta ciudad. La mayoría de estos y otros diseñadores se concentran en el «Cuadrado de Oro», un grupo de calles en la Via Montenapoleone y sus alrededores. Antigüedades, accesorios y otras tiendas de lujo también se distribuyen por esta zona. Ropa de calidad pero más barata puede encontrarse en Corso Buenos Aires y Corso Vittorio Emanuele, y el más atractivo distrito Brera, un oasis de tiendas interesantes y originales: Via Solferino, Via Madonnina y Via Fiori Chiari son las principales calles.

ROPA

Giorgio Armani Via Manzoni 31, Tel 02 7231 8600. Sin duda alguna se trata del nombre más famoso en el firmamento de la moda en Milán.
Prada Via della Spiga 1, Tel 02 7600 2019. Bolsos, accesorios y prendas de vestir a la última moda.

GRANDES ALMACENES

La Rinascente Piazza del Duomo, Tel 02 88 521. Posee las plantas de moda más grandes de Italia en una única tienda, además de artículos para el hogar.

JOYERÍA
Mario Buccellati Via Montenapoleone 23, Tel 02 7600 2153. Sólo Bulgari en Roma es capaz de rivalizar con Buccellati por el título de mejor joyero de Italia.

CUERO
Valextra Piazza San Babilia 1, Tel 02 7600 5024. Vende bolsos, carteras, billeteros y otros artículos de piel de calidad desde 1937. Hay otro local en Via Cerva 11 (Tel 02 760 0103).

TELAS
Frette Via Montenapoleone 21, Tel 02 783 950. Magnífica ropa de cama y suntuosa lencería. Otros tres locales en Via Manzoni 11 (Tel 02 864 433), Corso Buenos Aires (Tel 02 2940 1072) y Corso Vercelli 23-25 (Tel 02 498 9756).

MERCADOS
Mercantone dell'Antiquariato Via Brera-Via Fiori Chairi. Enorme mercado de antigüedades (3er. sáb. de mes).
Mercato Papiniano Viale Paniniano. Artículos nuevos y de segunda mano (sáb.)

ARTÍCULOS DE ESCRITORIO
Papier Via San Maurillo 4, Tel 02 865 221. Una amplia selección de papeles bellos e inusuales.

PERFUMES
Acqua di Parma Via Gesù 3, Tel 02 7602 3307. Fragantes jabones, perfumes, aceites de masaje, velas, geles de baño, polvos de talco, etc.

PORCELANA Y CRISTAL
Ginori Corso Buenos Aires 1, Tel 02 2951 6611. Una institución italiana especializada en porcelana.

DIBUJOS Y GRABADOS
Raimondi di Pettinaroli Corso Venezia 6, Tel 02 7600 2412. Dibujos y grabados antiguos.

VENECIA

Los productos más famosos de Venecia son el cristal, los encajes, las telas y el papel jaspeado. Sin embargo, debe tener cuidado porque gran parte del cristal y el encaje baratos son extranjeros y fabricados a máquina. Muchas de las cristalerías se encuentran en Fondamenta dei Vetrai, en la isla de Murano (hay que tomar la lancha 52 en la Piazza de San Marco), pero también hay numerosas tiendas en los alrededores de San Marco. Los buenos encajes se encuentran en la isla de Burano (lancha 12 desde Fondamente Nuove), y las tiendas de papel y telas llenan toda la ciudad.

Las principales calles comerciales rodean la Calle dei Fabbri, la Frezzeria y Le Mercerie entre San Marco y el Ponte di Rialto y alrededor de la Calle Largo XXII Marzo al oeste de la Piazza San Marco. Las tiendas de antigüedades se amontonan alrededor de las iglesias de San Maurizio y Santa Maria Zobenigo, al oeste de la Piazza San Marco. Periódicamente se organizan ferias de antigüedades en el Campo San Maurizio: los detalles referidos a las próximas ferias pueden conseguirse en el centro de información turística.

ABALORIOS
Anticlea Campo San Provolo, Castelo 4719/a, Tel 041 528 6946. Una tienda que es una pequeña joya colmada de miles de nuevos y antiguos abalorios venecianos de todos los colores y formas.

GRANDES ALMACENES
COIN Salizzada San Giovanni Crisostomo, San Marco, Tel 041 239 8000, www.coin.it. El lugar más cómodo para hacer compras bajo el mismo techo.

COMIDA
Aliani Campo della Corderia, Ruga Vecchia San Giovanni, San Polo 214, Tel 041 520 6525. El mejor emporio gastronómico de Venecia con infinidad de quesos, jamones, pasta fresca y platos especiales preparados.

CRISTAL
Pauly Ponte Consorzi-Piazza San Marco 73-77, San Marco 4392, Tel 041 520 9899. Una enorme tienda-sala de exposición con todo, desde delfines de cristal hasta candelabros que cuestan un riñón.
Venini Fondamenta Vetrai 47-50, Murano, Tel 041 273 7211, www.venini.com. Diseños innovadores y preciosos.

ARTÍCULOS DE GONDOLEROS
Ceccato Sottoportico di Rialto, San Polo 1617, Tel 041 522 2700. Si tiene que comprar como recuerdo el típico sombrero de paja que llevan los gondoleros, compre al menos el artículo auténtico en esta tienda, que vende sombreros, túnicas y pantalones de genuinos gondoleros.

JOYERÍA
Missiaglia Piazza San Marco 125, Tel 041 522 4464. Piezas de plata y oro clásicas y contemporáneas a precios máximos del mejor joyero de Venecia.
Nardi Piazza San Marco 69-71, Tel 041 522 5733. El único lugar que produce las piezas que vendrán, cerca de Missiaglia.

ENCAJES
Jesurum Mercerie del Capitello, San Marco 4857, Tel 041 520 6177. La mejor tienda de encajes desde 1868. Los productos y la calidad están garantizados.

CUERO
Bottega Veneta Calle Vallaresso, San Marco 1337, Tel 041 522 8499. Buque insignia de esta elegante marca; magníficos bolsos, cinturones, billeteras y otros artículos de piel de primera calidad.

MERCADOS
Rialto No se pierda los mercados de alimentos y productos generales (la Erbería) en las calles situadas al norte del puente de Rialto *(lun.-sáb. 8.00 a 13.00)*.
Pescheria El mercado de pescado funciona a lo largo de la Erbería, al norte del puente de Rialto *(mar.-sáb. 8.00 a 13.00)*.

MÁSCARAS

Mondonovo Rio Terrà Canal, Dorsoduro 3063, Tel 041 528 7344. En Venecia las tiendas de máscaras se encuentran por todas partes. Ésta es probablemente la mejor.

PAPEL

Alberto Varese Campo Santo Stefano, San Marco 3471, Tel 041 520 0921. Venden algunos de los mejores papeles marmolados de Venecia. Los diseños también se aplican a sedas y otros adornos.
Polliero Campo dei Frari, San Polo 2995, Tel 041 528 5130. Junto a la iglesia Frari, vende libros y diarios encuadernados en cuero y papel, y otros productos de papel marmolado.

FLORENCIA

Florencia es una ciudad especial para comprar objetos de lujo. Cuero, ropa, joyas y antigüedades son los artículos más importantes, gracias a una larga tradición artesanal. Otros regalos más baratos, como papel jaspeado, se pueden adquirir en los mercados de la ciudad. La mayoría de las buenas tiendas de ropa y otros artículos de lujo se encuentran en la Via de Tornabuoni y alrededores. Las tiendas de antigüedades se agrupan al sur del Arno y alrededor de la Via Maggio, y los joyeros, en el Ponte Vecchio.

ROPA Y ACCESORIOS

Gianfranco Lotti Via della Vigna Nuova 45r, Tel 055 211 301. Si los elegantes bolsos no le seducen, seguramente lo harán los magníficos pañuelos, estolas, guantes, sombreros, joyas, etc.
Gucci Via de Tornabuoni 73, Tel 055 264 011, www.gucci.com. La famosa etiqueta de la doble «G» nació en Florencia. Aquí se vende la ropa y los accesorios, en Via Roma 32 (Tel 055 759 221).
Madova Via Guicciardini 1r, Tel 055 239 6526. Aquí venden una exquisita selección de guantes para verano e invierno desde 1919.

Pucci Via dei Pucci 6, Tel 055 628 7622; Via della Vigna Nuova 97, Tel 055 294 028. Con Gucci y Ferragamo, Emilio Pucci es uno de los diseñadores más conocidos de la ciudad. Su reputación procede de las sedas y estampados firmados en la década de 1960.

GRANDES ALMACENES

COIN Via de Calzaiuoli 56r, Tel 055 280 531. Los florentinos llenan este establecimiento que vende una amplia variedad de artículos de calidad.
La Rinascente Piazza della Repubblica 1, Tel 055 239 8544. En general, de calidad superior a COIN, pero con menos existencias.

TELAS

Casa dei Tessuti Via de Pecori 20, Tel 055 215 961. Una impresionante colección de sedas, linos, lanas y otros tejidos suntuosos.
Mazzoni Via Orsanmichele 14r, Tel 055 504 7022. Un clásico de la ciudad especializado en ropa de cama y telas desde hace más de 100 años.

COMIDA

Pegna Via dello Studio 26r, Tel 055 282 701. Fundada en 1860, esta tienda de exquisiteces tiene más de 7.000 referencias.
Stenio del Panta Via Sant' Antonio 49r, Tel 055 216 889. Una excelente tienda de comida cerca del Mercato Centrale.

JOYERÍA

Torrini Piazza del Duomo 10, Tel 055 230 2402, www.torrini.it. Torrini registró la marca de fábrica, la mitad de una hoja de trébol, en 1369. Diseños tradicionales y modernos, con presencia destacada del oro.

CUERO

Cellerini Via del Sole 37, Tel 055 282 533. Billeteros, zapatos, maletas, cinturones y bolsos: más de 600 tipos donde elegir.
Desmo Piazza de Rucella 10d, Tel 055 292 395, www.desmo.it. Un nombre de larga tradición con una enorme selección de artículos de cuero.

ROPA BLANCA

Loretti Caponi Piazza Antinori 4, Tel 055 213 668. Bellos bordados, lencería, encajes y ropa blanca.

MERCADOS

Cascine Parco del Cascine. Un gran mercadillo semanal instalado en un gran parque, al oeste del centro de la ciudad (mar. 8.00 - 14.00, Bus: 1, 9, 17).
Mercato Centrale Piazza del Mercato Centrale. El mercado de alimentos cubierto más grande de Europa es una cita obligada (lun.-sáb. 9.00 - 17.00).
San Lorenzo San Lorenzo. La plaza y sus alrededores están llenos de puestos que venden ropa y otros artículos (lun.-dom. 9.00-19.00).

ARTÍCULOS DE ESCRITORIO

Pineider Piazza della Signoria, 14, Tel 055 284 655. Fundada en 1774, esta exclusiva tienda tiene sucursales en todo el mundo.

ZAPATOS

Salvatore Ferragamo Via de Tornabuoni 14, tel 055 292 123. La central italiana de esta firma está en Florencia. Además de zapatos, podrá adquirir ropa y accesorios.

JABONES Y PERFUMES

Farmaceutica di Santa Maria Novella Via della Scala 16, Tel 055 216 276, www.smnnovella.it. Una hermosa tienda que vende jabones, perfumes y cosméticos, elaborados según antiguas recetas creadas en monasterios y conventos.
Farmacia del Cinghiale Piazza del Mercato Nuovo 4, Tel 055 212 128, www.ilcinghialeshop.com. Una tienda que ha vendido cosméticos naturales y otros artículos de tocador desde el siglo XVIII.

OCIO

Italia tiene cientos de festivales, ceremonias religiosas, espectáculos históricos, ferias, mercados y celebraciones locales fascinantes y llenas de colorido. Algunos de ellos son acontecimientos internacionales y llamativos, como el Carnaval de Venecia o el Palio de Siena (carrera de caballos medieval). Muchos son espectáculos muy elaborados de importancia europea, fundamentalmente el festival de ópera de Verona o el festival de cine internacional de Venecia. La mayoría, sin embargo, son acontecimientos pequeños, limitados a un pueblo, y a menudo celebrados en honor de un santo, un suceso histórico o productos locales como el vino, la comida o artículos de artesanía local.

Es posible que desee organizar su viaje para que coincida con algunos de los eventos más importantes, pero asegúrese de reservar alojamiento con suficiente antelación. No obstante, es más probable que se tope con un festival más pequeño (festa) mientras viaja por Italia, en especial en Semana Santa o en verano.

La mayoría de los acontecimientos menos importantes siguen un modelo similar, en especial los religiosos. Se celebran procesiones, a menudo con trajes tradicionales, seguidas de oficios religiosos, fuegos artificiales, bandas de música y comidas populares. Procure no pasar por alto las pancartas que anuncian una festa o sagra (una feria de alimentación o vino) o infórmese en las oficinas de turismo.

La selección que se ofrece a continuación detalla por ciudades y pueblos los principales festivales artísticos y musicales, además de una selección de los acontecimientos históricos y de otro tipo anuales. Una excelente fuente de información sobre festivales es www.italiafestival.it

ARTES Y MÚSICA

Città di Castello Importante festival internacional de música de cámara que se celebra aquí cada verano. (agos.-sept, Tel 075 852 2823 o 075 852 4357, www.festivalnazioni.com)
Fiesole El Estate Fiesolana (Verano en Fiesole) es un importante festival de música y otras artes que se celebra en un pueblo situado en una colina próxima a Florencia. (med. de jun.-agos., Tel 055 597 8308 o 055 597 9005, www.operafiesole.it)

Florencia El Festivale Maggio está considerado como el festival de música clásica más prestigioso de Italia. (finales de abril-principios de jul,. Tel 055 211 158, www.maggiofiorentino.it)
Lucca El Estate Musicale Lucchese es uno de los principales festivales musicales de verano en la Toscana. (jul-agos., Tel 0583 419 689, www.summer-festival.com)
Macerata Este pueblo de la región de Las Marcas alberga un festival de ópera pequeño pero muy importante. (med. de jul.-med. de agos., Tel 0733 261 334. www.macerataopera.org)
Milán Temporada de ópera y música clásica en La Scala. (ópera: dic.-julio; música clásica: sept.-nov., Tel 02 7200 3744, www.lascala.milano.it)
Nápoles El San Carlo está considerado como el segundo teatro de ópera más importante de Italia. (temporada de ópera: dic.-mayo; música clásica y ballet: jun.- nov., Tel 081 797 2111, www.teatrosancarlo.it)
Perugia El Umbria Jazz atrae a los mejores intérpretes de jazz del mundo a locales en Perugia y centros más pequeños repartidos por toda la región. (julio, Tel 075 5732 2432, www.umbriajazz.com)
Pesaro Este festival de ópera está dedicado al compositor Giacchino Rossini. (agosto, Tel 0721 30 161, www.rossinioperafestival.it)
Rávena Un importante festival de jazz, ópera y música contemporánea. (med. de junio-med. de julio, Tel 0544 249 211, www.ravennafestival.org)
Siena El Settimane Musicali Senesi de Siena (Festival Semanal de Música) comprende recitales de música clásica. (julio-agos., Tel 0577 22 091, www.chigiana.it)

Siracusa Festival bianual de teatro griego con actuaciones en el teatro griego de la ciudad. (mayo-junio años pares, Tel 0931 67 710)
Spoleto Prestigioso Festival dei Due Mondi o Festival de los Dos Mundos, (finales de junio-julio, Tel 0743 44 325 o 0743 44 700, www.spoletofestival.it)
Stresa El Stresa Settimane Musicale (Semanas Musicales de Stresa) es una breve temporada de conciertos clásicos. (finales de agos.-sept, Tel 0323 31 308 o 0323 30 095)
Taormina Esta ciudad alberga un festival de cine internacional, además de obras de teatro y conciertos en su teatro griego. (julio-med. de sept, Tel 0942 23 243 o 0942 21 142, www.taormina-arte.com)
Torre del Lago Festival de ópera al aire libre en la costa toscana, cerca de Viareggio, dedicado al compositor Giacomo Puccini. (med. de julio-med. de agos., Tel 0584 359 322, www.puccinifestival.it)
Urbino Esta ciudad de Las Marcas es la sede del Festival Internazionale di Musica Antica, dedicado a la música antigua y barroca. (10 días a finales de julio, Tel 0722 2613)
Venecia (arte) La Biennale, que se celebra desde 1895, es una de las exposiciones de arte contemporáneo más importantes de Europa. (junio-sept, en años impares, Tel 041 521 8711, www.labiennale.org)
Venecia (cine) El Festival Internacional de Cine de Venecia se celebra desde 1932 y es el segundo más importante de Europa. (10 días a finales de agos.- principios de sept, Tel 041 529 7811 o 041 272 6501)
Venecia (ópera) Los conciertos se celebraron en sedes temporales después del incendio que destruyó gran parte del teatro de ópera en 1996. Ahora la funciones se representan en el Pala Fenice, una carpa de 1.200 butacas en el Tronchetto, cerca de Piazz Roma. (nov.- junio, Tel 041 786 562 o 041 786 520, www.teatrolafenice.it)
Verona El festival de ópera más importante de Italia se celebra en el anfiteatro romano de la ciudad. (julio-agos., Tel 045 801 5151, www. arena.it)

CALENDARIO DE ACONTECIMIENTOS

Enero

Epifanía Celebración en toda Italia para festejar la Epifanía, especialmente en Roma donde la festividad de Navidad, que dura tres semanas, concluye en la Piazza Navona. *(enero 5-6)*

Festa di Sant'Orso Aosta, valle de Aosta. Un antiguo festival en honor del patrón de Aosta. *(finales de enero)*

Festival della Canzone Italiana San Remo, Liguria. Este «Festival de la Canción Italiana», de tres días de duración, es popular en Italia, donde es televisado en directo a todo el país. *(tres días a finales de enero)*

Febrero

Carnaval Las festividades del carnaval más famosas son las de Venecia (fiestas callejeras, disfraces y bailes de máscaras) y Viareggio, en la costa toscana, donde se reúne una enorme procesión de embarcaciones. *(10 días hasta el Miércoles de Ceniza)*

Sagra del Mandona in Fiore Agrigento, Sicilia. Festival internacional de música folclórica, bailes y folclore celebrado para que coincida con el «Festival de la almendra en flor» *(1ª. semana de febrero)*

Sagra del Tartufo Norcia, Umbría. Una de las mayores ferias rurales de alimentos y trufas. *(finales de febrero)*

Marzo-abril

Semana Santa Las celebraciones tienen lugar en todos los pueblos y ciudades de Italia. El papa encabeza la procesión del Viernes Santo en Roma, que pasa por el Coliseo. Las ceremonias de Sicilia y las zonas rurales son memorables.

Festa di San Marco Venecia. El santo patrón de la ciudad, san Marcos, es conmemorado con una regatas de góndolas y otras celebraciones. *(25 de abril)*

Scoppio del Carro Florencia. La «Explosión del Carro» pone punto final a las celebraciones florentinas del Domingo de Ramos. Un carro de flores y fuegos artificiales enciende al mediodía mediante una paloma mecánica que «vuela» a lo largo de un alambre tendido desde el altar de la catedral hasta la plaza.

Mayo

Cavacata Sassari Cerdeña. El festival más importante de Cerdeña congrega a miles de personas vestidas con trajes tradicionales, que desfilan a pie y a caballo. Carreras de caballos y danzas tradicionales. *(40 días después de Semana Santa, normalmente el último domingo de mayo)*

Corsa dei Ceri Gubbio, Umbría. Procesiones y representaciones teatrales medievales preceden una carrer, en la que por equipos portan enormes antorchas de madera, o ceri, hasta la colina que domina el pueblo. *(principios o med. de mayo)*

Festa di San Domenico Abat Cocullo, Abruzzo. Se manipulan serpientes vivas con las que se envuelve la estatua del patrón del pueblo. *(1ª semana de mayo)*

Festa di San Gennaro Nápoles. Celebraciones en honor del santo patrón de la ciudad, que incluyen la milagrosa licuefacción de la sangre del santo, contenida en una pequeña, botella. *(tres veces al año: 1er dom. de mayo, 19 de sept. y 16 de dic.)*

Festa di Sant'Efisio Cagliari, Cerdeña. Procesiones multitudinarias a pie o a caballo, con vestimentas medievales, par conmemorar al santo patrón de la ciudad. *(1 de mayo)*

Sagra di San Nicola Bari. En una ceremonia que se desarrolla en el mar, una embarcación transporta la imagen del santo patrón de Bari. *(1er fin de semana de mayo)*

Vogalunga Venecia. Se trata de una popular carrera de 32 km hasta la isla de Burano y regreso por el Gran Canal que se celebra a primera hora de la tarde y en la que interviene una enorme variedad de botes de remo antiguos y modernos. *(un domingo de mayo)*

Junio

Calcio Storico Florencia. Tres partidos de fútbol masivos disputados con trajes medievales en la Piazza Santa Croce o Piazza della Signoria para conmemorar el primer partido, que se celebró en 1530. *(última semana de junio)*

Festa di San Pietro San Pedro, Roma. Celebración religiosa para conmemorar la festividad de san Pedro. *(29 de junio.)*

Festa di San Ranieri Pisa, Toscana. Procesiones con velas encendidas seguidas de una regata con botes de remo y trajes medievales para honrar al santo patrón de Pisa. *(16 de junio)*

Festa di Sant'Andrea Amalfi, Campania. Festividades para honrar al santo patrón de Amalfi. *(27 de jun.)*

Gioco del Ponte Pisa, Toscana. El «Juego del Puente» es una competición en la que dos equipos vestidos con trajes medievales tiran de los extremos opuestos de una cuerda en el Ponte di Mezzo de Pisa. *(último dom. de junio)*

Julio

Festa del Redentore Venecia. Se colocan puentes de pontones a través del canal Giudecca para unir Venecia con la iglesia del Redentore, una celebración para conmemorar la salvación de Venecia de la peste del año 1576. La gente come en las embarcaciones y la fiesta concluye con fuegos artificiales. *(3er sáb. y dom. de julio)*

Festa di Noiantri Roma. Ocho días de festivales, representaciones teatrales y música folclórica en el barrio del Trastevere romano. *(med. de jul.)*

Il Palio Siena. El festival más conocido de Italia comienza con procesiones y exhibiciones de banderas lanzadas al aire por participantes vestidos con atuendos medievales antes de la celebración de una carrera de caballos alrededor del Campo, la principal plaza de la ciudad de Siena. La carrera se disputa dos veces por año. *(2 de julio y 16 de agos.)*

Agosto
Bravio delle Botte
Montepulciano, Toscana. Una
competición con toneles, además
de procesiones, exhibiciones de
tambores medievales y
lanzamiento de banderas.
(último dom. de agos.)
Luminara di Santa Croce
Lucca, Toscana. Procesión de
antorchas llevando por las calles
el Volto Santo, la reliquia sagrada
de la ciudad. *(14 de agos.)*
Torneo della Quintana Ascoli,
Piceno, Las Marcas. Justas en las
que participan caballeros con
armaduras y teatro medieval.
(1er fin de semana de agos.)

Septiembre
Giostra del Saracino Arezzo,
Toscana. Justas con caballeros,
procesiones y representaciones
con atuendos medievales.
(1er dom. de sept.)
Regata Storica Venecia. Una
exhibición medieval que incluye
una procesión de embarcaciones
por el Gran Canal, seguida de
una carrera de barcas.
(1ª semana de sept.)

Octubre
Sagra del Tartufo Alba, Piamonte. Una feria que se celebra en
la capital de la trufa blanca
(tartuffo) del país.
(2 semanas a med. de oct.)

Noviembre
Festa della Salute Venecia.
El «Festival de la Salud» es testigo
de la construcción de un puente
de pontones a través del Gran
Canal hasta la iglesia de la Salute.
(21 de nov.)

Diciembre
Festa di Sant'Ambrogio Milán.
Gran mercado y otras fiestas para
honrar al patrón de la ciudad.
(principios de dic.)
Presepi Antiguos belenes *(presepi)* que son característicos de las
iglesias de toda Italia en los días
previos a la Navidad, pero en
especial en Nápoles.
Nochebuena Oficios religiosos.
(24 de dic.)
Navidad Roma. Bendición papal en
la Plaza de San Pedro. *(25 de dic.)*

VOCABULARIO BÁSICO

EXPRESIONES Y PALABRAS ÚTILES
Sí/No *Sì/No*
Está bien/De acuerdo *Va bene*
No entiendo *Non capisco*
¿Habla español?
   Parla espagnol?
No lo sé *Non lo so*
Me gustaría... *Vorrei...*
¿Tiene...? *Avete...?*
¿Cuánto es? *Quant'è?*
¿Qué es? *Che cos'è?*
¿Quién? *Chi?*
¿Qué? *Quale?*
¿Por qué? *Perchè?*
¿Cuándo? *Quando?*
¿Dónde? *Dove?*
¿Qué hora es? *Che ore sono?*
Buenos días *Buon giorno*
Buenas tardes *Buona sera*
Buenas noches *Buona notte*
Hola/adiós (informal) *Ciao*
Adiós *Arrivederci*
Por favor *Per favore*
Gracias *Grazie*
No hay de qué *Prego*
¿Cómo se llama?
   Come si chiama?
Me llamo... *Mi chiamo...*
Soy español (hombre/mujer)
   Sono spagnolo/spagnola
¿Cómo está? (amable/informal)
   Come sta/stai?
Bien, gracias *Bene, grazie*
¿Y usted? *E lei?*
Lo siento *Mi dispiace*
Perdón *Mi scusi*
Perdón (en una multitud)
   Permesso
bueno/malo *buono/cattivo*
grande/pequeño *grande/piccolo*
con/sin *con/senza*
más/menos *più/meno*
cerca/lejos *vicino/lontano*
izquierda/derecha *sinistra/destra*
todo recto *sempre dritto*
caliente/frío *caldo/freddo*
temprano/tarde *presto/tardi*
aquí/allá *qui/là*
hoy/mañana *oggi/domani*
ayer *ieri*
la mañana *la mattina*
la tarde *il pomeriggio*
el atardecer *la sera*
entrada/salida *entrata/uscita*
abierto/cerrado *aperto/chiuso*
baño/lavabo *il bagno/il gabinetto*
vamos *andiamo*

URGENCIAS
¡Socorro! *Aiuto!*
¿Puede ayudarme? *Mi puo
   aiutare?*
No me siento bien *Sto male*
Llame a un médico *Chiamate
   un medico*
¿Dónde está la comisaría?
   Dov'è la polizia/la questura?
primeros auxilios *pronto soccorso*
hospital *l'ospedale*

LUGARES DE INTERÉS
galería de arte *la pinacoteca*
castillo *il castello/la fortezza*
iglesia *la chiesa*
jardín *il giardino*
museo *il museo*
tarjeta postal *la cartolina*
sello *il francobollo*
oficina de turismo *l'ufficio
   di turismo*

EN EL HOTEL
hotel *un albergo*
habitación *una camera*
habitación individual
   una camera singola
habitación doble
   una camera doppia
habitación con baño privado
   una camera con bagno
tengo una reserva
   Ho una prenotazione

DE COMPRAS
tienda *Il negozio*
mercado *il mercato*
tiene un poco de...?
   Avete un po'di...?
este/aquel *questo/quello*
un poco/demasiado *poco/tanto*
suficiente/demasiado
   abbastanza/troppo
¿Acepta tarjetas de crédito?
   Accetate carte di credito?
Caro/barato *caro/a buon prezzo*

TIENDAS
panadería *il forno il panifcio*
librería *la libreria*
carnicería *la macelleria
   il macellaio*
pastelería *la pasticceria*
chacinería *la norcineria*
farmacia *la farmacia*
colmado *l'alimentari*
heladería *la gelateria*
oficina de correos *l'uffcio postale*
supermercado *il supermercato*
estanco *il tabaccaio*

LEER LA CARTA

GENERAL

desayuno *la colazione*
comida *il pranzo*
cena *la cena*
camarero *il cameriere*
Quisiera reservar una mesa
  Vorrei riservare una tavola
¿Tiene una mesa para dos?
  Avete una tavola per due?
Me gustaría pedir ahora
  Vorrei ordinare
Soy vegetariano *Sono vegetariano*
La cuenta, por favor *Il conto,*
  per favore
precio del cubierto *il coperto*
¿El servicio está incluido?
  Il servizio è incluso?

EL MENÚ

L'antipasto aperitivo
il primo primer plato
la zuppa sopa
il secondo segundo plato
il contorno guarnición
insalata ensalada
la frutta fruta
il formaggio queso
i dolci postres
la lista dei vini la carta de vinos

EXPRESIONES

affumicato ahumado
al ferri asado
alla griglia asado
alla Milanese rebozado
allo spiedo asado
arrosto a la brasa
bollito cocido
fritto frito
in umido en salsa
ripieno relleno
stracotto estofado
sugo salsa

PASTA Y SALSAS

agnolotti especie de raviolis
  rellenos
al pomodoro salsa de tomate
amatriciana salsa de tomate
  y beicon
arrabbiata salsa de tomate y chile
bolognese salsa de carne de buey
  o ternera
cannelloni canelones
carbonara salsa de nata, jamón
  y huevo
farfalle pasta en forma
  de mariposa

fettucine tiras de pasta
  gruesas y planas
gnocchi ñoquis (de patata)
lasagna lasaña
parmigiano salsa de queso
  parmesano
pasta e fagioli pasta y judías
penne macarrones
peperoncino chile o guindilla
pesto piñones, albahaca, aceite
  y queso
puttanesca salsa de tomate,
  anchoas, aceite y orégano
ragù cualquier salsa de carne
ravioli raviolis
rigatoni largos tubos de pasta
spaghetti espaguetis
tagliatelle tallarines
tagliolini cintas de pasta muy finas
tortellini anillos de pasta rellenos
vongole vino, almejas y perejil

CARNES

agnello cordero
anatra pato
bistecca filete de carne
cinghiale jabalí
coniglio conejo
fritto misto parrillada mixta
maiale cerdo
manzo carne de vaca
ossobuco corte de ternera
pancetta beicon
pollo pollo
prosciutto cotto jamón cocido
prosciutto crudo jamón curado
  (Parma)
salsiccia salchicha
saltimbocca filete de ternera con
  jamón y salvia
trippa callos
vitello ternera

PESCADOS Y MARISCOS

acciughe anchoas
aragosta langosta
baccalà bacalao salado
calamari calamares
cappesante vieiras
cozze mejillones
gamberi gambas
granchio cangrejo
merluzzo merluza
ostriche ostras
pesce spada pez espada
polpo pulpo
rospo pez monje
salmone salmón
sarde sardinas
seppie sepia
sgombro caballa

sogliola lenguado
tonno atún
triglie salmonete
trota trucha
vongole almejas

VERDURAS

aglio ajo
asparagi espárragos
basilico albahaca
capperi alcaparras
carciofi alcachofas
carotte zanahorias
cavolo col, berza
cipolle cebollas
fagioli judías
funghi setas
funghi porcini champiñones
insalata mista ensalada mixta
insalata verde ensalada verde
melanzane berenjenas
patate patatas
patate fritte patatas fritas
peperoni pimientos
piselli guisantes
pomodori tomates
radicchio achicoria
rucolo/rughetta rúcula o rúcola
spinaci espinacas
tartufo trufas
zucchini calabacines

FRUTA

albicocca albaricoques
ananas piña
arance naranjas
banane plátanos
ciligie cerezas
ficchi higos
fragole fresas
limone limón
mele manzanas
melone melón
pere peras
pesca melocotón
pompelmo pomelo
prugna ciruela

BEBIDAS

acqua agua
una birra cerveza
una bottiglia botella
una mezza bottiglia media botella
caffè café
caffè decaffeinato
  café descafeinado
latte leche
tè té
vino vino
vino della casa vino de la casa
zucchero azúcar

CRÉDITOS DE LAS ILUSTRACIONES

Abbreviations for terms appearing below: (t) top; (b) bottom; (l) left; (r) right; (c) center.

Cover, (l) Vittoriano Rastelli/Corbis UK Ltd. (c) SuperStock. (r) Robert Harding Picture Library Ltd. Spine, SuperStock. 1, Tony Stone Images. 2/3, Tony Stone Images. 4, Robert Harding Picture Library. 9, Francis G. Mayer/Corbis UK Ltd. 11, Vittoriano Rastelli/Corbis UK Ltd. 12/13, David Alan Harvey. 14, Jonathan Blair/Corbis UK Ltd. 15, William Allard/National Geographic Society. 16/17, Michael Freeman/Corbis UK Ltd. 19, Jim Holmes/AA Photo Library. 20, Museo Archeologico Nazionale, Naples, Italy/Bridgeman Art Library. 21, Museo Archeologico Nazionale, Naples, Italy/Bridgeman Art Library. 23, Chateau de Versailles, France/Index/Bridgeman Art Library. 24/25, Museo de Firenze Com' era, Florence, Italy/Bridgeman Art Library. 26 (l), Archivo Iconografico, S.A./Corbis UK Ltd. 26 (r), Bettmann/Corbis UK Ltd. 27, Mussolini/Corbis UK Ltd. 28/29, George Steinmetz/Katz Pictures. 31, Sandro Vannini/Corbis UK Ltd. 32/33, Francis G. Mayer/Corbis UK Ltd. 34, Archivo Iconografico, S.A./Corbis UK Ltd. 35, Philadelphia Museum of Art/Corbis UK Ltd. 36, Araldo de Luca/Corbis UK Ltd. 36/37, Hubert Stadler/Corbis UK Ltd. 38 (l), Archivo Iconografico, S.A./Corbis UK Ltd. 38 (r), Hulton-Deutsch Collection/Corbis UK Ltd. 39, Robbie Jack/Corbis UK Ltd. 41, Everett/Corbis UK Ltd. 43, James Stanfield/National Geographic Society. 44/45, Jean-Pierre Lescourret/Corbis. 48/49, Riccardo Musacchio/Farabolafoto. 49, Vanni Archive/Corbis UK Ltd. 50/51, Vince Streano/Corbis UK Ltd. 52/53, Angelo Hornak Library. 55, Jean-Marc Charles/Franca Speranza Srl. 56, Archivo Iconografico, S.A/Corbis UK Ltd. 57, Sandro Vannini/Franca Speranza Srl. 58, Gianni Dagli Orti/Corbis UK Ltd. 59, Ruggero Vanni/Corbis UK Ltd. 60, Michael S. Yamashita/Corbis UK Ltd. 61, Vanni Archive/Corbis UK Ltd. 62, Clive Sawyer/AA Photo Library. 63, Ted Spiegel/Corbis UK Ltd. 64/65, Donadoni/Marka. 65, Joseph Martin/Piazza della Minerva, Rome, Italy/Bridgeman Art Library. 68/69, Jim Holmes/Axiom. 70 (t), Santa Maria del Popolo, Rome, Italy/Bridgeman Art Library. 70 (b), Nicolas Sapieha; Kea Publishing Services/Corbis UK Ltd. 71, Massimo Listri/Corbis UK Ltd. 73 (t), Museo di Goethe, Rome, Italy/Bridgeman Art Library. 73 (b), Gianni Dagli Orti/Corbis UK Ltd. 75, Adam Woolfitt/Corbis UK Ltd. 76, Grzegorz Galazka/Corbis UK Ltd. 79, Vatican Museums and Galleries, Vatican City, Italy/Bridgeman Art Library. 80, James Stanfield/National Geographic Society. 81, Vatican Museums and Galleries, Vatican City, Italy/Bridgeman Art Library.

83, Mike King/Corbis UK Ltd. 86/87, Enzo & Paolo Ragazzini/Corbis UK Ltd. 88, C. Penna/Marka. 89, M. d'Ottavio/Farabolafoto. 91 (t), Owen Franken/Corbis UK Ltd. 91 (c), Vittoriano Rastelli/Corbis UK Ltd. 91 (b), Owen Franken/Corbis UK Ltd. 92, Maurizio Lanini/Corbis UK Ltd. 92/93, Tim Thompson/Corbis UK Ltd. 94, D. Donadoni/Marka. 95, Clive Sawyer/AA Photo Library. 96, Curzio Baraggi/Farabolafoto. 98, D. Donadoni/Marka. 99, Curzio Baraggi/Farabolafoto. 100, Simon Harris/Robert Harding Picture Library. 101, Virgili/Marka. 103, David Lees/Corbis UK Ltd. 107, Roberto Benzi/Marka. 108, T. di Girolamo/Marka. 110, Shaun Egan/Tony Stone Images. 111, Farabolafoto. 112, Archivo Iconografico, S.A./Corbis UK Ltd. 113, T. Conti/Marka. 114, © Photoservice Electa/by courtesy of the Ministero per i beni e le Attività Culturali. 115, John Heseltine/Corbis UK Ltd. 116/117, Vince Streano/Corbis UK Ltd. 119 (t), Schuster/Robert Harding Picture Library. 119 (c), D. Donadoni/Marka. 119 (b), Peter Bennett/AA Photo Library. 120, Peter Wilson/Corbis UK Ltd. 121, Dennis Marsico/Corbis UK Ltd. 122, D. Donadoni/Marka. 123, John Heseltine/Corbis UK Ltd. 124, Franca Speranza Srl. 125, T. Di Girolamo/Marka. 127, Sam Abel. 129, Getty Images. 132, Clive Sawyer/AA Photo Library. 132/133, S. Tauqueur/Franca Speranza Srl. 134, Massimo Listri/Corbis UK Ltd. 135, Adam Woolfiff/Corbis UK Ltd. 136, Ken Mclaren/Life File. 137, Clive Sawyer/AA Photo Library. 139, Clive Sawyer/AA Photo Library. 141, John Heseltine/Corbis UK Ltd. 142, David Lees/Corbis UK Ltd. 143, San Marco, Venice, Italy/Bridgeman Art Library. 144, Dennis Marsico/Corbis UK Ltd. 145, Dario Mitidieri/AA Photo Library. 146, Bettmann/Corbis UK Ltd. 147, Galleria dell'Accademia, Venice, Italy/Bridgeman Art Library. 148, Archivo Iconografico, S.A./Corbis UK Ltd. 148/149, David Lees/Corbis UK Ltd. 150, David Lees/Corbis UK Ltd. 151, Wolfgang Kaehler/Corbis UK Ltd. 152, Robert Harding Picture Library. 153, Santa Maria Gloriosa dei Frari, Venice,Italy/Bridgeman Art Library. 154/155, Dario Mitidieri/AA Photo Library. 158, Scuola di San Giorgio degli Schiavoni, Venice, Italy/Bridgeman Art Library. 159, Archivo Iconografico, S.A./Corbis UK Ltd. 160, San Giovanni e Paolo, Venice, Italy/Bridgeman Art Library. 161, San Giovanni e Paolo Square, Venice, Italy/Bridgeman Art Library. 162/163, Thad Samuels Abell II/National Geographic Society. 163, Todd Gipstein/Corbis UK Ltd. 164/165, Yann Arthus-Bertrand/Corbis UK Ltd. 167, Galen Rowell/Corbis UK Ltd. 170/171, Simon Harris/Robert Harding Picture Library. 172/173, Marka. 174, Vanni Archive/Corbis UK Ltd. 175, Carmen Redondo/Corbis UK Ltd. 176, Sandro Vannini/Corbis UK Ltd. 177, Roberto Soncin Gerometta/Franca Speranza Srl. 179 (t), K. Carlson/Nature

Photographers. 179 (c), Clive Sawyer/AA Photo Library. 179 (b), Roberto Sonsin Gerometta/Franca Speranza Srl. 180/181, Hart/Robert Harding Picture Library. 182, Elio Ciol/Corbis UK Ltd. 183, Christel Gerstenberg/Corbis UK Ltd. 186/187, Kim Hart/samfoto/Robert Harding Picture Library. 188, John Sims. 189, Tony Gervis/Robert Harding Picture Library. 190, John Sims. 191, Scala. 192/ (t), Owen Franken/Corbis UK Ltd. 192/ (b), R. Meucci/Marka. 193, Vanni Archive/Corbis UK Ltd. 194/195, Dennis Marsico/Corbis UK Ltd. 195, Robert Harding Picture Library. 196, Gian Berto Vanni/Corbis UK Ltd. 197, Sandro Vannini/Franca Speranza Srl. 198, F.Giaccone/Marka. 199, Michele d'Ottavio/Farabolafoto. 200, Galleria Nazionale delle Marche, Urbino, Italy/Bridgeman Art Library. 201, Clive Sawyer/AA Photo Library. 203, Clive Sawyer/AA Photo Library. 206/207, M.Christofori/Marka. 208, Dennis Marsico/Corbis UK Ltd. 209, M.Christofori/Marka. 210/211, Robert Harding Picture Library. 211, Opera del Duomo, Florence, Italy/Bridgeman Art Library. 212, David Lees/Corbis UK Ltd. 213, David Lees/Corbis UK Ltd. 214, A. Martinuzzi/Farabolafoto. 215, Dennis Marsico/Corbis UK Ltd. 216, Dennis Marsico/Corbis UK Ltd. 217, Galleria degli Uffizi, Florence, Italy/Bridgeman Art Library. 218/219, Galleria degli Uffizi, Florence, Italy/Bridgeman Art Library. 219, Galleria degli Uffizi, Florence, Italy/Bridgeman Art Library. 220, Arte & Immagini Srl/Corbis UK Ltd. 221, Bargello, Florence, Italy/Bridgeman Art Library. 222, Opera di Santa Croce, Florence, Italy/Bridgeman Art Library. 223, José F. Poblete/CORBIS. 224, San Lorenzo, Florence, Italy/Bridgeman Art Library. 225, Cappella Medici, Florence, Italy/Bridgeman Art Library. 226, Palazzo Medici-Riccardi, Florence, Italy/Bridgeman Art Library. 227, Dennis Marsico/Corbis UK Ltd. 228, Dennis Marsico/Corbis UK Ltd. 229, Museo di San Marco dell'Angelico, Florence, Italy/Bridgeman Art Library. 232/233, Roy Rainford/Robert Harding Picture Library. 233, Santa Maria Novella, Florence, Italy/Bridgeman Art Library. 234, Sandro Vannini/Corbis UK Ltd. 235, Brancacci Chapel, Santa Maria del Carmine, Florence, Italy/Bridgeman Art Library. 236/237, Vittoriano Rastelli/Corbis UK Ltd. 237, Vittoriano Rastelli/Corbis UK Ltd. 238, Palazzo Pitti, Florence, Italy/Bridgeman Art Library. 239, Massimo Listri/Corbis UK Ltd. 240, Todd Gipstein/Corbis UK Ltd. 241, John Sims. 244/245, Jean-Pierre Lescourret/Corbis UK Ltd. 247, Agostino Quaranta/Farabolafoto. 248, Archivo Iconografico, S.A./Corbis UK Ltd. 249, Sandro Vannini/Franca Speranza Srl. 250/251, Owen Franken/Corbis UK Ltd. 251, Owen Franken/Corbis UK Ltd. 252, Dennis Marsico/Corbis UK Ltd. 252/253, Sandro Vannini/Corbis UK Ltd. 254, Archivo Iconografico, S.A./Corbis UK Ltd. 255,

Publicado por National Geographic Society

John M. Fahey, Jr., *President and Chief Executive Officer*

Gilbert M. Grosvenor, *Chairman of the Board*

Nina D. Hoffman, *Executive Vice President,*
President, Book Publishing Group

Kevin Mulroy, *Senior Vice President and Publisher*

Marianne Koszorus, *Design Director*

Leah Bendavid-Val, *Director of Photography Publishing and Illustrations*

Elizabeth L. Newhouse, *Director of Travel Publishing*

Barbara A. Noe, *Senior Editor and Series Editor*

Cinda Rose, *Art Director*

Carl Mehler, *Director of Maps*

Joseph F. Ochlak, *Map Editor*

Gary Colbert, *Production Director*

Richard S. Wain, *Production Project Manager*

Lawrence Porges, *Editorial Coordinator*

Dave Lauterborn, *Contributor*

Equipo editorial y diseñado

AA Publishing (marca comercial de Automobile Association Developments Limited, Norfolk House, Inglaterra).

Betty Sheldrick, *Project Manager*

David Austin, *Senior Art Editor*

Rachel Alder, *Senior Editor*

Bob Johnson, *Designer*

Inna Nogeste, *Senior Cartographic Editor*

Nicky Barker-Dix, Amber Banks, *Cartographers*

Richard Firth, *Production Director*

Steve Gilchrist, *Prepress Production Controller*

Selección de fotografías: Zooid Pictures Ltd.

Mapas de área: Chris Orr Associates, Southampton, Inglaterra

Ilustraciones vistas en sección: Maltings Partnership, Derby, Inglaterra

Edición en español

Copyright © 2000, 2001, 2005 National Geographic Society. Reservados todos los derechos. Ninguna parte de esta publicación puede ser reproducida, almacenada o transmitida por ningún medio sin permiso del editor.
Copyright español © 2002, 2007 National Geographic Society. Reservados todos los derechos.
Traducción: Imma Estany
Edición y maquetación: Edipunt/Editec
ISBN 978-1-4262-0157-8
Impreso en España.

Si desea más información, llame al 1-800-NGS LINE (647-5463) o escriba a la siguiente dirección: National Geographic Society 1145 17th Street N.W. Washington, D.C. 20036-4688 U.S.A.

Visítenos en www.nationalgeographic.com/books

Si desea información sobre descuentos especiales por compras al por mayor, por favor comuníquese con el sector de ventas especiales de libros de National Geographic: ngspecsales@ngs.org

SWITZERLAND

Bolzano

Trento

Bellun

(Venice) Venézia
Vicenza

4807m
Monte
Bianco ▲ Aosta

Lago
Maggiore

Lago
di Como

Lago di
Garda

Dolomiti

Bergamo

Novara

Milano
(Milan)

Brescia

Verona

Pianura

Padova
(Padua)

Po

Pavia

Cremona

Mantova

FRANCE

Torino
(Turin)

Padana

Ferrara

Alessandria

Piacenza

Parma

Reggio nell'Emilia

Cuneo

Módena

Bologna

Ravenna

Forlì

Rímini

Génova
(Genoa)

La Spézia

SAN
MARIN

MONACO

Ligurian
Sea

San Remo

Pisa

Arno

Firenze
(Florence)

Arezzo

Livorno

Perúgia

Siena

Folign

0   200 kilómetros

0   100 millas

I. d'Elba

Grosseto

Viterbo

Ter

Tevere

Corse
(Corsica)
(FRANCE)

ROMA
(ROME)

Ólbia

Sássari

Nuoro

Tyrrhenian

Oristano

Sardegna
(Sardinia)

Sea

Cágliari

Mediterranean

Sea

Roma
(Rome)

Trápan

Marsala

TUNISIA

I. di
Pantel